南京师范大学"211工程"三期重点学科建设项目
"当代中国教育转型研究"成果

我们时代的 大学转型

WOMEN SHIDAI DE
DAXUE
ZHUANXING

王建华 著

教育科学出版社
·北京·

南京师范大学"211 工程"三期重点学科建设项目
"当代中国教育转型研究"成果

目　录

自　序

"虽然结果不是预先决定的，并因而无法预测，但并不意味着我们只能绝望地等待飓风将我们裹挟而去。任何历史危机到来时都存在着人们能够做出的现实选择。那些能够清醒地做出选择并全力实现选择的人，与那些将命运完全置于看不见的历史之手摆弄的人相比，最后的结局将使他们失望的可能性小一些。"①

——特伦斯·K. 霍普金斯、伊曼纽尔·沃勒斯坦

"转型"是社会科学研究中一个不新不旧的命题。说其不新，因为这一概念由来已久；说其不旧，是因为这一概念在不同的学科领域里历久弥新，尤其是在今天，转型之说更是成为了人们面对相互矛盾的理论或实践时的优良"避风港"。当面对错综复杂的社会矛盾或无以应对的理论纷争时，转型之说至少可以暂时成为一种"安慰剂"。转型可以赋予残酷抑或吊诡的现实以理论的合法性。因为理论上转型必然意味着系统性的短时期内难以解决的问题的大量出现，而其发展前景在预设中又注定是美好的。但事实上，有问题、有矛盾并不必然意味着要转型，更不是所有的问题都是转型的问题或转型中的问题，也不是所有的问题都要靠转型来解决。另外，在实践中转型也不一定必然意味着更好，更不是必然就更好。进步主义史观只是近代以来人们的一般性的社会心理预期，社会的发展实践往往是复杂的，历史的倒退也不是没有可能。今天在社会转型（从工业社会到知识社会）和国家转型

---

① 特伦斯·K. 霍普金斯，伊曼纽尔·沃勒斯坦，等. 转型时代 [M]. 吴英，译. 北京：高等教育出版社，2001：11.

（从传统的民族国家到国家的全球化①）的双重背景下，我们对于转型本身的理解既不能太泛也不能太窄。作为一个有生命力的概念，转型这一概念本身也是伴随着转型实践和关于转型的研究不断地被丰富和发展。大学转型也不例外。

理论上，所谓"型"在心理学上主要是人类对于其所处世界的一种总体性的认知。所谓"转型"则是人类社会各种组织机构的一种发展方式或人类认知社会中各种组织机构发展的一种思考方式；用"转型"或"变迁"来描述社会或某种组织机构的发展也是人类思维方式中的一种普遍选择。根据启蒙运动的历史观，历史并不是英雄人物所创造的英雄业绩，而是人类理性觉醒的产物②。依此进步主义的历史观作为参照，所谓"转型"往往会具有浓厚的价值色彩，意味着历史的不断发展和进步，人类理性的不断提升以及社会的不断进化，整个人类历史就是由一个又一个转型时代贯穿起来。事实上，无论我们是不是坚持进步主义的历史观和价值观，就像每一个时代的人都会认为自己所处的时代面临巨大挑战一样，每一个时代的人也都会感觉或诊断自己所处的时代处在一种剧变或转型之中，与其他的时代截然不同。对于这种时代的巨大变化或曰沧海桑田，人们的直觉就是社会"转型"或"在转型"。因此，在某种意义上，人类历史上的任意一个时代都可以被认为是一个转型时代。只不过有时是真在转型，有时只是一种主观的感觉或期望。基于此，在广义上，所谓"转型"与其说是一种社会事实还不如说是一种心理期待或社会预期，它或直接或间接地反映了人们对于现实的某种不满和对于美好未来的一种向往。所谓的"型"从根本上讲也主要是一种心理状态或社会预期而不是一种科学的模型；所谓"转型"更多的是在描述一个变化的过程而非某种可以具体观察得到的最终的社会事实或社会状态。因此，大学的转型绝非"不依赖于任何一个个人对它的感知的客观存在"——"社会事实"（social fact）而是一种"观念史图像中的事件"③。

---

① 郑永年. 全球化与中国国家转型 [M]. 郁建兴, 何子英, 译. 杭州: 浙江人民出版社, 2009: 29.

② 孔多塞. 人类精神进步史表纲要 [M]. 何兆武, 何冰, 译. 北京: 生活·读书·新知三联书店, 1998: 译序.

③ 金观涛, 刘青峰. 观念史研究: 中国现代重要政治术语的形成 [M]. 北京: 法律出版社, 2010: 406.

　　二次世界大战以后，在工业化主导下，人类社会被理性所重建。沃勒斯坦以世界体系理论为框架，通过对 1945 年至 1990 年间周期性变化的剖析，认为世界体系的走势已处于某种转型性质的不确定性之中①。按他的说法，自 20 世纪 90 年代以来，人类社会开始进入一个全球化的新时代，人类社会生活的方方面面都面临着严峻的挑战。"整个世界体系充满着巨大的政治不确定性与思想上的混乱，并普遍存在着社会忧虑"。"这并非世纪末惯常的心理，而是反映着更为重要的事实。"② 今天在对这种时代精神状况和发展趋势进行概括时，"转型"成为了学术界的一个普遍说法。其结果，在转型话语的主导之下，人类社会沿着进步主义所设定好的目标保持高速前进，终极目标就是不断地实现由蛹化蝶的传奇。今天在转型话语与转型事实的巨大张力下，人们已经很难区分清哪些转型是一种理论的预设，哪些转型是一种话语实践，哪些转型是一种客观的事实。事实上，在当前转型一词本身就有时指对于历史的总结，有时指对于现实的描述，有时又指对于未来的预期。作为一个概念或范畴，"转型"在今天的话语实践中已经像滚雪球一样越滚越大，甚至于已经成为了一个具有侵略性的、吞噬性的、无所不包的概念之王，即凡是其他概念或范畴不能描述和不能解释的均可以在"转型"的名义下去进行理论的解说和实践的探讨。

　　今天作为一个事实，大学转型所对应的或所指涉的活动与现象是客观存在的。但是要把客观的事实或现象提升为科学研究的对象，概念化是其中一个必要的步骤和不可或缺的环节。只有经过适当的概念化，学术研究的对象才能得以合理建构，纯粹的事实也只有经过理论的解释才能具备学术研究的可能与价值。由于当代大学正处于转型的过程中，作为一个概念，大学转型还是崭新的。对于这样一个崭新的学术概念，如何在可操作的意义上理解它、诠释它与使用它将成为决定研究最终能否成功的关键所在。正如涂尔干在关于道德的研究中所指出的那样，"有关道德实在的理论研究的首要条件，就是能够认识道德实在，并将其与其他实在区别开来；简言之，就是定义道

---

　　① 特伦斯·K. 霍普金斯，伊曼纽尔·沃勒斯坦，等. 转型时代 [M]. 吴英，译. 北京：高等教育出版社，2001.

　　② 吴英. 沃勒斯坦怎样看待资本主义世界体系的转型——评《转型时代》[J]. 世界历史，2003（1）：101.

德实在。这不是给出一个哲学定义，当我们的研究理出头绪时，自然会得出哲学定义。所有可行而有益的研究，就是提出一种初步的、即时的定义，它可以使我们对我们着手处理的实在达成一致；如果我们想知道我们正在谈论的内容，这样的定义显然是不可或缺的。"① 对大学转型而言，同样如此。相关研究本身也就是一个不断地赋予新概念以丰富内涵、不断地界定概念相对清晰的边界的过程。今天在高等教育变革实践中大学转型与大学分化、大学泛化、大学分类及大学多样化等概念之间既有区别又有联系。上述概念当中，大学的分化最为普遍②。根据《现代汉语词典》的解释，"分化"有三种含义：（1）性质相同的事物变成性质不同的事物；统一的事物变成分裂的事物；（2）使分化；（3）在生物个体发育的过程中，细胞向不同的方向发展，在构造和功能上，由一般变为特殊的现象③。以此定义为基础，在概念层面大学分化（1）是指一种大学变成多种大学；（2）是指某一类大学其内部进一步分裂为多种亚类；（3）是指一般意义上的大学逐渐特殊化。如果以大学分化作为基础，上述相关概念之间的区别与联系大致如下：（1）分化与泛化完全不同，但往往又难以区分。分化有独立的标准，泛化是对标准的降低。分化意味着新事物的产生，泛化则意味着无原则的苟且。分化有规律可循，泛化则无道理可言。大学的分化意味着新型大学的出现，大学的泛化则意味着传统大学标准的模糊。什么机构都可以称大学无疑是一种泛化，但无论理论上还是实践中，一不小心这种泛化的结果就会被我们当成分化的形式给予承认或确认。（2）分化与分类密切相关，分化的结果最终要以分类的形式呈现出来，但并非所有的分类都是对分化的总结。分化是一种客观结果，分类是一种主观行为，二者绝非一一对应。但由于对大学分化缺乏充分研究，今天很多主观分类的模型往往被当成客观分化的结果。（3）分化可以导致多样化，多样化也可以导致分化，二者互动。多样化是世界万物的本源，大学也不可能是一元的，这是分化的根本动力所在。但无论是分化还是多样化都是有边界的，不可能永无止境，否则大学就不再是大学。对于大学而言，分化与多样化都必须限制在量的范畴之内，一旦触及了质的范畴，就会

① 爱弥尔·涂尔干. 社会学与哲学 [C]. 梁栋，译. 上海：上海人民出版社，2002：45.
② 邬大光. 大学分化的复杂性及其价值 [J]. 教育研究，2010（12）.
③ 中国社会科学院语言研究所词典编辑室. 现代汉语词典 [Z]. 北京：商务印书馆，2008：399.

引发大学的危机。（4）大学作为一种社会性建构，受遗传和环境双重影响。大学分化也包括两种方式，即主动分化与被动分化。大学的历史上主动分化与被动分化没有优劣之分，有时也很难区分。严格来讲，主动分化只会存在于有机体，大学作为一种社会机构，所有的分化或多或少都是"被分化"。现在问题的关键是大学能不能任意分化？大学不是万能的，对于大学人们应存有敬畏之心，绝不能要求大学唯利是图。为利益而分化或为利益相关者而被分化可能导致大学的扭曲。（5）分化是从一到多的过程，转型是从 A 到 B 的跳跃。转型之中有分化，分化之中也有转型。剧烈分化是转型的前兆。转型一定意味着分化，分化并不必然代表着转型。大学历史上分化一直持续，转型则很少发生。分化必然导致类的增多，但只有转型才意味着型的变化。类可以并存，型则是相互替代。类是同时性的，型是历时性的。不同类可以同型，不同型不可能同类。当前大学分化之所以如此剧烈无疑与大学处在转型之中密切相关。

目前在诸多关于转型问题的研究当中，"社会转型"是一个相对比较固定的用法，可能也是唯一一个已经概念化、理论化了的学术范畴。在逻辑上教育系统是社会系统的一部分，社会转型自然包含了教育转型与大学转型。但在现实中，由于教育的弱势以及高等教育本身对于政治、经济系统的依附从而导致了人们在对于社会转型的探讨中通常忽略了大学转型的重要性，更没有注意到大学转型对于教育转型和社会转型的积极影响。今天的中国和今日的世界都正在发生一些重大的社会变革，今天大学变革实践在某种意义也已经超出了大学分化、泛化与多样化所能够解释的传统范畴，国家、社会和大学都已处在转型和重组过程中，此时必须要有新的概念来对大学的新变革加以抽象和概括，唯有如此高等教育的相关理论才能更有解释力。今天大学转型作为高等教育研究领域的一个新概念或新用语既可以用来捕捉不断变化的大学变革实践所具有的时代特点也能渗入大学生活并参与大学秩序的重建。今天作为教育转型的重要组成部分，大学转型在教育转型中无疑占有重要地位。根据后现代主义关于自反性的基本原理，作为一种话语实践，大学转型概念的提出"它不仅反映我们的思想，而且有助于构建现实。"① 在今

① 菲利普·G. 阿特巴赫，等. 为美国高等教育辩护 [C]. 别敦荣，陈艺波，主译. 青岛：中国海洋大学出版社，2007：75.

天这样一个转型的时代，大学的转型（Transformation）已不再是一种趋势（Trend），而是一场不可避免的真正的转变（Transition）。"大学的转型是社会变化的一个缩影，是 20 世纪末世界全面现代化的一个关键部分。"① 由于今天大学已逐渐成为社会的轴心机构，大学的转型已不仅是教育转型，社会转型的重要组成部分，同时也是教育转型和社会转型得以顺利进行的必要条件。为了能更好地理解并促进大学转型，有必要借鉴社会转型的相关理论和做法，将大学转型单独作为一个问题或范畴提出来加以深入研究并尽可能理论化。当然，对于大学转型的"研究不是为了验证一种事先就有的思想，而是为了使思想由于实际而丰富起来，实际由于思想而变得更加多彩。"② 在转型时代和社会转型的今天，加强关于大学转型的理论研究，不但可以丰富社会转型和教育转型理论，也有利于大学转型实践的顺利进行和高等教育自身的持续变革和可持续发展。进而言之，从更长远的学术发展看，就像在社会学里通过对社会转型的研究可以发展出转型社会学一样，在高等教育学科里通过对于大学转型问题的深入研究同样也有可能发展出一种转型高等教育学，促进高等教育学在学术上的拓展。当然，就像转型社会学不是也不意味着社会学的一个分支学科一样，转型高等教育学不是也不意味着高等教育学的一个分支学科，而是提供了一个学科建设的新视界，即从转型的视野来认识、分析与解决我们所面临的高等教育发展的理论与实践问题，并通过大学转型的实现来促进整个高等教育系统的成功转型。

① 安东尼·史密斯，弗兰克·韦伯斯特. 后现代大学来临？[C]. 侯定凯，赵叶珠，译. 北京：北京大学出版社，2010：63.
② 艾德加·莫兰. 社会学思考 [C]. 阎素伟，译. 上海：上海人民出版社，2001：182.

导　论　现代大学的危机与转型

危机与合法性是分析大学演进的重要范畴。"中世纪的大学把它们的合法地位建立在满足当时社会的专业期望上。接着，文艺复兴后的大学生又把其合法性建立在人文主义的抱负之上，这种人文主义抱负的发展以自由教育观念为顶点，自由教育观念使得红衣主教纽曼时代的英国式学院合法化。与英式学院暂时并进的是德国大学，它们是启蒙运动的产物，它们注重在科学研究中获得其合法地位。最后，还出现了'赠地'大学，这些大学的合法地位依赖于它们把人力物力用于为社会和国家的发展服务。这些获得合法地位的不同途径出现于不同的国家、不同的时期或不同国家的不同时期。大学则继承了所有这些传统。"① 历史上，伴随着合法性的失去以及其他诸多原因，大学曾经历过"冰河期"之类的严重危机。但自 19 世纪洪堡创建柏林大学以来，大学逐渐从近代走向现代，实现了伟大复兴，并最终成为人类社会知识生产的最重要的制度性场所。尤其在二次大战以后，伴随着新一波民族国家的独立浪潮，大学作为一种教育制度和国家机构在全球范围内迅速普及，并在战后重建的过程中发挥重要作用。今天在世界上的任何一个角落，凡有高等教育的地方均可看到欧洲大学凯旋的身影。但正如战争有惨败也有"惨胜"一样，今日西方模式的大学在取得巨大成功的同时也为现代大学的未来埋下了危机的种子。"任何成功解决危机的故事都预示着'自我灭亡'。一个机构应对某次危机越成功，它应对下一次危机的思路和效率就越差。把这

---

① 约翰·布鲁贝克. 高等教育哲学［M］. 王承绪，张旅平，译. 杭州：浙江教育出版社，2002：3 - 4.

个道理运用到大学中，将有助于我们理解当今大学遇到的困境。这些困境多半源自大学中制度化的惰性，因此，大学无法将环境变化看做'新生事物'。如果大学具备了这样的认识，它们就会采取新的战略和行动方式。"① 换言之，正是因为现代大学在社会发展中获得了巨大成功，从而给自己带来了灾难性的后果。今天随着大学入学人数不断增多，市场化程度加深，现代化的进一步推进，使得现代大学危机四伏。大学不得不屈服于由其成功而导致的危机的后果。当前这种危机的状况既蕴藏着大学转型的潜力，也反映了其局限性。今天对于大学而言，既是最好的时代，也是最坏的时代。表面上，现代大学在这个时代取得了前所未有的成功，逐渐从社会的边缘走向中心，并赢得了无数的赞誉。但在实质上，大学在收获这些成功的同时，也失去了很多。比如理念的淡化，精神的式微，道德的沉沦，制度的僵化，学术共同体的分裂等，以至于现代大学变得什么都像就是不像真正的大学。那么，现代大学作为近代大学成功转型的结果，其危机的根源在哪里呢？现代大学能否通过转型顺利渡过这次危机，并迎来再次的复兴呢？

第一节　现代大学危机的界定

一般认为，19 世纪以降，现代大学取得了巨大的成功，日益成为社会机构中不可或缺的组织制度。今天在英才主义情结的纠缠下，大学作为一种教育制度更是逐渐成为一个神话。就像理性、科学和其他的神话一样，今天人们对于大学寄予了太多的幻想与期望。甚至无法想象还能有什么样的组织机构可以替代大学在当今社会中所担当的作用与发挥的功能。当然，也正是由于这种理性的自负和对神话的迷思所衍生的想象力的匮乏进而导致了今天大学改革的无所适从。但事物的发展总是辩证的，犹如人的"生于忧患，死于安乐"一样，一个组织、一种制度也同样如此。当一个组织变得日益重要、

---

① 安东尼·史密斯，弗兰克·韦伯斯特. 后现代大学来临？［C］. 侯定凯，赵叶珠，译. 北京：北京大学出版社，2010：43.

无可替代之时，可能也就是其危机四伏，最为危险的时候。道理很简单，任何组织都有不可承受之重。

　　近代以来在现代性的主导下大学不断取得成功，从近代过渡到现代。按照"现代"固有的"静止的不可能性"的逻辑，现代大学的每一次成功都激励着下一次更大的成功。伴随着一次次的成功，传统大学外部与内部边界不断被突破。伴随着现代大学外部功能的逐渐增多，其内部的组织机构逐渐分裂、破碎。赫钦斯曾经把现代大学描述为一系列分散的学科和系科，由一个中央供暖系统联结起来。在一个取暖较不重要而汽车比较重要的地方，有时克尔也把它想象为一批教师企业家由于共同对停车有意见而联合起来的机构①。事实上，今天在"全能主义"（totalitarism）主导下的现代社会，随着功能与意义的碎片化，现代大学在公众眼中逐渐成为一个无所不能的组织。虽然专门化曾是现代化的显著特征，但在社会功能吸纳与被吸纳的相互作用下，现代大学的功能却在不断扩张和泛化。伴随着现代大学功能的不断扩张和泛化，面临的后果也越来越严重。大学眼前的成功越是巨大，其发展的前景越是难以把握。"难题的解决导致了难题的产生。追求秩序的行动产生出新的混乱领域。进步首先包含着对昨日解题方式的淘汰。"② 最终一旦大学的功能分化、增多到不堪重负之时，或介入到不宜介入的领域之时，或社会与政府的欲望无法得到及时满足之时，大学的失败就不可避免。

　　历史上，"从19世纪末开始，科学知识的'危机'便表现出种种迹象，危机并不来自科学出乎意料的迅猛发展，这种发展本身也是技术进步和资本主义扩张的结果。危机来自知识合法性原则的内在侵蚀。各科学领域的传统界限重新受到质疑：一些学科消失了，学科之间的重选出现了，由此产生了新的领域。知识的思辨等级制度被一种内在的、几乎可以说是平面的研究'网络'所代替，研究的边界总是在变动。过去的'院系'分裂为形形色色的研究所和基金会，大学丧失了自己的思辨合法化功能，被剥夺了研究的责任（它被思辨叙事扼杀了），仅满足于传递那些被认为可靠的知识，通过教

---

　　① 克拉克·克尔. 大学之用（第五版）［M］. 高铦，等，译. 北京：北京大学出版社，2008：11.
　　② 乌尔里希·贝克. 风险社会［M］. 何博闻，译. 南京：译林出版社，2004：22.

学保障教师的复制，而不是学者的复制。"① 后来伴随着美国研究型大学的兴起，现代化的进一步推进，在改革的名义下这次合法性危机被成功隐藏。也许是受到路径依赖的影响，今天的现实是每当现代大学显出"制度疲劳"的迹象时，对于大学的针对性改革总是成为政府与大学的首选策略。政府里的官僚与代表经济利益的企业界总是一味地迷信，通过不断改革一定可以使大学重获生机，可以满足政府与社会的所有"要求"（这种"要求"是一种欲望与需要的混合物）。即便是在政府与企业之外的人们也总是乐于相信，对于大学，改革犹如补药，可以使其重现青春，活力无限。但事实上，虽然以发展代替改革是错误的，但以改革代替发展同样也是不可取的。由于改革理念的偏差，有时补药也会变成毒药，使得现代大学只能是表面繁荣，而精神却逐渐枯萎。历史上，1968 年在世界范围内由"学潮"所引发的现代大学的危机就影响深远，且教训深刻。当时有些"改革为了满足学生代表的要求和恢复古代机构的民主的需求，仅仅关注了大学机构组织方面，"② 而对于知识的实际生产方面几乎没有产生什么影响。其结果，"学生的反叛政治化了大学教育系统本质，批判了把知识当成获取权力和统治之工具的做法。他们攻击大学制度那种令人愚钝的官僚主义性质和强制性的一致，攻击它的专业化、条块化（compartmentalized）的、与真实存在毫不相干的知识。不仅如此，学生们还把大学看成是压迫性资本主义社会的微型缩影。"③ 对于这场 20 世纪 70 年代前后由于学生运动的恶化以及经济萧条所引发的大学危机，著名社会学家约瑟夫·本－戴维曾经借用涂尔干"失范"（anomie）的概念加以描述。本－戴维认为："20 世纪 50 年代末到 60 年代初，对高教迅速扩张的需求引发了对就业的乐观预测，产生了'知识可以转变为财富'的新信念，至少人们认为知识可以转化为任何金钱可以买到的东西。随着 60 年代末高等教育发展减速，学生的激进主义打破了学术界的平静，这种乐观消失，取而代之的是一种极度悲观的态度：有人预言西方科学将衰落，如同精

---

① 利奥塔尔. 后现代状态：关于知识的报告 [M]. 车槿山，译. 北京：生活·读书·新知三联书店，1997：83.

② 杰勒德·德兰迪. 知识社会中的大学 [M]. 黄建如，译. 北京：北京大学出版社，2010：3.

③ 道格拉斯·凯尔纳，斯蒂文·贝斯特. 后现代理论——批判性的质疑 [M]. 张志斌，译. 北京：中央编译出版社，1999：29 - 30.

英高等教育大众化了一样。"① 今天在中国伴随着高等教育迅速扩张而进入大学的一代，也正面临着和西方20世纪70年代前后几乎相同的困境。当高等教育迅速扩张之时，学生们抱着乐观的预期走入大学，但当他们走出大学之时，却发现自己几乎一无所有。因此，今天在我国高等教育领域中也不可避免地弥漫着一种迷失与困惑的情绪。

众所周知，早期的大学是一种精英教育，除了传播文化、塑造民族精神、培养有道德的人之外，通过大学还可以比较有效地实现社会阶层的向上流动。今天随着高等教育的大众化，甚至于普及化，大学在精神与道德层面的作用正在不断萎缩，即便是在经济收益的层面上，今天上大学与其说是为了促进向上流动，倒不如说是为了防止向下流动更为准确。"在所有的地方，教育改革都伴随着对教育的依赖。越来越多的群体热衷于获得教育证书。"② 其结果，伴随着大学的成功，人们对于大学的依赖更为严重。为满足更多人的更多需要，改革也自然而然地成为大学取得更大成功的唯一法宝。在各种改革措施的共同驱动下，今天的大学犹如一架上紧发条、开足马力的机器，不能有片刻的空闲。在这种工厂式的忙碌中，大学失去了固有的反思与批判精神，失去了昔日人类精神家园式的文化底蕴，更失去了闲逸的好奇和优雅的节奏；大学能够提供的除了一些应用性的科技成果、功利性的咨询服务、发表可有可无的期刊论文之外，就是在生产流水线上每年提供一批拥有大学文凭的所谓的受过高等教育的人。在此背景下，随着文凭的贬值，注水式的大学教育成为不可避免的现实，对于高等教育的投资不再是阶层向上流动的充分条件，而是一种被迫的"防御性"开支。瑟罗（L. C. Thurow）和卢卡斯（R. E. B. Lucas）就曾深刻指出："教育成为了一种明智的投资行为，这不是因为教育增加个人的收入，而是基于这样的考虑：如果别人接受了一定的教育而他却没有，那么他的收入将很低，而接受高等教育可以让他的收入比不接受教育高一些。"③ 当然，这还是比较理想的情况，更糟糕的情况是，由于就业危机的蔓延，当前高等教育投资的"防御性"功能也开始面

---

① 约瑟夫·本-戴维. 正确认识今日高等教育危机 [J]. 罗丹, 译. 国际高等教育研究, 2007, (4): 22.

② 乌尔里希·贝克. 风险社会 [M]. 何博闻, 译. 南京: 译林出版社, 2004: 199.

③ 安东尼·史密斯, 弗兰克·韦伯斯特. 后现代大学来临? [C]. 侯定凯, 赵叶珠, 译. 北京: 北京大学出版社, 2010: 164.

临崩溃,现实中"因教致贫"已不再只是偶然的现象。在世界范围内,"除了最知名的高等学府外,也许大学不再像过去那样是人们实现社会流动的康庄大道了。"① 面对这种结果,无论是大学内的人还是大学外的人都会对于大学充满失望情绪,久而久之对于大学的悲观情绪会弥漫到整个社会,从而现代大学也不可避免地面临社会合法性的压力以及身份认同的危机。这种社会合法性的压力以及身份认同危机会改变大学作为一个组织机构在公众心目中的固有形象,最终经典大学理念不可避免地受到社会大众的质疑,现代大学的危机将成为难以逃脱的宿命。那么,如何界定现代大学的危机呢?

胡塞尔在《欧洲科学的危机与超越论的现象学》一书的开篇中曾经写道:"我必须估计到,在这个致力于科学的场所,'欧洲科学的危机与心理学'这个演讲题目就已经会引起反对意见了。我们真的能够谈论我们的科学的危机吗?现在经常听到的这种说法是不是一种夸张之辞呢?"对此,胡塞尔的答案是肯定的。他认为,所谓"科学危机所指的无非是,科学的真正科学性,即它为自己提出任务以及为实现这些任务而制定方法论的整个方式,成为不可能的了。"② 这里论述"现代大学的危机"面临着类似的境况。在现代大学已经成为社会轴心机构,从边缘走入中心的今天,"我们真的能够谈论我们的现代大学的危机吗?"我们所说的现代大学的危机"是不是一种夸张之辞呢?"但正如当年胡塞尔在科学日益走向繁荣之时对于欧洲科学危机的讨论一样,今天现代大学在成功的背后同样面临着严重的危机。"大学受到一系列新知识生产者的挑战,大学已经不再是知识生产唯一的场所了。随着多学科方法成为新的标准,新的'后学科'现象逐渐占上风,学科界际逐渐模糊。""一个非常明显的事实是大学丧失合法性的情况已广泛存在,这是现代性本身面临的最后一个严重的危机。"③ 对这种危机如果沿用胡塞尔对于科学危机的定义方式,也不妨描述为:"现代大学危机所指的无非是,现代大学之所以为大学的合法性,即它为自己提出任务以及为实现这些任务而提出的理念与设计的制度,成为不可能的了。"如果说胡塞尔当年批评欧洲

① 安东尼·史密斯,弗兰克·韦伯斯特. 后现代大学来临? [C]. 侯定凯,赵叶珠,译. 北京:北京大学出版社,2010:166.
② 胡塞尔. 欧洲科学的危机与超越论的现象学 [M]. 王炳文,译. 北京:商务印书馆,2001:13.
③ 杰勒德·德兰迪. 知识社会中的大学 [M]. 黄建如,译. 北京:北京大学出版社,2010:4.

科学危机主要是缘于科学丧失了对于生活的意义，那么，现代大学危机也同样如此。今天现代大学逐渐成为了科学的奴隶，大学逐渐远离人类的精神与生活世界，失去了使自身合法化的理念或基本认知模式。进一步，如果借用托马斯·库恩关于"范式"的概念，现代大学危机也是一种"范式危机"。所谓范式危机就是指："先前的远见和随后的证实很可能指出，错误并不存在于我们的观察和对之记录的方式中，而是存在于告知我们'透过现象看本质'的无足轻重的假设中。我们开始怀疑，表达这些假设的观念并没有能解释正在发生的事情，恰恰是相反：它们遮蔽了人们的视线，使理解变得日益困难；这样的观念与其说是认知资产（cognitive asset），不如说是债务；如果不去掉由此导致的累赘，我们不可能走得太远。"① 作为一种范式危机，今天所谓的现代大学危机也就意味着如果我们不能超越现代性逻辑对于现代大学中"现代"一词内涵的"锁定"，现代大学就"不可能走得太远。"今天的现代大学如果继续着现代性逻辑运行下去，当其现代性特征达到极致之际，也许就是现代大学像白垩纪恐龙一样走向灭绝或被其他机构替代之时。

第二节　作为现代性后果的大学危机

现代性是一个幽灵，无论你喜欢它还是讨厌它，都无法回避它。今天现代性就像空气一样成为人类生活中难以回避的东西。无论"你"如何反对现代性，"你"本身可能就是现代性的产物。现代大学作为一个社会机构，同样无法回避现代性的问题。逻辑上，所谓现代大学就是近代大学为现代性逻辑俘获后，进而自觉现代化的结果。近代大学的复兴源于现代性的附体，没有现代性的兴起就没有今天的现代大学；但另一方面，现代大学危机同样源于现代性逻辑的扩张。今天我们如果不能对现代性后果进行及时的补救与矫

① 齐格蒙·鲍曼. 后现代性及其缺憾 [M]. 郇建立，李静韬，译. 上海：学林出版社，2002：160.

正，所谓的现代大学也会走上不归路，甚至最终异化为人类灾难的源泉也未可知。"危机的发生有利于新的思考，有利于对一切看起来是既定的东西提出疑问，因此而有利于新事物的出现。但是危机的发生也会促进巫术的诊断（将罪恶归之于某个替罪羊）和神秘的拯救方法的卷土重来。"① 正所谓"成也萧何，败也萧何。"那么，作为现代性后果的大学危机主要体现在哪些方面呢？

现代性之于大学的影响首先在于制度的改造，相应的，现代大学危机的显现也同样首先表现在制度层面上，即所谓的"制度改革依赖症"。一般而言，大学制度的形成有两种方式，一种是自发秩序，另一种是理性设计。19世纪之前大学虽然也有经国王或教皇认真筹划以后才设立的，但大学制度大多还是一种自发秩序，直接沿袭中世纪大学的制度形式。19世纪以后伴随着民族主义与民族国家的兴起与普及，现代性主导下的两分法开始兴起，由政府或个人对于大学进行规划开始成为非常时髦的事情，人们相信完全可以依靠人类理性，设计出想要的大学组织制度。在这方面，比较典型的例子有1807年费希特规划的柏林大学，1808年拿破仑设计的巴黎大学，1810年在洪堡领导下正式成立的柏林大学，以及稍后兴起的美国州立大学（其中尤以托马斯·杰弗逊创立的弗吉尼亚大学最为典型②）。在人类历史上，在整个19世纪和20世纪里，许多国家都曾把柏林大学这种人为设计的组织制度作为建立或改革本国高等教育模式的最优选择。现在回头看，这些以柏林大学为原型的现代大学的"先驱者"有一个共同的特点，那就是人的理性开始直接影响大学的设计，甚至直接转化为大学的具体制度安排。自此以后，伴随着现代性逻辑的进一步展开，"近代"与"近代化"被"现代"与"现代化"话语所取代。大学制度开始越来越多的具有一种人为性与科层化而非自组织与自发性治理。从此大学开始成为一个彻头彻尾的人造物，而不再是一个民间的行会型组织。

---

① 艾德加·莫兰. 社会学思考 [C]. 阎素伟，译. 上海：上海人民出版社，2001：32.

② 杰弗逊规划了大学的每一个方面，他选择校址，考虑"学院村"的布局，设计大楼，创设课程，为图书馆挑选图书，并且亲自担任第一任校长。尽管杰弗逊先生规划的弗吉尼亚大学富有创意，但它并不是其他学校的楷模，它的风格在人为设计下几近怪异。比如，杰弗逊就反对授予学位，认为这不过是"人为的矫饰"。参见弗兰克·H. T. 罗德斯. 创造未来：美国大学的作用 [M]. 王晓阳，蓝劲松，译. 北京：清华大学出版社，2007：5.

　　按照现代性的逻辑，任何社会秩序在本质上都是人为的，离开了人的理性设计任何社会机构都无法独立获得其有序存在的能力。"在整个现代时期，造园或外科姿态均成为制度化了的权势们——尤其是民族国家的权势们——所具有的那些态度和政策的特征。"① 大学当然也不例外。作为一种组织机构，大学在政治家的眼中也只是待修剪的花草或需要动手术的病人。政府有权决定大学是否有"病"，应该如何"治疗"；政治家们对于大学应当如何存在，甚至是否能够存在，拥有最终解释权和决策权。大学发展的历史也证明，正是人类的这种理性的自负从此埋下了现代大学危机的种子。比如在"文革"期间，中国大学的停办就是现代性逻辑与中国式意识形态结合下的独特产物。而今天在世界范围内大学的改革风起云涌，对于改革的渴望到了无以复加的地步。在有些国家、有些大学甚至不惜用这次改革来否定上一次改革，为改革而改革。这种情况的出现，与其说是缘于对大学改革成功的渴望或对大学的"善"意，倒不如说是缘于理性的自负更为恰当。在现代性逻辑主导下，正是出于对理性的绝对自信，抱着一种良好的主观愿望，政治家们（包括学术界）才不停地呼吁并真刀真枪地改革大学。老子讲：治大国若烹小鲜。大学的发展同样如此。没有改革不行，那样大学会过于保守，但过多的改革对于大学也同样不是什么好事情。如果犯上"改革依赖症"，犹如吸烟上瘾一样，对于大学的发展更是一种无形的灾难。实践证明，凡成功的大学绝不是改革多的大学，更不是为改革而改革，犯有"改革依赖症"的大学；而是注重传统，尊重大学内在逻辑的大学。

　　现代性对于大学复兴的第二个贡献在于自然科学的引入，但自然科学的崛起并一枝独秀同样也导致了现代大学的危机。"学术共同体衰落的最重要的原因可能就是自然科学和技术的发展。这不仅由于它的专业术语、假定和结论难以为大众所理解，也由于其他学科大量地，有时甚至是愚蠢地学习它的研究方法，这样自然科学考虑问题的高度和广度就减小了。"② 在人类历史上，大学以求真确立了认识层面的合法性。现代性逻辑同样以对真理的追寻实现了自身的合法化。但在绝大部分时间里，现代性的逻辑并没有获得相应

---

① 齐格蒙特·鲍曼. 现代性与矛盾性［M］. 邵迎生，译. 北京：商务印书馆，2003：150.
② 弗兰克·H. T. 罗德斯. 创造未来：美国大学的作用［M］. 王晓阳，蓝劲松，译. 北京：清华大学出版社，2007：59.

的真理。"作为一种生活方式，现代性通过为自己确立一项不可能的任务使自己成为可能。"① 就科学与大学的关系看，中世纪大学兴起以后，甚至一直到柏林大学建立初期，科学研究之于大学更多的是一种闲情逸致，科学不失人文关怀与生活意义，大学仍然是一个知识共同体。但现代以降，在现代性逻辑的主导下，以自然科学为代表的科学探究不再是闲逸的好奇，而是源于征服自然、控制自然的欲望。为了在征服与控制自然的过程中实现精确化，"现代性将世界的碎片化作为自己的最大的成就，加以炫耀。碎片化是其力量的主要源泉。""所有统治者和科学家都小心翼翼地守护着自己的那片猎场，维护着自己确立目的的权利。"② 正是由于这种碎片化的逻辑盛行，现代大学逐渐丧失了知识的整体性，日益碎片化、原子化。"随着每一次的连续分化，嫩芽离其原初根茎间的距离就越大，不存在任何水平间的联结以弥补这种分离。"③ 其结果在大学的内部，通过学科制度化程序，分支学科越来越多，最终大学被众多分支学科所掏空。大学不再是知识的共同体，而是那些碎片化的知识所共享的一个"保护伞"。知识分子的荣誉称号也开始被大学教授的学衔所取代。"假如知识分子曾是游牧者，那么他们现在不再是了。他们已到家了。他们已定居了。他们已有自己的耕地了。""昔日的自由知识分子变成了大学教师、政府顾问、战争专家和官员以及政府福利救济机构中的官僚。普遍性的骑士变成了医院、大学、剧院和研究院的捍卫者。"④ 与此同时，由于生活本身、功能以及意义的碎片化，现代大学失去了成为公共领域的兴趣，甚至开始远离公共性，走向隐蔽的政治化抑或趋于公开的私人化。"科学研究工作者顺理成章地使自己成为名副其实的技术工人。只有这样，他才能卓有成效地胜任他的工作；也只有俯首帖耳地追随时代的风尚，他才称得上明智，称得上有现实的眼光，有现实的头脑。昔日环抱他的学术活动应有的浪漫主义气氛，而今已经日渐稀薄。也许在极少的一些地方，大学对这种趋势还可以稍稍抵挡一阵子。但是，大学真正有效的整体性特征，大学的现实并不在于某种知识分子的力量。知识分子的力量本来应属于诸科

① 乌尔里希·贝克. 风险社会 [M]. 何博闻，译. 南京：译林出版社，2004：16.
② 齐格蒙特·鲍曼. 现代性与矛盾性 [M]. 邵迎生，译. 北京：商务印书馆，2003：19.
③ 乌尔里希·贝克. 风险社会 [M]. 何博闻，译. 南京：译林出版社，2004：22.
④ 乌尔里希·贝克. 风险社会 [M]. 何博闻，译. 南京：译林出版社，2004：138.

学某种原始未分的一致性本质。这种力量为大学所滋养并且在大学中才能真正受到保护，所以本来就是发祥于大学的。今天，这种知识分子的力量在大学中的地位又占几稀？"① 总之，在现代性的张力下，知识分子变成了专业化的大学教授，大学本身或顺流而下成为政治统治和经济发展的工具，或逆流而上径直走到另一极端，即通过企业精神铸就营利性大学。

近年来，伴随应用科学研究在硅谷的巨大成功，现代大学又遭遇到了新的合法性危机。"自然科学和大量涌现的专业学院一起，在校园中产生了巨大的影响。它设定了大学的发展速度，它为专业技术教育提供课程基础，它享有广大的研究支持，它还改变了我们对待知识的态度，事实上是改变了我们对待生活的态度。"② 目前伴随着大学科技创新带来的巨大经济收益，各国纷纷创建各自的大学科技园区，以谋求经济快速增长。毫无疑问，现代大学占有大量的优质资源，应该也可以为国家经济的发展作出贡献，但如果走上"经济主义"道路，忽视了大学作为一个社会机构本应肩负的更为根本的责任与功用，同样会造成更严重的后果。相比于过去所谓的"政治正确性"，伊贝拉希姆·沃德最近就提到了正在发展的"经济上正确"（economically correct）的专制问题。他认为："在经济上行得通的原则能够在政治上、经济上和人性上行得通；这逐渐地、无情地成了公众话语的公理。现在，主要行动者不再采取民主的方式控制国家，而是想方设法控制非选举的、不受限制的、激进地抽离出来的金融集团。在这样一个世界里，更大的利润和竞争问题将会使其他所有问题变得无效并丧失合法性。"③ 对于正在试图成为国家经济发动机的现代大学，对于那些正企图通过"科技创新"走"学术资本主义"之路的现代大学，沃德关于"经济上正确"的警告难道不值得深思吗？

现代性逻辑主导下的科学主义与理性主义是现代大学危机的又一根源。在对现代性与大屠杀的研究中，鲍曼就曾认为："将目的行动从道德限制中解放出来，现代性便使得种族大屠杀成为可能。现代性尽管不是种族大屠杀

---

① 海德格尔. 人，诗意地安居：海德格尔语要 [Z]. 郜元宝，译. 桂林：广西师范大学出版社，2000：35 - 36.

② 弗兰克·H. T. 罗德斯. 创造未来：美国大学的作用 [M]. 王晓阳，蓝劲松，译. 北京：清华大学出版社，2007：60.

③ 齐格蒙·鲍曼. 后现代性及其缺憾 [M]. 郇建立，李静韬，译. 上海：学林出版社，2002：49.

的充足理由，但却是必要条件。"① 在某种意义上，现代大学同样参与了"大屠杀"。伴随着原子弹在日本广岛和长崎的爆炸，爱因斯坦不无痛心地指出：参加研制这种历史上最可怕最危险的武器的物理学家，即使不算犯罪，也会被同样的责任感所烦恼。由原子弹爆炸所引发的大学知性危机，意味着在今天"危险的来源不再是无知而是知识；不再是因为对自然缺乏控制而是控制太完善了；不是那些脱离了人的把握的东西，而是工业时代建立起来的规范和体系。"② 今天第二次世界大战的硝烟已经散去，但战争的阴影仍在世界徘徊。在人类通向和平的道路上，现代大学已基本上放弃了自身的立场，而成为服务于民族国家利益与意识形态的工具。伴随大学科技水平的突飞猛进，如果人类的责任感没有能够通过大学教育有相应程度的提升，由大学科研高度发达所造成的大学危机将转变成社会的危机，甚至于灾难。当然将这些全归为大学的责任略显不公，但毫无疑问在这件事情当中大学绝对不是无辜的，至少也是一个积极的"共谋者"。作为一个拥有悠久传统的社会机构，大学应该清楚自己的定位，有所为有所不为。除了科技的创新、高深的知识外，人类所需要的大学更应是世俗的教会，更应是精神生活的天堂；大学应该传播文明而不仅仅是生产知识、发展技术与创造财富，大学应该培养有道德的人而不仅仅是科学家、政客或商人，大学的科学探究应该受到人文精神与伦理道德的约束，而不是脱离了人的主体约束的纯粹技术主义，即因为技术上可以做到，所以就去做。目前来看现代大学只要对政府与市场的意识形态作出了承诺，并能切实履行这些承诺，带来政治与经济收益，政府与市场便会给予了大学消极的自由。大学也乐于享用这种自由，即使这种自由可能会影响教育的质量，有违组织的理念与制度的伦理也在所不惜。在今天由于责任感与德性论的缺失，单纯由工具理性所主导的自由大学的存在对于社会而言将是一个潜在的巨大威胁。这种威胁一方面体现在自由大学将可能导致大学教育的变质与堕落，另一方面则在于这种自由将会导致现代大学步入歧途。因为，在权力和利益的诱惑之下，失去理念与信仰的大学，就如没有罗盘的船。没有罗盘的约束，船是最自由的，但也是最危险的。

---

① 齐格蒙特·鲍曼. 现代性与矛盾性 [M]. 邵迎生，译. 北京：商务印书馆，2003：76.
② 乌尔里希·贝克. 风险社会 [M]. 何博闻，译. 南京：译林出版社，2004：225.

　　最后，现代大学的危机还体现在社会科学的失败上。社会科学的诞生是近代大学复兴中至关重要的因素。"和经济理性和其他功利主义一样，社会科学是随着工业资本主义的到来而诞生的一种常识的专业变体。"① 今天在现代性主导下的社会科学面临失败的危险。而社会科学一旦失败，由自然科学、社会科学与人文学科三驾马车所主导的大学学科制度就将崩溃。而一旦这种学科制度崩溃，现代大学制度的崩溃也将为时不远。今天社会科学面临危机已是不争的事实，为了应对这种危机，以华勒斯坦为代表的一批学者曾展开过深入研究，并提出了诸如"科际整合"与"开放社会科学"等不同的应对策略。但社会科学面临的危机从根本上讲是整个现代性的危机，对相关问题如果我们不能连根拔起，调整战略，其他任何孤立的策略选择都无法挽救社会科学于危难之中。今天无论是在人文学科领域中兴起的文化研究，还是自然科学领域内的复杂性研究对于社会科学的复兴而言都是远水难解近渴。因为在根子上，社会科学是现代性逻辑的直接产物。甚至可以说，社会科学的学科逻辑就是一种现代性的逻辑。今天现代性逻辑已是山穷水尽、危机重重。社会科学不可能继续繁荣。因此，尽管"它们的的确确带来了自身知识（self - knowledge），而且它们从未中止提供关于现代社会的、关于一个偶然性社会的、关于众多社会中一员——即我们的社会——的自身知识。"然而"如果用社会科学的抱负的那些标准来判断，这种部分成功本身就是失败。"因为"他们在自信叙述着必然性的同时，将偶然性告知于人；在自信叙述着普遍性的同时，将特定的地方性告知于人；在自信叙述着超越疆界、超越时间的真理的同时，将局限于传统的诠释告知于人；在自信叙述着世界的确定性的同时，将人类处境的暂时性告知于人；在自信叙述着自然秩序的同时，将人为设计的矛盾性告知于人。"② 社会科学如何超越这种现代性的危机呢？一种选择是普遍理性主义，另一种选择就是德性论。按普遍理性主义的价值取向，社会科学可以继续沿着科学之路走下去，矛盾都是暂时的，只要努力，最终一定可以发现社会运行背后的规律，揭示出有别于常识的真理。按照德性论的主张，社会科学应重新回归道德哲学的范畴，抛

---

　　① R. W. 费夫尔. 西方文化的终结 [M]. 丁万江，曾艳，译. 南京：江苏人民出版社，2004：261 - 263.

　　② 齐格蒙特·鲍曼. 现代性与矛盾性 [M]. 邵迎生，译. 北京：商务印书馆，2003：350.

开价值中立的假设，放弃工具理性的诉求，为人类的幸福而努力。二者的优劣暂且不表。问题的核心之处还在于，学科发展方向的选择权并不在社会科学本身，而在于大学。如果现代大学仍然取向于成为一个高度发达的知性复合体，那么社会科学必然要沿着普遍理性主义的道路走下去；相反，如果现代大学能够从知性走向德性，并最终使德性的大学成为现实，大学成为德性之家，那么德性论毫无疑问将成为社会科学发展的最终归宿。但现代大学的发展方向在哪里呢？这正是我们的困惑。"由于危机具有不确定性和模糊性的特点，危机的出路也是不确定的。因为危机中可以出现分解和再生两种力量（'死'和'生'两种力量），所以它会启动'健康'的过程（寻求、战略、发明）也会启动'病态'的过程（神话、神秘、仪式），会使人觉醒，同时也会使人麻木；所以危机的出路可以是倒退，也可以是进步。"①

第三节　公民社会与大学危机的超越

现代性本身就蕴涵着对于自身的扬弃，因此可以说，现代性危机直接孕育了后现代性。按照鲍曼的看法："后现代性是现代性的成年：后现代性是现代性与其不可能性的妥协，是一种自身监控的现代性——是清醒地抛弃了曾经不知不觉所做的一切的现代性。"② 在逻辑上，既然后现代性是对现代性进行反思的产物，那么从现代走向后现代理应可以化解现代性危机。但由于后现代本身所具有的两面性，即文明与野蛮同在，真实与虚假共存，风险与机遇更是皆有可能。"后现代对现代制度的废除移走了主动性的最后障碍；但是它也再次揭开了前现代的冷酷无情的无法接受的面孔。"③ 后现代性之于

---

① 艾德加·莫兰. 社会学思考 [C]. 阎素伟，译. 上海：上海人民出版社，2001：156.

② 齐格蒙特·鲍曼. 现代性与矛盾性 [M]. 邵迎生，译. 北京：商务印书馆，2003：410.

③ 齐格蒙·鲍曼. 后现代性及其缺憾 [M]. 郇建立，李静韬，译. 上海：学林出版社，2002：249.

现代大学危机同样如此。它既可能给现代大学的复兴带来机遇，同时也可能使现代大学充满了另类的风险，甚至有可能加剧现有危机。"后现代性的可怕危险则是它可能会使青春期的现代性所具有的那些已死的（抑或仅仅是冬眠的）抱负得以复苏，并使自己的同时代者充满着再次身体力行这些抱负的欲望。"①

　　目前后现代性与现代大学的关联主要集中于科学观与知识观层面，尚未深入具体的制度安排。不过，科学观与知识观的变化在为现代大学带来生机的同时也同样会极大地动摇经典大学理念与现代大学制度。通过对于真理一元论的解构，后现代社会成为一个充满不确定性的流动的社会。鲍曼甚至直接就将后现代性称为流动的现代性。在后现代主义的视野中，沿着后现代性逻辑，真理从单数变为复数。因此，在今天的大学里人们已不再为什么是真理而争论，而在为应坚持哪种真理或谁的真理而争论。"如今人们很少听到哲学家宣称纠正正常人错误的意图。然而人们听到了他们大声地宣布彼此的错误及纠正这一错误的紧迫性。今天，沿着大学间、学科间的前线，最野蛮的战役发生了。"② 与此同时，在后现代主义视野中科学通过"返魅"重新变得具有了人性，讲究自由、多样化与宽容。后现代性甚至主张："科学没有真理也照样行得通，甚至更好些，更诚实一点，有着更多的适用性，更大胆更勇敢。反面也是吸引人的，它总是有机会的。"③ 那么，这种知识观、科学观与真理观对于大学所面临的现代性危机是福是祸呢？后现代主张解构宏大叙事，强调个体性知识与地方性知识。在这种主张下，知识不再以理念的实现或人类的解放为目的，知识只是世俗的工具。"大学和高等教育机构从此需要培养的不是各种理想，而是各种能力：多少医生、多少某专业的教师、多少工程师、多少管理人员等。知识的传递似乎不再是为了培养能够在解放之路上引导民族的精英，而是为了向系统提供能够在体制所需要的语用学岗位上恰如其分地担任角色的

---

　　① 齐格蒙特·鲍曼. 现代性与矛盾性 [M]. 邵迎生，译. 北京：商务印书馆，2003：154.

　　② 齐格蒙·鲍曼. 后现代性及其缺憾 [M]. 郇建立，李静韬，译. 上海：学林出版社，2002：140－141.

　　③ 乌尔里希·贝克. 风险社会 [M]. 何博闻，译. 南京：译林出版社，2004：206.

游戏者。"① 对此，实用主义者可能认为，大学回归世俗生活，是一种进步，也代表了未来大学的发展方向；而传统的保守主义者则会认为，大学失去了作为精神家园的资格，大学批判精神式微，经典理念遭到抛弃，后现代大学不再具有哲学层面的合法性。由此观之，后现代性的出现既为现代大学克服现代性危机提供了机遇，但同时也是机遇与风险并存，甚至有时风险还会大于机遇。故此，大学要克服现代性危机，必须寻找其他出路。那么，出路何在呢？

我们知道，在传统社会或前现代社会中"危机"与"风险"属于社会发展中极不正常的状态。社会的常态一直是充满确定性。在一个具有充分确定性的社会里，财富分配的逻辑与风险分配的逻辑之间成反比，财富可以帮助人们规避风险或化解危机。但在工业社会以后，尤其是在后工业社会阶段，财富分配的逻辑与风险分配的逻辑之间失去了直接的联系，风险成为整个社会共同的危险，危机也成了整个社会共同的危机。在这方面环境污染以及可能爆发的核战争就是最好的案例。针对这种现实情况，贝克曾创造性地提出了"风险社会"的概念。他认为，如果说"阶级社会的驱动力可以概括为这样一句话：我饿！风险社会的驱动力则可以表达为：我害怕！焦虑的共同性代替了需求的共同性。"② 今天伴随着环境污染问题的全球化以及人类武器系统的不断升级换代，风险社会已不再只是一个概念或认知范式，而成为一种客观的存在。"在风险社会中，对恐惧和风险的处理成为必要的文化资格，而对这种它所要求的能力的培养，成为了教育制度的核心任务。"③ 这也就意味着，现代大学危机的超越绝不仅仅是大学自身的事情，它对于整个社会摆脱危机状态、化解社会风险也有重要的帮助。应该说，贝克的"风险社会"理论精彩地概括了我们当下所处社会的一个极端，但极端不代表全部。真实的社会应是一种光谱状的存在，其中既有风险社会的影子，也有人类走出风险的希望。从风险社会理论中风险本质上就是知识风险的内涵出发，当下社会形态"光谱"的另一极端应该

---

① 利奥塔尔. 后现代状态：关于知识的报告 [M]. 车槿山，译. 北京：生活·读书·新知三联书店，1997：103-104.

② 乌尔里希·贝克. 风险社会 [M]. 何博闻，译. 南京：译林出版社，2004：57.

③ 乌尔里希·贝克. 风险社会 [M]. 何博闻，译. 南京：译林出版社，2004：92.

就是所谓的"知识社会"。知识既是风险的根源，也是人类借以走出危险社会的重要"抓手"。因此，如果说"风险社会"为大学危机的产生与存在打上了鲜明的时代烙印，那么知识社会的来临则为现代大学危机的超越提供了最大的可能。原因就在于，从工业社会到知识社会是人类最为重要的社会转型。作为对工业社会的超越，由于知识本身的无边界性，知识社会的到来为实现全球公民社会提供了最佳的契机，为大学超越现代性危机，复兴其作为公民社会重镇的角色提供了历史性机遇。在知识社会与公民社会的视野中，大学要超越现代性的危机，就必须重新恢复其相对独立于政治、经济"场域"之外的，作为公民社会重镇的角色与身份。在知识社会中，只有立足于或回归于公民社会之中，大学才能实现与政府、企业以及其他社会组织之间的和谐共处、共生与共治。

当然，在走向公民社会的过程中，处在危机中的现代大学也不是消极等待而是大有可为。"大学作为一个现代性机构在其意识中包含着以大学先于现代性的名义对现代性的批判。"① 在走向公民社会的过程中，通过张扬现代大学的批判精神不但可以超越大学既有的现代性危机，而且通过相应的人才培养，现代大学还将改变着公民社会以及它自己。"所有一切都暗示，在这个新的变革的世纪里，大学不能像白垩纪后期的恐龙那样只知道仰望若隐若现的星空，而是要有所行动。我不相信大学会绝迹，反而会认为它的有效运行会支持这种变化，尽管这些变化中一些是革命性的，几乎所有的都是不受欢迎的，还有少数被认为是有害的和破坏性的。大学的未来和其贡献很可能会依赖于它如何创造性地利用过去的管理经验和学习模式去适应新世纪终身学习社会的需要。"② 无论是历史上还是现实中，大学的转型都是社会转型的一个重要组成部分，并直接受社会转型所制约。一般而言，社会的转型大致体现在政治、经济与社会三个方面。今天在社会领域改革的过程中，公民社会的形成已经提到了各国政府议事的日程表上。在公民社会形成的过程中，大学可以发挥它独特的作用。首先，现代大学仍然是进行公民教育的最重要的机构之一。通过大学培养大批具有公

---

① 杰勒德·德兰迪. 知识社会中的大学 [M]. 黄建如，译. 北京：北京大学出版社，2010：51.
② 弗兰克·H. T. 罗德斯. 创造未来：美国大学的作用 [M]. 王晓阳，蓝劲松，译. 北京：清华大学出版社，2007：272 - 273.

民素养的公民是全球公民社会得以形成的最重要的人力资源。其次，作为昔日的行会组织，现代大学无疑仍是当今社会结社最为盛行的地方，同时也是人们学习结社艺术的最好的制度性场所；而结社艺术无疑又是公民社会得以存在的最重要的技术手段。"21 世纪大学的中心任务就是在公共领域成为一个关键的参与者，进而促进知识的民主化。大学是社会中有能力沟通知识模式、文化形态和制度创新之间关系的关键机构。"① 最后，作为一个高度自治的组织，大学曾经是一个极富批判精神的场所。而这种批判精神是公民社会得以存在和发展的最重要的合法性基础。"为了在危险的知识社会能够生存，有必要形成这样的社会空间：即容许怀疑知识并在信赖知识这一意义上的相互批判。"② 未来要超越现代大学的危机，必须要将大学重建为一个相互批判空间的中心，进而成为公民社会的重镇。虽然现代社会本身就是一个自我批判型的社会，但事实上出于意识形态等方面的考量以及对于批判本身的误解，现代大学的批判精神在国家与市场的双重控制下已逐渐走向没落。在某种意义上，批判精神的没落既是现代大学危机的标志也是其重要的根源。"大学必须恢复在公共领域衰落时期失去的、可供争论的空间。"③ 在现代性危机的笼罩下，大学对社会的影响力逐渐降低，但随着知识社会的到来，如果大学能够成功转型，其重要性将会上升。今天，伴随着知识社会的来临，知识经济、知识管理已经初露端倪。在此背景下，重温大学批判精神，复兴大学批判实践，将现代大学建设成为相互批判空间的中心，并通过说"不"的行动来培育相应的公民文化，以最终促成全球公民社会的实现，将既是大学超越现代性危机的一种途径也是检验现代大学是否超越危机、实现复兴的重要标准。为了能够超越既有的现代性危机，现代大学必须始终坚守启蒙的心态，遵循第三部门的制度逻辑，以独立自主的批判精神引领社会发展，进而促成全球公民社会的实现。

---

① 杰勒德·德兰迪. 知识社会中的大学 [M]. 黄建如，译. 北京：北京大学出版社，2010：11.

② 矢野真和. 高等教育的经济分析与政策 [M]. 张晓鹏，译. 北京：北京大学出版社，2006：238－239.

③ 杰勒德·德兰迪. 知识社会中的大学 [M]. 黄建如，译. 北京：北京大学出版社，2010：8.

第四节　大学转型的历史与未来

在历史上，以欧洲中世纪大学作为起点，整个大学史大致可以分为四个阶段：即中世纪大学，近代早期大学（1500—1800），近代大学（1800—1945）以及现代大学（1945—）。在这四个阶段中，大学的基本类型主要有三种，即中世纪大学，近代大学与现代大学，近代早期的大学仍然基本沿袭着中世纪大学的传统，属于中世纪大学向近代大学的过渡阶段，不构成一个独立的大学类型。以此三种主要的大学类型为基础，从中世纪大学到现代大学其间总共经历了两次大的转型：即从中世纪大学到近代大学以及从近代大学到现代大学。但事实上，自20世纪80年代以来，伴随后现代主义的兴起，在现代大学危机的巨大压力之下，从现代大学向后现代大学的转型也已迫在眉睫，并初露端倪。如有学者所言，今天"高等教育不仅在不断适应环境，同时也在完成一次重大转型，即向'后现代大学'转变。"[1]

大学源于中世纪，中世纪大学也是现代大学的组织原型。作为中世纪大学的典型代表，博洛尼亚大学和巴黎大学被称为世界大学的"母大学"或"大学之母"。德国诗人席勒论诗时曾言"所谓古今之别，非谓时代，乃言体制。"[2] 在大学史上，中世纪大学也绝对不仅是一个时间的概念，即出现在中世纪的大学；作为现代大学的源头，中世纪大学还代表了大学的第一种理想类型。后世学者关于大学理想和理念的许多论述无不与其对中世纪大学的记忆和想象有关。在某种意义上，今天人们对于中世纪大学的想象已经成为现代大学发展中一种挥之不去的怀旧情结和历史记忆。自觉或不自觉地、有意或无意地，中世纪大学都会成为当代人校正或调整现代大学理念和制度偏差的潜在的参照系。作为最早的一种大学类型，"中世纪大学不仅是教皇建

---

① 安东尼·史密斯，弗兰克·韦伯斯特. 后现代大学来临？［C］. 侯定凯，赵叶珠，译. 北京：北京大学出版社，2010：176.

② 钱锺书. 谈艺录［M］. 北京：生活·读书·新知三联书店，2010：4.

立并授予其成员以广泛特权的机构，中世纪大学也是一个独立的社团，常常具有复杂的内部结构，实施着特殊形式的教学，并从其影响所及的广大区域（从理想的角度说，可以扩展到到整个基督教王国）吸收成员。"① 在中世纪漫长的岁月里，此种类型的大学经历了诞生、兴起、衰落与转型，走过了一段极不平凡的发展历程。中世纪之后，在教会分裂、民族国家萌芽的背景下，欧洲历史进入近代早期。在 16 世纪初到 18 世纪末的三个世纪里，在"反大学运动"② 的冲击下，经过了文艺复兴、宗教改革和启蒙运动的洗礼，中世纪大学最终脱胎换骨，转型为近代大学。近代大学是欧洲高等教育近代化的产物，其标志就是自然科学课程和社会科学学科大规模、成建制地进入大学，其背后的动因则是资本主义的大发展。在政治上，资本主义国家的建立使得早在中世纪晚期就已经初露端倪的大学国家化和民族化的倾向彻底合法化和制度化。在经济上，资本主义国家大规模的经济资助使得大学逐渐地从独立的民间社团转型为培养统治阶层和国家公民的公共教育机构，相应地，大学里的教师和学生的法律自治和特权地位也转变成为一种专业等级制度。在文化上，随着自然科学从自然哲学中的不断分化以及传统的道德哲学逐渐地被各种社会科学的学科所替代，近代大学开始成为资本主义的民族国家铸造民族精神和宣扬意识形态的主战场，大学开始成为"国家的"大学而不再是一个普遍主义的民间机构。从此以后，在民族国家的控制或主导下，在整个世界范围内"大学后来的历史是逐步制度化、理性化，最终是大学'去个性化'的历史。"③

与教会主导的中世纪大学相比，走向世俗化的近代大学其课程设置和教学内容都更加丰富。"中世纪大学教学的主要特征之一，就是一系列固定教材趋于稳定化，例如，文学院使用亚里士多德的著作，法学院使用查士丁尼的法典，医学院使用盖伦的著作。神学院的权威教材就是《圣经》。"④ 而在

---

① 希尔德·德·里德 – 西蒙斯. 欧洲大学史第一卷　中世纪大学 [M]. 张斌贤，等，译. 保定：河北大学出版社，2008：47.

② 史蒂夫·富勒. 科学的统治：开放社会的意识形态与未来 [M]. 刘钝，译. 上海：上海科技教育出版社，2004：85.

③ 希尔德·德·里德 – 西蒙斯. 欧洲大学史第一卷　中世纪大学 [M]. 张斌贤，等，译. 保定：河北大学出版社，2008：188 – 189.

④ 希尔德·德·里德 – 西蒙斯. 欧洲大学史第一卷　中世纪大学 [M]. 张斌贤，等，译. 保定：河北大学出版社，2008：454.

以柏林大学为代表的近代大学里，随着自然科学课程和社会科学学科和课程的不断增多，为国家服务最终取代了为教会服务成为了近代大学区别于中世纪大学的一个重要标志。与中世纪时相对同质的文化环境有所不同，19世纪以来近代大学开始被要求传播一种根据各个国家不同需要和意识形态的不同而有所不同的文化传统和意识形态。与中世纪大学所普遍持有的普适主义的价值观相比，近代大学则开启了一个大学国家主义的新时代。以此为基础，加劳斯基曾将19世纪以来近代大学模式的特点概括为三个关键词，即扩展、变革和职业化①。具体而言：在民族国家的新背景下，以"洪堡三原则"（即大学自治、学术自由、教学与科研相统一）为主导，科研逐渐成为了近代大学的核心使命与基本职能。以大学自治、学术自由、教学与科研相统一为核心的经典大学理念和教授治校的制度安排在铸就德国大学辉煌成就的同时，也深刻影响了世界大学发展的方向。在19世纪以后，世界各国大学的发展和变革都不可避免或多或少地会带有德国大学的影子。原因在于：大学历史上"研究和教学的结合可能具有偶然性，但它一旦确立并付诸实践，所产生的结果就不可超越了。它是发现、传播与发挥影响的理想方式。"② 实践也证明，通过将教育与研究相结合，以柏林大学为代表的近代大学就像中世纪时的巴黎大学一样成为大学发展史上又一个重要的里程碑。柏林大学作为近代大学的典范成为19世纪以后世界各国大学发展的另一种理想类型。按照希尔斯的说法："以研究为导向的德国式大学构成了世界范围的高等教育的黄金典范（gold standard）。"③ 世界范围内，在诸多以德国近代大学为榜样的大学改革中，以美国大学的成绩最为显著。正是在继承德国大学重视科研的传统的基础上，美国大学不断开拓，勇于创新，最终开创出了研究型大学的新模式，从而揭开了从近代大学向现代大学转型的序幕。

　　就像从中世纪大学到近代大学的转型一样，对于近代大学与现代大学的划分，时间也只是其中的一个维度，隐藏在时间背后的更重要的则是大学类

---

① 希尔德·德·里德－西蒙斯. 欧洲大学史第二卷 近代早期的欧洲大学（1500—1800）[M]. 贺国庆，等，译. 保定：河北大学出版社，2008：84.
② 爱德华·希尔斯. 学术的秩序——当代大学论文集 [C]. 李家永，译. 北京：商务印书馆，2007：12.
③ 爱德华·希尔斯. 学术的秩序——当代大学论文集 [C]. 李家永，译. 北京：商务印书馆，2007：导言·6.

型的根本差异。"今天，凡是在这个世纪，这个年代的人，在年代学上，没有人能避免是'现代的人'，但是在这个同一时刻里，他们生活的实质却可以完全异趣。所以当每个人在年代学上是现代人时，在实质上却未必一定就是现代人。"① 现代大学作为一种大学类型也同样如此。就像中世纪大学绝不只是诞生在中世纪的大学，近代大学也不只是出现在近代的大学一样，现代大学作为一种大学类型同样不只是一个年代学上的概念。中世纪大学作为大学的第一个理想类型，其核心特征是"忠诚并服务于教会利益的具有普遍主义的精神气质和诸多特权的学者行会。"相比之下，近代大学则是一个"忠诚并服务于特定民族国家利益的坚持大学自治、学术自由以及教学与科研相统一的国家主义的高等教育机构。"如果说中世纪大学的核心价值与功能在于对形而上学的理性思考，那么近代大学的根本诉求则在于国家主义的文化观念或民族主义的意识形态的传播。与中世纪大学和近代大学相比，现代大学作为大学的又一理想类型，其核心特征和价值取向是什么呢？答案是科研至上、为经济建设服务，即现代大学主要是作为一个科学探究的场所，其服务指向于经济建设和产业发展。现代大学作为一种新的大学观，科研在其中具有至高无上的价值，离开科学研究就谈不上现代大学，最现代的大学或最好的现代大学就是科研最卓越的为经济建设和产业发展贡献最大的大学。

从近代大学对于科研的重视到现代大学视科研为第一要务，这中间与现代性的逻辑有着必然的关联。如果说 19 世纪近代大学的产生是欧洲高等教育近代化的必然结果，那么现代大学的出现就是近代大学被现代性逻辑所俘获后的一种宿命。如果要追根溯源，在某种意义上，现代大学与近代大学仍然存在着一脉相承的联系。"大学与国家的联盟标志着现代大学的诞生——从'政治'理想到'共和国'理想的转变。"② 按照希尔斯的看法："现代大学的思想是 18 世纪末、19 世纪初的一个创造。在 20 世纪初，这一思想已经接近实现。""20 世纪初的世界主要大学，带有大约一个世纪之前的德国思想家传播、并在 19 世纪的德国大学体现出来的大学的思想印记。"③ 因此，

---

① 金耀基. 从传统到现代 [M]. 北京：中国人民大学出版社，1999：94.

② 杰勒德·德兰迪. 知识社会中的大学 [M]. 黄建如，译. 北京：北京大学出版社，2010：42.

③ 爱德华·希尔斯. 学术的秩序——当代大学论文集 [C]. 李家永，译. 北京：商务印书馆，2007：53，52.

如果说以法国巴黎大学为代表的中世纪大学是康德意义上的理性大学,以德国柏林大学为代表的近代大学是洪堡意义上的文化大学,那么以美国哈佛大学为代表的现代大学就是克尔所谓的"巨型大学"或帕森斯所谓的"知性大学"或雷丁斯所谓的"一流大学"。今天,无论是批评者眼中的"克拉克·克尔怪兽"还是帕森斯所指的"知性复合体"抑或雷丁斯所谓的"一流的技术—官僚体系",其在类型学意义上都是指以哈佛大学为代表的"研究型"大学。事实上,所谓"研究型大学"的称谓其最初源于卡内基高等教育分类体系,主要强调该大学的科研特色和研究水平,主要标志就是该校具有博士学位的授予资格以及每年授予博士学位的数量。但最终在各种功利主义思潮以及可计量原则的主导下,科研不再只是与教学和社会服务并列的大学的一项基本职能;相反,科研的卓越逐渐成为了社会各界衡量一所大学好坏的最重要的标准,甚至是唯一标准。"现在我们很难想象这样一个世界,在这个世界里,科学研究不是学术生活的主要内容,大学不是基础科学知识的主要源泉。"① 今天,在科研至上主义的影响之下,研究型大学不但牢固地占据了大学金字塔的顶端,而且还成为了现代大学的一种理想类型。正如拿破仑曾言,不想当元帅的士兵不是好士兵。今天不想办成哈佛的大学就不是好大学。"哈佛化"或"美国化"或"向研究型大学看齐"已经成为目前世界各国大学发展的一种默认的共识和习惯性行为。由于对科研的过分推崇以及对于大科学的迷信,在对于知性和学术的迷思中,人们甚至想象不出未来研究型大学的替代者应该是什么模样。也不知道在知性的学术和科学之外,德性的大学生活如何可能。

今天虽然以"研究型"为范式的现代大学仍然如日中天,但是在世界范围内,由于种种原因,高等教育领域开始弥漫着一种悲观和迷茫的氛围。爱德华·希尔斯就认为:"我们正在失去近代大学的精神。"② 对于现代研究型大学的前景,许多人也并不看好。在实践中现代大学的经典理念已经逐渐的式微,研究型大学的范式亦毁誉参半。按伯顿·克拉克的说法:"大学的转

① 约翰·齐曼. 知识的力量——科学的社会范畴 [M]. 许立达,译. 上海:上海科学技术出版社,1985:60.

② 爱德华·希尔斯. 学术的秩序——当代大学论文集 [C]. 李家永,译. 北京:商务印书馆,2007:导言·1.

型已经提到了现代大学的议事日程的顶端。"① 虽然在每一个时代，大学都会有其独特的问题，每一个时代的人也都会认为自己这一代人所面对的大学既是最好的又是最坏的。但是回顾历史，仍然不得不承认，相比于以往，今天现代大学所面临的问题无疑更加复杂，能否成功化解这些问题的社会影响也会更大。由于现代社会的急剧转型，现代大学已经处在转型之中。在由财政、质量、就业与道德四者相互叠加的巨大危机之中，如果现代大学能够像从中世纪大学到近代大学、从近代大学到现代大学那样成功转型，将会犹如凤凰涅槃；相反如果现代大学最终转型失败，或许将会进入大学历史上第二次"冰河期"。在大学的历史上，由蛹化蝶的转型，大学已经历过多次。比如中世纪大学以巴黎大学为原型，兴盛几十年后沉睡几百年。19世纪初的德国，洪堡的新人文主义和国家主义大学观使中世纪大学成功转型为近代大学。20世纪初的美国，源于德国的近代大学在强调实践主体和效用主义的现代哲学的指引下再次成功转型为现代研究型大学。应该说，历史上大学的这几次转型都是极为成功的，尤其是现代大学制度的形成，更是避免了可能的倒退。转型之后的现代大学不但满足了社会的需要和期望，促进了社会的发展，而且也促进了自身的发展与完善。正如克拉克·克尔所总结的那样："一场广泛的转型没有依靠革命而在几乎未被察觉的时间里发生了。巨型大学已表明它多么能适应创造性的新机遇，多么敏感地应对金钱；它能多么热切地起到新的、有益的作用，它能多么迅速地变化而装作什么都没有发生，它能多么快地无视它以往的某些美德。"② 其结果，在整个20世纪的后半叶，研究型大学模式迅速普及到了全世界，"在任何院校系统的顶端都是研究型大学，"③ 全球高等教育都不得不接受"被美国化"的现实。自第二次世界大战结束以来，伴随着民族国家之间政治、经济与军事较量的激烈进行，在20世纪后半叶研究型大学获得了极大成功。研究型大学不但取代了近代的文化大学成为一种新的大学的理想类型，甚至还成为了一个国家兴衰的象征和国力强大的标志。但今天在全球化与大众化的新背景下，现代大学再一次站

---

① 伯顿·克拉克. 建立创业型大学：组织上转型的途径 [M]. 王承绪，译. 北京：人民教育出版社，2003：导言·5.

② 克拉克·克尔. 大学之用（第五版）[M]. 高铦，等，译. 北京：北京大学出版社，2008：26.

③ 菲利普·G. 阿特巴赫. 巨人觉醒：中国和印度高等教育系统的现在和未来 [J]. 覃文珍，译. 大学教育科学，2010，(4)：9.

在了转型的十字路口。"高等教育大众化发展并不是一个孤立的现象。它是现代世界后期更广泛、更深刻转型的一部分。这一转型从根本上改变了人们对大学毕业生（特别是高等教育本身）的期望。"① 整个大学发展的历史也已经表明："如果一种价值观（例如，把大学变成一种政府机构，或象牙塔，或职业学校，或完全封闭的科学机构）占据了优势，并长时间地和非常明显地打破平衡，那么，张力就会失去其创造力，反而会导致懈怠以及极度的浅薄和无益的焦躁。"② 与"古代"和"近代"相比，"现代"是人类社会发展进程中一个急剧变化、机遇与风险并存的时段。作为一个具有保守倾向的组织，现代大学在充满不确定性的现代社会中危机重重。在知性逻辑和科学主义的主导下，经典的人文理念式微，现代大学日益成为纯粹的科学探究场所或经济发展动力站。"现代大学的精神变成'适者生存'的思想，在其中，学术责任更多的是一种忍受，而不是享受。发表成果仅仅是为了满足高等教育委员会的评估要求，指导学生是为了完成任务——所有这一切让人身心疲惫，削弱了教育使命，与学术道德不符。"③ 20 世纪 80 年代以后，以解构为中心的后现代主义思潮兴起。后现代主义在解构的大旗下，主张自由、多元与宽容，这些主张看似能够消解现代性加诸大学的知性枷锁，但是由于自由、多元与宽容的"两面派"属性，现代大学也很可能面临着进一步的碎片化，而且逐渐习惯于碎片化的风险。因此，要超越现代大学的危机，必须将现代大学重建为一个相互批判的空间的中心和德性的共同体，进而成为公民社会的重镇。作为现代大学的替代者，未来的"大学必须找到一种新的语言来声称自己成为高等教育中心的角色，这是历史上还从未有人说过的绝对必要的角色。"④

　　总之，以中世纪作为起点，大学经历了数次变迁。从中世纪大学到近代大学，从近代大学到现代大学，大学的每一次历史变迁都是一种制度的转

---

　　① 安东尼·史密斯，弗兰克·韦伯斯特. 后现代大学来临？[C]. 侯定凯，赵叶珠，译. 北京：北京大学出版社，2010：72.

　　② 希尔德·德·里德－西蒙斯. 欧洲大学史第一卷　中世纪大学 [M]. 张斌贤，等，译. 保定：河北大学出版社，2008：前言·16.

　　③ 安东尼·史密斯，弗兰克·韦伯斯特. 后现代大学来临？[C]. 侯定凯，赵叶珠，译. 北京：北京大学出版社，2010：7－8.

　　④ 比尔·雷丁斯. 废墟中的大学 [M]. 郭军，等，译. 北京：北京大学出版社，2008：119.

型。今天在社会转型的大背景下，伴随着后现代主义思潮的兴起和大学危机的日益加深，现代大学再次站在了转型的十字路口。转型之后，现代大学走向何方，不仅事关大学的兴衰，而且也会直接影响现代社会的走向。在经历了理性大学、文化大学和知性大学之后，德性应是后现代大学的必然归宿和理想选择。只有通过重建一个德性的共同体，后现代大学才能从根本上缓解由现代性所导致的大学道德危机。根据托夫勒在《第三次浪潮》中的相关论述，人类社会从农业文明到工业文明经历了漫长的过程，今天已处在从工业文明向后工业文明的转型过程中。大学从中世纪欧洲兴起，伴随着资本主义的兴起与扩张，最终席卷全球，成为一种具有普世价值的高深知识生产的最主要的制度性场所。目前在道德危机与社会转型的大背景下，现代大学的转型已经被提到了议事日程的顶端。在这次转型的过程中，作为后现代大学的一种核心价值追求，"道德"既是现代大学危机的根源又是其复兴的根本。一方面高等教育中的道德危机要求现代大学必须要转型；另一方面现代大学转型的目标就是要复兴一种后现代意义上的德性大学。

第一部分

第一章　大学的三种概念

　　无论何时，对于大学人们总会有很多困惑。关于大学的纸上计划与大学的具体实践相互脱节，关于大学的想象与大学的制度架构相互冲突。"从理想的角度说，学术组织表现为一个平等的自由联合体。然而任何地方都有等级制度，在这种制度中独立性受到职能部门代表的限制。理想中，大学是一个平等者的共同体，但事实上它是由学者、专业取向的教师和着眼于实用技术的人组成的松散的联合体。理想中的大学要培养博学之士，实际上它却经常培养眼光狭窄的专业人员。理想中，学院献身于无功利的活动，实际上它却总是从属于各种各样的利益。"① 事实上，不仅对于大学的理想，即便是对于大学的现实，不同人也有不同的期待。在人文主义者眼中，大学被描述为一个学术的共同体和精神家园；在实用主义者眼中，大学不过是一个生产高深知识的制度性场所或知识的栖息地。这种冲突与差异主要不是因为存在不同的大学，也不是因为同一个大学有不同的存在形态，而是不同的人有不同的大学理解。人文主义者眼中的大学是一种抽象的大学，实用主义者眼中的大学是一种具体的制度性存在。人文主义者强调大学的"理念"，实用主义者注重大学的"功用"。柏拉图曾把世界分成两种，一种是由个别事物组成的、我们用肉眼可以看见的现象世界，他称之为"可感世界"；另一种是由理念组成的、不可被人感知但可被人认识的理念世界，他称之为"可知世界"。在柏拉图看来，理念是共同名字表述和界定的、若干或许多个体事物

---

　　① 刘易斯·科塞. 理念人：一项社会学的考察［M］. 郭方，译. 北京：中央编译出版社，2001：319.

共同分享或分有的、不可被人感知但可被人认识的一般实体事物。实用主义者眼中的大学处于可感世界，属于实体性的制度大学；人文主义者眼中的大学处在可知世界，属于理念的大学。理念的大学是母版、模型，制度大学是理念大学的影子或摹本。以此区分为基础，正如以赛亚·伯林对"自由的两种概念"的探讨一样，关于大学的探讨也会有两种不同"概念"。另外，也正如"消极自由"和"积极自由"不是两种不同的自由而只是自由的两个方面一样，作为学术共同体的理念大学与作为制度性场所的制度大学也不是两种不同的大学而只是大学的"两个概念"，两种不同的大学理解方式。无论历史上还是现实中，理念与制度都是人们理解大学的两种主要方式。理念与制度之间必要的张力和微妙的平衡使得理念大学与制度大学长期共存，相得益彰。但今天伴随着信息技术的飞速发展，在理念与制度之外，技术成为了人们理解大学的又一种新的方式。随着完全不同于理念大学和制度大学的虚拟的电子大学的兴起，"大学的两种概念"将不得不让位于"大学的三种概念"。

第一节　理念大学

理念大学是所有大学的共相。实体的大学是理念大学的具体表现形式。大学作为人类的一种社会建构，是特定理念的产物。如果没有关于自治和自由的大学理念，如果没有对于更高级的精神生活的追求，就不会有大学。作为一种纯类型，理念大学是大学的一种完美原型，也是大学得以存在的终极根据。作为一种理念，"大学需要履行的伟大职责是'展现全部知识，既展现原理，也展现基础，'因为'没有思辨精神，就不存在科学创造力'。学院是功能性的，大学是思辨性的，即哲学性质的。这种哲学应该重建知识的统一性，像连接精神生成中的各个时刻一样把分散的知识相互连接起来。"① 在人的观念的世界中，理念大学的存在是无条件的。大学不是为了满足经济社会的需要而产生的，也不是为了知识的生产与传播而存在。大学的产生是为了一种公开的信仰和使命，大学的存在则是为了实现人类自身关于普遍主义真理的理念。虽然现实中大学不可能完全建立在纯粹理念的基础上，必须要有相应的组织机构和制度安排，必须有基于现实的考量。如德里达所言："这种无条件大学事实上并不存在。"② 尽管如此，理念的大学仍然有其重要的价值。就像积极的自由从未实现过一样，它仍然代表了人类追求自由的一种理想，赋予了自由更广阔的想象空间。作为一种观念形态，理念大学的无条件性既赋予了大学理想的气质也赋予了其批判现实的天然权利。正是因为有理念大学在人们观念中的天然的存在，大学的发展才充满了想象力，大学的批判精神才具有天然的合法性。在无条件追求真理的过程中，理念大学的普遍主义的精神气质使其可以对一切外来干预说不。"这样一种无条件的抵抗也许能够使大学对立于众多权力：对立于国家权力（因此也是对立于国家民族权力及其不可分离的主权，正因此大学恐怕会提前变得更为国际主义，即普适性的，超越世界公民性与一般的民主国家）；对立于经济权力（对抗于国际国内的大公司与资本）；对立于传媒、意识形态、宗教与文化等的权力。"③ 但事实上，尽管理念大学的无条件抵抗拥有道德的合法性，作为理念的大学仍然是脆弱的。因为"批判的武器"终究敌不过"武器的批判"。正如理念人是为理念而生，不是靠理念吃饭的人④一样。理念的大学也是为理念而生，而不是靠出卖理念来换取利益和权力的大学。但也正像理念人难以为世俗社会所接纳一样，理念的大学同样会被现实社会所排斥。实践中，人们可能会支持某种大学理念，但绝对不愿意真的把它变为大学的实践。支持理念和践行理念之间有着永恒的距离。其结果，现实中虽然有很多机构都称自己为大学或被称为大学，但真正意义上的大学并不

---

① 让—弗朗索瓦·利奥塔尔. 后现代状态：关于知识的报告 [M]. 车槿山, 译. 北京：生活·读书·新知三联书店, 1997：70-71.

② 德里达. 教授的未来和无条件大学——在复旦大学的演讲 [J]. 张宁, 译. 当代国外马克思主义评论, 2002 (10)：6.

③ 德里达. 教授的未来和无条件大学——在复旦大学的演讲 [J]. 张宁, 译. 当代国外马克思主义评论, 2002 (10)：7.

④ 刘易斯·科塞. 理念人：一项社会学的考察 [M]. 郭方, 译. 北京：中央编译出版社, 2001：序言·2.

多。大学之为大学绝不应只是一个法律上和行政上的概念，也不应只是组织与制度性的存在，大学之为大学还必须有自己的使命、精神和理念。在观念世界中，理念的大学是无条件的大学，而不是有条件的大学。相反，现实世界中的大学都是有条件的大学，而不是无条件的大学。无条件的大学无条件地抵抗外来的干预，无条件地追求真理；有条件的大学有条件地接受外来的控制，有条件地为经济社会提供服务。由于理想和现实的冲突，在利益和权力面前，理念的大学十分容易被瓦解或做无条件的投降，从而从无条件的理念大学降格为有条件的制度大学。"因为它不接受人们给它设置条件，有时它是被迫地、无能为力地、抽象地要无条件投降的。它投降，有时出卖自己，它有天生就会被占领、被攻克、被收买、成为集团与大公司的分店之危险。"① 换言之，出于利益和权力的考量，无条件的大学会变成有条件的大学。无条件大学意味着自治、自由和独立，意味着对于真理的无条件追求，意味着与利益和权力的无涉；相比之下，有条件的大学意味着为了经济或政治的目的，大学的理念可以被用来进行"交易"；有条件大学意味着大学的体制化与国家化。

　　大学是时代的影子，时代是大学的身子。大学要想完全超越于时代的限制只能是乌托邦。对于大学虽然某些乌托邦有时是必要的，但完全脱离时代精神的乌托邦也是没有生命力的。一个时代的精神潮流和状况直接影响大学的精神气质，一所大学的气质也直接反映一个时代的精神高度和品质。当然，大学与时代之间的这种关系也并不意味着在时代精神面前，作为大学只能是亦步亦趋。"大学应该反映时代精神而不是屈从于它。"② 任何一个时代里，在一些平庸的大学机构被时代精神所同构的同时，总是会有另一些大学幸存下来。那些真正伟大的大学总是既要顺应时代的必需又要抗拒时代的欲望。也正因为如此，并不是所有的时代所有的国家都能拥有伟大的大学，伟大的大学总是在人类历史上伟大政治实体的伟大时期才能发展起来③。由于

---

　　① 德里达. 教授的未来和无条件大学——在复旦大学的演讲 [J]. 张宁，译. 当代国外马克思主义评论，2002（10）：9.

　　② 乔治·凯勒. 大学战略与规划：美国高等教育管理革命 [M]. 别敦荣，主译. 青岛：中国海洋大学出版社，2005：202.

　　③ 克拉克·克尔. 大学之用（第五版）[M]. 高铦，等，译. 北京：北京大学出版社，2008：50.

人性的原因，过度的自私和欲望是所有时代精神的"癌症"和"瘟疫"，大学之为大学绝不能为了时代的欲望和个人的私心而放弃自己的精神，更不能让时代的欲望和个人的妄想越位成为大学的理念。"《伟大的美国大学》一开篇就说，这些大学是在'顺应和抗拒时代的要求'中实现了'史无前例的发展'的。顺应什么？提升学问、教育和文明的要求。抗拒什么？'镀金时代'的风尚潮流。须知大学革命的时代，正与美国历史上经济高速发展、政治腐败窳劣、文化风尚庸俗粗鄙的'镀金时代'相重合。'伟大的美国大学'在建立、改革和成长的过程中特别珍视所谓'mission'（使命）和'ethos'（精神特质）的缘由。自然，这是在肤浅粗糙的'唯制度主义'观点下所难以领悟的。"① 事实上，人类整部大学史，凡伟大的大学总是尽力地引领时代，而不是被时代所引领。人类社会那些伟大的大学也就是最接近于作为理念的大学的原型的大学。

理念之于大学至关重要。"真正的教会是看不见的教会。真正的哈佛也是看不见的哈佛，她在她更富于真理追求的灵魂中，在她无数独立而又常常是非常孤独的儿女们身上。"② 大学的没落不只是制度失灵，也总是和理念的式微密不可分。现代大学危机的根源不在于人才培养质量下降或科研水平的降低，而在于人们看不到精神生活的希望。今天理念大学的式微就是导致人们对于大学现状不满的重要原因。当然，理念大学的式微并不意味着理念被大学所彻底抛弃，更不意味着所有的大学都没有了理念。就像理念大学不可能没有大学的制度一样，制度大学同样要辅之以大学的理念。现实世界中，虽然理念大学从未真正存在过，但大学的理念却从未真正消失。理念不同于观念、想法，也不是某种思想，甚至于也不是理想。"理念是抽象的、一般的。理想是具体的、特殊的。教育的理念是借助人的本分的纯粹思维和人的本质的根本考察形成的。理想则是根据时代及个性的要求，将这种理念加以具体化而形成的。前者是整个人类共通的；后者正如所谓国民理想、个人理想那样，是设想历史的个人的要素，因时因地因人而采取不同的姿态的。……总之，理念是历史地或人格地实现的理想的基础。理想受历史的个

① 牛可. 大学革命、大学理念与大学领袖 [J]. 世界知识, 2009 (23): 65.
② 哈佛燕京学社. 人文学与大学理念 [C]. 牛可, 等, 译. 南京：江苏教育出版社, 2007: 22.

人的制约必然是众多的，理念则是唯一的，而且必须是唯一的。"① 理念是对大学本质的一种浓缩。大学的理念既不是个人主观意愿的公开表达，也不是关于大学的历史文本上的精美的修辞。大学的理念意味着大学的本质，作为与制度相对的一种精神存在，其本身亦是大学的不可分割的一部分。虽然大学的理念中的"理念"与理念的大学中的"理念"不可同日而语，但作为一种存在它毕竟为大学的发展保留下了适当的想象空间。不过，值得警惕的是，今天所谓的大学理念已经逐渐地异化为一种单纯的理智或理性，与作为大学本质的理念已格格不入。作为一种理智的大学理念通过成本与收益来思考和计算大学的一切活动，同时这种理智自身又高度依附于组织化和制度化的大学，沦落为工具的角色。其结果，一旦理念沦落为了制度的工具，大学也就彻底失去了精神上的独立性。"大学建立在一个基本的、认知的'理念'之上的观念现在已经站不住脚了。现代社会中有多少种认知结构，也就会有多少种大学理念。随着大学使自身合法化的理念或一种基本认知模式的丧失，以及认知模式中多元秩序的涌现，就出现了身份认同的问题。"② 与此同时，随着大学理念逐渐的理性化，"知识不再以理念的实现或人类的解放为自身目的"③，精神生产也就不再是大学的特权。由于理念的式微和精神的衰落，今天已没有人再认为自己和大学是共同体的关系，所有人不过都是在借着大学的名义维持生活。在此背景之下，今天大学转型的真正困难绝不在于制度的创新或组织的改造而是精神的革命和理念的复兴。现代大学的转型要求我们必须重新找到大学的本质或重建大学的本质。按海德格尔的说法，"大学改革不是在外部制度层面上做些调整变动，而是要重新找到大学的本质，也就是科学的本质。"④ 无论如何，没有对于大学使命的澄清，没有对于理念大学的信仰和对于大学理念的坚守，任何制度的变革都可能会完全是一种误导或歧途。

---

① 筑波大学教育学研究会. 现代教育学基础（中文修订版）[M]. 钟启泉，译. 上海：上海教育出版社，2003：135.

② 杰勒德·德兰迪. 知识社会中的大学 [M]. 黄建如，译. 北京：北京大学出版社，2010：5.

③ 让—弗朗索瓦·利奥塔尔. 后现代状态：关于知识的报告 [M]. 车槿山，译. 北京：生活·读书·新知三联书店，1997：106.

④ 张汝伦. 海德格尔与大学改革 [J]. 读书，2006（12）：129.

第二节　制度大学

与观念世界中的理念大学不同，现实世界中的大学主要是一个制度性场所。与理念大学为理念而生不同，作为制度性场所的大学主要依靠制度来维持组织的运转。理念的大学崇尚信仰，制度的大学注重功用。就像理念大学离不开制度一样，制度大学也离不开理念。不过，作为一种制度性实体，今天理念对于大学仅具象征意义，而组织制度则是实实在在的存在。由于理念本身所蕴涵的制度化倾向，今天关于大学理念的追问也是片面的。本质上所谓大学理念绝不应仅仅是追问"大学是什么"或"什么是大学"。这种思维方式潜在地首先是把大学作为一个物而非一种形而上的存在。正是由于这种理解上的偏差，在制度的大学里，大学的理念逐渐被理性化和制度化。经过理性计算后的大学理念不再意味着大学的本质，而是反倒成为了制度的一部分或成为达到制度化大学目的的一种手段。作为一种手段，在制度化的大学里，大学的理念变得非常随意和灵活，任何一种观念或主观愿望只要符合政治或经济的需要都可以被人为地拔高为"大学的理念"。其结果，本来用以制衡制度大学和大学制度化的大学理念反倒成为了为其辩护的理由。由于大学理念的被异化，在经济理性的主导下，"大学被迫实行新的管理体制，这一体制与传统的自治的知识场所相比更像企业。随着工商管理在英美大学所授予的学位中占了最大的份额，典型的科学不再是物理学而是会计学。因为人文学科在大学不再居于统治地位，知识分子的地位被管理者和学术企业家，即康德所说的'科学商人'所取代。大学的内部机构也复演了这些发展，系和学院日前成为管理的单位而不再以传统的学科为基础。传统界限的模糊不是因为多学科性，而是因为审计文化渗透到大学当中。"① 伴随着经济理性对于大学理念的同化，理念在大学的观念世界中的影响逐渐地消逝，大

---

① 杰勒德·德兰迪. 知识社会中的大学 [M]. 黄建如，译. 北京：北京大学出版社，2010：130.

学精神生活的底线被实用主义所突破，人们对于现代大学的深刻的不满开始发生。其原因就在于，人类需要大学提供高级的精神生活而不只是像动物一样活着。但今天由于缺乏理念的必要制衡，大学的制度化不可避免地导致了大学功能化和人的工具化。在被结构—功能主义所主导的制度化大学里，人也成为了大学这架制度机器的一部分，人本身及其目的也被功能化和结构化。"他们无论怎样勤奋工作或过度工作，仍无法获得真正成功的感觉。我们愈益发现这样的情形：那只能作为个人的首创性的成果而存在的事物正转变为集体的事业，以图通过集体手段去达到某种朦胧设想的目标。属于职业的种种理想隐退了。从事职业的人投身于特殊的目标、计划和组织。"① 今天作为一个知识生产的最主要的制度性场所，大学愈来愈追求完善的技术秩序和制度安排，至于其中的大学人有无内在的精神自由和幸福，至于大学能不能为人类提供生活的意义和希望，根本不去考虑。其结果，伴随着越来越多的大学成为了科研卓越的一流大学，越来越多的"本质的人性降格为通常的人性，降格为作为功能化的肉体存在的生命力，降格为凡庸琐屑的享乐。劳动与快乐的分离使生活丧失了其可能的严肃性；公共生活变成单纯的娱乐；私人生活则成为刺激与厌倦之间的交替，以及对新奇事物不断的渴求，而新奇事物是层出不穷的，但又迅速被遗忘。没有前后连续的持久性，有的只是消遣。"② 今天的大学由于理念的破碎，精神生活的萎缩，表面上科研成果层出不穷，论文专著堆积如山，大学的规模和功能也在持续扩大，但由于缺乏一个整体的支撑，现代大学仍然是软弱无力的，甚至于是濒临"失败"的、陷于危机的。"在它已经取得了巨大的知识成就，并改变了我们关于自然的全部知识和关于社会的知识的很多方面时，作为一种制度的大学驶入一片危险海域。"③ 今天大学里具有实质内容的教育正在被专业主义和功利主义所腐蚀，为了科研卓越和制度创新，一种大学改革正在被别一种大学改革所取代。大学的使命和办学目标被市场这只"无形之手"所改变。大学的理念以及理念的大学逐渐被对于制度的迷信所取代。在大学积极为经济社会发展提

---

① 雅斯贝斯. 时代的精神状况 [M]. 王德峰，译. 上海：上海译文出版社，2005：31.
② 雅斯贝斯. 时代的精神状况 [M]. 王德峰，译. 上海：上海译文出版社，2005：16.
③ 哈佛燕京学社. 人文学与大学理念 [C]. 牛可，等，译. 南京：江苏教育出版社，2007：77.

供服务，在政府和市场对大学的表现大加表扬的同时，社会对于大学的信心却正在丧失，大学对于社会的意义和价值也正在被广泛地质疑。

制度大学的凯旋与大学人的精神危机密不可分，而人的精神危机反过来又会导致大学的制度危机。所谓大学转型就是要化解大学的制度危机和大学人的精神危机，复兴大学的理念以及理念的大学。历史和实践表明，大学必须依存于精神世界的生活，大学只有通过利用精神层面上被创造出来的东西才有可能兴旺发达。单纯的物质条件之于大学的发达既不必要也不充分。大学不可能离开人类的精神生活，单纯地在物质生活中获得成功。大学的本质属性是精神性的而非物质性的。大学的真正价值和意义也不在于成为社会经济发展的动力站，而是应成为人类的精神家园和智慧中心。对于大学而言，理念是鲜活的和永恒的，制度是僵硬的和暂时的。理念大学的形象要远比制度大学的框架要高大。在制度大学里我们往往会低估大学的可能性以及大学之于人类精神生活的重要性，压缩了人们关于大学的想象空间。今天理念大学的式微以及制度大学的凯旋与学科以及科学的制度化密切相关。在早期的大学里，科学主要源于个体的"闲逸的好奇"，学术研究较少功利性，知识本身就是目的，人与大学也是内在于自身的目的而非手段。稍后伴随学科与科学的制度化，学术研究逐渐成为一个异己的问题，知识生产被制度化，人与大学被功能化，知识生产的目的被实用主义哲学所锁定。"受其影响，研究工作也只限于那些有实际用途之物上，于是学术就被限制在那些有用途之物上，于是学术就被限制在可了解、可学习的客体范围内，本来应是生存无止境地追求精神的大学，这时也变成了普通的学校。"① 虽然制度化的安排免除了个体在知识探索上的风险，大学的制度性存在也使得学者的个人生活有了根本性的保障。但制度和天才在性质上是对立的②。制度化大学的凯旋也就意味着真正的天才必须要离开大学。制度化以后，大学可能需要天才，但天才绝对不再需要大学。从大学的制度化到制度化大学，在自由与安全的道路上，大学显然选择了后者。制度可以提供安全，但也会限制自由，尤其是

---

① 梦海. 大学的理念与使命——卡尔·雅斯贝尔斯《高校革新提纲》与马丁·海德格尔《校长就职演讲》比较 [J]. 自然辩证法通讯, 2006 (3): 95.

② 刘易斯·科塞. 理念人：一项社会学的考察 [M]. 郭方, 译. 北京：中央编译出版社, 2001: 319.

精神的自由。在高度发达的系科制度背后，当学者为专家所取代，当知识分子被各个学科的教授所排斥之时，也正是现代大学的"失败"之日。今天作为大学"失败"的一个信号，专家与教授，甚至于大学本身正不可避免地被污名化。作为希腊人的一种发明，"污名"（stigma）原"指代身体记号，而做这些记号是为了暴露携带人的道德地位有点不寻常和不光彩。今天，这个词被广泛使用的含义有点接近最初的字面意思，但更适用于耻辱本身，而非象征耻辱的身体证据。"① 过去在大学里专家与教授本是一种地位象征，属于声望符号；但今天由于大学人道德生涯中的明显的缺陷，声望符号反倒成为了一种污名符号。作为污名化的一部分，今天社会上对于专家和教授的嘲讽正在成为一种风尚。其结果，大学里的专家和教授昔日作为声望符号和今天作为污名符号形成了鲜明的对比，社会对于大学的评价也随之降低。

作为一个制度性建构，大学是有限的，作为一种理念的存在，大学则是无穷的。作为一种制度化组织，大学是可以替代的；作为一种理念的存在，大学又是无法替代的。对于现代社会而言，"靠它不能生存，没有它也无法生存。"② 这就是现代大学"晦涩"的社会价值。今天作为一种制度性的存在，大学是成功的，作为一种理念的实体，大学则可能是失败的。虽然制度大学的凯旋是以理念大学的衰落为代价的，但要复兴理念大学决不能以强力破除制度大学为手段。对于大学而言，理念与制度必须要保持微妙的均衡。如果失去了必要的平衡，无论我们以何种方式理解大学，问题都是永恒的。理念大学的问题可能在于过于松散和无形，制度大学的问题则在于过于机械和僵化。由于理念大学仅仅停留于人的观念世界，现实中的大学的改革主要是对于制度大学的改良。为了更好地保持理念与制度的均衡，雅斯贝尔斯曾详细地勾画了大学机构改革的三项基本原则：（1）所有机构改革都只能"源自大学理念的最终根据"。（2）所有机构改革都不是纯粹否定，而是自我完善。因此，大学组织和外部设施的改造并不意味着大学组织形式的完结。（3）所有机构改革都应被理解为向新的经验、新的改革敞开大门的"运动过

---

① 欧文·戈夫曼. 污名——受损身份管理札记［M］. 宋立宏，译. 北京：商务印书馆，2009：1.

② 史蒂夫·富勒. 科学的统治：开放社会的意识形态与未来［M］. 刘钝，译. 上海：上海科技教育出版社，2004：71.

程"。因此，机构布局绝不是本质性存在，而仅仅是造就"本质性存在（顶尖学生的自由、高水平的教学与研究）的结构条件"①。除此之外，他还强调："大学改革的任务是双重的：一是大学组织和机构的外部改造；二是为赢得大学理念形态的思维方式的内在改变。单纯的机构改革将失去它的本真意义，而单纯的理念更新将造成乌托邦式的狂热。怎样处理这二者的关系，决定着大学的命运。"② 以雅斯贝尔斯的论述作为参照可以发现，我们今天的大学改革已经走上了"唯制度主义"的迷途。由于对制度的过于迷信和对于理念的过于轻视，现代大学已经被科研的卓越和巨额的经费蒙住了心灵的眼睛。"大学必须找到出路，想办法超越实用主义和工具主义。由于实用主义和工具主义是当今社会最强势的两种运动，大学应确保自己在文化转型和经济转型的方向上发挥重要作用。大学在失去它曾经在规范民族文化中的领先作用之后，它能够拥有更世界性的作用。"③ 对于大学理念或理念大学，空发思古之幽情固然无益，但轻率地否定历史经验的有效性同样也不可取。作为一个人造物，历史上的大学虽然绝非完美的典型，但作为可以汲取经验的地方，历史仍然不失现实意义。观念世界中的大学的经典理念作为联系大学历史与现实的精神纽带，理应成为今天大学机构改革的"最终根据"。就像理念的大学离不开大学的制度，制度的大学也必须有大学的理念作为对峙的力量来加以牵制，否则它就会毁灭那种它原先要加以保护的东西，即那种作为大学的大学。可以想象，如果大学完全放弃了对于自身的理念的坚守，完全服膺于市场化的规则或政治化的意识形态，现代大学将徒有大学的名字以及组织和制度形式，而不再具有大学之理念及精神之实质。

---

① 梦海. 大学的理念与使命——卡尔·雅斯贝尔斯《高校革新提纲》与马丁·海德格尔《校长就职演讲》比较 [J]. 自然辩证法通讯, 2006 (3): 96.
② 梦海. 大学的理念与使命——卡尔·雅斯贝尔斯《高校革新提纲》与马丁·海德格尔《校长就职演讲》比较 [J]. 自然辩证法通讯, 2006 (3): 98.
③ 杰勒德·德兰迪. 知识社会中的大学 [M]. 黄建如, 译. 北京: 北京大学出版社, 2010: 182.

第三节　电子大学

在某种意义上，电子大学是对于理念大学的一种回归。和理念大学一样，电子大学也是在功能上存在但不具备实体的形式。只是二者的区别在于，理念大学为理念而生，电子大学为信息而生；理念大学存在于人的观念世界里，电子大学存在于虚拟的网络空间。电子大学，亦称虚拟大学，是指一种新型的高等教育机构，这种机构可能仍然是另一种制度性的存在，但已不具有传统的物理意义上的教室、图书馆或校园。"教育的计算机化和远程教育被称为虚拟大学：没有单纯的物理意义上的校园，由电子网络连接的包括电子邮箱、布告栏、视频会议和电子资源的共享环境。"[①] 电子大学复兴了理念大学的无边界性和绝对性，也颠覆了制度大学一定要作为实体存在的组织形象。不过，毫无疑问电子大学的产生绝对不意味着大学的终结而是大学的革新。在信息技术时代，大学的重要性不是被降低而是被增加。如果说在印刷媒介中，大学的使命是教化社会，那么在电子媒介中，大学可能应该更加重视交往和沟通。"数字技术将能够真正地改变我们的大学，也许变得我们都无法辨认。其原因在于数字技术快速发展的能力，它可以形成人类交流的新形式，可以促进联络，还能激发全新类型的人类社会的形成。它将促使高等教育的重点由教转为学，而且它将把大学从以教师为中心的机构转变成以学生为中心的机构。"[②] 信息技术的进步提供了人类理解大学的第三种方式。在信息技术背景下，电子大学的本质绝不是一种新的大学而只是大学的一种新的存在方式。作为理念大学与制度大学之外的第三种大学概念，电子大学虽然无法挽回理念大学以及大学理念的式微，但却可以帮助现代大学有效地克服制度的危机。"信息或者信息化的概念，在这里扮演的角色可谓神

---

① P. 布雷. 虚拟大学的伦理 [J]. 国外社会科学，2007（3）：99.

② 詹姆斯·杜德斯达. 21 世纪的大学 [M]. 刘彤，等，译. 北京：北京大学出版社. 2005：193.

通广大。它将基础性和纯粹理性的研究汇入了目的导向性和技术性的研究，于是目睹了形而上学与专业技术的首度交融。"① 在制度性存在无法避免的情况下，信息技术将在大学的电子时代扮演着至关重要的角色。

现代社会中，大学是技术的发源地之一，但技术对于大学的影响一直较弱。长期以来，信息技术只是在大学的边缘领域发挥辅助作用。大学教学和科研的核心部分对于技术进步的反应比较迟缓。只有当某种技术成为主流的知识媒介时，大学才会做出相应的调整。从工业社会向信息社会的转变从根本上改变了技术之于大学的影响。信息社会是一个媒介高度发达的知识社会，信息技术不再只是传统知识媒介的内容，其本身也将作为主流的媒介而存在。在工业社会中，印刷术作为一种媒介曾完美地展现了大学的现代性。在信息社会中，印刷术逐渐成为了电子媒介的内容，电子技术将不可逆转地重新定义大学。这是因为"电子媒介决定性地、不可逆转地改变了符号环境的性质。即使在曾经被认为铅字具有绝对统治地位的学校里，情况也未能例外。"② 在电子大学里，由于人从时间和空间中得到空前解放，加之制度的松弛和理念的漂移，从教师到学生，从学科到课程，从理念到制度，从组织到系统，从教学内容到思维方式，都将经历前所未有的剧变。信息技术不仅将决定我们对于大学的认识，而且还将成为决定我们怎么认识大学的一种工具。此时电子媒介作为一种新媒介的性质将较其所传递的内容更加深刻地改变大学的存在方式以及人们对于大学的理解。在信息技术时代，电子网络之于大学不再是指一种传递信息的技术手段，其本身就是一所世界上最大的"大学"。作为一种完全不同于印刷术的新媒介，信息技术不仅仅是技术，而是意味着一种全新的理念与价值观，甚至是组织结构与制度安排。"信息并不是简单地以传递信息内容来提供信息。它给予一种形式，'in - formiert'，'formeirt zugleich'。它将人放置在一种形式之中，使他能够确保自己对地球和地球以外的主导地位。"③ 对于现代大学而言，信息技术的兴起绝不是一个用来解决老问题的新手段，其本身就是一个新的问题。信息技术不是用来解

---

① 哈佛燕京学社. 人文学与大学理念 [C]. 牛可，等，译. 南京：江苏教育出版社，2007：104.

② 尼尔·波兹曼. 娱乐至死 [M]. 章艳，译. 桂林：广西师范大学出版社，2008：34.

③ 哈佛燕京学社. 人文学与大学理念 [C]. 牛可，等，译. 南京：江苏教育出版社，2007：105.

决制度大学中存在的信息问题，也不是用来实现理念大学中的大学理念，而是会造成一种新的信息化的电子大学。以信息技术为基础的电子大学的出现对于制度大学而言必然意味着全新的挑战。在积极的方面，信息技术可以补充和丰富大学的传统教学和科研活动，赋予学生更多学习自主权；在消极的方面，信息技术也会导致大学教育的娱乐化和商业化，甚至会弱化教育对于人的理智和理性的培养。在充满不确定性的未来，理念大学和制度大学能否一如既往的存在尚未可知，电子大学的传奇也尚待展开。但正如海德格尔所言："真正莫测高深的不是世界变成彻头彻尾的技术世界。更为可怕的是人对这场世界变化毫无准备，我们还没有能力沉思，去实事求是的辨析在这个时代中真正到来的是什么。"① 可以说，现代大学对于电子媒介的了解程度将直接决定大学的未来。

英尼斯曾经强调说，"传播技术的变化无一例外地产生了三种结构：它们改变了人的兴趣结构（人们所考虑的事情）、符号的类型（人用以思维的工具），以及社区的本质（思想起源的地方）。"② 今天信息技术不但使大学丧失了对于高深知识的垄断，而且使大学人的兴趣结构和思维工具发生了根本的变化，其意识结构和思维方式也已被重新塑造以适应电子媒介的需要。在电子媒介的环境下，大学不再是思想的堡垒和精神的家园，而只不过是信息的节点。在电子媒介时代，由于信息的泛滥，真正的危险可能已不在于电子大学已经成为大学的一部分，而在于今天的大学将来可能成为电子大学的一部分。1997 年著名管理学家彼得·德鲁克（Peter Drucker）在接受《福布斯》（*Forbes*）杂志社的一次采访时曾推测："30 年以后，大学校园将成为遗迹。大学将不能幸存。这个变化是如此之大，就像我们第一次获得印刷的书籍一样。"③ 从今天的现实来看，认为传统的实体性的制度大学将会消失可能是言之过早，但信息技术对于大学的深刻影响却不能忽视。"大学正在利用

---

① 海德格尔. 海德格尔选集 [C]. 郜元宝，译. 上海：上海三联书店，1996：128.
② 尼尔·波兹曼. 娱乐至死·童年的消逝 [M]. 章艳，吴燕莛，译. 桂林：广西师范大学出版社，2009：185.
③ 詹姆斯·杜德斯达. 21 世纪的大学 [M]. 刘彤，等，译. 北京：北京大学出版社. 2005：268－269.

网页开设很多本科课程。在美国甚至在全世界，无数的虚拟大学正在创建。"① 无论我们愿意还是不愿意，未来信息技术将取代政治和经济成为影响大学转型的核心因素已是不可逆转的趋势。对于这种大趋势，一味的抵抗或一味的投降都将会付出沉重的代价。因为全面的抵抗就意味着我们将错过信息技术带给大学的所有机遇，全面的投降则意味着我们要全盘接受大学电子化可能带来的全部恶果。对于信息技术正确的态度是理解并进一步确认它在何种意义上具有重新塑造大学制度和大学理念的巨大能量。随着网络社会的崛起和电子网络的普及，大学已经开始注意到信息技术的影响，各种网络技术在大学的全面应用也正在展开，并卓有成效。与此同时，由于信息技术的迅速普及，电子媒介对于大学的塑造日益凸显，大学的媒介意识和防范意识也正在增强。"出于对被日益增多的电子影像取代的担心，教师中间也出现了抵制运动。因此，像加州大学洛杉矶分校、缅因大学、华盛顿大学和加拿大的约克大学都正在测试教师反对呼声的强度。"② 但正如波兹曼所言："他们的这种意识往往集中在'我们怎么利用电视（或电脑，或文字处理机）来控制教育'这个问题上，而不是'我们怎样利用教育来控制电视（或电脑，或文字处理机）'上。"③ 作为电子媒介的一部分，电子大学应该是电子媒介对于大学的积极介入而不是大学对于电子媒介的无条件投降。在电子大学里，媒介仍然应该是媒介，大学仍然应该是大学。媒介不能成为大学，大学也不应成为媒介。如果大学降格为一种知识媒介，或电子媒介膨胀为一种万能的"大学"，这将极有可能会毁了大学。

历史上，人类对于大学的理解受各种因素的影响，其中尤以知识论最为重要。神学曾把大学理解成传播宗教信仰的捷径；人文学把大学理解成实现人文主义抱负的殿堂；意识形态着眼于政治，希望通过大学为民族立法；纯科学着眼于理智，希望通过大学为人的理性立法；创业科学的兴起则意味着大学成为了企业和产业的孵化器。今天知识论对于大学的理解仍然重要，但已退居其次。技术或媒介将超越知识论成为理解大学转型的关键因素。今天

① 哈佛燕京学社. 人文学与大学理念 [C]. 牛可，等，译. 南京：江苏教育出版社，2007：396.

② 哈佛燕京学社. 人文学与大学理念 [C]. 牛可，等，译. 南京：江苏教育出版社，2007：397.

③ 尼尔·波兹曼. 娱乐至死 [M]. 章艳，译. 桂林：广西师范大学出版社，2008：210.

由信息技术所导致的虚拟化对于大学里的理念与制度、自治与自由、交流与出版产生了深远的影响。这种影响甚至要大于电子教堂对于教会和宗教信仰的影响。对于人信仰固然重要，但未必所有人都要选择某一宗教作为自己的信仰，更不是每一个人都必须要走进教堂才能实现自己的信仰。相比之下，未来在高等教育普及化的社会里大学教育则是所有人的生活的必需和精神的必需。伴随着高等教育的普及化，接受大学教育将不仅是公民的权利还将成为必须的义务。人可以选择自己的信仰，但往往无法选择自己的大学教育；相对而言，信仰的选择可以是一种积极的自由，而大学教育的选择则更多是一种消极自由，且代价高昂。我们可以拒绝宗教而不失信仰，但却无法逃避大学而获得高等教育。今天在电子媒介环境下，虚拟化的运作使现代大学变形的概率陡增。伴随虚拟化节奏的加快，大学的规模和利益相关者急剧增多。无条件的理念大学的可能性与不可能性，有条件的制度大学的合法性与不合法性都需要重新考量。虚拟化的电子大学延续了大学的神话，但也打破了无条件的理念大学的梦想，动摇了有条件的制度大学的根基。因为，无论如何，"虚拟大学不能够提供丰富的课外活动和社会服务，因为许多活动和服务在电子环境下是不能复制的。""虚拟社团可以具有与物理社团同样的性质的观念一直受到某些学者的追问。物理社团的主要优点，如团结、归属感、相互信任和关怀在虚拟社团中能否得到认可，这一点长期受到质疑。与物理社团比较而言，由于缺乏面对面的交流，虚拟社团中的社会交互作用比较少。"① 未来伴随着电子大学的兴起，理念的大学能否复兴，制度大学是否应改弦更张，将成为大学转型中无法回避的问题。"虚拟化过程的这个新'阶段'动摇了大学的生存环境。震撼了它的地貌，既摇撼了它的学科领域及边界领土又摇撼了它的论域与理论战场，即大学校园的社群结构。在今天电脑、远距离操作与互联网的这个电子空间时代，一座大学校园的社群场域及社会关系又在哪里呢？"② 技术的发展具有不可逆性，电子媒介的迅速更新也势不可当。在电子媒介环境下，大学这一人类最伟大的发明，在信息技术时代将何去何从？电子大学的未来前景如何？大学在理念、制度与技术的三

---

① P. 布雷. 虚拟大学的伦理 [J]. 国外社会科学，2007（3）：99.
② 德里达. 教授的未来和无条件大学——在复旦大学的演讲 [J]. 张宁，译. 当代国外马克思主义评论，2002（10）：12.

角关系中如何达成新的平衡？能否达成平衡？像这样一系列问题，在事情水落石出之前很难准确预测结果。不过，显而易见的是，信息技术为大学的发展提供了新的可能。"新的传播技术不仅给予我们新的考虑内容，而且给予我们新的思维方式。书籍的印刷形式创造了一种全新的组织内容的方式，从而推动了一种新的组织思想的方式。"① 与印刷术一样，信息技术也同样将给予大学和人类新的内容和思维方式，网络作为一种崭新的知识媒介也必将创造出一种全新的组织内容和思想方式。不过，归根结底，信息技术之于大学的价值很大程度上还要依赖于我们能否天才地从信息技术中为大学寻找到新的增长点。因为任何技术其本身都无法强行为大学的文化注入新思想，更无法强迫大学制度发生改变或转型。接受还是拒绝信息技术完全取决于在电子媒介环境下传统大学有没有足够的想象力。如德鲁克所言："科技本身的重要性并不如其造成的学校与教育的内涵和目标的变动。学校与教育的内涵和目标的变动，才是真正重要的地方，有着举足轻重的影响力。"② 今天传统大学表面上非常成功，但实质上面临着严重的合法性危机。电子媒介的兴起虽然不是造成大学合法性危机的最初根源，但无疑会强化这种危机。为了避免危机的加剧，传统大学必须要适应媒介的变迁而不是抵制技术的进步。在一个经历剧烈变化的传播结构里，大学对于电子媒介的抵抗虽不能说毫无意义，但其结果却注定是无能为力。

---

① 尼尔·波兹曼. 娱乐至死·童年的消逝 [M]. 章艳，吴燕莛，译. 桂林：广西师范大学出版社，2009：192.

② 彼得·F. 德鲁克. 后资本主义社会 [M]. 傅振焜，译. 北京：东方出版社，2009：158.

第二章　精英教育与大学理想

历史上，精英创造大学，大学培育精英。精英阶层的存在赋予了大学一种精英主义气质，大学理念的张扬灌输给精英阶层一种可以超越功利与实用主义的理想。20 世纪 60 年代以来，伴随高等教育规模的急剧扩张，精英高等教育为大众化高等教育所取代，精英主义逐渐式微。在职业化、民主化和市场化思潮影响下，在现代大学里平等排斥了优秀，数量遮蔽了质量，直接为经济发展服务取代了对于系统人生哲学和精英意识的追寻。由于对财富和权力的过分追逐，加之对于精英理想的放逐，大学作为世俗教会和人类精神家园不可避免地面临重重的危机。在今天这样一个日益多元化的世界上，大学必须回归真正意义上的大学。在我们这个时代，虽然大学与非大学的边界正在模糊，但大学仍然不能等同于高等教育，高等教育可以大众化，乃至普及化，大学的理想依然应是精英主义的，只有坚守"得天下英才而教育之"的精英理念，大学才能成为市场主义和消费社会的有效抗体。但在实践中伴随高等教育规模的急剧增大，以"精英教育"和"高深学问"为代表的经典大学理念却受到了许多人的质疑，精英大学的理想在新职业教育主义的冲击下开始趋于幻灭。高等教育的"精英教育"观念也受到社会的批判，甚至于"高等教育是从事高深知识的传播和研究"的观念也受到了冲击。① 在高等教育走向大众化和普及化的背景下，在概念更替和话语转换的过程中，我们时代大学的精英教育逐渐被稀释，"大学教育的主要功能就变成使学生延

---

① 潘懋元. 多学科观点的高等教育研究 [M]. 上海：上海教育出版社，2001：42，44.

迟进入不确定的劳动力市场。"① 在当前的话语实践中，以平等为核心的高等教育理念逐渐取代了以优秀为取向的大学理念；由于面临着就业的压力，大学的精英主义气质和精英教育实践面临被抛弃或被放逐的命运。虽然早在三十几年前马丁·特罗就曾反复声明："在大众系统中，精英机构可能不仅存在而且会更加繁荣，精英的职能继续在大众的机构中起作用。同样，当向普及高等教育发展时，精英和大众机构会同时存在。"② 但是事实上，伴随着高等教育规模的持续扩张，精英高等教育的衰落却显而易见。大众高等教育阶段的精英教育即便存在，与精英高等教育阶段的精英教育也已经有了质的区别。"总的来说，处于比较和有时甚至绝对衰退状态的唯一的部门，是历史上的高等教育的精英部分。""衰退发生在声望、教授的士气、学生人数和筹措资金增长的速度，对外部控制的独立性的降低，以及其他各个方面。"③ 传统大学精英教育的衰落是当前精英高等教育危机（现代大学危机）的主要表现，也是世界各国高等教育大众化、乃至普及化发展过程中必须面对的一个严峻现实。因为，如果没有了精英主义的理想和追求，如果没有了对于精英的严格选拔和培育，大学的存在就失去了一个重要的合法性基础。一个很简单的逻辑可能就是：如果不能培养精英，大学就失去了精华，我们还要大学干什么？在高等教育机构不断多样化的今天除了培育精英，大学的其他任何职能都已经具有很高的可替代性。因此，失去了精英教育，现代大学就很可能会部分地失去其存在的合法性。如果现代大学失去了这一部分的合法性，整个高等教育存在的价值就很可能退化为一种职业培训，从而失去在价值引领和人格塑造方面的显著教育作用。目前在高等教育大众化和普及化的过程中，以研究型大学为代表的精英高等教育部门单纯地追求科研卓越，而放弃了精英教育和教育精英的责任。"在金字塔的顶端，那些一流的研究型大学与他们假定的首要任务——教育几乎没有关系。研究型大学的主要任务是成

---

① 斯坦利·阿罗诺维兹. 知识工厂——废除企业型大学并创建真正的高等教育 [M]. 周敬敬，郑跃平，译. 北京：高等教育出版社，2012：8.

② 马丁·特罗. 从精英到大众再到普及高等教育的反思："二战"后现代社会高等教育的形态与阶段（续）[J]. 徐丹，连进军，译. 国际高等教育研究，2009（2）：9.

③ 克拉克·克尔. 高等教育不能回避历史——21世纪的问题 [M]. 王承绪，译. 杭州：浙江教育出版社，2001：77.

为知识工厂。"① 今天的一流大学如果说还在培养精英，那也主要是培养职业主义、功利主义或实用主义学术精英与技术精英，即培养外在的精英或作为一种社会身份和地位的精英；而以近代知识分子为代表的传统思想精英，即内在精英或作为一种道德品质的精英的培养在研究型大学里不可逆转地衰落了。今天与那些专家主义的学术精英或技术精英相比，为社会培养一批坚守科学精神和人文价值，超越职业主义、功利主义和实用主义；具有强烈精英意识和道德担当的内在精英更应成为精英大学的责任。

第一节 精英与精英教育

精英作为一个群体，在任何一个社会中都客观存在，但是作为一个日常生活中的概念，对于"什么是精英"却没有准确的界定。由于缺少严格的定义，很多时候，对于精英身份的判定只能通过对社会成员间影响力的相互比较来判定。"在集结之后的社会结构内，或者更重要的，在社会集结规则的运行过程中，某些社会成员的行为可以产生比其他社会成员更大的影响，他们被定义为'精英'"②。目前学术界对于精英的关注主要集中于政治学和社会学等领域，其中尤以政治学中的"精英主义"最为学界所熟知③。高等教育研究领域中虽然也有"精英"的概念，但对精英本身的相关研究却很少。尤其重要的是，当前在强调平等和自由的民主社会中，"精英"这个概念让许多人觉得反感，因为它总是包含着某些人天生就是贵族或高人一等的观念。在高等教育领域中由于受到平等主义思想和大众化、普及化思潮的影响，传统的精英主义者通常也被作为捍卫自己特权的反动者而遭受攻击。

根据有学者的考证，"Elite"一词源于拉丁语的"eligere"，通常是仔细

---

① 斯坦利·阿罗诺维兹. 知识工厂——废除企业型大学并创建真正的高等教育 [M]. 周敬敬，郑跃平，译. 北京：高等教育出版社，2012：35.

② 汪丁丁. 跨学科教育文集 [C]. 大连：东北财经大学出版社，2009：307.

③ 李建设. 精英主义评析 [J]. 国外理论动态，2008 (7)：100-103.

挑选、选择之意。"精英"（élite）一词，最初在 17 世纪是用以形容质量精美的商品，后来才用以表示地位优越的社会集团，如精锐部队和上层贵族①。在早期历史上，精英主要是一个政治经济阶层，多由出身决定，与是否接受高等教育无关。精英作为一个专门概念进入社会科学领域之后，对于"什么是精英"，政治学和社会学的理解略有差异。在政治学的研究领域，精英主要与权力有关，无论是莫斯卡还是帕雷多，在使用"精英"一词时所考虑的都是这样一群人："他们或者能够直接运用政治权力，或者处于能够对政治权力施加强大影响的地位。"② 而在社会学的研究领域，精英主要与职位有关，权力来源于职位。"法国社会学意义上的精英指的是在社会上拥有权力和影响，并且相互竞争的群体。这并不意味着该群体的任何成员都是杰出的社会人物，或者在其他方面显得出类拔萃。许多人之所以拥有权力和影响，只是由于他们所承担的职能，而不取决于他们是如何获得各自的职位的，以及是否能胜任自己的职位。"③ 与政治学和社会学领域不同，教育学视野中的"精英"主要侧重人的天资，即所谓英才或天才。在高等教育领域中"精英是通过心理测验被精确而公平地选择出来的。"④ 虽然当下关于精英的定义在不同学科、不同理论中略有差异，但是对其核心思想也不乏共识。这个共识就是："精英意味着特定社会单位中的最高层次部分，而不论这种社会单位是一个阶级还是整个社会，也不论是按人们所选择的什么样的标准所排列的；精英是由经过了某种挑选程序的少数优秀者组成。"⑤ 换言之，无论是权力、职位还是能力主导，"精英阶层"都代表了一个社会中最优秀的头脑。在一个稳态的社会里，社会学意义上的精英、政治学意义上的精英和教育学视野中的精英往往会高度重叠。最终的结果就是最优秀者接受最优秀的教育，接受最优秀教育的人占据最重要的位置并具有最大的社会影响力。今天在制度化教育的大背景下，除了极少数情况外，精英都是大学制造，即无论是政治学意义上的精英还是社会学意义上的精英都要通过大学对精英人才的

---

① 巴特摩尔. 平等还是精英 [M]. 尤卫军，译. 沈阳：辽宁教育出版社，1998：1.
② 巴特摩尔. 平等还是精英 [M]. 尤卫军，译. 沈阳：辽宁教育出版社，1998：4.
③ 赫尔穆特·施密特. 全球化与道德重建 [M]. 柴方国，译. 北京：社会科学文献出版社，2001：108.
④ 布鲁贝克. 高等教育哲学 [M]. 王承绪，译. 杭州：浙江教育出版社，2002：66.
⑤ 王红梅，张帆. 大学：国家精英的加工厂 [J]. 煤炭高等教育，2008（2）：34.

严格选拔和培育来完成。当然，大学产生之前精英也是存在的。那时的精英除了世袭之外，同样离不开教育机构的严格选拔与培育。综合不同学科、不同视角对于"精英"的不同理解可以发现：今天"精英"一词主要有两个方面的含义：一方面，"精英"是指那些在社会等级和社会地位上拥有特权的人。在很多社会中，人们往往希望这些有特权的人去统治、领导或者管理社会其他阶层的人；另一方面，"精英"包含了托马斯·杰斐逊所称的"天才的贵族"（aristocracy of talent）这类人。他们天生就极具才华，无论出生于何种社会背景，都拥有一种在其所从事的职业中脱颖而出的个性品质和领导他人的能力。这也就是近几十年来大学和学院努力招收的"学生精英"①。

自中世纪以来，以大学为代表的高等教育机构就是精英的主要生产地，但高等教育研究中却缺少对于精英的关注，对于什么是精英高等教育一直缺乏完整的定义。在漫长的历史长河中，大学既不断地为其所在的社会制造精英，也为这个社会的精英所制造。一方面精英大学的教育赋予社会精英以合法的身份；另一方面社会精英也给予大学种种特殊的待遇和保护，以确保大学能够作为精英主义机构继续存在和发展。"在许多近代社会中，高等院校，以及所有知识分子的职业都为才华出众的人从社会下层上升到更加重要的位置提供了重要途径。"② 在大学漫长的发展历程中，精英教育一直是大学存在和发展的一种正常状态，除了为社会培养各类精英人才以服务于社会发展之外，大学也缺乏其他更有效的渠道与社会发生直接关系。但正所谓"鱼不知水"，大学虽然曾经以精英教育为第一要务，长期浸润于精英人才的培养，但对于"什么是精英"、"什么是精英高等教育"大学自身及其研究者却一直浑然不知或语焉不详。直到20世纪70年代以后，随着高等教育规模的急剧增长，通过对大众化高等教育的反思，"精英"与"大众"的划分才从政治学和社会学领域进入了高等教育研究领域。作为一名社会学家，马丁·特罗教授根据美国高等教育规模扩招的经验，认为15%的高等教育毛入率是精英高等教育与大众高等教育的重要分界线。以此作为分界线，精英在高等教

---

① 菲利普·G. 阿特巴赫，等. 为美国高等教育辩护［C］. 别敦荣，陈艺波，主译. 青岛：中国海洋大学出版社，2007：153.

② 巴特摩尔. 平等还是精英［M］. 尤卫军，译. 沈阳：辽宁教育出版社，1998：57.

育领域就具有两重含义，即质量意义上的精英和数量意义上的精英。质量意义上的精英教育即高水平的尖子教育，数量意义上的精英教育即人数较少或规模较小的教育。20 世纪 70 年代以来，随着高等教育规模的持续性扩张，高等教育数量和质量之间的矛盾导致传统的精英教育面临严峻危机。在西方国家，高等教育的大众化给大学教师和社会民众造成了极大的恐惧，很多人担心高等教育的大众化"将压倒和败坏古代的大学制度。"在很多国家，人们都感觉大学正在成为一个"失去的乐园"，大学作为"学习和做学问"的场所，已经被严重地"削弱。"① 正是基于这样的特殊背景，高等教育大众化过程中精英高等教育的特殊性才开始引起人们的关注。在《从精英向大众高等教育转变中的问题》这一经典文献中：马丁·特罗指出："精英高等教育主要是塑造统治阶层的心智与人性，为学生在政府和学术专业中充当精英角色做好准备。在大众高等教育阶段，高等教育仍然是培养精英，但这是一种范围更广泛的精英，包括社会中所有技术和经济组织的领导阶层。重点从塑造个性转向培养更为专门的技术精英。"② 在后来对这一经典文献的反思中，他又指出："精英教育作为促使受教育者去养成与一定社会地位相符合的生活方式的绅士教育，与为某一特定职业培养专家而进行的训练截然不同。"大众高等教育的发展引发了自由教育及职业学习特征的改变。"它们之间最明显的差别——精英高等教育一直被视为意味着自由教育形式，大众高等教育则被视为等同于职业教育形式——不再存在。"③ 与此同时，他还指出："在当前条件下，高等教育的精英形式不再一致，不再以试图使人们获得一种普通道德与文化观念，努力形成智力与情感、态度、品质为标志。它可能仍旧尝试传播技能与知识，但那不是我们已用来定义一种教育和正经历这种教育的一种学校的'精英高等教育'的形成原因。""在这个意义上，精英高等教育机构是专为提高抱负及实现抱负提供社会支持及智力资源而安

---

① 克拉克·克尔. 高等教育不能回避历史——21 世纪的问题 [M]. 王承绪，译. 杭州：浙江教育出版社，2001：71 - 72.

② 马丁·特罗. 从精英向大众高等教育转变中的问题 [J]. 王香丽，译. 外国高等教育资料，1999 (1)：4.

③ 马丁·特罗. 从精英到大众再到普及高等教育的反思："二战"后现代社会高等教育的形态与阶段 [J]. 徐丹，连进军，译. 国际高等教育研究，2008 (4)：24.

排的。"① 从上面的相关论述中可以看出，马丁·特罗对于精英高等教育的本质给出了详细、丰富而深刻的阐述，但遗憾的是，在高等教育发展三阶段论的大框架下，精英高等教育的质的规定性还是被量的规定性所掩盖，精英教育的本质特征还是被高等教育毛入学率这一量化指标所遮蔽。这就和高等教育大众化内涵中诸多质的变化被一个量化的规模指标所掩盖是一个道理。虽然在理论上马丁·特罗一再告诫："大众高等教育与精英高等教育的区别不仅表现在数量上，而且还表现在质量上。明显的不同不仅表现在入学人数占适龄人口的比例，而且还表现在以下几个方面：老师和学生对待接受高等教育的观念、学生接受高等教育的作用、高等教育社会职能、课程、典型的学生经历、拥有同类学生的程度、学术标准的特性、高等教育机构的规模、教学形式、学生和老师之间的关系、教育机构之间界限的性质、管理模式、选拔学生和老师的原则与步骤等。"② 但事实上，就像高等教育毛入率在15%~50%之间被认为是大众高等教育一样，高等教育毛入学率在15%以下就是精英高等教育也成了当前人们对于什么是精英高等教育的一种普遍性解读。就连克拉克·克尔也认为："精英高等教育并不全是精英——有时只是人数较少。"③

　　毫无疑问，精英高等教育的本质在于塑造人的心智而不在于人数的多少或规模的大小。无论是精英高等教育阶段还是在大众高等教育阶段，精英教育都代表了一种大学教育的理念和人才培养的模式而绝不仅仅是高等教育规模发展的一个阶段或少数人的一种特权。本质上，精英教育的精髓在于对人的精英意识的培养而并非精英身份的赋予。"精英是外在的'身份'（social status），精英意识则是内在的'品质'（character）。身份的基础可以是任何一类外在于心灵但受到社会成员普遍尊重的社会学特征——财富、权势、名望。这些社会学特征之所以受到普遍尊重，是因为在稳态社会里，它们统计性地或多或少反映了普遍受到尊重的内在品质。然而，外在身份与内在品质

---

　　① 马丁·特罗. 从精英到大众再到普及高等教育的反思："二战"后现代社会高等教育的形态与阶段 [J]. 徐丹，连进军，译. 国际高等教育研究，2008（4）：24-25.

　　② 马丁·特罗. 从精英向大众高等教育转变中的问题 [J]. 王香丽，译. 外国高等教育资料，1999（1）：3.

　　③ 克拉克·克尔. 高等教育不能回避历史——21世纪的问题 [M]. 王承绪，译. 杭州：浙江教育出版社，2001：84.

之间的这一显著关系在非稳态社会里往往失效。"① 这方面，我国就是一个很好的例子。近年来，知识和经济精英阶层的不讲道德已经成为我国经济社会进一步发展当中的重要阻碍。当然，虽然精英可以教育，精英意识可以培养，但绝非人人可以成为精英。根据人口统计学的一般规律，精英总是少数的，因此，精英教育一定是高度选择性的。任何一个社会，无论它如何强调平等，对于精英的选择与培养都会受到高度重视，因为精英阶层的素质往往关乎国家的前途和命运。无论在历史上还是现实中，一个没有精英的社会或精英堕落的社会都是难以想象的，它一定会在生存竞争中遭到应有的惩罚，直到退出历史的舞台。因此，虽然在权利的意义上"人人生而平等"，但是国家必须给予大学择优录取学生的权力。按照罗尔斯的说法，教育机会方面的英才主义所导致的不是公正而是不公正，但英才应该获得优越的教育机会却是不应该被忽视的。也正是在这种意义上，罗尔斯认为，教育上的不平等又是"公平的"。因为这个社会"需要有最优秀的人才即'天才的贵族'（aristocracy of talent）为社会提供领导的技能，以及医师和律师等的技能。"所以"我们要普遍入学，但是我们同时要为优秀留有余地。"② 纵观世界各国，无论是历史上还是现实中，由于受到人的智力资本分布和社会经济发展条件的制约，精英高等教育必然是小规模的。如尼采所言："'高等教育'和'众多'——这从一开始就相互矛盾。……是什么造成德国文化的衰落？'高等教育'不再是特权——'大众化的'、公共的'教育'的民主主义……不要忘记，军事特权生硬地强求高等学校达到过高的入学率，这意味着高等学校的衰落。"③ 必须要注意的是，虽然精英高等教育必然是小规模的，但小规模的高等教育绝不必然就是高贵的精英教育。精英教育的存在必须扎根于高等教育的认识论哲学，即大学的教育理想必须超越谋生之道，否则高等教育的规模再小，大学也有退化为单纯的职业培训中心的可能。今天在大众化和普及化的背景下，受实用主义、职业主义以及科研至上主义的影响，再加上就业的压力，作为大众高等教育中精英部门的传统大学正在淡化

---

① 汪丁丁. 跨学科教育文集 [C]. 大连：东北财经大学出版社，2009：222.
② 克拉克·克尔. 高等教育不能回避历史——21世纪的问题 [M]. 王承绪，译. 杭州：浙江教育出版社，2001：144.
③ 尼采. 偶像的黄昏——或怎样用锤子从事哲学 [M]. 李超杰，译. 北京：商务印书馆，2009：63.

精英教育的传统，或提供职业培训或变为高等学术研究机构。大众化时代是一个多元化时代；与精英高等教育阶段不同，大众高等教育阶段的精英部门其职能也已多元化。在此背景下，回归传统象牙塔式的精英教育无异于刻舟求剑。大众高等教育阶段所谓的精英大学（一流的研究型大学）已不同于精英高等教育阶段的精英大学。但无论如何，在高等教育大众化与普及化阶段，精英大学必须有所保留；那些真正的精英大学绝不应为了科研或就业而完全放弃精英教育和教育精英的责任。

第二节　精英教育与大学

传统上，大学一直是一个精英主义的机构，与其他高等教育机构之间存在着明显的界限，最具象征意义的就是那高高的围墙和尖尖的屋顶。"精英高等教育机构一般是二至三千寄宿学生的小社会。如果规模超过了三千学生，它们将被分成几个分校（院），这些分校（院）就像牛津和剑桥大学的学院一样，规模相对较小。大众高等教育的标志是综合性学校，它们不是小社会，而是由三四万学生和教师组成的寄宿和走读相结合的'大学城'。"① 在一个由师生关系共同主导的相对封闭的小环境中，所谓"精英学校"就是负责对那些被召唤进入权力场域的人（其中大多数都出生于这个场域）进行培养，并且对他们加以神化②。无论是在哪个国家，"精英学校"一直履行着这种"神化"的职能，它们在教育过程中完成的那些技术性活动其实与制度化仪式的各个时刻是紧密地联系在一起的；这两个教育体系的存在或许就足以让我们注意到这一点：选拔就是"当选"，考试即是"考验"，训练就是"苦行"，离群索居就是接受奥义传授时的僻静，技能就是卡里斯玛资格。

---

① 马丁·特罗. 从精英向大众高等教育转变中的问题［J］. 王香丽，译. 外国高等教育资料，1999（1）：5.
② 布尔迪厄. 国家精英——名牌大学与群体精神［M］. 杨亚平，译. 北京：商务印书馆2004：116.

换言之，在"精英学校"通过分离和聚合这样的神奇活动完成的转化过程倾向于产生被神化的精英群体①。

对于大学而言，一方面精英主义价值观反映了政治领域"精英统治论"对于大学的影响；另一方面作为精英机构的大学其本身也具有适合于精英主义价值观生长的环境。精英主义价值观来源于中世纪和中世纪以前的古典和人文学科。"大学的发展，伴随着人文学科的传播，使得知识分子阶级的形成成为可能。这种阶级不同于僧侣式的特权阶级，它的成员来自不同的社会环境，而且在某种程度上脱离封建社会的统治阶级及其学说。这个知识分子阶级造就了启蒙运动的思想家。"② 19世纪虽然高等教育系统由于相关院系和研究所增加了自然科学的内容而有所改变和扩展，但精英主义价值观仍然反映了大学的本质，即大学就是要为社会和国家培养精英人才。"像大学这样的精英机构成为社会和经济精英发源地的趋势在持续不断发展，这是高等教育机构和西方社会不断增强的平等主义价值观之间紧张关系的主要来源。"③ 在西方国家，长期以来精英主义的价值观都认为："高等教育的功能一方面是训练少数很有能力和雄心并已经在通过大量筛选的精英中学受过严格教育的学生，为从事传统上需要大学学位的职业作准备。另一方面是为少数人的学术生活和科学研究作准备。"④ 从精英主义的观点看，一个优秀的人应该得到更加卓越的教育机会。对于大学而言，精英主义就意味着不是最好的宁可不要；大学要做的事一定是其他机构做不来或做不好的事，否则的话大学就没有存在的必要。"一所大学如果试图办成满足所有人需要的万能机构，那不是骗人，就是愚蠢。"⑤

精英是精英教育的核心，精英教育是精英产生的源泉。需要什么样的精英就有什么样的精英教育，或者有什么样的精英教育就会涌现出什么样的精英。早期的大学，精英气质主要体现为一种宗教的排他性，主要培养教会精

---

① 布尔迪厄. 国家精英——名牌大学与群体精神 [M]. 杨亚平，译. 北京：商务印书馆，2004：170.

② 巴特摩尔. 平等还是精英 [M]. 尤卫军，译. 沈阳：辽宁教育出版社，1998：55.

③ 马丁·特罗. 从精英向大众高等教育转变中的问题 [J]. 王香丽，译. 外国高等教育资料，1999（1）：3.

④ 马丁·特罗. 从精英向大众高等教育转变中的问题 [J]. 王香丽，译. 外国高等教育资料，1999（1）：12.

⑤ 布鲁贝克. 高等教育哲学 [M]. 王承绪，译. 杭州：浙江教育出版社，2002：78.

英。民族国家以来，大学的精英主义主要体现为为国家培养领导者和管理者，主要是政治精英和思想精英。在经济全球化和高等教育大众化的今天，大学的精英性集中体现为知识的资本化和技术的产业化，主要培养经济精英和技术精英。在工业经济逐渐转型为知识经济的今天，"大学从社会'次要的'机构转变成'主要的'机构，是迄今为止现代社会机构发展的意外结果。""在现代社会里，知识产业不再是由知识精英们运作的一件次要的事情，一项可能被讲究实际的领导人认为是消费性的活动。它是一项等同于重工业的伟大事业，两者对于它所在的国家同样重要。"① 在此背景下，直接为经济发展服务开始成为精英大学和大众高等教育机构共同的奋斗目标。其结果，以学术自由主义为核心理念的研究型大学逐渐转型为以学术资本主义为核心理念的创业型大学已经成为大众和普及高等教育阶段精英部门发展的新趋势。"重点大学的每一位校长或名誉校长都迅速穿上了首席执行官的外衣，并积极地从'私人部门'寻求投资者。到 20 世纪 90 年代中期，企业型大学几乎成为所有私立和公立大学的标准。"② 除精英理念的变迁会导致大学精英教育的侧重有所不同之外，在横向上大学精英教育的目标也会因不同国家、不同的文化传统而有所不同。世界各国大学自产生以来其精英教育的理想便处在通识性与专业性、职业性与学术性共同构成的张力中。几百年来通识教育、专业教育、职业教育以及高深学术研究共存于大学之内。历史上，由于文化传统、政治体制和经济制度的不同，由于高等教育理念和制度的不同，不同国家的不同大学在精英人才培养中的角色也各不相同。以通识教育为主导的精英教育多培养公共领域的知识分子（思想精英），以专业教育为主导的精英教育多培养各类社会组织的高级管理者（政治精英和企业精英），以职业教育为主导的精英教育多培养一流的技术人才（技术精英），以高深学术研究为主导的精英教育多培养学界的大师（学术精英）。当然，这里所谓通识教育、专业教育、职业教育和高深学问研究的划分只是高等教育的几种理想类型。现实中任何一个国家的高等教育都会杂糅上述四种成分，而不会

①　亨利·埃茨科威兹. 三螺旋——大学·产业·政府三元一体的创新战略［M］. 周春彦，译. 北京：东方出版社，2005：10.
②　斯坦利·阿罗诺维兹. 知识工厂——废除企业型大学并创建真正的高等教育［M］. 周敬敬，郑跃平，译. 北京：高等教育出版社，2012：75.

属于任何一种纯粹的理想类型，因为任何一个国家都既需要思想精英、政治精英，也需要技术精英和学术精英。

通过纵横两个维度的考察可以发现，无论历史上还是现实中通过大学教育所制造的精英是多方面的而不是单一的。但无论是哪一领域的精英培养，作为精英教育的灵魂却是统一的，即心智的塑造和人格的养成。如怀特海所言，教育的本质在于它那虔诚的宗教性，这一点是自有文明史以来人们所普遍信仰的教育理想。"宗教性教育是这样一种教育：它谆谆教导受教育者有责任感和崇敬感。责任来自于我们对事物发展过程具有的潜在控制。当可习得的知识能够改变结局时，愚昧无知便成为罪恶。而崇敬是基于这样的认识：现在本身就包含着全部的存在，那漫长完整的时间，它属于永恒。"① 今天在大众和普及高等教育阶段，无论是在精英部门还是大众高等教育机构，教育本应具有的那种虔诚的宗教性早已消失。"在社会对高学历的大批量需求下，研究生院急速增长，常常发展到了机械地授予博士学位的地步。由于突出强调了既定的系科，系科间在人事和预算方面的障碍扩大了。因为既定目标是培养学院教师，研究生院自然会尽量使学生适应某一专门领域。培养人们满足技术的要求和技能，以立即适应工作之需要——这是整个教育职业化趋势的一部分。"② 目前在高等教育领域职业教育主义已经成为一股十分强劲的新势力。为职业而教育和为就业而教育成为了新的高等教育哲学。即便是那些精英大学的精英学生其选择接受精英高等教育也不再是为了获取一种系统的人生哲学，不再是为了追求永恒的真理或塑造健全的心智，而更多是为了一份更好的工作和更高的收入。因此今天精英教育的衰落绝不是精英人数的减少，也不是精英收入的降低，更不是精英人物缺乏必要的能力，而是一种精英意识的淡化、精英品质的下滑和精英人物对社会责任感的悬置。以我国为例，由于精英教育的失败和社会的转型，在一种非稳态的社会环境中，精英人物的外在身份和内在品质之间发生严重的错位，很多人拥有精英的身份却不具有精英意识和精英品质。在我国"精英的内在品质不仅被弱化，甚至比平均品质还要低劣"。"精英们的败德行为遵循着'免费搭车'

---

① 杨东平. 大学二十讲 [C]. 天津：天津人民出版社，2009：99.
② 莱特·米尔斯. 白领：美国的中产阶级 [M]. 周晓虹，译. 南京：南京大学出版社，2006：101.

原理，每一个都试图把拯救社会的责任推卸给'上帝'或'市场'，因为没有人相信一己的力量可以改变他所在的那一群体的腐败。所以，先是政府腐败，然后是商业和学术的腐败，持续扩散的败德行为产生了'群体共谋'，后者鼓励更普遍的腐败。"① 精英品质的衰落或道德的滑坡，当然不是我国的"特色"。在从现代向后现代转型的大背景下，由于受到知识商品化的影响，世界各国"大学和高等教育机构从此需要培养的不是各种理想，而是各种能力：多少医生、多少某专业的教师、多少工程师、多少管理人员等。知识的传递似乎不再是为了培养能够在解放之路上引导民族的精英，而是为了向系统提供能够在体制所需要的语用学岗位上恰如其分地担任角色的游戏者。"②

精英教育的兴衰与精英的兴衰密切相关。不同的时代需要不同的精英，不同的时势也会造就不同的精英，不同的精英需求也会导致不同的精英教育。"精英不可能持久不变。因此，人类的历史乃是某些精英不断更替的历史：某些人上升了，另一些人则衰落了。真相便是如此，虽然它常常可能表现为另一种形式。"③ 今天无论是在东方还是在西方，以分科制度为标志的现代大学教育已经进入一个超稳定发展的阶段，通过分科制度培养社会需要的各类专门人才已经嵌入到既得利益分配体系之中。由于路径依赖的存在，现代大学制度以及现代大学的精英教育已经被政府牢牢锁定在意识形态的宣传和专业技术人才的培养而不是制造挑战政府权威的思想精英和公共知识分子。虽然精英未必一定要挑战政府权威或对抗政府，但造就具备独立之思想和独立之精神的人始终是大学精英教育或精英人才培养的终极理想。今天的现实是"大学毕竟主要由政府支撑，有什么样的现代国家制度，就会有什么样的大学建制。当然，无论何种国家制度的统治者，为了国家利益及其统治，都需要大学提供政治资源和专业技术人才。因此，政府总想使大学成为统治官僚的精英库，而非社会革命家的培育所。"④

现代大学里精英教育的衰落，除了受精英兴衰的影响之外，高等教育规模的急剧扩张也是其中的重要原因之一。"破坏一个精英高等教育系统的最

① 汪丁丁. 跨学科教育文集 [C]. 大连：东北财经大学出版社，2009：308.
② 让—弗朗索瓦·利奥塔尔. 后现代状态：关于知识的报告 [M]. 车槿山，译. 北京：生活·读书·新知三联书店，1997：103-104.
③ 维尔弗雷多·帕累托. 精英的兴衰 [M]. 刘北成，译. 上海：上海人民出版社，2003：14.
④ 刘小枫. 拣尽寒枝 [C]. 北京：华夏出版社，2007：11.

有把握和最快的方法，是迅速地迫使大量学生进入它的构成院校。"① "一般规律似乎是扩张的人数被从前的精英部门吸收的比例越大，问题越多；被强制进入历史性的研究型大学的学生越多，接着而来的麻烦越多。"② 道理很简单，随着高等院校规模的增大，精英的被稀释不可避免；随着精英的被稀释，精英教育的小环境将不可避免地被破坏，精英教育本身也就不复存在。德国前总理施密特认为"德国大学的学术传统似乎也因为大众化而走向衰落。"③ "现在的德国没有任何一所高校能够与斯坦福、哈佛或美国、日本的其他一流高校抗衡。从世界水平对比来看，现在德国没有任何一所高校拥有第一次世界大战前、甚至魏玛时期德国高校的那种声望。我们的高校在当时是处于世界领先地位的。自从第二次世界大战以后，我们再也没有达到过去那种一流的水平。有些系科、专业、研究所、讲座的水平还不错，可惜那都是些例外情况。如果我们继续坚持近几十年来的做法，那么，我国高校的水平在全球竞争中会进一步下降，最终使我们的民族受到损害。"④ 面对大众化过程中德国大学的不断衰落，2004年德国前联邦教育部长布尔曼果断地抛弃了长期以来德国所坚持的平等主义传统，首次公开提出了要实施"精英大学"计划。经过多方努力，这一计划已于2005年开始实施。德国实施"精英计划"的目的主要有两个："第一，通过增强德国高校和科研机构的科研实力，为德国立足于世界科学研究领域的强势地位作出贡献；第二，从长远角度来看，通过推行'精英计划'，可不断增强德国高校的国际竞争力，提升德国在学术、科研领域的国际形象。"⑤

　　大众化高等教育对于精英部门的影响具有双重性。按照克拉克·克尔的设想，如果能够建立起完善的职能分化制度，大众高等教育不但不是精英高

①　克拉克·克尔. 高等教育不能回避历史——21世纪的问题 [M]. 王承绪，译. 杭州：浙江教育出版社，2001：81.

②　克拉克·克尔. 高等教育不能回避历史——21世纪的问题 [M]. 王承绪，译. 杭州：浙江教育出版社，2001：91.

③　赫尔穆特·施密特. 全球化与道德重建 [M]. 柴方国，译. 北京：社会科学文献出版社，2001：218.

④　赫尔穆特·施密特. 全球化与道德重建 [M]. 柴方国，译. 北京：社会科学文献出版社，2001：56.

⑤　张武军，等. 德国大学"精英计划"及对我国"985工程"的启示 [J]. 北京科技大学学报（社科版），2008（2）：145.

等教育的敌人还可以成为精英教育和精英大学的保护神。"现代高等教育系统的一个必不可少的原则是功能的分化，从功能的分化接着就是财政资助的分化和管理的分化。""一个有效的现代高等教育系统必须以一种方式或另一种方式分化它的构成院校。假使有这种分化，一个高度选择型的部门就能在健全的条件下维持。"①　遗憾的是，世界各国高等教育大众化的现实证明："这种分化本身是不够的"。职能的分化制度也许可以有效地保障一部分精英部门学术研究水平不下滑，但难以保障精英教育的有效实施。更何况有时高等教育发展的现实还与克尔的设想正好相反。比如在大众化和普及化的过程中，各国高等教育系统不但没有能够实现职能的分化，建立起职能分化制度，而且机构的性质还日益混合化。不但是精英高等教育机构"大众化"，而且大众高等教育机构也开始"精英化"。就在那些研究型大学因为规模的庞大和就业的压力而向职业教育漂移的同时，一批新兴的非大学类的大众高等教育机构却通过学术漂移不断地向研究型大学看齐。其结果，在学术漂移和职业漂移的双向互动中，大学与高等教育之间的区分开始模糊，大学不再是高等教育的特殊部分而成为了一般高等教育机构的通用词。最终，没有了对于大学作为精英教育机构的特殊保护，精英教育也就失去了栖身之地。在欧洲，从20世纪60年代开始，越来越多的非大学机构逐渐取得了大学的合法地位，昔日作为精英高等教育重要标志的大学越来越成为一般意义上的高等教育机构的代名词。"给所有高等教育的部门更多平等的地位。如在瑞典，根据1968年大学法，高等教育的所有部门，至少在名义上给予大学地位。"②　极端的做法出现在丹麦，1973年9月为了在大学造成"自由与平等的更为完美的结合"，丹麦议会颁布了一项法令，取消现存的院系，并规定在所有学科的学位授予问题上，须由以百分之五十的教师、百分之二十五的学生、百分之二十五的非教学人员（包括从注册干事到看门人的所有勤杂人员）选举产生的委员会来决定。类似的情况也存在于德国的若干所大学中（不过委员

①　克拉克·克尔. 高等教育不能回避历史——21世纪的问题［M］. 王承绪，译. 杭州：浙江教育出版社，2001：86.

②　克拉克·克尔. 高等教育不能回避历史——21世纪的问题［M］. 王承绪，译. 杭州：浙江教育出版社，2001：13.

会往往是由资历深的教授、资历浅的教授和学生组成的三结合)①。在英国，1992 年议会通过并发布了《继续和高等教育法》，彻底废除高等教育"双轨制"，多科技术学院升格为大学，与传统大学地位平等。"经验表明，在高等教育和传统大学仍旧是同义词和到达同义词的程度的地方，传统大学会由于大量学生的猛攻和试图给传统大学强加不一致的任务，大大地受到削弱。"②随着大学入学人数的增加，大学学位的价值也开始贬值，学位的贬值又进一步改变了大学与政府、大学与产业界及大学与社会的关系，进而影响到大学的社会声誉和机构形象。道理很简单。在高等教育大众化和普及化的过程中，"正是人人均可达到大学水准的信念导致了大学水准降到人人可以达到的水平上。"③ 其结果，今天在公众的心目中，大学从"精英之塔"和"智力之城"向"加油之站"和"文凭工厂"的转变似乎已经成为了不可避免的大趋势。

总之，伴随着现代化过程中现代性逻辑的展开，高等教育规模的增大成为必然的选择，其结果，在一个现代化的社会中，面向大众必然取代培育精英成为高等教育发展的新理念。"今天的大学之所以成为这个样子，是因为现代化要求的大众化教育使然。大学的市场化、扩招、专业细分和实施实利性知识教育正是因应了这一历史趋势。""教育的大众化是促使现代'大'学产生的第一个理念。"④ 精英教育在大众化阶段的遭遇以及大众高等教育阶段精英教育部门所经历的转型，既体现了大学发展的一种必然，也显示出了当代高等教育发展中的深层危机，即今天的高等教育愈来愈趋于功利和实用，以德性养成和心智塑造为核心的精英教育逐渐被抛弃；而事实上，如果缺少了优秀的精英群体，现代社会根本就无法良好运转。

---

① 丹尼尔·贝尔. 资本主义文化矛盾 [M]. 赵一凡，译. 北京：生活·读书·新知三联书店，1992：328.
② 克拉克·克尔. 高等教育不能回避历史——21 世纪的问题 [M]. 王承绪，译. 杭州：浙江教育出版社，2001：101.
③ 威廉·亨利. 为精英主义辩护 [M]. 胡利平，译. 南京：译林出版社，2000：155.
④ 刘小枫. 当今教育状况的几点观察 [J]. 中山大学学报（社科版），2006（2）：1, 2.

第三节　大学的理想：培育精英

　　理论上在大众高等教育系统中精英教育不仅存在而且很繁荣，但实践中伴随着高等教育的大众化，精英高等教育部门一直处在不断的衰退之中。目前世界各国的高等教育系统大多由三类机构构成，即老大学、新大学和非大学高等教育形式①。在这三类机构中，老大学多属于精英部门，为社会各行各业培养精英，在整个高等教育系统中具有显赫的地位。但近年来随着高等教育入学人数的急速增加，大学规模的急剧扩大，"许多大学呈现了大众化大学的特点。例如，它们增加了课程的种类，使课程多样化，比较注重新出现的专业性质的教育，如社会管理学、应用心理学、企业管理等。这些发展改变了大学在政府决策人员和一般公众眼里的形象。"② 伴随着高等教育规模不断扩大，大学教育的理想也不可避免地经历了一个从量变到质变的过程。精英教育理想在高等教育大众化以及普及化浪潮中逐渐式微。由于生源的多样化以及教师质量的不断下滑，传统精英大学也不得不调整自己的办学目标，逐渐地从精英教育走向科学研究或职业培训。针对这种状况，克拉克·克尔指出："目前全世界高等教育中危机的实质，是改革对传统以及改革的一种力量（走向个人之间更多平等）对另一种力量（走向个人内部更大的能力）的双重对抗。未来各高教系统的形式，主要将视这些对抗的结果如何而定。"③ 在高等教育从精英走向大众，从大众走向普及的过程中，"我们必须注意怎样才能使平等主义者明白英才的贡献，以及精神贵族怎样才能证明

---

　　① 伯顿·克拉克. 高等教育新论——多学科的研究 [M]. 王承绪，等，译. 杭州：浙江教育出版社，2006：138.

　　② 伯顿·克拉克. 高等教育新论——多学科的研究 [M]. 王承绪，等，译. 杭州：浙江教育出版社，2006：150.

　　③ 克拉克·克尔. 高等教育不能回避历史——21世纪的问题 [M]. 王承绪，译. 杭州：浙江教育出版社，2001：60.

其有理由存在于一个民主社会之中。"①

今天大众化与普及化已成为高等教育发展中不可阻挡的潮流，重提精英教育的理想似乎有点不合时宜。如布鲁贝克所言："虽然英才主义是高等教育的必然产物，但在高等教育从社会边缘转向中心时，当相应地有更多的青年认识到如果他们要去从事各种可以获得的令人激动的新职业，有必要接受中学后教育时，英才主义开始变得站不住脚了。"② 还有学者指出，今天精英教育存在很多的弊端："它给学生灌输'高人一等'的自我意识，使学生疏远于他者，钳制了个人生活心智的成长；它提供'平庸'和'安全'的诱惑，使学生错误地自我估价，害怕失败，不敢冒险，不敢正视内心真实的呼唤；它教给学生的仅仅是现实生活成功所需要的分析能力和修辞技能（口才），而忽视真正的人文教育，使学生缺乏自由而独立的思考；它所指向的学生热闹的繁忙和社交，使得学生丧失了独处的能力和孤独感，个人内省的前提不复存在，过一种独立的负责的知性生活变得更加遥远，等等。"③ 但历史与现实可以告诉我们，整个高等教育系统由许多部分组成，大学是高等教育系统的塔尖部分，最能体现高等教育的核心价值。高等教育可以大众化，大学却必须是精英主义的。在高等教育规模不断增大的过程中，大学必须坚持精英教育而不只是科研卓越和职业培训。"首先，大学必须为社会培养政治精英；其次，大学的主要功能是提供知识精英。"④ 精英教育自有其独特的价值，精英教育的弊端完全可以在发展中克服。社会的发展离不开精英教育，高等教育可以大众化、普及化，现代大学却很有必要回归精英教育的传统，追逐教育精英的大学理念，坚守精英主义的理想。"对于教育者来说将来的中心问题可能不是如何把精英主义—传统主义者从他所在学术委员会、学校和系的权力地位中驱除出去，而是如何保存和捍卫在高等教育大众化条件下他们所代表的最重要的价值观。"⑤ 在大众化或普及化高等教育系统中只

① 布鲁贝克. 高等教育哲学 [M]. 王承绪，译. 杭州：浙江教育出版社，2002：74.
② 布鲁贝克. 高等教育哲学 [M]. 王承绪，译. 杭州：浙江教育出版社，2002：76.
③ 威廉·德瑞斯维兹. 精英教育的弊端 [J]. 肖பி生，译. 江苏高教，2009 (4)：1.
④ 斯坦利·阿罗诺维兹. 知识工厂——废除企业型大学并创建真正的高等教育 [M]. 周敬敬，郑跃平，译. 北京：高等教育出版社，2012：28.
⑤ 马丁·特罗. 从精英向大众高等教育转变中的问题 [J]. 王香丽，译. 外国高等教育资料，1999 (1)：12.

有高度重视精英主义的价值观，人类文明的堡垒才不会在大众社会的新野蛮主义的进攻中沦陷，现代大学才不会屈服于职业训练、经济增长、社会公平以及意识形态的巨大的压力，高深学问和永恒价值才能得到无私的探索。"大学只有以培养精英自我期许，它才能通过自己的毕业生对社会自治的拓展和保护，而限制权力，从而维护大学相对于权力和金钱的自由与尊严。"①

如果不是刻意地从意识形态的角度将"大众"与"精英"截然对立，大学对于精英教育的追求与高等教育面向大众的趋向也并不矛盾。只要高等教育系统建立起了完善的职能分化制度、澄清了大学教育理念，大众机构与精英部门，大众教育与精英教育完全可以相得益彰。一方面大众高等教育机构可以避免过多的学生涌入精英部门，为精英教育的发展充当保护壳、蓄水池和缓冲带；另一方面精英部门也可以为大众高等教育机构的发展指明方向，为大众高等教育质量的提高提供智力资源。"实现柏拉图使每一个的特殊才能得到最充分培养以对整个社会有所裨益这一理想的方式是，开设各种形式的高等学校，并促使各种学校都在自己的领域中寻求完善。"② 在高等教育政策层面上同样如此。大学努力寻找精英学生并对其进行精英教育与政府部门通过其他各种高等教育形式为广大民众提供更多的高等教育机会并不矛盾。如克拉克·克尔所言："在高等教育的背景中，我的中庸之道的解决方法是高等院校应该更积极地寻找（不止是接受）天资高和肯努力的人，然后对那些以前较少处于有利地位的人予以补救的、补充的学业上的帮助和财政上的帮助，使他们有平等的机会提高他们的才能。"③

今天在一个自由民主的社会中，虽然每一个人都有接受高等教育的权利，但并非每一个人都必须要通过精英教育成为社会精英。现实中每一个人只有接受了适合他自身的教育才能实现个人的人生价值并为社会的发展作出最大的贡献。精英学生要接受心智养成，大众学生更需要职业训练。如果试图将所有的学生训练成技术工人就像试图将所有的学生都培养成社会精英一样荒唐。"在一个民主社会中，阻止一个在智力或性格与体力上属于强者的

---

① 秋风. 不培养精英，要大学干什么 [J]. 万象 2006 (11)：71.
② 布鲁贝克. 高等教育哲学 [M]. 王承绪，译. 杭州：浙江教育出版社，2002：74.
③ 克拉克·克尔. 高等教育不能回避历史——21 世纪的问题 [M]. 王承绪，译. 杭州：浙江教育出版社，2001：68.

人取得凭天赋能力所能取得的成绩，其不公正、不民主和犯罪的程度正如阻碍一个弱者在与同伴竞争时最大限度地发挥其能力一样。"① 不过，遗憾的是，我们今天的高等教育政策正在混淆精英教育与职业教育的必要的界限。今天的大学里每一个人都在试图成为社会精英，每一个人又都在时刻为成为一名合格的技术工人做准备。由于高等教育理念不清，职能分化制度不明，加之政策误导，高等教育的人才培养往往会偏离社会的需要。纽约州评议会主席威廉·J. 沃林就公开反对所有的人都享有高等教育。他断言，"这个国家可能培养出一批'剩余的大学生'，他们对挫折深怀不满，并可能'转而攻击社会和政府'，我们给予他们的教育将使他们的破坏性愤怒更加有效、装备得更好"。前哈佛大学校长科南特也认为，"机会均等是这个国家的基本原则之一，然而，与此同时，不应鼓励或怂恿任何青年男女都去接受高等教育训练，因为后者有可能引导人们走向一种受挫的经济生活""对大多数年轻的美国人来说，四年大学教育不仅'浪费昂贵'，而且也'不为社会所欢迎'。"② 毫无疑问，在自由民主的社会中，所有人都有权利接受高等教育是一个基本常识。任何对于高等教育大众化的激进批评都是不可取的。问题的根本在于：每个人必须接受适合他的高等教育。试图对"大众"学生进行精英培养以及试图对精英学生进行职业教育同样是错误的。选择在大众高等院校接受一般的职业教育和选择进入精英大学接受精英教育二者之间有很大的差异。罗素就认为："大学教育应被视之为有特殊才能者的特权，并且那些有才能而无资金的人应当享受公费教育。未通过能力测验者不得入校，并且未向校方证明确能有效利用时间者不得留校。"③ 社会的发展离不开大众教育水平的提高，但更离不开精英人物的引领。如果大众高等教育机构需要承担起提高民众职业技能的任务，那么大学就必须承担起精英选拔与培育的责任。这也是大学对于国家和社会的责任所在，也是精英学生的义务所在，选择进入大学的精英学生必须要超越功利主义的考量，随时为承担更大的社会责任做好准备。

---

① 布鲁贝克. 高等教育哲学 [M]. 王承绪，译. 杭州：浙江教育出版社，2002：73.
② 莱特·米尔斯. 白领：美国的中产阶级 [M]. 周晓虹，译. 南京：南京大学出版社，2006：213.
③ 杨东平. 大学二十讲 [C]. 天津：天津人民出版社，2009：115.

总之，不同的时代，大学会有不同的理想；不同的大学理想赋予不同时代的大学以不同的合法性基础。从中世纪大学到近代大学，再从近代大学到现代大学，从现代大学到后现代大学，大学的理想从绅士教育到科学研究，从科学研究到社会服务，再从社会服务到创办高科技企业。近千年的历史上，高等教育的职能已经发生了巨大变化，唯一不变的就是大学对于精英的追求。"在一定程度上，大学天生是精英式的机构：它们接纳那些资赋优于平均水平的学生，由教师引导着他们学习艰深的学科，通过长期而严格的教育与训练让他们获得学术资格证书。"[①] 作为一个精英式的机构，一部大学史既是大学培养精英的历史，也是大学追逐精英的历史。从追逐精英学生到追逐精英教师，为了实现追求卓越、止于至善的学术理想，一代代大学人薪火相传，共同铸就了大学不朽的传奇。大学基业常青的历史告诉我们：精英教育是大学得以存在的永恒价值，对于精英的培养是大学义不容辞的社会责任，卓越的大学必须坚持精英主义的理想，一所好大学的毕业生可以没有高官和富豪，但绝对不能没有兼济天下的灵魂。

---

① 马丁·特罗. 从大众高等教育到普及高等教育 [J]. 濮岚澜，译. 北京大学教育评论，2003（4）：8.

第三章　大学的常识、传统与想象

　　大学是人类的历史性建构而绝非完全的理性设计，其诞生之时也许需要有天才的创造，但其发展过程则更需要对于常识的尊重与对于传统的坚守。历史上，大学曾经什么都研究就是不研究它自己，这绝不全是人为的疏忽和懒惰，而是一种相对合理的正确选择，有其历史的合理性。大学之所以为大学，大学之所以能够存在和发展主要是与人类的精神生活有关，原本无需相关理论研究来赋予其存在的合法性。大学如何运作亦无须社会科学家来指手画脚。历史上相当长的时间内大学的存在全赖于人类内心对于无知的恐惧、对于未知的好奇和对于真知的向往。作为人类精神和思想生产的一种组织载体，大学的产生虽然有一定的偶然性，但它一旦存在了其地位就具有不证自明性和某种意义上的永久性。就像人类不可能始终没有信仰一样，人类也不可能一直没有对于真理的组织化追求。就像宗教和教会一旦产生就不会轻易地消亡一样，制度化的大学一旦形成也不会轻易地退出历史舞台。今天对于人类大学的存在就像教会的存在一样已是一种常识，根本无须论证。大学之所以存在就因为它一直存在。这是大学的传统也是人类的传统，这是大学的常识也是社会的和人类的常识。今天人类社会进入一个前所未有的转型时代，大学转型也"在劫难逃"。为了能够化解转型时代现代大学面临的合法性危机，转型中的大学既要尊重常识、坚守传统，更要有足够的智慧和想象力。

第一节　大学的常识

常识（common sense）一般源于民间，是人与人之间一种约定俗成的共识。常识作为"一种文化体系"[1]，主要是一种地方性的知识，不同的地方不同的时期不同的人都会有不同的常识。按鲍曼的说法，常识，即"我们用来指导日常生活的知识，这些知识丰富而零乱、没有系统性、往往含糊其辞、难以言喻。""我们所有人都在他人的陪伴下生活，与他人相互作用，相互影响，并深知我们之所得仰仗他人之所为。我们都不止一次经历过与朋友或陌生人交流失败的痛苦。为了在他人的陪伴下生活，我们需要许多知识，这个知识的名字就是常识。"[2] 无论是在过去还是现在，甚至是未来，人类生活以及人类社会的大部分领域皆由常识主导，因为相比于科学、宗教或意识形态，经由社会生活经验沉淀而来的常识更容易在人与人之间达成共识和"共同感"[3]。正是凭借这种共同感，人类才能在地球上共同生活。因此，无论何时，常识都是人类社会正常运转的基础。一个社会也许可以没有科学没有宗教，甚至没有政府，但不能没有常识。没有常识的社会不可能存在。大学作为一个社会机构，其运转无需高深的理论与精细的技术，而是要尊重大学的常识。和其他社会领域的常识一样，大学的常识不是自然的也不是人为的，不是天生的也不是理性设计的，而是一种由习得的潜规则和惯习而构成的组织文化或文化传统，亦可称之为大学的地方性知识。与科学所生产的理性知识相比，源于经验理性的常识则支配了大学这座冰山的水下部分。对于大学而言，常识既意味着学术传统，也意味着经验理性，更意味着"潜规

---

① 梁文道. 常识 [C]. 桂林：广西师范大学出版社，2009，自序·4.

② 齐尔格特·鲍曼. 通过社会学去思考 [M]. 高华，译. 北京：社会科学文献出版社，2002：8，10.

③ 阿伦特把"常识"（common sense）一词解释为人们对一个共同世界的共有感觉，共同世界消失了，常识也就丧失了。因此，也有译者将 common sense 译作"共同感"。参见：汉娜·阿伦特. 过去与未来之间 [M]. 王寅丽，张立立，译. 南京：译林出版社，2011：167.

则"。

  常识是人类的一种经验理性，蕴涵着朴素的真理。与科学知识对精确性和客观性的要求相比，常识更加强调某种不言自明性和经验在当下的合理性。当然，科学与常识之间也绝非泾渭分明。常识未必都是科学，科学成为常识却是常见的事情。不过，与科学中的工具理性相比，作为经验理性的常识，也可谓常识理性，更有活力。"与科学一样，常识依赖于理性。但与科学不同的是，它还依赖于人类的经验，特别是依赖于我们的感官经验。"① 今天的大学经常以科学的名义进行改革，但大学改革过程中经常推出有违常识的举措。其结果，大学所面临的问题并不全是现实问题，不少问题却是因为关于大学的研究所产生的科学研究意义上的假想的问题。假想问题不等于假问题。假想问题是对于现实问题的建构和抽象。这好比自然科学研究者在实验室中所做的实验研究。为了便于实验的验证，自然科学很少会把自然发生的现象作为科学研究的对象，而是会根据不同的学科特点自主地建构实验研究对象，制造所谓的科学问题。大学研究中的假想问题离现实问题的距离与自然科学研究者在实验室中所探讨和建构的实验问题离现实世界中的自然现象的距离一样遥远。今天由于科学的体制化和学科的制度化，专业分化和系科主义不可避免。在体制化的科学活动中"我们真正了解的并不是世界本身，而是我们对世界所做的一切。我们把我们对世界的映像放到实践中，这个映像是我们用从语言和练习中获得的部件巧妙地创建出的一个模式。"② 大学研究它自己原本也是为了解决大学发展中的现实问题，但事与愿违，由于科学研究自身的逻辑对于研究对象自身逻辑的遮蔽，有时候科学研究没有成为解决问题的办法，其自身反倒会成为问题或问题的制造者。"正如医源性紊乱是由内科医师行医时诱发的（这又让他们有更多事好做）。"③ 同样大学中的有些问题也是由社会科学的研究者所创造出来的，再由他们来进行研究和解决，并希望大学的现实能符合学术的理想。

---

  ① R. W. 费夫尔. 西方文化的终结 [M]. 丁万江，曾艳，译. 南京：江苏人民出版社，2004：23.

  ② 齐尔格特·鲍曼. 通过社会学去思考 [M]. 高华，译. 北京：社会科学文献出版社，2002：5.

  ③ 欧文·戈夫曼. 污名——受损身份管理札记 [M]. 宋立宏，译. 北京：商务印书馆，2009：188.

关于大学的研究之所以会成为问题而不是解决问题的方法，主要还在于科学研究中实证主义对于事实的阉割以及在以科学名义所进行的改革实践中人们对于大学常识的冷漠。因为，按照科学的一般逻辑，关于大学的研究要成为一种科学，大学中的问题要成为一种科学研究对象，"首当其冲的就是要与常识划清界限，也就是说，与那些被大家共同持有的见解划清界限，不管它是日常生存状态里的老生常谈，还是一本正经的官方见解。"① 其结果，伴随研究规模的扩大和科学的普及，常识可能被斥为迷信和愚昧，成为一种思想落后的象征。事实上，无论何时科学都无法对于大学的总体展开研究，任何一种研究都只能是对某一种类型的大学的描述或对某一类大学问题的一个抽象。最终，经由科学，我们并不知道真正的大学是什么，而只是试图知道我们想要的大学可能是什么。过去大学依其所是的样子而被人们普遍接受，现在人类的理性却要塑造大学或改造大学，以使它成为它所应是的样子或我们希望它应是的样子。历史长河中，大学作为一类社会组织，表面上看虽然有明确的规章制度需要依循，但实际运行中大学依然主要是沿袭惯例和常识。这些常识性东西既嵌入大学的制度和理念之中，又体现在大学人的思想里，根本无法排除。但今天由于科学主义的盛行和社会科学帝国主义的不断扩张，大学的运行越来越多地受关于大学的科学研究的逻辑的支配，大学的改革越来越多的强调科学理性、工具理性和经济理性，以大学自身逻辑为中心的常识在大学发展中的重要性显著降低。其结果，正如阿伦特在关于"教育的危机"的研究中所指出的："在当今时代，共同感的消失是时代危机的最确切标志。在每一场危机中，世界的一部分塌陷了，为我们所有人共有的某些东西毁灭了。共同感的丧失，就像一根探测杆一样，标出了塌陷发生的位置。"② 随着对于大学的共同感的消失，今天是否违背大学的常识已不再成为检讨一项改革措施能否推行的底线。由于社会科学的全面介入和社会的急剧转型，甚至对于什么是大学常识人们都失去了共识以及试图达成共识的耐心。同时也许因为大学太重要了，人们宁愿迷信所谓的科学，也不愿意把大学的发展交给常识理性。大学的战略规划与管理、组织结构与制度设

---

①　邓正来. 市民社会理论的研究 [M]. 北京：中国政法大学出版社，2002：160.

②　汉娜·阿伦特. 过去与未来之间 [M]. 王寅丽，张立立，译. 南京：译林出版社，2011：167－168.

计，甚至是教学管理和科研规划都被科学家们所主导。作为一种有意图的组织化行为，今天现代大学的功能与结构多经由人类理性设计而成。在理性设计的大学里，常识不可避免地被排斥在重大决策的边缘。这里面既有理性的自负，也有人性的虚无。其结果，伴随着理性设计的增多，大学中的习惯和惯例等地方性知识逐渐被更复杂的普遍主义取向的社会科学的发明创造和行为规则所取代。由于对科学的迷信，作为大学的规划者和管理者，他们希望大学成为一个具有理性秩序的组织，而不再只是一种松散的联合或有组织无政府状态。

当然，反对对科学以及社会科学的迷信，强调常识的重要，并不意味着关于大学的研究没有意义。毕竟与常识相比，科学话语有着更严格的规则，常识则比较零散。科学判断赖以成立的证据比较广泛，常识的判断过于依赖个体或群体的过去的经验。科学强调方法，常识更强调不证自明。由此可见，常识也有所短，科学亦有所长。有时常识容易藏谬误，科学才能出真知。如黑格尔所言："熟知并非真知"，"熟知的东西正因为它是熟知的，所以就不是真正了解了。"[1] 在实践中由于对那种格言式的"不证自明性"的偏爱，常识也常常会成为科学发展的障碍，影响现实问题的发现和解决，甚至影响人类社会的可能生活。如有学者所言："只要我们接受了那些充斥于我们日常生活的常规的习惯性动议，我们就不需要更多的自我审察和自我分析。当事情重复到足够多次，就会变得熟悉，而熟悉的事情总是不用加以证明的，既不会提出问题也不会引起好奇心。在某种程度上，他们往往无影无形。由于人们满足于'事情本来就是这样'，'人本来就是如此'，于是，问题没有提出来，人们无事可做。熟悉是好奇和批评的最强硬的敌人——因此也是创新和敢于变革的最大敌人。"[2] 基于常识和科学间的这种特殊关系，科学研究也是一个不断打破常识、改变常识、丰富常识的过程，通过科学研究可以使人们对熟悉的事物重新陌生化，使常识得以不断更新，去粗存精。关于大学的研究也同样如此。它一方面使大学的常识受到根本性的挑战，使原本平静的大学危机四伏，但另一方面它也为大学的发展提供了更广阔的想象

---

① 甘阳. 通三统 [C]. 北京：生活·读书·新知三联书店，2007：11.
② 齐尔格特·鲍曼. 通过社会学去思考 [M]. 高华，译. 北京：社会科学文献出版社，2002：15 – 16.

空间和可能世界。

总之，常识对于大学确定办学目标、运行规则和质量标准都至关重要。因为在这些领域，大学的常识常常是经验理性的，是符合道德和认知的行为。尊重大学的常识可以降低交易的成本，可以减少利益群体对于教育的驱动，可以避免权力主体对于学术的诱惑，也可以防止个体和群体的情绪化行为。此外，常识性思维方式对于大学的理解也至关重要，对于常识的尊重可以减少大学对于科学的迷信和对自身逻辑的僭越。作为一种文化体系，常识也不是绝对无害的。常识亦有其合理的区间，当常识进入了它不应进入的场域时，当常识完全排斥了科学知识进入的可能性时，当常识禁锢了人的创造性和想象力时，当一种小常识违背了另一种大常识时，大学就会犯严重的错误。毕竟今日大学的复杂性和重要性已远非中世纪时的古典大学可比。今天无论是基于政治论的还是认识论的考量，都不再可能把大学完全交给所谓的常识。今天大学的许多问题，有时的确是因为常识的缺位，行政权力主导了一切；但有时则是科学精神的缺席，常识将手伸得太长。毕竟常识仅仅是人类的一种经验性的认知，在某些方面它必须被经济理性和社会科学等更复杂的发明所替代①。实践中相对理想的状况是大学运行的逻辑应该是科学的归科学，常识的归常识。大学的问题绝无一种普遍主义的解决办法，既然科学主义是错误的，常识主义同样也是错误的。大学要避免犯这种错误就必须要放弃对于普遍主义的痴迷，学会在一个组织里运用多种解决问题的方式。

第二节 大学的传统

传统是常识中的精华。大学的传统亦是大学常识中的精华。大学失去传统即失去精华。是否拥有优良的传统是一所大学能否实现基业常青，持续卓

---

① R. W. 费夫尔. 西方文化的终结 [M]. 丁万江，曾艳，译. 南京：江苏人民出版社，2004：306.

越的关键所在。但是现代以降，由于社会科学的帝国主义以及人们对于种种制度的迷信①，大学传统的重要性被人为忽视，其有用性受到普遍质疑。与那些具有可操作性的硬科学、甚至是应用性的软科学相比，传统都略显单薄。"传统就像一株植物，只要在一个地方栽培了一小段时间，其根枝便会不断蔓延，然而又往往会四处断裂，从而其枝叶的养分被切断了，植物变得日益枯萎。传统可能是不可避免的，但它们并不一直是非常强大的。"② 实践中一所大学一经建立，某种传统便会在无形中同时被孕育。有时环境适宜，大学之传统便容易根深叶茂。有时环境恶劣，大学之传统便会隐匿于无形或为环境所同化或同构。今天由于遭遇到现代性危机，大学的实质性传统正逐渐消逝，取而代之的是形式主义的传统或理性主义的制度。在历史上，大学生活中各种各样的仪式曾是大学传统的重要载体，是大学展示其实质性传统的重要舞台。今天由于实质性传统所具有的一致性被破坏或侵蚀，在普遍主义的制度规范下，所谓传统仅仅剩下了聊具象征意义的仪式。其结果，今天大学的传统只有形式，没有了内容；只有名称，没有了生命力。

和大学常识一样，传统也不是人为设计的。人虽然是传统的践行者和创造者，但在既有传统面前，个体的力量往往又微不足道。个体要适应传统，而不是传统要适应个人。大学的传统是由大学的历史沉淀而成，而绝非人为的理性设计。不过，大学的传统虽非人为设计，但也不是天生的或神赋的。没有人就无所谓传统。传统之所以为传统，其源头总是离不开人。大学传统也不例外。在大学里人的故事是传统的灵魂。一个没有故事的大学，很难说有传统。一个没有传统的大学，很难出伟大的人物。当然，一个伟大的人物往往也会代表或创造一个大学的传统。无论历史上还是现实中，乃至于在未来，大学的传统都是那些学科英雄或学术大师的当然领地。在这些领地里，那些伟大的人物成就了大学的传统。而以这些传统为基础，那些大学将造就更多更伟大的人物。"在欧洲，无数学术职位已有三百多年的历史，而且，它们因为任职者作出了伟大成就而扬名天下。在美国，有许多百年以上的系科。著名教师和研究者的画像和半身像是许多大学的特色。还有许多教授的口头传统。这些传统也包括学者和科学家以及整个系科和教员所作成就的记

---

① 张汝伦. 如果泰戈尔今天来华 [J]. 读书, 2011 (3): 34.
② 爱德华·希尔斯. 论传统 [M]. 傅铿, 吕乐, 译. 上海: 上海人民出版社, 2009: 338.

载和声誉；某些大学的一些传统作为一个共有传统的组成部分为其他大学所共有。牛顿与剑桥之间的关系，或者，康德与哥尼斯堡大学之间的关系不仅仅是剑桥和哥尼斯堡传统的组成部分；其他大学也将这种关系视作它们共同持有的一部分传统。"① 大学的发展必须要尊重既有的传统，一旦丧失了对于学术传统的坚守，对于学科权威的崇拜，大学在转型过程中很容易把大学转成非大学。对于大学而言，传统是常识的底线。背离传统和违背常识一样是可怕的。"假如各种大学都非常迎合时宜，都一味以技术和职业为导向，那么使社会保持过去意识的诸传统就会受到削弱。它们将不会消失，但它们成了专业研究的对象。这正是现代西方社会中正在发生的事情。"②

　　除了人的故事和学术传统，大学的传统也离不开相应的制度与器物。人的故事作为传统可以融入大学的理念和校园的文化，也可以体现在大学的建筑和制度层面。大学作为精神的堡垒，象牙之塔是当之无愧的美誉。大学作为知识的栖息地，相应的制度和建筑为知识分子在大地上诗意地栖居提供了必要的庇护。一所好的大学，一个能够安放人类灵魂的大学传统，必须有其相应的物质和制度基础。大学虽然不是教会，校园里虽然没有教堂，但大学却切实地担负着世俗教会的职能。与宗教对于人类彼岸世界的指引类似，大学教育的真正目的也是旨在让人超脱现实的奴役，实现自我的价值。宗教赋予人信仰，大学可以通过知识改变人的命运。为了能够实现大学教育的超越性，优美的校园有时是必需的。因为就像"如果观众不能沉浸在非世俗世界的神秘氛围中，那他也就不可能获得一种超凡脱俗的宗教体验"③ 一样，大学也必须通过相应的建筑设计来匹配大学特有的人文传统与精神活动。与人的故事的流动性相比，大学的建筑和制度安排反映了大学传统中稳定性的一面。如果说制度安排是对于以人为中心的学术传统的制度化，那么对于大学而言，一幢幢历史悠久、历经时间考验的建筑就是一个双重的传统。"它既是一个物质基础的传统，又是一个概念和信仰的传统，以及融化在物体中的工艺、技术和技能之理念的传统。在每一个传递和接受的阶段中，如果没有暂存的物质基础，那么有待解释的象征符号这一层次就不可能持久，它们也

① 爱德华·希尔斯. 论传统 [M]. 傅铿, 吕乐, 译. 上海：上海人民出版社, 2009：194.
② 爱德华·希尔斯. 论传统 [M]. 傅铿, 吕乐, 译. 上海：上海人民出版社, 2009：339.
③ 尼尔·波兹曼. 娱乐至死 [M]. 章艳, 译. 桂林：广西师范大学出版社, 2008：155.

就不可能作为传统传递下去；如果没有人的大脑所进行的思想活动，这些象征符号亦无法贮藏。"① 换言之，大学建筑既是大学传统的一部分又是大学传统的凝固。大学的建筑之所以能够成为大学的传统，主要在于它塑造了大学存在的场域，提供了精神活动的空间，甚至于决定了学术生产的场域逻辑。大学建筑之于大学就像教堂之于教会。教堂为人的信仰提供了安放之地。大学的建筑也应为大学人的精神生活和知识生产提供应有的庇护和启迪。

对于大学而言，无论是人、制度还是建筑，传统之所以为传统，主要在于它的实存性。作为一种存在，传统是既定的。任何一个大学人都要首先适应传统，然后才有可能改变传统，甚至于创造传统。传统之于大学既是稳定的又是常新的。正是基于这种特性，大学虽是一个保守的文化组织，但却往往会成为人类社会中技术创新和制度创新的源头。在转型时代大学群体会不可避免地出现异质性和多样性。在大学非大学的剧变之中，保守的传统往往会成为人们攻讦大学的借口。此时，大学传统中守旧的一面会被有意放大，维新的一面会被无意遮蔽。人类历史上，无论是基于宗教的还是政治的理由，每一次对于大学传统的强力破除无不付出了巨大的代价。大学不能没有传统，大学也不能接受强加的伪传统。大学可以转型，制度可以重构，传统却只能继承，并通过扬弃加以更新。如西尔斯所言："在 20 世纪 90 年代初，外部世界受惠于大学在 19 世纪和 20 世纪初积累起来的精神资源和传统。这种资源、这种传统必须得到不断的维护、补充和调整，而这不仅是思想过程，也是社会的和制度的过程。如果这些精神资源和传统在以往不是不断地得到利用、重新阐发和扩充，那么它们早就丧失了活力和效力。大学正在处于这个离心运动的潮流当中，而这是一种危险。需要有更多的向心力来使得传统得以丰富，进而使传统继续发挥其良好的作用"② 与强力破除传统一样，对于大学传统的全面"投降"同样也可能是灾难性的。"传统是不可或缺的；同时它们也很少是完美的。传统的存在本身就决定了人们要改变它们。继承一项传统并依赖于它的人，同时也被迫去修正它，因为对他来说，传统

① 爱德华·希尔斯. 论传统 [M]. 傅铿, 吕乐, 译. 上海：上海人民出版社, 2009：85.
② 爱德华·西尔斯. 1900 年以后的大学：历史的透视 [A]. 牛可, 译. //哈佛燕京学社. 人文学与大学理念 [C]. 南京：江苏教育出版社, 2007：77–78.

还不够理想，即使他还从来没有实现传统使他得以完成的东西。"① 在传统面前，如果我们完全放弃了"抵抗"，大学将失去活力。在大学转型过程中，守旧与创新必须维持微妙的平衡和必要的张力。正所谓"同不妨异，异不害同，"守成不妨创新，创新不碍守成。

对于大学而言，传统好比生物体的基因。大学的传统也即大学的文化基因。正如基因的差异造就了生物之间的差异，大学传统的不同也造就了不同的大学。伤害大学的传统和损害生物的基因一样，都是灾难性的。科技的发展可以实现生物的转基因，人类历史上大学也曾不断转型。但无论是生物中的转基因还是大学的转型，变化都没有突破必要的边界，"转"的目的是创新而非破坏。"大学不允许外来权威对它们妄加干涉，除非这些权威将自己置身于大学的传统之中。只有当大学的传统在实际上被遵循，大学才能运行，而且，只有那些吸收了这些传统并在其中安然自如的人才能做到这一点。从这一点来看，传统在大学里的作用是社会生活中传统作用的一个缩影。大学的传统不是法律或行政的产物。它们产生于众人自发的合作，这些人则互不相识，不是同一个法人团体的成员，不受制于一个中央权力。"② 作为大学发展中的一种常识理性，大学传统可以更新，但绝对难以完全抛弃，更不应该被抛弃。传统绝不是大学转型的历史包袱，而是大学新生的必要起点。大学的传统里往往包含着新大学的萌芽。今天大学面临着根本性的转型，作为联系大学历史、现实与未来的唯一精神纽带，大学的历史传统弥足珍贵。大学不只是组织的大学和技术的大学，大学更是文化的大学，理念的大学。如果仅仅是一种组织机构，大学的兴衰无关紧要。因为其可替代性很高。大学之所以高贵和不可替代，全在于其是一种理念和文化的象征。作为一种表征着理念认同和文化共识的存在，所谓大学转型只能是组织机构的重构，乃至于理念的更新，但绝不可能另起炉灶，重建传统。就像我们不可能完全重建人类的历史和文明一样，也没有人可以重建大学的传统。只要大学还是大学，大学的传统就不可能被连根拔起。"尽管存在着无可置疑的区别，却没有哪一代人创造出他们自己的信仰、机构、行为范型和各种制度，即使

---

① 爱德华·希尔斯. 论传统 [M]. 傅铿, 吕乐, 译. 上海: 上海人民出版社, 2009: 228.
② 爱德华·希尔斯. 论传统 [M]. 傅铿, 吕乐, 译. 上海: 上海人民出版社, 2009: 196.

生活在现今这个传统空前地分崩离析的时代里的人也不例外。"① 当然，面对转型时代的巨大挑战，大学也不可能总是以传统为理由拒绝革新或变革。传统既是大学的根基，也有可能成为束缚大学想象力的"茧"。转型时代的大学要尊重常识，维护传统，其目的是要"化蛹成蝶"，而绝非"作茧自缚"。大学的转型绝不是破坏性的革命，而只是渐进式的改良。在大学转型的过程中，守成是革新的基础，传统是转型的底线。大学革新无须全盘否定大学的历史和现实，转型也不能公然违背大学的常识和学术的传统。

第三节 大学的想象

想象，即 Imagination，也可译为想象力。所谓想象力主要是一种视角转换的能力，也就是迅速从一种视角切换到另一种视角的能力②。实践中，大学的想象通常表现为大学的理想。作为社会组织，大学不是静止不变的，而是在不断地生长和变化。以必要的常识和传统为根基，大学的理想通常是大学逻辑的自然展开，而不是关于大学的理性建构。所谓理想基本排除了理性建构的可能，因为可以通过理性加以建构的就不再是理想。作为对于现实的一种超越，理想的存在赋予了大学从此岸世界走向彼岸世界的可能。理想之于大学犹如天堂之于宗教，对于宗教信仰者来说，天堂是一种永恒的存在，人类一直处在通往天堂的路上。对于大学生活来说，理想也是一种精神的恒途。理想之于大学不是一种物质性或制度性的存在，而是一种用来追求的目标。对于大学，理想是无法实现的，理想本身只是实现大学理想的一种方法。作为一种在现实世界里注定无法实现而又不可或缺的存在，大学的想象遵循的是大学的逻辑而不是大学研究的逻辑。大学的逻辑是一种形而上的逻辑，即大学之道。相比之下，大学研究的逻辑则是一种理性建构的逻辑，即

① 爱德华·希尔斯. 论传统 [M]. 傅铿，吕乐，译. 上海：上海人民出版社，2009：41.
② C. 赖特·米尔斯. 社会学的想象力 [M]. 陈强，张永强，译. 北京：生活·读书·新知三联书店，2001：5.

大学之术。人类社会可能永远没有理想的大学，但一定不能没有关于大学的理想或想象。如希尔斯所言："关于大学的理想，即关于大学的'实质'是什么的理想，以及关于它们应该是什么的理想，是学院精神的主题。"①

对于大学，理想是永恒的，关于大学的想象也是层出不穷的。由于文化和历史的不同，各国对于大学以及大学教育的理解方式有所不同，对于大学的想象也会不同。"19 世纪初，德国的大学进行变革之际，出现了一种新的教育概念，即目的内在于自身，但同时又是关乎实践的教育概念。"但当前的"高校改革显然仅仅涉及这个概念的一个方面，指的是英语的 education 和法语的 éducation——培养或培训以及预期的'文化程度'（Bildungssätten），还有随之出现的教学纲要、费用和学习课程等。Education 一词有一种直接的技术性色彩，准确地表明这个词首要关乎什么：关乎绩效、功用的最大化和可检测性，关乎职场的机会，关乎国际的可比性和卓越性，关乎时间和金钱的经济学。所有这些都与利益攸关。"② 今天在经济全球化的影响下，伴随着经济理性对于常识理性的胜利，庸俗的实用主义和功利主义正在逐渐侵蚀大学生活，大学及其教育的工具性和功利性日益增强，大学生活的精神性正逐渐衰落，大学的理想和想象空间逐渐萎缩。毫无疑问，人们对于大学本身的理解将直接决定大学想象的空间。如果对于大学的理解出现了根本性偏差，关于大学的想象就会不可避免地被工具化。"今天的一点小小裂痕，将如用针尖在一棵小栎树的嫩皮上刻出一个名字一样，这道伤痕将随着树木生长而扩大，在后代子孙看到的时候它将会变成几个十分醒目的大字。"③ 对于大学的理解上同样如此，失之毫厘，谬以千里是常有的事。比如，在我国由于受科举制的影响，读书与升官发财之间有着天然的联系。"书中自有黄金屋、书中自有颜如玉"的劝学格言很容易造成中国人对大学教育实用主义的理解和判断。其结果，大学只不过是比小学和中学高一级的学校，大学教育也只是中学教育的简单延续，接受大学教育的目的只不过是为了能够获得方便就业的一纸文凭或学位。当然，不只是中国，今天由于受

---

① 爱德华·希尔斯. 论传统［M］. 傅铿，吕乐，译. 上海：上海人民出版社，2009：195.

② Birgit Sandkaulen. 教育：人类实践的根本性事务［N］. 谢永康，译. 中国社会科学报，2011 年 3 月 8 日，第 13 版.

③ 托马斯·潘恩. 常识［M］. 何实，译. 北京：华夏出版社，2004：33.

经济全球化的影响，大学及其教育的超越性难以确立，面向自由的教育日益淡薄，大学教育的新职业教育主义开始成为大趋势。大学教育本是人类精神活动和精神生产的一种，大学原是为了满足人类精神活动的需要而创造，绝非经济和社会需要的直接产物。大学教育的目的内在于它自身，而绝非一种工具或手段。大学本该是知识的栖息地和知识分子的精神家园。但现在的大学则变成了单纯的知识产地和就业场所。今天无论是知识本身还是知识分子都能够随便离开大学。大学不再是知识分子在精神上依恋的地方，大学里的学科也不再是知识分子"效忠"的对象。今天资本和权力成为了大学的新主人。大学生活日益工具化，大学精神和大学理想逐渐退出社会公共领域，成为个别研究者把玩的文字游戏。大学的想象力已被大学的教育力和就业力所取代。今天如果我们没有注意到大学生活中正在出现的这种偏差，从大学的理想到到理想的大学之路将不可避免地南辕北辙。

历史上，大学虽然承担有专业教育的职能，为社会培养专门人才，但由于其对自由学术和自由教育的坚守，本质上仍不啻为一个超越性的机构。因为如果仅仅是实用人才的培养，大学教育远不需要那么多的课程，那么长的时间，甚至根本不需要大学。如果只是为了满足社会对实用人才的需要，专门的培训机构远比大学更有效。今天伴随着高等教育规模的扩大，原先作为精英机构的大学正在大众化。当越来越多的人进入大学之时，大学在现代社会中的价值和影响力不是在增强反而是在减弱。"现代的、通过教育扩大社会升迁机会的第一个消极后果，就是知识分子的无产阶级化。脑力劳动市场上的人比社会今天所需要的从事脑力工作的人要多。这种过分的供给的真正意义不仅是智力职业丧失其社会价值，而且还是文化和智力活动本身为舆论所轻视。"① 今天大学已经不可能回到精英主义的时代，即便能够重建大学精英教育的理想也未必能够挽回现代大学"失败"的命运。由于受市场化的影响，大学"昔日对真理的追求让位于今日对收入的贪求。"② 现代大学的"失败"既不在于大学没有培养出社会精英，也不在于财政危机，而在于大

---

① 卡尔·曼海姆. 重建时代的人与社会：现代社会结构的研究 [M]. 张旅平，译. 北京：生活·读书·新知三联书店，2002：82.

② 弗兰克·纽曼，莱拉·科特瑞亚，杰米·斯葛瑞. 高等教育的未来：浮言、现实与市场风险 [M]. 李沁，译. 北京：北京大学出版社，2012：4.

学培养了过多的不符合大学理想的社会精英。如有学者所言："'追求自我利益的人'是当今高中以上教育的普遍主体。"① 一个社会没有精英是可怕的，但一个社会如果充斥着那种工具理性的精英也是可怕的。在社会转型时代大学的转型绝不是要从大众化重返精英主义，而是要从知性走向德性，从教育走向教化，从科学走向生活，从工具理性走向价值理性。

某种意义上，转型时代大学的转型相当于大学的重建。但事实上，大学如此复杂，完全的重建不可能。如曼海姆所言："形象地讲，重建一个正在变迁的社会很像替换正处于运动的火车的轮子，而不像在新的基础上重建一所房子。"② 转型时代大学的重建也一样。所谓重建大学或大学转型主要也就是通过不断的改革以新的理念与制度逐渐替换旧的理念与制度。对于大学而言，虽然有常识和传统作为保护，替换工作仍然会有一定的风险。因为在替换的过程中很难保证不会发生旧的理念与制度已经失效，新的理念与制度尚未到位的情形。在旧的已去新的未来之时，大学不可避免地要面临巨大危机。当然，危机与机遇并存。转型本身既是危机的根源，也是解除危机的办法。没有转型或重建，大学的理想将永远是理想，想象永远是想象。转型为大学理想和想象的实现提供了契机。今天如果我们不是刻意以线性的思维强调转型的标志性结果，而是把转型本身看作一个漫长的过程。显然世界各国的大学都正面临转型之困，且处在转型之中，并承受脱节和失范之苦。作为转型时代的必然产物，大学转型不可避免。转型过程中现代大学危机与其他危机相比明显属于"慢性病"。今天对于已经出现尚未发作的"病痛"，很多国家的大学可能根本一无所知，在争创一流的口号声中，甚至于有些国家还会以为本国的大学正在迎来一个黄金时代。这种假象的出现主要是因为各国之间大学在历时性与共时性上的时代落差所造成的。今天在一个全球化的时代，所有的大学都无法逃避时代的命运，也无法超越时代的局限。在社会转型的时代大学只有两种选择，一种是转型，另一种是被转型。大学是一个人造物，大学本身无法自动地转型。所谓大学转型必然是大学里的人及其活

---

① 斯坦利·阿罗诺维兹. 知识工厂——废除企业型大学并创建真正的高等教育 [M]. 周敬敬，郑跃平，译. 北京：高等教育出版社，2012：127.

② 卡尔·曼海姆. 重建时代的人与社会：现代社会结构的研究 [M]. 张旅平，译. 北京：生活·读书·新知三联书店，2002：9.

动方式的转型。换言之，只有通过人本身的改造，大学的转型才有可能。所谓大学人的改造又牵涉到大学生活方式的重建。大学是一个探究的场所，也是一个生活世界。大学人的生活方式直接决定大学的存在方式。有什么样的生活方式就有什么样的大学。今天的大学正在被科学所垄断，远离生活。大学里的研究越来越远离常识和传统，逐渐失去人文的意义。今天大学里所生产的多是异己的工具性的知识，无关生产者的爱好与兴趣。为知识而知识本是大学的原意，但今天当为知识而知识逐渐异化为为论文而论文，为研究而研究，为课题而课题，为专利而专利时，大学之理念在价值理性与工具理性博弈中的倾向性显而易见。今天大学教育不再关注生活的意义，不再坚守德性的践行；大学里的人的生活已经几乎完全被工业化时代的经济理性所同化和俘获，体制化生存造就了人的功能化。在功能化的大背景下，"每一样东西都应一时的需要而来，然后被用完，然后被扔掉。就连住所本身也是机器的产物。环境变得非精神化了。人就是这样地被抛入了漂流不定的状态之中，失去了对于连接过去与未来的历史延续性的一切感觉，人不能保持其为人。这种生活秩序的普遍化将导致这样的后果，即把现实世界中的现实的人的生活变成单纯的履行功能。"① 今天由于体制的作用，人像机器一样，价值正被使用价值所取代。这是工业化时代留给现代大学的遗产，大学转型无法回避这种挑战，但绝不是要继承这份遗产，而是要解决由这份遗产纠纷所引发的问题。简言之，大学转型的目标就是要复兴大学里人与教育是目的而非手段这一根本性理念，摒弃功能化与工具化对于大学教育的毒害。

今天对于大学转型而言，想象力至关重要。但由于路径依赖的缘故，大学的既有模式已经成为一种理性的神话。人们甚至无法想象大学还有哪些可以改进的空间，还有什么机构可以替代大学。毫无疑问，关于大学的想象受时代精神的制约。不同的时代精神会赋予大学不同的理想。不同的时代精神也会留给大学不同的想象空间。宗教的时代，大学是神学的殿堂；理性的时代，大学是科学的堡垒；人文的时代，大学是精神的家园；世俗的时代，大学不过是颁发学历和学位证书的机关。我们这个时代的精神就是作为意识形态的技术与科学。在对于科学与技术的追逐中，在科学统治一切的神话中，

---

① 雅斯贝斯. 时代的精神状况［M］. 王德峰，译. 上海：上海译文出版社，2005：12.

大学成为了获利的工具，人自身也从目的异化为了手段。不过，好在人类历史上虽然有某种精神占主导的时代，但是绝无一种时代精神曾经完全垄断过整个人类的精神世界。任何一种时代精神都是相对的，任何看似铁板一块的社会都会有小的间隙存在，任何大一统的意识形态和极权统治都不可能完全扼杀异端思想的萌芽。我们不能否认某一种时代精神会对于大学产生深远影响，但也不能任意夸大某一种时代精神的作用。大学毕竟有大学的自主性，人毕竟有人的主观能动性。大学的理想就是要摆脱任何时代的影响，成为一种跨越时间和时代的存在。今天在这样一个转型的时代，大学的未来充满不确定性。大学转型的成败可能主要就在于有没有可以突破时代精神束缚的想象力。在转型时代，大学必须要有足够的想象力，没有想象力就没有变革空间。作为守成，大学的变革要尊重常识，作为创新，大学的变革必须要有想象力。"有时，想象力以一种难以捉摸的方式发挥作用，使现有的行动范型发生微小的变化；另有些时候，想象力大刀阔斧地改变了传统，它通过发挥想象力的人所掌握的工具和制度，在很短的时间里便在许多人必须加以适应的环境中产生了大规模的变革。"① 不过，无论我们对于大学的未来如何想象，那也只是一种大学理想。回到现实，从终极的意义上讲，对于转型时代大学如何转型？转型之后大学会怎样？恐怕又是永远无解的命题。"在人类生活中，任何重要的问题都没有永恒的解决办法。对这些问题所应用的解决办法至多不过是或好或坏的权宜之计，而没有永恒地解决问题。理智与传统是两种与这些问题进行斗争的主要手段；不管是单一手段还是两者合在一起，都还不足以解决问题。"② 转型之于大学是一个永恒的命题，大学转型的过程中所遇到的问题一定是单凭常识和传统所无法解决的，否则就不成其为问题。相反，大学转型过程中还不可避免地要面临对于大学常识的淘汰和对于传统的更新。大学里没有永远的常识，也没有不变的传统。常识可以改变，传统也必须要更新。在新传统与旧传统，新知识与旧常识的冲突中，大学的转型不可能一蹴而就，而必然会是一个漫长的过程。对于大学转型，理智与传统都是必需的，常识和想象也都是重要的，但这些还都不够充分，可以解决问题的只有时间和实践。大学的未来不是一个不变的目标，而是取决

---

① 爱德华·希尔斯. 论传统 [M]. 傅铿，吕乐，译. 上海：上海人民出版社，2009：244.
② 爱德华·希尔斯. 论传统 [M]. 傅铿，吕乐，译. 上海：上海人民出版社，2009：347.

于实现目标的过程。实现目标的过程也在改变目标本身。简言之，大学转型是一个漫长的过程，所谓大学转型就是以大学常识和传统为基础逐渐实现大学理想，践行大学想象并以大学自身为目的的教育实践。

第四章　时代精神与大学转型

　　精神生活的贫乏以及精神产品价值的虚无是我们时代的主要标志。科学主义、技术主义、消费主义以及过度的专业主义导致我们时代的大学四分五裂。由于理念的式微，信仰的破灭，在转型过程中以价值认同为基础的学术共同体被利益分享的松散联合体所取代，人文主义的大学不可避免地滑向学术资本主义，昔日的象牙塔如今已陷入被"收购"的险境。为了避免在转型时代大学转型的失控，有必要通过透析时代精神，调整改革的思路，重塑大学的远景。对于大学转型，远景具有实然与应然的两重性，即立足现实，指向未来。对于大学转型而言，决定性的存在不是制度，不是建筑，不是金钱，也不是技术，而是远景。大学是时代的影子，时代精神决定大学转型。从大学的身上可以读出时代的精神状况，从时代的身上也可以看出大学危机的征兆。今天整个世界体系正处在转型之中，时代的转型也意味着大学的转型势在必行。我们知道在物理时间上，大学的存在可以超越漫长的时代，但是在历史时间上，大学却永远是时代的大学。无论任何时候都不可能存在着脱离时代的"世外大学"。"游离时代的大学"永远是没有生命力的大学，同样"丧失大学的时代"也是没有未来的时代。一个时代的精神状况直接影响大学的转型进程，大学转型的远景也会洋溢出新的时代精神。从中世纪到现在，大学的发展与时代精神的进步相辅相成，大学的失败与时代精神的失落也基本吻合。历史经验表明，不同的时代总会有不同的大学，不同的大学最终也总会造就出不同的时代。今天我们的时代在转型，大学也在转型。大学的转型与转型的大学相互交织，转型的时代与时代的转型相互纠结。在这一过程中，大学的转型是为了转型的大学，时代的转型则造就了转型的时代。其结果，我们时代的精神状况与我们时代的大学危机相互叠加，转型时代的大学转型遂成为一个无法避免的结果。

第一节　我们时代的精神

人类历史上，从没有哪个时代像今天这样有那么多人拥有知识，也没有哪个时代像今天这样知识的进步日新月异。当约翰·杜威写道"'科学是对日常活动的详尽阐述'以及'家庭、学校、商店、床头和医院提出的（科学）问题，正如实验室所提出的一样'时，他捕捉到了那个时代的精神，即科学技术明显在以一种每个人都能够理解，也确实已经理解的语言在讲话。"① 今天社会的科学化较之杜威的时代更加严重，甚至文盲也已无法摆脱科学的控制。但是今天在一个被科学所统治的世界上，由于教化的混乱，知识逐渐地空洞化，人与知识也逐渐疏远。知识变成冷冰冰的客观存在，不再具有人的"体温"和"生活气息"。由于知识的生产脱离了个体的境遇，文本成为学术交流的唯一工具，甚至于在文本之外没有真理，口语不再是人类知识的有效载体。在印刷媒介的环境下，由于口语文化的权威地位的不可避免的失落，人与人心灵之间的沟通日益困难。知识的生产原本是为了解决人类社会生活中面临的问题或难题。知识是实现人类美好生活、达成美德的一种手段。但是今天的大学里知识本身成为一种实用的目的，学术成为了一种语言的游戏。原本作为精神产品的知识被不可逆转地物质化和工具化。科学技术成为了第一生产力。"在相当广泛的人中间仍然有这样一个信念，认为有可能借助于某些'技术装置'，某些合适的专家来正确地运用的新技术，来解决一些基本的问题。这样一来，带有社会学特征和生态学特征的复杂问题往往被人们用技术的、经济的术语来描述，因而被界定为主要通过发明合

---

① 海尔格·诺沃特尼，彼得·斯科特，迈克尔·吉本斯. 反思科学：不确定时代的知识与公众 [M]. 冷民，等，译. 上海：上海交通大学出版社，2011：58.

适的技术手段和工具手段来解决的技术问题。"① 由于高深学问教育潜力的明显下降，如今透过知识人们既无法达成美德也无法实现善治。大学里的知识生产要么直接服务于社会经济要么就成为了一种微不足道的装饰。除了实用价值之外，由于知识和行动的脱节，由于理论和实践的隔离，语言不再是思维存在的工具，其本身反倒成了另一种类型的存在。"在19世纪后半叶，现代人的整个世界观唯一受实证科学的支配，并且唯一被科学所造成的'繁荣'所迷惑，这种唯一性意味着人们以冷漠的态度避开了对真正的人性具有决定意义的问题。单纯注重事实的科学，造就单纯注重事实的人。"② 其结果，当实用价值和使用价值掩蔽了价值本身，当人从目的变成了工具，当知识与权力结盟，并且其自身也成为一种权力时，我们时代的精神生活不可避免地衰落了。由于事实取代了价值，由于功用替代了理念，大学的精神世界轰然坍塌。作为这种坍塌的一种反映，在我们时代更多的人进入大学并不意味着更多的人理解大学，而是更少的人更少地理解大学。"高等教育的扩张生产出的远非是更科学文明的人群，它和对科学的无礼以及反科学精神的增长亦步亦趋，这种无礼和反科学的精神近似于一种非理性文化。"③ 我们这个时代里，大学在表面上很繁荣，内在精神却很贫乏，思维方式也近乎野蛮，人们对于大学教育的认识越来越肤浅。今天表面上看人们对于大学的言说是自由而多样的，实质上众说纷纭的背后却难掩逻辑的牵强和理念的扭曲。表面上看今天的大学理念丰富而多彩，实质上今天的大学最缺的却正是理念，甚至于可以说今天的大学正在进入一个无理念无思想的时代。在我们这个时代，由于现代性接近尾声，后现代方兴未艾，经典的以人文学为基础的大学理念由于人的兴趣和注意力的转移而化为乌有，所谓的新大学理念也由于时代精神生活的衰落而成为泡影。

不过，吊诡的是，对于新的追逐恰恰是我们这个时代精神的重要特征。忘记过去，面向未来是现代性逻辑中最为普遍的价值选择。因此准确地说，我们时代的大学不是没有新理念而是一种新理念不断地被另一种更新的理念

---

① G. 希尔贝克. 时代之思 [M]. 童世骏，郁振华，译. 上海：上海译文出版社，2007：56.

② 胡塞尔. 欧洲科学的危机与超越论的现象学 [M]. 王炳文，译. 北京：商务印书馆，2001：16.

③ 海尔格·诺沃特尼，彼得·斯科特，迈克尔·吉本斯. 反思科学：不确定时代的知识与公众 [M]. 冷民，等，译. 上海：上海交通大学出版社，2011：94.

所取代。大学的城头不断地变换着"大王旗",大学没有了"家",没有了心灵的"归宿"。我们这个时代由于信息的泛滥,很多新东西很快就过时。诸种理念、理论和哲学像 T 型台上的服装秀一样,各领风骚三五天。知识领域也同样如此。在消费主义潮流下,知识成为了大宗的商品或小件的工艺品。大学对于知识的生产不再是为增进知识、追求真理,知识只为消费而生产。在消费主义风潮的主导下,在大学知识生产过程中,由于真理的解体,价值的解构,什么是真正的创新,什么是标新立异很难区分。对于什么是真理人们失去了探索的激情,对于知识背后的可能蕴藏的智性美德人们也没有了想象力。学术的表达只有观点没有思想。理论的建构成为一种跟风似的时尚,随时提出又旋即被抛弃。过去一句话可以概括几个世纪的时代已经一去不复返。快餐文化和唯新主义精神使我们时代既是意义最为丰富和多元的时代又是意义最为贫乏、肤浅和无趣的时代。其结果,今天很多大学以及大学人的表达也只不过是为了能够一时的轰动,为表达而表达,没有人再会把红口白牙的宣誓、白纸黑字的宣言当真。今天旧的时代精神正在退场,一个新的时代正在形成。在这个即将形成的新时代里,很可能会没有经典,没有权威,过去无足轻重,新的就是好的;人们把所有的赌注都压给了未来的美丽新世界。在这个美丽新世界里,信息技术将统治一切,每个人都是信息哺育的孩子,信息技术和信息本身决定着这个时代的精神并将重塑人的思维与存在。在这个美丽的新世界里,大学存在的合理性将要被重新讨论,理性的原则极有可能不再是大学存在的唯一理由。

今天面对转型以理性的存在和科学研究为基础的现代大学面临合法性危机。现代大学的危机不在于科研的失败和理性的式微,相反却是由于科研的太成功和把理性的手伸得太长。启蒙运动解放了人的理性,从宗教束缚下解放出来的人将理性运用到了人类社会生活的所有领域。其结果,过度的理性化不可避免地使人类重蹈了前宗教时期的信仰危机。如尼采所言:"天性更丰满、更丰富、更深刻的人再也找不到适合于他们的教育和教育者,一个主要原因就是:当今科学的巨大规模使每个人都处于沉重的受奴役状态。"① 对于近代早期的大学而言,理智的训练与道德的养成是一体两翼,难以分割。

---

① 尼采. 偶像的黄昏——或怎样用锤子从事哲学 [M]. 李超杰,译. 北京:商务印书馆,2009:60.

19 世纪以降，经过启蒙运动的洗礼以及资本主义的发展，使大学与自然科学结盟，并与民族国家联姻。在理性原则的主导下，大学的科学研究从纯科学走向应用科学，从学院科学走向产业科学，从基础研究走向学术资本主义。回顾历史，科学研究本是大学的衍生职能，科研是为了配合教学，是对学生进行理智训练的一种手段。但机缘巧合，大学与科研的偶然结合迅速地被制度化，科研对于现代大学立下了再造之功。过去人们一直认为"科学之改变大学，远不如大学之改变科学。"① 今天人们发现，大学需要科学，已远甚于科学需要大学②。在大学与科学之间，科学无疑是胜利者，大学能够分享的只是科学胜利所带来的副产品。作为代价大学却必须要承担科学对于人类精神生活的可能的"污染"。"科学的危机不仅仅在于它能力有限，而且也表现在它关于意义的意识中。伴随着整体的毁坏，可知之物变得不可测度了，并提出了知识是否有价值的问题。不管在哪里，只要人们认为缺乏整体世界观的知识是正确的，那么这种知识总是按照技术的可用性来评价的，于是，它就落到与任何人都无关的无底洞中去了。"③ 对于大学而言，科学的危机与科学中人的危机密不可分。科学并不会直接影响人类的精神生活，相反，科学本身也属于人类精神生活的范畴。科学的兴起与人类精神生活的衰落之间之所以发生关系离不开人的中介。正是由于科学中的人的危机才导致了科学的危机以及人类精神生活的危机。究其根本在于，"实证主义将科学的理念还原为纯粹事实的科学。科学的'危机'表现为科学丧失其对生活的意义。"④ 在实证主义的主导下，科学逐渐远离了人的日常生活和精神世界，并主动选择与价值期待无涉；加之实用主义哲学的盛行，现代大学皆倾向于亲近科学，疏远人文，大学的精神危机不可避免。作为这种危机的一种反映，金钱逐渐控制了学术，物质逐渐掩盖了精神。过去在大学里同行的承认曾是学术活动的最高奖励，但是今天同行的承认虽仍然存在，但已不是科学的主要奖励方式。由于科学的技术化和大科学时代的来临，巨额的科研经费和昂

---

① 贝尔纳. 历史上的科学 [M]. 伍况甫，译. 北京：科学出版社，1981：320.

② 伯顿·克拉克. 高等教育新论——多学科的研究 [M]. 王承绪，译. 杭州：浙江教育出版社，2001：217.

③ 卡尔·雅斯贝斯. 时代的精神状况 [M]. 王德峰，译. 上海：上海译文出版社，2005：99.

④ 胡塞尔. 欧洲科学的危机与超越论的现象学 [M]. 王炳文，译. 北京：商务印书馆，2001：15.

贵的实验设备成为维持科学研究的先决条件。人类对自然的好奇和对真知的向往不再是研究的原动力，继续不断地作出富有成果的发现才是最为重要的事情。今天在有计划、有组织的科研体制中"奖金的提供，使有能力的知识分子即使并未因科学本身而热爱科学却也能投身于为作出有意识的发现而进行的工作。由于这种金钱鼓励，科学在精神方面的自我抽空过程就以有利于群众的机器化生活的方式而继续下去。"① 在这种时代精神的笼罩下，现代以降大学危机不断。对于现代大学这个现代社会的人造物，危机会有大危机与小危机之分。小危机多局限于大学组织内部，大危机则是系统性的社会危机。小危机也许会加速大学组织内部改革的步伐，大危机往往具有决定性的转折意义。一次大的危机既意味着旧时代的终结，也意味着新时代的开始。与以前的小危机相比，今天我们时代的大学所遭遇的危机则是一次真正的大危机。这种危机不只是大学自身的危机，也是社会的危机、时代的危机。与历史上经常出现的生源危机、质量危机、财政危机等小危机相比，今天的大学危机绝不是暂时现象、偶然现象，而将是一个长时段的过程，甚至会持续几代人的时间。今天危机中的大学正在转型，转型中的大学仍然充满不确定性。这是因为在时代转型的背景下，大学的转型本身也是一个大学重新合法化的过程，此时大学面临的不是一种可能而是多种可能。今天对于处在转型中的大学，没有人知道转型的终点在哪里。大学的未来不是找到的，而是走出来的。对于那种新的大学到底会是什么样子的，没有人能提前知道。如波林所言："似乎重要的真知灼见等到时代精神准备接受它时，才能降临，否则它如果在时代精神前，来得过早，就将会为人所淡忘和抛弃，一直到了文化转过来，准备给它欢迎时，它才能重现于世。"② 现代大学的转型也是一样。我们时代的大学转型离不开我们时代的精神氛围。大学的转型与时代精神的转型，转型的大学与转型的时代将会同步展开。今天我们所能做的就是要合理评估现代大学转型何时接近时代精神的临界点。

---

① 卡尔·雅斯贝斯. 时代的精神状况 [M]. 王德峰，译. 上海：上海译文出版社，2005：101.

② 波林. 实验心理学史 [M]. 高觉敷，译. 北京：商务印书馆 1981：40.

第二节　转型之中的大学

分析大学转型有两个重要的向度。强调大学内在逻辑的学者倾向于把大学自身看成一个自主、自治，甚至是自足的机构，认为大学转型主要是大学自己的事情，无关战争与革命、经济改革与社会变迁。但事实上这是不可能的。"经验证明，没有任何一个大的机制、机构、一所学校能够靠自身的能力对自己进行改革，有点像我们所说的用自己的刀锋来砍自己的刀柄。我认为我们大学的改革需要的首先是各个不同领域之间的共同思考，赢得一种与外界的统一联系，共同进行大学改革。吸引和召唤外部的参与是因为各个领域都是一些意义的承载者，它们都参与对大学存在的意义、内涵和学科的重新界定，都从各个不同的领域，依据各自独特的能力，对大学改革作出独特的贡献。"[1] 毕竟大学总是社会中的大学，时代的大学，国家的大学。无论是作为教会的婢女还是国家的姻亲，无论是政治的同谋者、文化的传承者还是经济的赞助者，大学从来都无法单独存在。由于大学制度始终镶嵌在社会大系统之中，没有外力的介入，大学自身绝对无法单独实现自动转型。人类历史上，每一次大学转型都既不是大学的内在逻辑的自然展开也不是完全由"看不见的手"在操控。每一次的大学转型和时代精神都密切相关。这是因为，每一个时代都会有其独特的时代精神，这种时代精神会塑造出不同的大学典范。反过来这些典范本身又会像时代精神一样控制着大学的转型。

在我们这个时代里，科学将人的理性发挥到了极致。大学里自然科学成为学术性学科的典范。由于对确定性的迷信，自然科学的典范已经超越宗教信仰成为人类的一种新的价值观。"这种推论——唯一有效的知识是科学的，科学是具有逻辑一致性的——加深了在科学（有序的/规律性的、事实的/说明的）与人文学科（混乱的/无政府主义的、印象主义的/诗意的）之间的

---

① 哈佛燕京学社. 人文学与大学理念［C］. 牛可，等，译. 南京：江苏教育出版社，2007：204.

鸿沟，而处于中间的诸学科——社会科学——的地位则是一个争论激烈的问题。"① 其结果，曾经存在于中世纪大学里的哲学与医学、法学、神学之间的系科之争在今天的大学里正在以另一种版本上演。只不过在这场新的系科之争当中，自然科学取代了神学处在最高的等级，坚持实证主义的社会科学居中，强调意义和价值的人文学科垫底。近来随着自然科学领域复杂性科学以及人文学科当中文化研究的兴起，人类知识的社会科学化成为社会科学的新主张。不过，无论是自然科学的帝国主义还是社会科学的帝国主义，人文学科都是受害者。无论是自然科学化还是社会科学化，人文学科都是大学知识转型的重灾区。现代以降，自然科学的异军突起以及社会科学的制度化，不可逆转地破坏了知识与大学的整体性和人文性。由于知识的碎片化和机构的专门化，在现代化过程中"社会就像风琴的管子从上到下，每个管子之间是相互隔离的。大学也是这样，大学的结构是隔离的，体现在大学不同院系、不同学科的设置上。"② 今天大学的转型就是要打破这种不合理的系科制度以及不合理的学科和院系的划分。但事实上"因为大学、系、专业协会和个体教授在维护他们研究领域的存在上有着既得利益，所以在超越所谓跨学科研究方案和'电子大学'现象（作为网络模式是重要的）上，到目前为止仅有有限的可观察到的进展。"③ 在很多大学中，所谓的跨学科研究至今仍然只是一个礼仪性的口号，并没产生实际的效果。其结果，过度的专业化和系科主义导致了学科间的冲突，知识整体的内在矛盾导致了哲学的危机，而哲学的危机又加剧了思想的危机与理念的危机。未来几十年内人们如果不能通过知识的改造，系科的重构，理念的重审，成功地应对大学的合法性危机，现代大学的失败留给我们时代的只能是"废墟中的大学"。如果要使大学的未来能够无愧于大学过去的辉煌，转型是势在必行。道理很简单。没有完整的知识就没有"完全"的大学，没有整合的学科就没有整合的大学。截至目前人类已经取得的所有知识都具有深刻的片面性，都是某一学科视角下的高深

---

① 特伦斯·K. 霍普金斯，伊曼纽尔·沃勒斯坦，等. 转型时代 [M]. 吴英，译. 北京：高等教育出版社，2001：194.

② 哈佛燕京学社. 人文学与大学理念 [C]. 牛可，等，译. 南京：江苏教育出版社，2007：207.

③ 特伦斯·K. 霍普金斯，伊曼纽尔·沃勒斯坦，等. 转型时代 [M]. 吴英，译. 北京：高等教育出版社，2001：223.

专门知识。应该说，当初从普遍知识到高深知识的成功转换反映了现代性对于大学的改造，今天从高深专门知识向另一种意义上的科际整合知识的转换也是现代大学转型的必然要求。未来要避免知识生产上的系科主义，大学内部必须尽快取消以学科为单位的院系划分。对于大学来讲，院系永远都应是附属的而不是主要的。院系永远都应是实现大学教育的一种辅助手段，而不能让院系本身成为一个小大学，而大学本身逐渐空壳化。今天大学理念的式微以及知识的碎片化与大学学院化与学院大学化的趋势密不可分。今天在大学转型过程中，从学科性大学到跨学科大学，从系科模式向网络模式的过渡反映了现代大学的危机，但这种危机本身也意味着大学的机会。无论成功或是失败，大学对这种危机的应对本身实际上也就是一种大学的转型。

　　制度层面上转型时代也是一个不得不发明社会制度的时代。就如中世纪人们发明了大学这种社会制度一样，今天我们也必须为现代大学创造一种新制度或发明一种新的大学制度。我们时代在大学转型的过程中，言必称转型未必真的能够促进大学的转型。大学的转型需要我们对于大学的历史、现实和未来有深刻的理解。对于大学只赞扬其光荣的历史而回避曾经的失败很容易误入歧途。同样只看到大学的种种危机而没有看到大学历史中逐渐向前演进的大趋势也是一种巨大的错误。无论历史上还是现实中，大学转型都是一种肯定性行为而不是一种否定性行为。大学转型的目的绝不只是为了避免失败，而是为了能够从优秀走向卓越。当然，由于社会秩序失范和价值脱节的存在，转型过程中的大学必然会充满矛盾。由于旧的大学理念正在失效，新的理念尚未产生；旧的制度充满危机，新的制度尚未成型；转型中的大学不得不承受脱序与失范之苦。面临转型，面对转型，一方面大学为自己的过去感到光荣，另一方面大学又不免为自己的未来充满担心。历史上，长期以来大学的合法性都不言自明，今天大学却要向社会证明自己存在的社会价值。实践中政府和企业一方面对于大学勇于充当经济炮灰和为社会培养经济战士大加赞赏，另一方面各社会组织对于大学又都充满了不信任。在相互制衡原则下，绩效责任与量化评估成为大学无法逃避的紧箍咒。为了适应政府和企业的现实需求，大学的人文主义不得不让位于学术资本主义，大学的自治不得不让位于利益相关者的共同治理，为了能够成为经济社会发展的动力站不得不放弃赢得社会道德领袖的权力。在我们的时代，大学不再是封闭的象牙塔，而是成了被一群"科学商人"控股的大公司。在大众化和普及化理念的导向下，大学教育从少数人的教育成为了多数人的教育。大学与民众的物理距离拉近了，更多的人进入了更多的大学，更多的大学也拥有了更大的规模和更多的学生。这些发展在表面上使知识走近了大众，但由于过度的专业主义真正的知识大众化并没有出现，与此同时大学与人在精神上却逐渐地疏远了，甚至是越来越疏远。由于今天的大学早已不再奉行面向自由的教育，更多的人进入了更多的大学并不意味着更多的人受到了更多的大学"教育"。事实上更多的人只是仪式性地从大学里进去又出来，以获是一个赖以谋生的文凭或证书。大学繁荣了，大学教育却出人意料地衰败了。

今天在大学转型的过程中，由于对转型中的大学的不满，我们很容易将大学的历史美化，将刚刚过去的一个时代当做大学发展的黄金时代。但事实上，黄金时代只是一种主观想象。"无论中世纪还是现代，大学都无法保持其绝对的自主性和严格条件下的自身完整性。8个世纪以来，'大学'是我们的社会给一个补充体所起的名字。这一补充体既外向又自恋，在启蒙的同时也进行控制。"① 与历史上的大学相比，今天的大学虽然有诸多的不如意之处，但也绝非一无是处。过去的大学虽有可取之处，亦绝非完美的典型。虽然有问题总体上大学仍然在进步。大学转型不是否定历史，更不是简单地否定现实。今天的现实是大学得以转型的必要基础。无论我们愿意还是不愿意，喜欢还是不喜欢，真实的大学就在那里，既不像我们想的那么好也不像我们想的那么坏。无论如何，我们都不可能完全抛开大学的现实而去建构一个"空中楼阁"。如理查德·霍夫斯塔德所言："现代大学的缺点正存在于它的优点当中。如果说以往的老学院保留了太多的过去已经死亡的东西，那么，新的大学却是太容易受当下各种大小新事物的影响。老学院尽管在质量和成就上是有限的，但却有其明确的形态和模式，而且有坚定的目的感。新的大学经常失去它的中心，变成一个松散的联合体，其各部分的目标似乎总是处于重叠之中。它用过度专业化取代低度专业化，用对青年的放纵取代苛刻的纪律，用无休止的、有时甚至不加鉴别的对创新的热衷取代复古主义，用愚昧的职业教育主义取代非实用性，用嚣张的科学主义和拙劣的实证主义

---

① 哈佛燕京学社. 人文学与大学理念［C］. 牛可，等，译. 南京：江苏教育出版社，2007：110.

取代对科学的忽视，用对这个反智主义社会的恭顺逢迎取代对变革的顽固抵抗。"① 由此可见，现代大学的优点也隐藏着致命的缺陷，今天的缺点也曾是过去的优点。面对现代大学实践中的过犹不及，我们时代的大学转型也难以一次性地拿出一个完美的解决方案，在矛盾中达成微妙的平衡可能是一种比较现实的选择。不可避免地任何一种理念还是制度都会天然地有利于一种教育而不利于另一种教育。卓越的大学要求制度、理念与个人能力的完美结合。

总之，我们这个时代，一边是歌舞升平，一边是险象环生。一边是物质的富有，一边是精神的贫乏。几乎所有的人都会承认，我们这个时代有问题，面临危机。乐观的人认为我们生活在一个过渡的时代，危机只是发展中的问题；悲观的论调则认为全世界都陷入了致命的危机之中，末世论甚嚣尘上，甚至有人开始讨论人类灭绝以后的地球会怎样。对于大学而言，同样如此。我们这个时代对于大学既是最好的时代也是最坏的时代。在政治方面我们时代的大学是民族国家的利器；经济方面我们时代的大学也富可敌国。但另一方面我们时代的大学却丧失了人们应有的尊重，面临严重的信任危机、关系危机，甚至是道德危机。"今天的大学是非常繁荣和富有的。大学不再远离喧嚣的人群，越来越多地被建在购物大厦中间、购物大厦也越来越多地建在大学中。它不再销售知识，它自己已经被收购了。契约已经写好并签上了名字，支票也已经签字。但契约还没有登记，支票也还没有兑现。为了纠正这种局面，废止这项交易，公正对待世界上所有的人，我们可能得重新学习世界的意义，世界作为整体包括所有种族、阶级和性别的意义。"② 今天在表面上大学里仍然秩序井然，一片繁荣，并运转良好。但其实那不过是一种制度的惯性和权力的强制，热闹的校园里早已没有了琅琅的读书声、不熄的灯火和高尚的灵魂。由于缺乏忠诚、信仰和必要的共识，大学学术共同体的存在只具有制度性的象征意义，大学的内部早已是四分五裂。学术的封建主义以学科之名早已在现代大学里愈演愈烈。今天在一个相互区隔，互不信任的制度空间里，大学关于真善美的追求被放弃，代之以要创造经济利益和服务于国家利益。其结果，"在今天，没有任何事业、任何公职、任何职业被

---

① 哈佛燕京学社. 人文学与大学理念［C］. 牛可，等，译. 南京：江苏教育出版社，2007：47.
② 哈佛燕京学社. 人文学与大学理念［C］. 牛可，等，译. 南京：江苏教育出版社，2007：422.

看作是值得信任的，除非在每一个具体的场合都揭示令人满意的信任基础。每一个不乏见闻的人都对他自己熟悉的领域中的欺骗、犯规、不可靠的现象司空见惯。"① 大学曾经是社会的良心，今天却面临道德败坏和教育腐败的指控。学术界曾是遵守游戏规则的典范，今天也是欺诈重生，背叛不断。原因就在于，今天无论大学还是社会，由于人与人之间的信任关系被现代性制度永久性地破坏，危机是整体的也是普遍的。面对这种时代危机，大学必须做出自己的回应。我们时代的大学，必须以未来为立足点来思考转型中的现实问题，这是大学转型的历史使命所在而不是什么乌托邦。今天根据历史决定未来的时代已经过去，立足未来，创造现实是必需而必要的选择。在一个转型的时代，"真正的危机在于大学，在于学校制度，在于普遍的社会状况，"② 大学转型所要解决已不仅是大学的问题，而是整个教育的问题，整个社会的问题和我们时代的难题。

第三节　大学转型的远景

我们时代的这种精神状况是由这个时代的制度造就的。"现代化过程是复杂现象，其特征之一是持续的技术更新和制度改革。"③ 我们这个时代是制度和技术塑造了精神而不是精神在引领制度和技术。这样讲不是在为我们时代所处的困境寻找替罪羊，而是因为现代性制度确实是导致这种困境的根源。在现代性的语境中，制度和技术成为最大的迷思。与制度安排和技术的无限可能性相比，现代人的精神生活的可能性被现代性制度和科学技术反复规训。复杂的制度安排和精巧的技术设计设定了人的精神生活的可能空间以及人的理性运用的种种条件。今天我们时代的中心是制度和技术而不是人，是金钱和物质而不是精神。在突破时代精神的迷障之前，我们只能选择某一

---

① 卡尔·雅斯贝斯. 时代的精神状况 [M]. 王德峰，译. 上海：上海译文出版社，2005：45.
② G. 希尔贝克. 时代之思 [M]. 童世骏，郁振华，译. 上海：上海译文出版社，2007：37.
③ G. 希尔贝克. 时代之思 [M]. 童世骏，郁振华，译. 上海：上海译文出版社，2007：55.

种制度和技术而不能把制度和技术作为一种可能选择。现代社会中虽然也存在制度和技术市场的竞争，虽然制度和技术之间也可以相互比较和选择。但直到今天我们可以追求的最多只能是一种最不坏而不是一种好的生活。当前的社会不再相信延迟满足，"不断地结束，不断地重新开始"[①] 成为一种新的唯一的现代生活方式。在这样的时代里，历史萎缩成了永恒的现在，而永恒和经典失去了应有的价值，关于美好大学的设想没有了市场，人们不再热衷于追逐大学的理想，而更看重眼前的利益。奥威尔在《一九八四》中所说的"谁控制过去，谁就控制未来；谁控制现在，谁就控制过去"[②] 正在成为现实。今天在高等教育领域中，与未来的美好大学相比，人们会更喜欢那些能够立即解决经济社会发展中现实问题的不同的大学。

不过，时代精神也不是绝对的，某种绝对精神虽然可能存在但也不会是强制的。因此，同一个时代不同的国家不同的大学会有不同表现。有的国家的大学会落后于时代，有的国家的大学会超前于时代。有的大学会反映时代精神、引领时代精神，有的大学则会无视时代精神或敌视时代精神。历史上，19世纪时德国的大学引领了时代精神，法国的大学被拿破仑全部废止，英国的大学则无视时代潮流，躲在象牙塔里作茧自缚、故步自封。不过，大学也许可以违背或无视时代精神于一时而不能于一世。最终一定要么是大学的进步淘汰了落后的时代精神，要么是时代精神的进步淘汰了落后的大学。现代社会进步主义是不可阻碍的时代精神的潮流。无论是光荣史还是失败史，今天的大学都是历史的产物，也是时代精神的结晶。换言之，现代大学无论成功还是失败都绝不是横空出世。大学不是空中楼阁，而是在继承中发展，在发展中继承，正是我们时代的现代性精神孕育了现代大学。今天的大学以及大学中的人不是今天才存在的，而是来自于早已存在的现代教育体制。在大学转型的时代，针对"产生于德国18、19世纪洪堡（Von Humboldt）时代的大学机制是否还适应于我们今天的社会"，卡蓝默认为："18世纪末的那些新兴大学的目的是要培养新型的精英人才，使这些精英能在不同领域承担起指导、设计、规划这样一些责任，比如文化领域、城市规划领域、水治理领域，以及其他的管理部门。今天当我们对这种产生于一个多世

---

① 齐格蒙特·鲍曼. 被围困的社会 [M]. 郁建立，译. 南京：江苏人民出版社，2005：189.

② 奥威尔. 奥威尔经典文集 [M]. 黄磊，译. 北京：中国华侨出版社，2000：126.

纪以前的大学体制提问时,考察它是否成功的时候,我们的答案可能是否定的。"① 毫无疑问,大学史上 19 世纪的德国大学模式是成功的,但是 21 世纪的大学转型绝不是要回到 19 世纪,更不是要回到中世纪。不同的世纪有不同的问题,不同的时代有不同的精神,大学转型不是要摆脱历史的包袱,更不是要愤怒地反抗以前时期的一切教育传统和我们时代的一切成规。大学转型是要实现新的大学远景。对于大学的历史,我们要有理解之同情,对于大学的现实,要有清醒的危机意识,对于大学转型的未来我们要有谨慎的乐观。

今天的大学不再是精神的家园而是成了科学的堡垒。大学不再通过精神产品为时代引路,而是通过科学为社会立法,为经济加油。本应是人文主义大本营的大学,反倒成了科学主义和专业主义的温床。按尼采的说法:"我们的大学——事与愿违——是这种精神本能枯萎的真正温室。"② 与政治意识形态不同,科学与技术正在成为我们这个时代的新的意识形态。在我们这个时代大学以科学的名义随时准备为政府和企业以及其他有需要的社会组织服务。当然,大学不是不应研究科学,开发技术,提供专业性服务;今天离开科学大学已不能称之为大学;但是科学必须有其必要的边界,服务也不能没有底线,科学主义更不能成为大学里普遍的意识形态和价值追求。精神层面上的大学永远应是人文主义的而非科学主义的。人类社会有些领域科学完全是不合理的,人文则是永恒的,绝对的。人类需要过一种好的生活、善的生活、一种有意义的生活,而不是一种科学的生活和技术化的生存。启蒙运动曾经高扬理性的大旗,宣称人的理性可以对一切事物进行思考,就像莱布尼茨所说的那样,没有没有理由的事情,没有没有原因的结果。针对现代大学得以存在的合法性基础,德里达曾经指出:"据我所知,还没有人建立过反理性的大学。所以我们可以合理地假设理性一直就是大学存在的理由,以及理性与存在之间某些本质的联系。"③ 在现代性逻辑中,大学通过科研将人的理性发挥到了极致。但今天理性自身开始面临严重的吊诡,人们不免要追问,理性的理性有谁能够把握,谁又能够保证科学的理性不会成为权力的伪

---

① 哈佛燕京学社. 人文学与大学理念 [C]. 牛可,等,译. 南京:江苏教育出版社,2007:203、204.

② 尼采. 偶像的黄昏——或怎样用锤子从事哲学 [M]. 李超杰,译. 北京:商务印书馆,2009:60.

③ 哈佛燕京学社. 人文学与大学理念 [C]. 牛可,等,译. 南京:江苏教育出版社,2007:96.

装。今天当所谓的专家只能用科学的套话来解释自己不认识也根本不可能认识的现实时，那些原本由人类的理性原则和标准所确立的价值秩序必然会岌岌可危。

另外，我们这个时代由于对于经济利益和其他外在功利目的追逐，纯科学逐渐淡出大学，实用主义成为我们这个时代里大学科研的不二信条。无论是教师还是学生，他们研究科学、学习科学的目的都不再是为了科学本身，而是为了科学背后的东西。"他们学习科学仅仅是为了通过考试，并且获得在这件事情上的成功给他们带来的地位。研究活动只是在它有希望获得实际可用的成果时才得到促进。以往的大学里曾经充满富有活力的精神氛围，现在则已退化为单纯的学院。"① 在这样的大学里，围绕科研目标开展的学术活动被组织化和制度化，以博士学位的获得为标志，科学研究者可以被批量地生产和复制。这样被生产出来的科研工作者可能具有专家的技能，但却可能没有自由的思想、独立的精神，更不要说高尚的灵魂。尤其严重的是，由于大学科研功能的高度制度化以及研究型大学作为现代大学黄金范式的全面确立，博士学位逐渐成为进入大学任教的必要条件，其结果，所有的大学人全部是以科研"预备役"的身份登上大学的讲台，教学与科研相统一不可避免地流于空谈，大学这驾马车头重脚轻。事实上，由于博士学位的攻读主要是一种科研训练而非教学训练，今天以博士学位获得者为主体的大学人在价值选择上和实际行动中会倾向科研而不是教学是再自然不过的事情。只要研究型大学的范式没有根本改变，重科研轻教学就无法真正改变，教学与科研相统一就只能是一种妄想。

20 世纪是大学规模迅速扩张的世纪。随着数量上的急剧增加，大学也在 20 世纪里成为人类社会最为重要的一种社会制度。为了使大学能够更好地服务于政治和经济，20 世纪也是一个大学改革的世纪。对于今天的大学转型，20 世纪是一个重要的历史背景。今天的大学转型所面临的种种问题必须要放在特定的历史背景下才能理解。"脱离特定的时间，就难以理解任何历史现象。这一点在我们人类和其他事物进化的每一个阶段都不例外。正如古老的

---

① 雅斯贝斯. 时代的精神状况 [M]. 王德峰，译. 上海：上海译文出版社，2005：101.

阿拉伯谚语所言：'与其说人如其父，不如说人酷似其时代。'"① 我们时代的大学转型同样也不能脱离 20 世纪社会改革的大背景。整个 20 世纪在以社会改革为主导的时代背景下，大学改革过程中制度层面的外在的改革始终居于主导的地位，对于大学机构内在的理念和精神的反思始终没有引起人们足够的重视。虽然从 19 世纪起以纽曼为代表，不少学者对于大学的理念进行了认真的反思和梳理，但形而上的理念终究敌不过现代性逻辑中全面制度化的潮流。今天大学的制度化以及制度化大学已经是铁的事实。毫无疑问，制度的发现是 20 世纪人类社会科学研究的伟大成就，对于制度变革的高度重视和制度创新的成果也的确为人类带来了福音。但对于大学转型仅仅有制度的变革绝对是远远不够的。对于大学以及大学人，思想的改造，理念的重审，价值的重构，精神的重塑，文化的重建等也同样重要，甚至更为重要。池田大作就认为，20 世纪着重于"外在的改革"，社会变革被当做解决各种矛盾的首选。进入 21 世纪首先不可避免的课题就应是重新把目光转向内部，即自身的内部革命。把从"外"向"内"的意志流向改为从"内"向"外"②。基于此，对于我们时代的大学转型也必须要改变思路，转变方向，重塑远景。虽然大学转型必然要求制度的变革，但仅有制度形式的改变是不够的，最根本的还是要改变人的思想和大学的理念。任何大学制度改革背后必须有相应的精神改革。如果没有超越性的精神，我们永远无法期待大学能够产生令人满意的结果。今天人们之所以热衷于外在的制度变革，这完全是现代性逻辑的自然结果。在社会科学的话语体系内，由于新制度主义的盛行，外在的制度变革具有天然的正当性和客观的可测度性。相比之下，内在的思想和精神层面的改造则不易观察和控制，并缺乏合法性基础，与现代性逻辑中制度化的个人主义相矛盾。但是事实上，如果人的思想和大学的理念里仍然顽固地残存着旧的思想和意识，我们时代就不可能产生真正的新大学。对于大学不是制度的存在决定理念的存在，而是理念的存在决定制度的运行。不是一旦我们建起了某种新大学制度，新制度下的人就自然有了相应的新理念。相反只有人的思想和意识发生了根本改变，形成了新的大学理

---

① 马克·布洛赫. 为历史学辩护 [M]. 张和声，程郁，译. 北京：中国人民大学出版社，2006：79.

② 池田大作. 时代精神的潮流 [C]. 香港：商务印书馆，2005：27.

念，大学制度的转型才有可能成功。

面对从"外"向"内"到由"内"向"外"的路径调整，今天大学转型面临的最大挑战就是机构的惰性。"一个规模巨大的大学的惰性是可怕的。如果美好的过去使我们安于现状而不能对将来未雨绸缪，那么这美好的过去就必定成为危险的东西。"① 在第二次世界大战即将爆发的乌云密布的时代，捷克作家恰彼克（Karel Capek）曾严厉指责当时盛行的两句话："总会有人干"，和"问题不那么简单"，这正好表现了那个时候社会的精神贫困状态。他说："有人遇溺时，想到'总应该有人跳进水中救他'是不够的，历史上需要的不是提议'应该有人干'的人，而是'自己能干点什么的人'。过去一千年间发生的有益的或重要的一切几乎都不那么简单，人类如果仅仅以'那些可不简单'的理由，把问题定义不可能实行，那么，这个世界上几乎就不存在所谓'人类努力的贡献'。"② 今天大学转型过程中，"问题很复杂"、"不是某个人能解决的"也正在成为人们的口头禅。大学转型之中支持转型的很多，但真正愿意践行大学转型理念的却少之又少。其结果，在随波逐流中物质的进步让人沉迷于消费主义的享乐之中，社会精神的贫乏使大学人的忧患意识日益淡薄。在我们这个时代的大学里，人们逐渐臣服于技术的威力和制度的控制而遗忘了精神的力量和人格的魅力。但我们不要忘记，无论技术多么发达，无论制度多么完备，最终决定大学品质和行动的仍然还是人的素质。"不论是法律还是制度，都是由人来制定的。如果疏忽人格内在的历练，那么不论多么完美的制度，都不可能圆满地发挥它的机能。"③ 大学的转型不是语言层面的修辞法也不是社会科学的措辞。无论任何时候，没有崇高的人格、伟大的精神，就不可能有伟大的大学。如威廉·詹姆斯在题为"斯坦福的理想命运"的演讲中所言："一个学校的质量取决于学校里人的素质。除非你能至少引进几个真正的天才，给机构注入某种生机，否则这一切都毫无意义。而一旦你有了几个天才，机构的大部分便可以不需要。精神生命几乎像传染病一样会在接触之中从一个人传到另一个人身上。"④ 由此

---

① 哈佛燕京学社. 人文学与大学理念 [C]. 牛可，等，译. 南京：江苏教育出版社，2007：15.
② 池田大作. 时代精神的潮流 [C]. 香港：商务印书馆，2005：85.
③ 池田大作. 时代精神的潮流 [C]. 香港：商务印书馆，2005：133－134.
④ 哈佛燕京学社. 人文学与大学理念 [C]. 牛可，等，译. 南京：江苏教育出版社，2007：157.

可见，大学从以制度中心到以人为中心的转型至关重要。

除了以人为中心，从"内"向"外"的变革思路之外，我们时代的大学转型还要重构大学与社会的关系。美国前总统肯尼迪就职演说中有一句名言："不要问你的国家为你做了什么，而应问你能为你的国家做些什么。"我们时代的大学在转型的过程中，针对大学与社会的关系，我们也可以同样发问："不要问大学为社会做了什么，而应问社会为大学做了什么"或者"不是大学对社会如何发挥作用，而是社会对大学如何发挥作用。"今天由于国家和企业的强势，大学逐渐陷入服务性的泥潭，大学的公共性变成了一种国家性或社会性。在社会本位和国家本位的思维框架下，大学的服务性和自利倾向不断增强，独立性和公共意识逐渐丧失。"如今的大学，犹如自私的恐龙，追名逐利；依附于现代国家，成了国家的欲望工具；蜕化为官僚机构，权力代替了学术成为机构的核心价值追求。"① 当然，现代大学有缺点亦有优点，大学的古典时代也绝非人间天堂。今天大学转型的目的绝对不是要回到象牙塔、孤芳自赏。但是大学与社会保持必要的距离和张力无论何时都至关重要。保持这种距离不是为了美感的需要，而是为了大学的品质和行动的独立。为了保证转型之后大学能够成为作为大学的大学，能够实现大学真正能够以大学为中心，而不是以社会或国家为中心，在 21 世纪重新调整大学与社会的关系十分必要。正如池田大作所指出的，"在思索 21 世纪教育之际，把'为社会的教育体系'转换成'为教育的社会体系'，才是当务之急。"② 未来在现代大学转型的过程中，把"为社会的大学制度"转换成"为了大学的社会制度"也是当务之急。在下一个时代里一切为了大学绝不是乌托邦，而是人类进入知识社会的必要条件和基本特征。

---

① 高德胜. 论大学德性的遗失 [J]. 全球教育展望, 2009 (12): 32.
② 池田大作. 时代精神的潮流 [C]. 香港: 商务印书馆, 2005: 317.

第二部分

第五章　媒介变迁与大学转型

　　长期以来，媒介对于大学的影响不被人们重视。究其深层原因，或许正如麦克卢汉所言："我们对所有媒介的传统反应是，如何使用媒介才至关重要。这就是技术白痴的麻木态度。因为媒介的'内容'好比是一片滋味鲜美的肉，破门而入的窃贼用它来涣散思想看门狗的注意力。媒介的影响之所以非常强烈，恰恰是另一种媒介变成了它的'内容'。"① 今天人们之所以关注电子媒介对于大学的影响，正是因为印刷媒介已经开始成为电子媒介的内容。作为高等教育的塔尖部分，无论历史上还是现实中，大学都深受印刷媒介的影响。但是由于大学的超稳定性，加之长期以来印刷媒介之于大学显得太普遍了，以至于人们并不认为大学曾受到了印刷媒介的深刻影响。尤其是在技术中立论和工具论的主导下，印刷媒介本身的特殊性被印刷的内容所掩盖，从而使得印刷媒介之于大学往往被当成了一种缺乏独立性的工具性或附属性的东西。其结果，也许正如爱因斯坦所言："一条鱼对于它一生游动于其中的水有多少认识呢?"② 因此，在电力时代以前，当人们思考大学变革的影响因素时，印刷媒介往往处在意识之外。历史上，中世纪晚期以来，大学就一直处于印刷媒介的统治之下，甚至于可以说没有印刷媒介就没有现代大学；但就像"鱼不知水"一样，现代大学并没有意识到自身的诸多特性与印刷媒介之间存在着特殊关系，更不知道印刷媒介之于大学有何特殊之处，好

---

　　① 埃里克·麦克卢汉，弗兰克·秦格龙. 麦克卢汉精粹 [M]. 何道宽，译. 南京：南京大学出版社，2000：238.
　　② 亨利·哈里斯. 科学与人 [C]. 商梓书，江先声，译. 北京：商务印书馆，1999：133.

像大学的世界一直就是这样的，本来也就应该是这样的，将来也会永远是这样的。只有当电子媒介兴起以后，旧媒介开始成为了新媒介的内容之时，印刷媒介的特性反倒得以凸显，媒介对于现代大学变革的影响才受到人们的普遍关注。今天人们开始意识到在下一个社会，"高等教育不再是'工作'（和与之对应的'社会参与'）的必要条件，相反，有时高等教育可能成为工作的'障碍物'（antidote）。在未来的'符号社会里'（symbolic society）里，面对不断变化的工作和'社会参与'环境，大学需要更加注重培养学生的社会和生活技能。在 20 世纪的大部分时间里，大学一直以培养精英和专家为己任，如今大学需要'改弦更张'了。"① 在 21 世纪里，处在转型十字路口的大学，所谓的"改弦更张"就是要求大学的改革必须关注媒介的变迁，因为媒介即文化，媒介变迁即文化变迁，文化变迁也就会要求大学理念与制度变迁。在从印刷媒介向电子媒介变迁的大背景下，在媒介文化转型的大趋势下，现代大学转型过程中"最重要的第一步就是理解媒介及其对我们心理、社会价值和制度的革命性的影响。理解是成功的一半，我的工作的主要目的就是传递这一信息。但是通过了解作为人体延伸的媒介，我们可以在一定程度上驾驭媒介。"②

第一节　印刷媒介与大学

一般而言，媒介有广义与狭义之分。在狭义上媒介主要与传播有关，故也称传播媒介；在广义上麦克卢汉把媒介作为人的延伸，凡属人所创造的一切技术或工具均可能成为媒介。按波兹曼的说法："一旦技术使用了某种特殊的象征符号，在某种特殊的社会环境中找到了自己的位置，或融入到了经

---

① 安东尼·史密斯，弗兰克·韦伯斯特. 后现代大学来临？［C］. 侯定凯，赵叶珠，译. 北京：北京大学出版社，2010：81.

② 埃里克·麦克卢汉，弗兰克·秦格龙. 麦克卢汉精粹［M］. 何道宽，译. 南京：南京大学出版社，2000：398.

济和政治领域中，它就会变成媒介。换句话说，一种技术只是一台机器，媒介是这台机器创造的社会和文化环境。"① 无论是广义还是狭义，在人类发展史上，各种各样的媒介一直层出不穷。但若以教育或文化作为考察范围，人类社会的历史上先后有口语、文字、机器印刷和电子媒介四种主要类型。与之相应，人类文化也可以大致区分为口语文化、文字文化、印刷文化与电子文化等四个时期。口语作为一种媒介，是人类历史上最早出现也影响最为深远的媒介之一。后来所谓的文字只不过是出于记录口语的需要而发明的一套符号系统。文字出现以后，活字印刷术出现之前，人类世界更多的还是受口语文化所支配。即便在文字产生以后，由于书写材料的昂贵，加之受到几千年口语文化的深远影响，历史上无论是东方还是西方的先贤都擅长口述而不喜文字。比如，在西方苏格拉底不留一字，在东方孔子也是主张述而不作，老子更是出于无奈才留下几千字。更有甚者，在西哲柏拉图的眼里，文字主要是一种破坏性的革命而绝非什么伟大的发明。在《菲独篇》里他就曾指出："你发现的具体东西将会在你学生的心灵中产生遗忘，因为学生不会使用自己的记忆，他们信赖外在的文字，却不会记住自己。你发现的具体东西不是在辅助记忆，而是在辅助回忆，而且你传给学生的不是真理，只不过是真理的近似物。他们听到很多东西，学到的却是零。他们看上去博学多识，但一般说来是一无所知。他们使周围的人感到讨厌，外慧而实不至。"② 我国古代典籍《淮南子·本经训》中也有"昔日仓颉作书而天雨粟，鬼夜哭"的记载。

伴随文字的产生与生产力的发展，教育逐渐走向繁荣。历史的长河中高等教育也是水到渠成。"'高等教育'之于'教育'，很大程度上就像'成就'之于'任务'。它涉及具有自身一致性和目的（任务成分）的系列持续活动。"③ 目前在学术界比较一致的观点是，现代大学滥觞于中世纪。中世纪孕育了今天现代高等教育的雏形，即中世纪大学。"中世纪一些优秀的大学纷纷建立，与之相呼应的是人们对识字又旧情复燃，这恰好跟引进纸张和生

---

① 尼尔·波兹曼. 娱乐至死 [M]. 章艳, 译. 桂林：广西师范大学出版社, 2008：111.
② 埃里克·麦克卢汉, 弗兰克·秦格龙. 麦克卢汉精粹 [M]. 何道宽, 译. 南京：南京大学出版社, 2000：96.
③ 罗纳德·巴尼特. 高等教育理念 [M]. 蓝劲松, 译. 北京：北京大学出版社, 2012：12.

产纸张同时发生。这种巧合的出现绝非偶然。"① 在欧洲的中世纪拼音文字已经成熟，但是活字印刷术尚未出现，由于纸张的稀缺，当时以手稿形态存在的书籍仍然十分匮乏。在中世纪大学的课堂里，口语作为一种媒介仍然十分重要。基于这种口语文化，中世纪大学早期的教学方法多以背诵和辩论为主，人才的培养注重融会贯通，强调知识的整体性，大学教育强调记忆力和口才的重要性。"13 世纪西方书籍猛增，大学则发挥了重要作用。"② 在当时，由于大学学生人数的不断增多，基于教学的现实需要，大学学者开始将自己的手稿授权给书商进行复制，从而使书籍从奢侈、昂贵的物品逐渐变成司空见惯、触手可及之物。不过，尽管如此，中世纪时书籍的普及仍然只能是相对的，由于眷写全部样本需要较长的时间和较高的费用，对于学生而言，书籍（手稿）仍然是不可多得之物。因此，直到 13 世纪在西方还很少存在有大学图书馆或学院图书馆。准确地说，在欧洲直到 15 世纪中叶以后，德国人谷登堡发明了活字印刷术才真正使得书籍在西方世界开始趋向于普及，从而也铸就了西方历史上印刷文化和印刷人的新时代。"西方的学校在几百年前经历了一场早期科技革命的洗礼，受到了印刷书本的冲击。早期科技革命对现代有许多重要启示，其中之一是：学与教采用新科技，是国家与文化获得成功，和使经济有高度竞争力的一个前提条件。"③ 伴随活字印刷术的出现和书籍的逐渐普及，对于当时的大学而言，"由于它能把同样的教本放在任何数量的学生或读者面前，印刷术很快就结束了口头辩论的经院哲学的统治。印刷品为过去的著述提供了容量宏富的新型记忆器，这就使个人的记忆力不够使用了。"④ 其结果，在印刷媒介的影响下，独立研读经典和阐释经典开始取代口头辩论成为大学教学的主要方式。

历史上，在口语文化时期，由于没有知识分类的限制，人类的知识作为一个整体主要储存在人的大脑之中。知识是完整的知识，人也是完整的人、包容的人，"大学（university），顾名思义，应该是一个'大而全的宇宙'

---

① 尼尔·波兹曼. 娱乐至死·童年的消逝 [M]. 章艳，吴燕莛，译. 桂林：广西师范大学出版社，2009：174.

② 雅克·韦尔热. 中世纪大学 [M]. 王晓辉，译. 上海：上海人民出版社，2007：50.

③ 彼得·F. 德鲁克. 后资本主义社会 [M]. 傅振焜，译. 北京：东方出版社，2009：157.

④ 马歇尔·麦克卢汉. 理解媒介 [M]. 何道宽，译. 北京：商务印书馆，2007：222.

(universe)"①。在西方伴随着文字的出现，知识的分类也逐渐开始。到中世纪时，以七艺为框架来划分当时的知识已成为普遍的共识。活字印刷术出现以后，拼音文字的线性逻辑被无限放大，知识之球也在急速的扩张中变得四分五裂。尤其重要的是，伴随着知识的膨胀，书籍的扩散，出版周期的加快，人们在态度、信仰与价值观上逐渐成了印刷文字的奴隶，即印刷文字的态度、信念与价值观成了人的态度、信仰与价值观或人成为了印刷文字态度、信仰与价值观的必要的载体。在印刷媒介的巨大影响之下，人们相信什么或信奉什么主要因为书上是如何说的，而绝非出于个体理性的独立判断。这就好比在今天人们什么时候吃饭往往不是完全因为饥饿而是因为时钟指向了某个点，到了吃饭的时间。与此同时，在印刷文化的背景下，由于书籍的不断普及和传播，知识的分类逐渐具有了相对的确定性，并被制度化。在社会价值与心理的层面上，基于对印刷物的莫名崇拜，不同学科的知识依据不同的文本逐渐取得了合法性和权威性。继而在相应的制度框架下，在不同的学科领域中，读者与作者之间可以凭借印刷的书籍保持着必要的距离；由于时空距离的存在，作为认知主体的人的批判理性便有了存在的空间。因此，在印刷媒介环境下，"无论在读者还是作者的情形中，印刷文化都将个体构建为一个主体，一个对客体透明的主体，一个有稳定和固定身份的主体，简言之，将个体构建成一个有所依据的本质实体（enssence）。"② 应该说，作为现代社会现代性的一个重要组成部分，印刷技术（文化）比较集中地体现了现代性的逻辑，比如线性、分析、专门化、个人主义和自由等，从而为人的理性启蒙提供了先决条件，与此同时也在客观上促进了人类理性的发展——从听觉文化走向视觉文化。"真理的定义至少有一部分来自传递信息的媒体的性质。""大学里对于真理的认识是同印刷文字的结构和逻辑密切相关的。"③ 但吊诡的是，今天在电子媒介环境下我们又在退出视角的时代，进入听觉和触觉的时代。不过，无论如何"启蒙运动这一思想传统具有根深蒂固的印刷文化渊源。启蒙主义的自律理性、个体理论从阅读印刷文章这种实践中汲取了许多营养并得到强劲的巩固。句子的线性排列、页面上的文字的

---

① 卡尔·雅斯贝尔斯. 大学之理念 [M]. 邱立波，译. 上海：上海人民出版社，2007：75.
② 马克·波斯特. 第二媒介时代 [M]. 范静晔，译. 南京：南京大学出版社，2000：85.
③ 尼尔·波兹曼. 娱乐至死 [M]. 章艳，译. 桂林：广西师范大学出版社，2008：20、24.

稳定性、白纸黑字系统有序的间隔，出版物的这些特征促进了具有批判意识的个体的意识形态，这种个体站在政治、宗教相关因素的网络之外独立阅读独立思考。"① 因此可以说，没有印刷术的出现，就不会出现口语文化向印刷文化的过渡，就不会有人类知识的迅速增长，就没有现代社会的形成；如果没有印刷媒介、没有人类知识的迅速增长、没有现代社会，也就没有今天大学里的知识分类与学科规训制度；如果没有知识分类与学科规训制度，没有现代社会一系列的制度环境，也就没有大学自治与学术自由的可能。某种意义上，大学自治、学术自由等经典理念以及现代大学本身的许多组织制度等都只是现代社会印刷文化的产物，也只有在现代社会印刷媒介的环境条件下，其存在才具有一定的合法性。如果失去了这种媒介环境的支持，大学自治与学术自由等理念将会面临被终结的危险，现代大学里传统科层式的院系建制也将面临重构的危机。比如在今天对于虚拟大学而言，院系等实体建制已经趋于消亡，院校内部科层式的组织结构图也不复存在，大学自治与学术自由等理念更是一个崭新的命题，能否成立也尚未可知。在电子媒介时代，这一新课题可能涉及的问题包括："教授在虚拟课堂上应当享有学术自由吗？虚拟教授的课程设计和传播可以不受来自虚拟教育兴办者（通常是营利性公司）的外部限制吗？尤其是在课程开发成本高昂的情况下，也不受约束吗？谁对国际互联网使用的知识产品拥有所有权？这些问题对于传统的学术自由思想是一个挑战，在高等教育传播知识的方式得到了新的发展的时代，应当对这些问题作出明确回答。"②

在印刷媒介已经面临挑战的背景下，目前我们必须重视的是，随着电子技术的迅速发展、新媒介的大量出现，一个全新的社会形态也已经初露端倪。人类历史上，如果说几百年来以机器印刷技术为支撑的印刷文化是现代社会的典型表征，那么近几十年来以电子媒介为代表的电子文化的出现就标志着一个后现代社会的正式来临。现代社会中，"在电力时代之前，高等教育是有闲阶级的特权和奢侈品。今天，它已成为生产和生存的必需品。现在，信息本身成了主要的交流，对先进知识的需求已经对最因循守旧的思想

---

① 马克·波斯特. 第二媒介时代 [M]. 范静哗，译. 南京：南京大学出版社，2000：84.

② 菲利普·G. 阿特巴赫. 变革中的学术职业：比较的视角 [M]. 别敦荣，主译. 青岛：中国海洋大学出版社，2006：198.

情绪构成了压力。"① 在此大的背景下，长期以来一直植根于印刷文化和现代性逻辑的现代大学的文化身份将不可避免地面临新的媒介环境和媒介文化的挑战。当然，挑战本身也是一种机遇。作为一种发展的机遇，我们可以惊喜地发现，"20 世纪末和 12 世纪末很相似，当时西欧大学的兴起促进了文艺复兴。"② 今天，诸多迹象表明，在电子媒介环境下，新兴（电子）大学的兴起似乎也可望促成新一轮的"文艺复兴"。如果真的能够如此，以电子媒介为主导的 21 世纪必将是现代大学复兴的世纪。目前现代大学复兴的迹象何时能够变成现实虽然尚不明朗，但希望总还是有的。我们必须在可能中开始采取行动，在行动中期待完美，而不是"守株待兔"。我们必须清楚地知道，事物发展的过程与最终呈现的形式之间可能迥然不同。只要抓住机遇，现代大学在新的世纪里凭借新媒介实现由蛹变蝶绝非像南瓜变马车的奇迹那样遥不可及。不过，与此同时我们也要看到，作为一种严峻的挑战，在 20 世纪后半期兴起的电子媒介在将印刷媒介移作自己内容的同时，也正在促成一种同样深刻的文化身份的转型。基于麦克卢汉媒介即文化的认知逻辑，在电子文化的环境下，大学也会面临文化身份的急剧转型。如果说在印刷文化环境下，现代社会所强化的现代大学的文化身份是理性的、自律的、中心化的和稳定的，大学里以科层式的组织架构为依托，教师对于学生是传道、授业、解惑；那么在电子文化的环境下，一个后现代社会正在产生，该社会所培育的人的身份形式与现代性中的身份形式将存在显著差异、甚至对立。具体而言，在一个以电子媒介为主导的后现代社会里，宏大叙事将会逐渐消失，"现象"背后不再必然存在唯一的"本质"，"偶然性"背后也不一定隐藏着某种"必然性"，"能指"（符号）与"所指"（符号所代表的意义）、原因与结果、"不确定性"与"确定性"等范畴之间由人的理性所确立的那种辩证关系需要重新审视。与印刷媒介相比，"电子媒介的属性是非线性的、重复性的、非连续的、直觉的，是靠类比推理去展开的，而不是靠序列论辩（sequential argument）展开的"③。在电子媒介环境下，"在教育中，课程分

---

① 马歇尔·麦克卢汉. 理解媒介 [M]. 何道宽，译. 北京：商务印书馆，2007：142.

② 帕克·罗斯曼. 未来高等教育：终生学习与虚拟空间 [M]. 范怡红，译. 青岛：中国海洋大学出版社，2006：11.

③ 路易斯·H. 拉潘姆. 麻省理工学院版序：永恒的现在 [A]. 何道宽，译. // [加] 马歇尔·麦克卢汉. 理解媒介 [M]. 北京：商务印书馆，2007.

科的传统划分法，和文艺复兴之后各级学校中的学科分化一样，已经过时了，任何课程一旦深入之后，立即就与别的课程发生关联。如果我们的课程设置继续沿袭目前肢解分割、互不相关的模式，它们培养出来的公民，必然无法理解自己生活其间的自动控制社会。"① 总之，今天站在从印刷媒介向电子媒介，从印刷文化向电子文化转型的十字路口，如何推动以印刷媒介和印刷文化为根基的现代大学通过主动转型逐渐适应以电子媒介和电子文化为主导的后现代社会值得我们深思。在从实体大学向电子大学转型过程中，如何协调电子媒介和电子文化与大学理念和制度的冲突，如何避免电子媒介全面控制大学并尝试通过大学更好地控制和引领电子媒介的发展至关重要。

第二节　电子媒介与大学

按麦克卢汉的说法，媒介即信息。因此媒介对于大学的影响绝不在于媒介的技术层面或其负荷的内容，作为一种技术手段，任何媒介都必然会深入态度、信仰与价值的层面。就像铁路带给我们不只是大宗的货物，它改变的是整个社会的权力结构与价值观一样。电子媒介对于大学的影响，也绝不在于电子媒介可以较之印刷媒介更快地传递、储存信息或辅助教学，而在于电子文化可能从根本上改变我们关于大学的定义及其存在与运行的方式。对此德鲁克曾经说过："关于技术革命，我们只有一个问题没有搞清楚，但是这又是一个基本的问题：什么东西引发了态度、信仰、价值的根本变化？什么东西释放了这一变革？'科学革命'，这是我曾经试图加以证明的原因。但是它几乎与此毫无关系。100 年前，世界观的变化引发科学革命。但是，世界观的巨变究竟在多大程度上引发了态度、信仰、价值的根本变化呢？"② 对于

① 马歇尔·麦克卢汉. 理解媒介 [M]. 何道宽，译. 北京：商务印书馆，2007：427.
② 埃里克·麦克卢汉，弗兰克·秦格龙.《麦克卢汉精粹》[M]. 何道宽，译. 南京：南京大学出版社，2000：151.

德鲁克的这一问题,麦克卢汉的答案就是"媒介"。在麦克卢汉的眼中,媒介即信息,媒介即文化,不同的媒介传递出不同的信息,不同的媒介衍生不同的文化,从而导致不同的态度、信仰、价值观与世界观。在人类的历史上正是媒介(作为人的延伸)的变化引发了人们态度、信仰和价值观的根本变化。在印刷媒介文化中,大学教育的目的和工作的伦理主要以社会分工和专业分工为基础,当时的时代精神状况主要强调对个人目标的追求和自我的不断进步。"电子时代似乎正在废除掉分割和专门化的分工,即所谓的工作岗位(job),它似乎正在恢复非专门化的深入参与的献身形式,也就是所谓的角色(role)。我们似乎正在从专门化时代走向全面参与的时代。"① 面对电子时代具有整体性意味的电子文化以及整个社会分工和专业分化从"工作岗位"到"社会角色"的转型,原先建立在专业教育合法性基础之上的现代大学必须要重新调整自己的办学定位,重组现有学科专业结构以及人才培养的目标和模式,只有如此才能适应"从专门化走向全面参与的时代"的需要。

作为昔日印刷媒介的替代者和颠覆者,电子媒介传递出截然不同的信息,也表征了不同的态度、信仰与价值。波德里亚就认为,电子媒介从根本上瓦解了现代社会和现代性的主体,电子媒介贬斥着印刷媒介曾经表征过的逻辑和自由主义/决定主义的二元论,更为重要的是,电子媒介还贬斥作为自由主体的形像。在电子时代"人类将成为变化的对象而不仅是变化的工具。即将到来的这一轮进步与其说会改变人类的行为举止和生活方式,不如说改变人类自身。这种变化将导致某种全新的秩序,如果企图压制这些新想法,使其服膺于旧的观念模式,只能把事情搞得一团糟。"② 相比于历史上着重强调稳定性与确定性的印刷媒介,电子"媒介只不过是一种奇妙无比的工具,使现实(the real)与真实(the true)以及所有的历史或政治之真(truth)全都失去稳定性……我们沉迷于媒介,失去它们便难以为继……这一结果不是因为我们渴求文化、交流和信息,而是由于媒介的操作颠倒真

---

① 马歇尔·麦克卢汉,斯蒂芬妮·麦克卢汉,戴维·斯坦斯. 麦克卢汉如是说:理解我[M]. 何道宽,译. 北京:中国人民大学出版社,2006:35.

② 本弗瑞·戈比. 你生命中的休闲[M]. 康筝,译. 昆明:云南人民出版社,2000:388.

伪、摧毁意义。"① 与历史上印刷媒介曾经塑造出的中心与边缘的比较稳定的知识格局相比，电子媒介更加强调处处皆中心，无处是边缘。但是奇怪的是，在这种处处皆中心的电子媒介环境下，作为主体的人却并不比在印刷媒介下更自由，甚至有时还会出现反启蒙规划的效果。比如阿多诺就认为：人们对电视的反应不是"自由"主体那种独立的、反思性的反应，而是下意识的、群众化的反应："现代大众文化的重复性、雷同性和无处不在的特点，倾向于产生自动反应并削弱个体抵抗力量。"在阿多诺等人看来，电子媒介是日趋松散的社会中的一种凝聚力："现代大众媒介的受众越是显得涣散，越是不善表达，大众媒介就越易于实现他们的'一体化'。"② 面对这种吊诡的局面，乐观者认为，人类迎来了重新部落化的可能，地球村将成为人类的乐土。悲观者则认为，地球村并不意味着世界大同。相反，由于时空距离的压缩，各种暴力将会更加频繁。伴随着地球村时代的来临，所有的大学可能都将成为全球性大学，现代大学基于现代性逻辑的中心与边缘的格局将被瓦解。与此同时，作为地球村的一部分，现代大学一方面将会经历启蒙运动所确立的普适价值的毁灭，另一方面也将见证在重新部化落过程中新新人类与多元主义价值观的共同成长。

今天在大学里受高等教育的学生正是受电视或网络等电子媒介影响的新的一代。在电子媒介环境下成长起来的他们，从小就暴露在电子信息的全面轰炸之下，今天他们已经逐渐习惯了"知之为知之，不知'搜索'之"。对于喜欢"信息搜索"的这一代，知识的价值与意义，真理的崇高与伟大已是明日黄花。在一个由电子媒介主导的社里，"电子革命赋予教师的使命不再是提供信息，而是提供洞见；它赋予学生的身份不再是消费者的身份，而是教学伙伴的身份，因为学生早已在课堂之外积累了大量信息。"③ 但现在的问题是，在电子媒介娱乐文化的影响下，学生对于大学里所谓的高深知识明显缺乏基于人的天性的"闲逸的好奇"，对于作为印刷媒介的纸质专业书籍他们更是缺乏足够的兴趣，所谓的知识在他们的心目中更多的是一种等待消费

---

① 马克·波斯特. 第二媒介时代 [M]. 范静哗，译. 南京：南京大学出版社，2000：20.
② 马克·波斯特. 第二媒介时代 [M]. 范静哗，译. 南京：南京大学出版社，2000：8.
③ 马歇尔·麦克卢汉，斯蒂芬妮·麦克卢汉，戴维·斯坦斯. 麦克卢汉如是说：理解我 [M]. 何道宽，译. 北京：中国人民大学出版社，2006：1.

的商品或信息。在今天的大学里，相比电子媒介的超文本结构，印刷媒介的纸质文本往往需要个人视觉、认知与思维的深度介入，这会使很多学生望而却步、知难而退。"过去人们是为了解决生活中的问题而搜寻信息，现在是为了让无用的信息派上用场而制造问题。"① 其结果，以高深学问为基础的认识论哲学作为高等教育的合法性基础将不可避免地面临危机。除此之外，在电子媒介主导下的后现代社会亦是一个与敏锐感觉相联系的消费社会。在这样一个消费社会中，以娱乐为主的大众文化将取代传统的精英文化成为整个社会的主流文化。在这场由娱乐产业所形成的多元文化的挑战中，大学生对于娱乐和游戏的关注将超越对高深知识的追求。现代大学如果不想放弃自己的现有地位，就不得不去注意那些他们并不熟悉的，并和传统的教学与学术研究相去甚远的，但又无时无刻不在影响他们的多元主义的娱乐文化。目前在许多西方国家，为了能够适应电子时代娱乐文化的需要，一些休闲学的研究者甚至建议，将来现代大学除了继续生产与传播高深知识之外还应该成为娱乐的中心和旅游的胜地。因为学生需要在娱乐、休闲与游戏中学会成为一个完整的人。而按照麦克卢汉的说法："如果要使教育适合电视时代的年轻人，就必须要用献身于深度学习方法的许多独立自主的大学，取代令人窒息的、不亲切的、剥夺人性的大杂烩。"②

人类的历史上，大学一直是知识的集中地，学校或课堂里的信息总是比外面多，而长期以来这种信息的不对称性也正是学校得以存在的合法性基础。但是今天在电子媒介的环境下，大学在知识方面的优势已经荡然无存。今天，在网络世界里"大量的学问洪流突然泻入市场，这一事实就带有经典的突变或逆转的性质，结果遭到艺术家和学者们的嘲笑。但是，等到政府官邸都被领有博士衔的人接管之后，这种狂热的嘲笑就会销声匿迹的。"③ 面对这种前所未有的变局，一些激进主义者甚至鼓吹废除学校，重新建立社会学习的网络。废除学校的想法无疑是荒诞的，因为学校是问题所在而不是解决问题的办法。这就好比人有病，但不能为了治病将人杀死一样。正是基于

---

① 尼尔·波兹曼. 娱乐至死 [M]. 章艳，译. 桂林：广西师范大学出版社，2008：100.
② 埃里克·麦克卢汉，弗兰克·秦格龙. 麦克卢汉精粹 [M]. 何道宽，译. 南京：南京大学出版社，2000：380.
③ 马歇尔·麦克卢汉. 理解媒介 [M]. 何道宽，译. 北京：商务印书馆，2007：142.

"治病救人"的逻辑，一些保守主义者从中发现了改革的契机。"在这个蔚为壮观的逆转之中，学校的任务似乎也可能逆转，学校的任务不再是传播知识，而是发现知识。教育机构的任务是培训儿童对环境的感知能力，而不仅仅是把环境里的知识刻印在儿童的脑子里。"① 历史上，在印刷媒介的环境下，依托相应的校院系建制和图书馆，大学一直是知识生产与传播的中心。基于对印刷媒介所塑造的时空两维环境的服膺，大学也一直可以通过对学历、学位的垄断来保证自己的学术自由和自治；但今天在电子媒介的环境下，大学作为知识传播中心的垄断地位面临严峻挑战，学位制度也必须改变。在一个处处皆中心的网络社会里，大学不再是知识生产与传播的中心，甚至与某些电子媒介相比，大学在知识传播方面也不再具有必然的比较优势。"高等教育制度的分化和统合使传统大学学位失去其表示教育经验信息功能的部分。"② 今天在现实中，学历和学位在就业中的重要性已开始下降，与此同时，许多诸如营利大学、企业大学等非传统大学机构也开始颁授自己的学位。总之，在信息社会或知识型社会中，现代大学无论是对于知识的垄断还是对于学位的垄断都开始面临巨大的挑战，知识生产与传播制度以及学历、学位制度的转型已经迫在眉睫。在电子媒介的环境下，知识与信息的分野已经名存实亡。"信息不仅是我们最大的产业，而且已经成为我们的教育事业。"③ 在今天网络已经毫无疑问地比任何一个制度性存在的传统大学拥有更加丰富的信息（知识）资源。无论是在知识的储存还是传播方面，电子媒介都比大学更快捷。目前随着课程网络化、组织虚拟化以及无边界高等教育的兴起，作为制度性场所的大学在知识传播上的优势已开始被削弱，信息技术对于传统大学的影响逐渐在加强，电子媒介在信息上的优势正在向知识上和教育上转移，现代大学科层式的组织结构开始坍塌，超越时空距离的新式大学已经成为现实，作为网络时代的宠儿，学生凭借信息上的优势已开始在课堂上反哺教师，而这些都还只是刚刚开始，更大的变化还在后头。正如美

---

① 马歇尔·麦克卢汉，斯蒂芬妮·麦克卢汉，戴维·斯坦斯. 麦克卢汉如是说：理解我[M]. 何道宽；译. 北京：中国人民大学出版社，2006：62.

② 金子元久. 高等教育的社会经济学 [M]. 刘文君，编译. 北京：北京大学出版社，2007：197－198.

③ 马歇尔·麦克卢汉，斯蒂芬妮·麦克卢汉，戴维·斯坦斯. 麦克卢汉如是说：理解我[M]. 何道宽，译. 北京：中国人民大学出版社，2006：192.

国凤凰大学的校长曾经说过的："远程学习还只不过是在电子教育的马车阶段。各大学和学院正乘着马车驶向太空，这肯定要遇到令人难以置信的麻烦。""大学在远程教育上所遇到的问题在于仍然把学习看作信息传输，而忽视了大学教育实际上应该如何进行的。"① 相信伴随着大学在远程教育理念上的根本转变，以电子媒介为主导的后现代大学将会令人耳目一新。

第三节 在印刷媒介与电子媒介之间

今天是大学的盛世也是危世，今天的大学既处在印刷媒介所创造之文明的顶峰也处在由电子媒介所催生之新文化的谷底。在理想状态下，现代大学应该能够提前为电子媒介的来临做好充分准备，然而迄今为止，现代大学尚无成功应对新兴媒介的措施与组织制度安排。相反，"我们的教育制度是反动的。它面向的是过去的价值和技术，而且很可能继续如此，直到老一辈交出权力。代沟实际上就是一条鸿沟，它分开的不是两群年纪不同的人，而是两种截然不同的文化。我们可以理解学校里正在酝酿的不满，因为我们的教育制度完全是这样一个病入膏肓、业已过时的制度，建立在偏重文字、分割肢解和分类信息的基础之上。它不适合第一代的电视人。"② 基于媒介变迁的现实，今天的大学所面临的危机就是如何从电子媒介的谷底走向又一个顶峰，即成功实现从印刷文化向电子文化的转型。

历史上，在西方伴随着谷登堡活字印刷术的出现，大学在 16 世纪开始从口语文化向印刷文化过渡。在当时，这种过渡曾遭遇激烈的抗拒。虽然当时欧洲大学里的经院哲学家认为印刷文字是"我们所知文明的终结"，但是最终欧洲的大学还是接纳了印刷术，而伊斯兰世界就没有这么幸运了。"西

---

① 帕克·罗斯曼. 未来高等教育：终生学习与虚拟空间 [M]. 范怡红，译. 青岛：中国海洋大学出版社，2006：29.

② 埃里克·麦克卢汉，弗兰克·秦格龙. 麦克卢汉精粹 [M]. 何道宽，译. 南京：南京大学出版社，2000：377.

方在 1500 年至 1650 年间取得世界领导地位，很大的原因是西方以印刷书本新科技为中心，改造了学校体系。相反的，伊斯兰世界拒绝学校改用印刷课本来展开教育改造，终致逐渐没落。伊斯兰世界当时并不是没有印刷术，可是就是不让学校采用印刷书本，拒绝用印刷书本作为学习与教学的工具。伊斯兰教学者坚持学生要用反复背诵的方式学习，而用印刷课本，学生就能以自己的方法去解读，这就有损权威。"① 今天从印刷文化向电子文化的过渡也注定不会是一帆风顺的。同样会有的国家成功，有的国家失败。有的国家抓住了机遇，有的国家错失了机遇。由于电子传播媒介消除了过去由印刷媒介所塑造的时空两维的差异，并据此消除了事物之间因果关系的假设，因此从印刷媒介向电子媒介的过渡必将是一个十分漫长的过程，也必将是一个痛苦的过程。人类社会媒介变迁的历史已经表明："我们经历了许多的革命，深知每一种传播媒介都是一种独特的艺术形式：它突出人的一套潜力，同时又牺牲另一套潜力。每一种表达媒介都深刻地修正人的感知，主要是以一种无意识和难以逆料的方式发挥作用。"② 客观上，任何一种媒介都会倾向于强化自己的传播潜力而不会自动退出历史的舞台，更何况今天印刷媒介或印刷文化已经与整个现代社会融为一体。在今天这样的现代工业社会里"印刷文字不仅是我们获取文化和技术的手段，它也是我们的文化和技术。"③

　　目前在印刷媒介和电子媒介之间，大学转型可能面临的境况是：一方面印刷文化的价值观仍然根深蒂固，另一方面电子媒介所代表的新文化也已经来势汹汹。一方面现代大学体制的特点还是 19 世纪的老样子，整个的组织建制还是基于 19 世纪知识分类的世界，很像当时工厂安排库存和装配线一样。另一方面电子媒介的兴起却在客观上要求现代大学里的知识分类从专门化走向整合，组织建制从学科走向跨学科，人才培养从职业定向型走向全面参与型。"目前，在我们工作的世界里，职业正在让位于角色的扮演。紧守一份工作正在让位于角色的扮演，这是因为在电速条件下，专门化分工再也

　　① 彼得·F. 德鲁克. 后资本主义社会［M］. 傅振焜，译. 北京：东方出版社，2009：157 - 158.

　　② 埃里克·麦克卢汉，弗兰克·秦格龙. 麦克卢汉精粹［M］. 何道宽，译. 南京：南京大学出版社，2000：96.

　　③ 马歇尔·麦克卢汉，斯蒂芬妮·麦克卢汉，戴维·斯坦斯. 麦克卢汉如是说：理解我［M］. 何道宽，译. 北京：中国人民大学出版社，2006：2.

不可能了。这也是教育面对的问题之一。课程作为学习的一种形式越来越令人生疑。跨学科学习获得了越来越大的意义。教学计划中孤立的课程已经成为对教育的威胁。"① 面对这种媒介文化的深刻转型，现代大学的危机与困惑就在于这两个媒介环境之间超常的鸿沟阻碍了大学转型的顺利完成。由于深受印刷媒介和印刷文化的影响，大学里的知识分子仍然觉得，自己的工作和责任就是维护现存的教育制度，维护并推进与其程序相关的价值和知识。基于此，在今天虽然电子媒介已经近在眼前，并已经深刻影响和改变了教育之外的其他许多领域，但"我们的课堂和教学计划仍然是过去工业环境的模式，还没有与电子时代和电子反馈达成妥协。这说明，新学习方法不是吸收分类和分割的数据，而是模式识别，而是了解知识关系里隐含的命题。实际上，我们正在经历这样一悖论：和我们正规的教育制度相比较，我们的城市是更加强有力的教学机器。环境本身已经成为更加丰富的教学资源。我们似乎正在进入这样一个时代：我们要编制环境的教学计划，而不是课程的教学计划。"②

目前可以肯定的是，无论从印刷媒介向电子媒介的过渡多么漫长，这种过渡已经开始。在这个过渡的过程中，新媒介必然造就新环境，新环境必然导致新问题，新问题又会引发新实践。在电子媒介时代，"我们所有的新环境都是一种信息环境，是电子编程的新环境，它把这个地球转化为一部教学机器，人造的教学机器。人造环境成为教学机器的后果之一是，受教育者成了教学的力量。学生不再是被动的消费者，而是越来越成为教学的力量。"③ 在这样一个新的环境当中，对于大学以及大学里的人而言，电子媒介不是增加其好处就是减损其好处，大学在新的媒介环境下不可能置身事外。"数字技术不仅改变了大学的各项活动，如我们的教学、科研、对外合作等，还改变了我们的组织、资助和管理方式，甚至改变了我们将其看作学生和教员的

---

① 马歇尔·麦克卢汉，斯蒂芬妮·麦克卢汉，戴维·斯坦斯. 麦克卢汉如是说：理解我[M]. 何道宽，译. 北京：中国人民大学出版社，2006：159.

② 马歇尔·麦克卢汉，斯蒂芬妮·麦克卢汉，戴维·斯坦斯. 麦克卢汉如是说：理解我[M]. 何道宽，译. 北京：中国人民大学出版社，2006：36-37.

③ 马歇尔·麦克卢汉，斯蒂芬妮·麦克卢汉，戴维·斯坦斯. 麦克卢汉如是说：理解我[M]. 何道宽，译. 北京：中国人民大学出版社，2006：92.

人们，这可能直接导致当代高等教育机构的重新建构。"① 尤其重要的是，伴随着信息技术的迅速发展，很可能在十年之内世界上所有的大学和大学里的所有的人都将会被更加紧密地连接在一起，这种网络的连接最终会渗透到他们的日常生活当中，从而演变成一种新型的社会，即后现代社会。在这种新型的社会中，大学生不再只是信息的接受者，也不再仅仅是知识的消费者，而将成为教学的合作者与反哺者。面对此种剧变，杜德斯塔兹就曾经指出："一场社会变革的风暴正在席卷学术世界。这场风暴有可能导致大学——也包括学院——失去对自己命运的控制力。当然，他不是谈论大学建筑所遭受的威胁，而是关于真正的大学赖以生存的功能——在网络时代将承受的考验。"②

通过上面的论述不难看出，当前现代大学的改革正处在从印刷媒介向电子媒介转变的巨大张力之中。一方面历史的惯性使得现代大学会尽力维持由印刷文化所铸就的信仰、理念与价值观；另一方面现实的压力却又迫使或倒逼着现代大学不得不尽力去适应已经发生的巨大技术与文化变迁。在从印刷文化向电子文化转变的过程中，"短时间内突然发生的急剧的身份变化，往往会产生可怕的破坏力，这些可怕的破坏力对人的价值的摧毁，超过了使用硬件武器的真刀真枪的战争。在电气时代，新的信息服务环境使人的身份产生变化，这样的变化对整个社群的个人价值或社会价值产生的影响，可能要大大超过粮食、燃料和能量短缺产生的影响。"③ 面对这种技术手段与文化身份的急剧变动，现代大学的转型往往处于一种比较尴尬的境地。由于组织文化和历史惯性使然，现代大学给人的感觉总是在心急火燎中慢慢腾腾地改革。面对文化身份和技术手段的急剧转变，现代大学不是没有意识到危机来临，也不是认为危机不够严重，但由于前期准备不足，应对起来给人的感觉总是要么力不从心，要么束手无策。"技术并不等于技术的本质。技术的本质绝非任何技术的事物。如果我们只是设想和推进技术的东西，接受它，或

---

① 帕克·罗斯曼. 未来高等教育：终生学习与虚拟空间 [M]. 范怡红，译. 青岛：中国海洋大学出版社，2006：148.

② 帕克·罗斯曼. 未来高等教育：终生学习与虚拟空间 [M]. 范怡红，译. 青岛：中国海洋大学出版社，2006：20.

③ 马歇尔·麦克卢汉，斯蒂芬妮·麦克卢汉，戴维·斯坦斯. 麦克卢汉如是说：理解我 [M]. 何道宽，译. 北京：中国人民大学出版社，2006：194.

者逃避它，我们就绝不能体验到我们和技术的本质的关系。无论我们是激烈地肯定还是否定技术，我们仍是受制于技术，是不自由的。可是，当我们认为技术是某种中性的东西时，我们又是以一种可能是最坏的方式被交给技术了；正是这种人们至今仍旧深信不疑的关于技术的中性把握，使我们对技术的本质依然茫然无所知。"① 大学的历史上，由于受印刷文化的影响，凡事总喜欢向后看，有着浓厚的怀旧倾向或历史情结。印刷文化的历史经验告诉大学，凡事总是先有原因，后有结果，且因果相随。面对一种后果，只有找到相应的原因才能对症下药。在印刷文化的时代，由于行动与反应之间存在相当长的时滞，因此，大学的许多改革并不十分迫切，慢慢来就可以。可是今天在电子媒介的环境下，人或组织的行动及其反应几乎同时发生，传统的时滞消失了。结果往往先于原因。面对此种突变，如果我们仍然在坚持使用印刷时代的时间模式和空间模式来思考新的问题，无疑将会南辕北辙。其结果，今天当某种变革的结果已经出现，但原因尚未明了或固有的因果关系失效之时，现代大学往往不知如何应对，只能原地踏步或往历史深处去寻找变革的答案。

总之，长期以来媒介的内容掩蔽了媒介本身的存在。作为一种技术，媒介绝非只是作为一种手段存在，技术本身同样传递着某种信仰与理念，甚至是价值观与世界观。作为人的延伸，媒介即信息。大学作为一种人造物，从理念到制度都深受媒介的影响。不同的媒介环境下，大学亦迥然不同。今天在新的媒介环境下，"问题的关键不是大学运作的条件在发生变化，最棘手的问题是：大学需要应对所谓的'元变化'（metachange）——也就是说，环境变化的方式本身在不断变化。"② 无论何时，无论何地，媒介都既是大学改革的手段，也意味着大学改革本身，有什么样的媒介就有什么样的大学。当然，"将来教育与学校最重要的改变，一定不是科技上的改变，无论科技改变多么重要和多么明显。最重要的改变一定是重新反省教育与学校的角色与功能，反省教育内容、目的、价值的改变。学校在科技上的改变，主要还

---

① 海德格尔. 人，诗意地安居：海德格尔语要 [Z]. 郜元宝，译. 桂林：广西师范大学出版社，2000：99.

② 安东尼·史密斯，弗兰克·韦伯斯特. 后现代大学来临？ [C]. 侯定凯，赵叶珠，译. 北京：北京大学出版社，2010：43.

是吸引我们去尝试新的事物，而不是因为科技能使我们把旧的事物做得更好。"① 源于中世纪的现代大学曾深受印刷媒介影响，今天伴随着电子媒介的兴起，印刷媒介对于大学的统治开始减弱，网络的影响开始增强。在印刷媒介下，大学呈现出组织制度的等级性、知识的高深性与信息的非对称性；在电子媒介下，科层式的组织架构面临挑战，经典的大学理念需要重新审视；伴随着高深知识从纸质文本走向电子超文本结构，教育反哺开始成为司空见惯的现象，继而大学里传统的师生关系也会面临重构。面对媒介文化的深刻转型，今天的现代大学存在一个基本的问题，就是还在试图坚持用传统的分析方法来解决新的问题。面向未来，现代大学在转型的过程中必须要明白，与印刷时代相比，在电子媒介的新环境下，学生"需要学习的东西实在太多了，因为这是一个信息超载的时代。要使学校不至于成为没有铁窗的监狱，唯一的办法就是用新技术和新价值另起炉灶。"② 为了能够跨越印刷媒介与电子媒介之间所存在的巨大鸿沟，我们的教育制度和大学制度必须变革，变革后的教育制度和大学制度必须能够为一个无形无象无肉身的信息时代做好充分的准备。

---

① 彼得·F. 德鲁克. 后资本主义社会 [M]. 傅振焜，译. 北京：东方出版社，2009：159.

② 埃里克·麦克卢汉，弗兰克·秦格龙. 麦克卢汉精粹 [M]. 何道宽，译. 南京：南京大学出版社，2000：379.

第六章　消费社会与大学转型

　　在社会发展的不同阶段，在不同的技术环境中，人们对待知识的态度迥然不同。在农业文明时期，印刷术尚未发明之前，知识乃神圣之物，书籍是终极权威的象征。在我国古代"敬惜字纸"更是一种传统美德，体现了对于知识的敬畏。历史上无论中外，出于内心对于真理的敬畏和受口语文化的影响，许多有识之士多述而不作，作则多为经典。作为工业文明的重要组成部分，活字印刷术的发明导致了印刷文化的出现。以活字印刷术为基础，知识的生产也进入了工业化阶段。伴随着书籍的增多以及获得知识的相对容易，知识的神圣性被消解，知识的人为性、主观性与建构性成为人们的共识。工业社会中，在现代性逻辑的主导下，大学的知识生产被套上了"数量"和"时间"的枷锁，被贴上了"价格"的标签。传统上，大学乃是一个单纯的科学探究的场所，知识生产依靠学者的自觉。学者的学术自由不仅是免于外界的干涉，而且也是一种内在的心灵的自由。学者探究知识的动力源于闲逸的好奇，而不是权力的强制或利益的诱惑，更无时间的限制与经费的压力。但在工业社会中，在理性主义关于征服自然、进化以及进步主义等理念的主导下，大学的知识生产不可避免地沾染上了功利主义的色彩。功利主义使得大学为工具理性所俘获，价值理性逐渐式微。不过，在工业社会中，虽然大学的人文精神有所削弱，但时代要求使然，毕竟大学通过人才培养、科学研究、社会服务等活动还是为现代社会培养了一大批优秀的建设者和生产者，促进了社会的现代化。作为工业社会的后继者，在后工业社会阶段，生产活动虽然仍很重要，但可能已不再是社会发展的主旋律。伴随着生产退居幕后，消费开始取代生产成为社会运行的主导性逻辑。传统上大学一直远离生产与消费等经济活动，偏居于社会的一隅。在工业社会中大学为生产的逻辑所俘获，大学模式工厂化至今仍然是高等教育中挥之不去的阴影。在后工业社会中，大学可能依然是轴心机构。为了满足社会的需要，大学也必须适应从生产主导到消费主导的转型。时至今日"消费社会的价值理念正深深扎根于教育关系之中。"① 在此大背景下，现代大学必将面临严峻挑战。今天作为这种挑战的一个征兆，在消费社会思潮的影响下，大学里知识消费主义的出现就特别值得人们的关注。

第一节　消费社会的兴起

按照托夫勒的划分，人类社会的历史已经经历了两次浪潮，现在正处在第三次浪潮中。第一次浪潮以农业文明为标志，历时数千年；第二次浪潮以工业文明为标志，历时几百年；第三次浪潮，即后工业社会，仅仅几十年时间就已基本成形。作为现代性的一种延伸，工业社会的一种延续，当前对于后工业社会有种种说法，比如富裕社会、信息社会、知识社会、风险社会、消费社会等不一而足。上述种种思潮当中，消费社会理论尤其引人关注。综观国内外学者的探讨，消费社会的主要特征有三："第一，技术理性的无限扩张，加上符号编码的图腾，商业的'触角'已经深入到人的潜意识深处，整个生产的过程就是制造消费的过程，消费具有了前所未有的生产性质；第二，生产的意识形态已从幕前退居幕后，取而代之的是大众传媒和'新的文化传媒人'通过意义联想与时尚制造，在引领生活风尚的同时，也在行使着日常生活政治的监控；第三，消费者通过无止境的消费，在识读和认同社会通用的符号象征的同时，也在积极地进行个性的建构和生活的注解。"②

---

① 路易丝·莫利. 高等教育的质量与权力 [M]. 罗慧芳，译. 北京：北京师范大学出版社，2008：7.

② 郑红娥. 消费社会研究述评 [J]. 哲学动态，2006 (4)：69.

从工业社会到消费社会的转变一方面呈现出断裂的痕迹，另一方面又相互交织在一起。由于原有的理论和分析手段已经失去有效性，而基于新的范式的社会理论尚未诞生，所以，种种新理论就层出不穷。许多人都感到现今社会正在发生着的变化与过去的变化确实在本质上是不同的，这种"不同"熟悉而又陌生，乃至于无法概括。对此，堤清二称之为"产业社会之秋。"①按照他的说法，作为工业社会的一个后续部分，消费社会既不同于先前的工业社会又与其存在着一脉相承的关系。"从现时来考察，所谓'消费社会'似可称之为'正在笼络反产业社会言论的产业社会。'待到笼络不到的时候，也许这个产业社会就被超越了。"② 针对第二次浪潮中的工业文明，托夫勒曾经指出："人们迷恋着金钱，商品和财产，并不是什么资本主义或社会主义的反映，而是工业化的后果。这是所有以市场作用为中心的社会的反映。在这种社会中，生产与消费分裂，人人都依赖市场，而不指望用本人的手艺制造自己生活的必需品。"③ 毫无疑问，消费社会继承了工业社会对于商品和金钱的崇拜，并将工业社会中对于欲望的追求发挥到了极致。与工业社会中的消费相比，在消费社会中人们消费的已不仅仅是物体本身的使用价值而是在消费某种意义，并通过消费"意义"来彰显自身的地位与价值。"在产业社会成熟起来，消费社会具有一般时代特征时，偶然在市场经济中互相重叠成为一体的形态意义上的经济，同实体意义上的经济之间产生了背离，这是不无道理的。它阐明了消费社会本质上虽然和产业社会是同一的，但又必然具有破坏产业社会的一面。博兰尼的理论让我们懂得，消费社会的内涵本质是不能用销售学或产业社会的经济理论去解释的。它进一步表明，消费社会要求用超越产业社会范式的科学考察和新的经济理论才会解释清楚。"④

相比于工业社会，消费社会在物质上更加富裕，但在富裕与匮乏之间矛盾也更为尖锐。除了贫富差距的持续扩大外，时间的匮乏在消费社会中也极为突出。这是因为，消费社会中，时间不但是消费其他物品的必要条件，其本身也是一个重要的消费对象，甚至可以说时间是消费社会中的最大奢侈

---

① 堤清二. 消费社会批判 [M]. 朱绍文，译. 北京：经济科学出版社，1998：9.
② 堤清二. 消费社会批判 [M]. 朱绍文，译. 北京：经济科学出版社，1998：75.
③ 阿尔温·托夫勒. 第三次浪潮 [M]. 朱志炎，等，译. 北京：生活·读书·新知三联书店，1983：87.
④ 堤清二. 消费社会批判 [M]. 朱绍文，译. 北京：经济科学出版社，1998：77.

品。在一个被诸物包围的世界中，面对各种各样被生产出来的商品，在广告和各种传媒的鼓动和诱惑下，人们不可避免地要成为形形色色的消费者。而与此同时，伴随着身份与意义的多元化，人的角色也在逐渐多元化。为了能够扮演好每一种社会角色，一度固定不变的时间不得不被分成更小的份额，从而使得消费社会中的消费者对于生活时间不得不深度利用，即不得不经常在同一时间里做多件事情。"目前，在我们的社会中，有很多人感到自己'极度饥渴'——时间饥渴。这种对时间的饥渴并不会导致生命的终结，但正如古雅典哲学家所注意到的那样，由时间造成的饥渴会使人的生命从来没有真正开始过。要是同那些不太'发达'国家中的人们处于生死两难的处境相比，那些闹时间饥荒的人似乎给人过着一种优越的生活的感觉。可是从很多方面来看，时间饥荒给人造成的后果却是毁灭性的。一个人从来没有在任何时候生活着，总会有下面的事在等着去做。那种任由事情自然发展的近乎奢侈的闲适心态已经一去不复返了。"① 消费与闲暇，金钱与时间之间的紧张关系将是高度发达的工业社会继续发展过程中绕不过去的难题。

除物质富裕与时间匮乏的巨大矛盾之外，消费社会还处在物质与精神的巨大紧张之中。如果说在工业社会中，人的困境主要是在生产的过程中走向异化或物化；那么在消费社会中，人的困境则主要是在消费的过程中逐渐走向异化或物化。这是因为，在消费社会中，一方面人性或人的精神世界与意义世界由于"物"和"物欲"的充斥而显得十分的贫瘠与匮乏；但在另一方面，由于"意义"本身成为了消费的主要对象，消费社会中所谓的意义又显得十分的泛滥。在贫乏与泛滥的对比中，人生的意义开始在物欲与人性之间不断摇摆。"今天的消费社会被称为'模拟社会'、'摇摆社会'，就是因为它对任何事物都用两面镜子对着照，将任何事物都一股脑儿吸进成熟的产业社会这个无限（地狱）空间中去。"② 今天在昔日的那些主要的已经完成了工业化的国家，消费社会已初具规模。在这些工业发达国家，通过各种广告和传媒，消费社会中的一切事物不但被金钱所定价而且还都被一定的意义所标识。没有意义就没有人消费，没有人消费也就没有存在的价值。由于广告和电子媒介的存在，消费社会中一切事物都成为了意义的载体和消费的对

---

① 本弗瑞·戈比. 你生命中的休闲 [M]. 康筝，译. 昆明：云南人民出版社，2000：68.
② 堤清二. 消费社会批判 [M]. 朱绍文，译. 北京：经济科学出版社，1998：74.

象。如有学者所言："20 世纪被称作'广告代理店和娱乐公园的世纪'，而支撑其活动的促销就是把大量生产出来的商品在市场上销售出去的技术。进而，消费这一符号也成为加以商品化的演化技术。以'消费社会'称谓的社会实际上也是为生产者而存在的消费社会，是为了资本而附属于市场演化的名称。"①

毫无疑问，消费社会的来临是以工业文明的高度发达为基础，但物质产品的丰富只是其必要条件之一，远非充分条件。今天的社会之所以能够称之为"消费社会"，一方面固然是由于物质产品的极大丰富从而导致了消费的重要性的凸显，但另一方面消费社会的形成还在于电子媒介的产生和信息技术的迅猛发展使得工业社会中所固有的拜物逻辑被无限放大，并最终成为整个社会主导性的意识形态。消费社会的诞生使我们认识到了媒介自身所具有的独特逻辑，媒介不是价值中立的，它天然地会支持一种社会形态而背叛另一种社会形态。在消费社会形成的过程中，电子媒介绝不仅仅是放大了消费的逻辑和消费者的欲望，相反，电子媒介本身的哲学就是消费主义。电子媒介是消费社会得以产生和存在的技术条件，甚至可以说，电子媒介与消费社会是一个硬币的两面。没有电子媒介的产生，就不可能有消费社会的来临。因为只有通过电子媒介，各社会主体才可以实现互为消费者和被消费者，而这也正是消费社会的真谛。消费社会中，在技术手段的支持下，一切都必然地成为了消费的对象。在诸多被消费的事物当中，与客观存在的各种物质实体相比，"符号"被看做具有举足轻重的作用，它甚至支配着整个文化。同样是由于技术的更新，消费社会的另一个特点就是广告、传媒的作用越来越强化。在广告和传媒的巨大作用下，消费社会使日常生活彻底地商业化。在电子媒介和商业化主导的消费社会中，符号控制逐渐取代生产控制成为社会控制的主要形式。

总之，作为一种理论话语和社会实践，消费社会只是通过打破生产与消费的截然分界，试图以此来超越工业社会的种种潜规则。"各种文明都有潜在的法则，有一整套规律和原则贯穿在它的一切活动之中，好像是经过反复设计好了似的。工业化推向全球，它的独特的潜在的设计变得清晰可见。它

---

① 堤清二. 消费社会批判 [M]. 朱绍文，译. 北京：经济科学出版社，1998：17.

包括六个相互联系的原则（标准化、专业化、同步化、集中化、好大狂、集权化），统筹安排了千百万人的行动。这是从生产与消费分裂产生的必然结果。"① 与工业社会中的种种潜在的规则相比，消费社会更加注重事物的结构、关系和整体，更加强调全面，而不是零碎地观察问题。消费社会理论认为，"消费"本身就构成了一个自足的系统，它不但可以独立于生产而存在，而且与需求无关。消费没有任何限界，消费是一个总体性的观念实践或话语实践。通过广告与各种传媒的不断言说，消费本身成为了消费社会的最高意识形态。在消费主义的意识形态主导下，消费既不是为了扩大生产，也不是源于客观的需求，消费本身就是目的。在为消费而消费的逻辑下，各种社会机构、社会角色乃至于整个社会的机构都需要按照消费社会的逻辑重新命名、重新定位。作为工业社会发展动力站的现代大学，在消费社会中同样面临着重新定位的挑战。历史上，以"得天下英才而教育之"为自豪的现代大学，今天也不得不在满足消费者或顾客需求的强大压力下不断调整自己的办学方向和学科专业设置以缓解自身严峻的财政危机。在今天，消费主义的意识形态、商业化的话语、铺天盖地的广告、无所不在的电子网络，已经使得消费社会中的现代大学矛盾不断，危机重重。在转型的过程中，对很多事情明知不可为，却又欲罢不能。

第二节　消费社会中的大学

在中世纪，古典大学犹如一个幽静的象牙之塔，以柏林大学为代表的近代大学仍然崇尚"寂寞"。20 世纪以来，尤其是第二次世界大战以后，伴随着经济的快速增长，工业化程度的迅速提高，大学逐渐失去了往日的悠闲和宁静，大学开始像工厂一样忙碌起来。在工业社会中，"以工厂为'模特儿'的群体化教育，其教授的内容是：读书，写字，算术，还有一点历史和

---

① 阿尔温·托夫勒. 第三次浪潮［M］. 朱志炎，等，译. 北京：生活·读书·新知三联书店，1983：92.

其他几门学科。但这是'表面上的课程'，在它的后面还有看不见的或叫做'隐藏的课程'。这门课程意义至为深远。在许多工业国家里，这门'隐藏的课程'包括三个内容：守时，服从，死记硬背的重复作业。"① 在对于数量和效率的急切追逐之下，工业社会中的一切都变得急匆匆。与之相应，在现代大学里，按照生产性的逻辑，企业的管理时尚不断被引入，其唯一的目的就是要不断提高大学的办学效率，以适应工业社会对于培养大批量专业生产者的需要。其结果，现代大学里从教授到学生，从管理者到被管理者，时间成为了大家共同的敌人，大的数量和快的效率成为大家共同追逐的目标。作为这种恶性循环的一个必然结果，由于时间的短缺，效率或数量成为了衡量大学工作好坏的标准。在工业化理念和生产性逻辑的主导下，指引高等教育发展方向的只是对工作的准备和对效率的追求，评价大学好坏的标准只是它是否有用。为了满足工业社会对于数量的期待，大学里的每一个人都希望或被迫在单位时间做出最大的成绩。最终"可量化因素的重要性不仅表现在教学上，还体现在研究和发表上头。对于许多学院和大学里的学者们的'不发表则淘汰'的压力导致他们的注意力集中到发表的数量上。在聘用和提拔的决定过程中，具有一长串论文和著作发表的履历通常总比发表列表较短的履历得到优先的考虑。……这种对于数量的强调具有不幸的后果，如促使教授去发表质量不高的作品，在著作尚未成熟之前就急着拿出去发表，或者以同样的思想或发明仅作稍微变化一再地拿来发表。"②

作为后工业社会的一种表现形式，消费社会是对工业社会的一种超越，某种意义上应该能够克服工业社会的一些现代性的弊病，为现代大学的发展提供新的契机。比如，在逻辑上，在消费社会中随着劳动生产率的提高可以使得个人收入与自由支配的时间增加，这些本应该使有闲暇的丰裕生活得以实现，从而使得大学的教学与研究工作更加从容，对数量与效率的追求可以逐渐淡化。但事实上，在消费主义的驱使下，物质财富的增加并没有必然导致一个有闲社会的出现。相反，为了消费那些丰富的商品和满足个人与社会

---

① 阿尔温·托夫勒. 第三次浪潮 [M]. 朱志焱，等，译. 北京：生活·读书·新知三联书店，1983：74.

② 乔治·里茨尔. 社会的麦当劳化：对变化中的当代社会生活特征的研究 [M]. 顾建光，译. 上海：上海译文出版社，1999：109.

的无限的欲望，人们反倒变得更加忙碌，教学与科研也变得更为浮躁和急功近利。如有学者所言："高度大众化的消费社会必然是一个忙忙碌碌的社会。""高度发展了的先进文明，使人们的社会角色多样化了，为了执行好每一项角色任务，必须分割好有限的时间。"① 在消费社会中，由于时间的紧迫，以麦当劳为标志的快餐食品成为了这个社会的象征。作为整个社会机构的一部分，大学也难以回避消费社会"快餐文化"的巨大影响。在社会麦当劳化的大趋势下，高等教育和大学的麦当劳化、医学化和心理学化也不可避免。"麦当劳化"意味着高等教育本身和大学的标准化与去个性化；"医学化"意味着高等教育和大学中的一切活动都充满了问题；"心理学化"则意味这一切问题都可以通过测量和评估来加以解决。"在教育体制中，尤其是在大学（现在被赋予了'麦式大学'的名称），你可以找到许多对于取得更大的效率的压力的例子。其中之一就是用机器打分的多重选择题考试。"②

　　作为消费社会的前身，工业社会的逻辑是生产，在工业社会中，作为生产者是一种光荣。相比之下，消费社会的逻辑是消费，在消费社会中，作为消费者不但是一种荣誉，而且消费是消费社会中"人"得以存在的根本。在消费社会中，不是我思故我在，而是我"消费"故我存在。因此，所谓消费社会，在某种意义上也就是"我们处在'消费'控制着整个生活的境地。"③当然，工业社会也有消费，但那时的消费只是生产的一部分或一个环节；消费社会也有生产，但这时的生产已是消费的附属物，是消费在决定着生产而不是生产决定着消费。在工业社会的生产导向下，大学通过教学、科研与直接为社会服务，努力扮演好作为生产者和培养生产者的角色，从而为自己赢得了社会动力站的美名。然而在消费社会中，已经习惯了作为生产者和培养生产者的大学会显得无所适从。在消费社会中，一个人可以不是生产者，但他必须也必然是一个消费者；在消费社会中，人的第一身份首先是作为一个消费者而不是生产者；在消费社会中，学生消费大学，大学也消费学生，二者在契约上是一种平等关系。但正如物质的丰富并不一定意味着社会的丰裕

　　① 矢野真和. 高等教育的经济分析与政策 [M]. 张晓鹏，译. 北京：北京大学出版社，2006：217.

　　② 乔治·里茨尔. 社会的麦当劳化：对变化中的当代社会生活特征的研究 [M]. 顾建光，译. 上海：上海译文出版社，1999：70.

　　③ 让·波德里亚. 消费社会 [M]. 刘成富，全志钢，译. 南京：南京大学出版社，2001：6

一样，高等教育规模的扩大，大学数量的增多，学生消费者身份和消费主权的凸显也并不一定就意味着大学教育更加优质和公平。"消费是一个与学校一样的等级机构：在物的经济方面不仅存在不平等（购买、选择和使用被购买力、受教育水准以及家庭出身所决定）正如不是人人都有相同读书机会一样，并不是人人都拥有相同的物。"① 今天由于消费理念的膨胀，大学的教育功能和教育义务逐渐减弱。同样，由于对消费者主权的强调，今天的大学中学生被不合时宜地"溺爱"，其结果分数注水，学位贬值。

在某种意义上，消费社会是资本主义社会"资本逻辑"发展的必然结果。在对资本主义的文化矛盾进行研究时，丹尼尔·贝尔就曾深刻指出："假如消费代表着人们对地位的心理竞争，那么，可以说，资产阶级社会正是嫉妒心理制度化的结果。"② 在以消费为主导的后工业社会中，资本主义固有的消费逻辑修成正果、登峰造极。但是由于社会财富生产过程的快速发展，人员更新与循环速度的突然加快，无论是个体还是机构在赢得丰富物质财富的同时，也面临巨大的社会和心理压力与普遍的不安全感。正如鲍德里亚所言："消费社会的主要代价，就是它所引起的普遍的不安全感。"③ 作为资本逻辑的延伸，在消费社会中有一种越来越明显的趋势，即文化工业的大众化和娱乐化。"'文化工业'这个词指涉的是文化的工业化以及大规模消费品生产与娱乐工业生产之间的相似性，两种类型的商品都被生产出来以供大众消费，都以标准化和高度理性化的大规模生产为其特征。"④ 在消费社会文化工业大众化的浪潮中，"只有可以被阅读的东西（应该被阅读的东西：'传奇'）才能存在。……世界所有的物质、所有的文化都被当做作品、符号材料而受到工业式处理，以至于所有的事件的、文化的或政治的价值都烟消云散了。"⑤ 在此背景下，现代大学存在的合法性逻辑将既不取决于人性中的"闲逸的好奇"也不是源于工业社会中培养生产者的逻辑，大学的存在只

---

① 让·波德里亚. 消费社会 [M]. 刘成富，全志钢，译. 南京：南京大学出版社，2001：46.
② 丹尼尔·贝尔. 资本主义文化矛盾 [M]. 赵一凡，译. 北京：生活·读书·新知三联书店，1992：68.
③ 让·波德里亚. 消费社会 [M]. 刘成富，全志钢，译. 南京：南京大学出版社，2001：21.
④ 道格拉斯·凯尔纳. 消费社会批判：法兰克福学派与让·鲍德里亚 [J]. 首都师范大学学报（社科版），2008（1）：45.
⑤ 让·波德里亚. 消费社会 [M]. 刘成富，全志钢，译. 南京：南京大学出版社，2001：133.

是作为文化工业的一部分，为了消费与被消费。当人们在消费大学的同时，大学也在消费着那些一直消费大学的个人和机构。消费主义的兴起使得经典大学理念面临挑战，为了能够适合和满足社会发展的需要，大学的转型已经势在必行。

第三节 大学中的消费主义

媒介对于大学有深刻的影响，大学中的消费主义就是一个例证。历史上，印刷媒介帮助大学建立了等级秩序；以电视和网络为代表的电子媒介则跨越时空使得教育可以无远弗届。但是长期以来，由于受到技术中立论的影响，加之电子媒介娱乐和消费的本性使得在表面上电视或网络作为一种媒介远不如印刷媒介之于大学的影响大。但事实上，电子媒介对于大学的影响同样巨大。"技术的进步还正在导致教育的更大的不合理性。随着教育电视、闭路电视、电脑化的指导和教学机器的出现，在教师和学生之间本来很少的接触被进一步限制。我们很快就要看到在教育的非人性化过程中所出现的最后一个步骤——取消作为人的教师以及取消在教师和学生之间的作为人的交往。"[①] 作为消费社会的一个重要组成部分，在电子媒介的影响下，今天的大学已经开始呈现出消费主义的典型特征。历史上，在农业社会大学对知识的态度是一种信仰和敬畏，生产知识是圣人或伟人的使命；在工业社会，大学是为了生产而生产，生产知识是大学的责任和学者的义务；与之相比，在消费社会大学里的知识生产更多的则是一种消费，是一种为了消费而进行的生产。换言之，今天大学的知识生产过程本身也是另一种形式的对于知识的消费。知识的生产与消费融合在了一起，生产被消费所主导。当然，绝非只有大学是这样的。消费社会中，每一个人既是知识的生产者也是消费者，在生产中消费，在消费中生产。面对这种前所未有的大变局，如果大学的管理者

---

① 乔治·里茨尔. 社会的麦当劳化：对变化中的当代社会生活特征的研究 [M]. 顾建光，译. 上海：上海译文出版社，1999：224.

仍然无视消费社会的"病毒"对于大学的侵蚀以及大学"肌体"业已表现出来的诸多症状，如果仍然继续沿用工业社会中知识生产和培养生产者的逻辑来管理现在的大学，那么大学将会有陷入消费主义的深渊的危机，将无法超越消费社会、更无法引领消费社会走出消费主义的误区。"如果大学不想沦为以技术为主导的消费主义的追随者，使学生成为纯粹的知识消费者，或通过'卓越'的技术权威话语把自己定性为跨国的官僚化的公司，那么大学必须重新为自己定位。"①

在消费社会中，大学教育自身的性质正在发生显著的变化，在工业社会中认为大学教育是一种商品，并不是什么新鲜的事，甚至于主张高等教育市场化也不是一种不可接受的逻辑。现在问题的关键是，在消费主义逻辑的主导下，学生已经不再称为学生，而成为了"消费者"，大学成了学生进行知识消费的场所，而不是学习的地方。尤其让人惊讶的是，受到消费社会商业化话语的不断侵蚀，今天的大学不但醉心于承认自己的产业属性和商业式的存在，主动放弃自己在德性上的诉求，而且以能够在产业领域占有一席之地而自豪。"不再令人惊奇的是诸如戏院、英语教学这些艺术和教育部门都被称作为'产业'所提及，这里的'产业'涉及的是为其'顾客'或'消费者'生产、销售和推销文化或教育商品。"② 在传统上，长期以来大学只是教授的大学。教授们决定大学的一切事情，即"学者行会自己管理自己的事情"。但在第二次世界大战以后，伴随着消费社会的逐渐兴起，消费者主权意识的不断觉醒以及高等教育领域商业化话语的连篇累牍，使得大学开始不断成为一个消费者的大学，甚至是营利性的大学。在消费者主权理论的影响下，成本分担成为普遍的选择。伴随着缴费上学，"今天的大学生一般都养成了一种心理优越感，认为自己作为顾客应该轻而易举的得到满足。过去，对许多本科生来说，课内学习一小时需要课外再自学三小时，目前这一自习时间已降到了一小时甚至更短的时间。"③ 对于消费社会中日益强势的消费主义对于大学的深刻影响，雷汀斯（Readings）曾经深刻指出："由于资本主

① 杰勒德·德兰迪. 知识社会中的大学 [M]. 黄建如，译. 北京：北京大学出版社，2010：7.
② 诺曼·费尔克拉夫. 话语与社会变迁 [M]. 殷晓蓉，译. 北京：华夏出版社，2003：192.
③ 本弗瑞·戈比. 21世纪的休闲与休闲服务 [M]. 张春波，译. 昆明：云南人民出版社，2000：114.

义与国家权利的改变，大学正逐渐从一度是国家思想体系的左膀右臂，为探求民族文化和身份认同而共同努力的角色，转变为服务于跨国资本主义的官僚组织及消费者导向的公司。全球的融合与民族的分裂的同步发展打破了国家与符号生活的紧密联结，这种符号生活是建构在自 18 世纪以来就有的'民族文化'观念上的。找寻大学的价值即能否认识到国家与人民的本质变得毫无意义……当代的学生是消费者而不是国家的臣民……消费主义标志着个体不再是一个政治存在，也不再是国家的庶民。"①

　　作为工业社会的延续，消费社会是一个高度或极度商业化的社会，因此，商业化是消费社会带给大学的另一个直接冲击。如有学者所言："当代教育话语的一个普遍的特征是，课程或学习大纲被用语词表达为商品或产品，后者是要出售给消费者的。"② 在消费社会中，所有东西都成为了可供消费的对象，大学里的知识生产也不例外。历史上，大学里的知识始终披着高深和神秘的面纱，属于"阳春白雪，曲高和寡"的范畴，学生选择进入大学类似于僧侣选择寺庙。大学的学习相当于个体的修炼或修行，求知的目的在于改变个体的心智模式，最终实现人的知行合一，而不只是为了获得某种信息或一种实用的技能。相比之下，今天的大学里知识的生产与传播则主要是为了适应消费者的需求，大学已逐渐放弃了经典的理念，开始向职业主义、商业主义和消费主义的方向转变。大学不再是研究高深学问的地方，而是逐渐演变成了以商业、职业和消费主义为导向的培训中心。由于大学理念的转变，办学方向的调整，现代大学中"闲逸的好奇"越来越少，功利性的东西越来越多。"在教育中，人们发现自己处于压力之下，必须从事一些新的活动——它们在很大程度上由新的（类似于市场行为的）话语实践所限定，并且必须在现存的（诸如教学的）活动范围内接受新的话语实践。这包括'改变'行为和关系的'名称'，如将学习者变成'消费者'或'客户'，课程变成'课件'或'产品'。它还包括对于教育的话语实践——教育所使用的话语类型（文类、风格等等）——的某种更加精细的重新构建，以及借助

---

　　① 冈尼拉·达尔伯格，彼得·莫斯，艾伦·彭斯. 超越早期教育保育质量——后现代视角 [M]. 朱家雄，王峥，译. 上海：华东师范大学出版社，2006：77.
　　② 诺曼·费尔克拉夫. 话语与社会变迁 [M]. 殷晓蓉，译. 北京：华夏出版社，2003：193.

各种来自外界的话语使教育'殖民化'（colonization）。"① 除此之外，在知识消费和学科交叉的大背景下，在其他组织和制度环境中发展起来的话语开始大规模进入大学，并对大学的话语体系和办学实践产生了深远影响。传统大学中的理念市场（marketplace of ideas）上的人文主义、社会批判、自由教育、学术共同体等话语开始让位于商业市场（marketplace of commerce）上的问责、绩效、成本与效益。在消费主义的逻辑主导下，"高等教育机构发现，诸如产品、市场、客户服务和利润等商业语汇，扭曲了对它们存在的目的的看法，并经常引起教员们的反对。肩负着启蒙青年一代使命的教师这样的隐喻，已变成了作为受过专业或职业训练的工人：'隐喻模式的改变，语言也随之改变，最终现实也要发生变化。'"②

最后，今天的大学中知识消费主义倾向最为突出的表现是知与行的脱离或知识与心灵的背离。传统上，对于知识的探索是一项神圣的事业；今天知识的生产则成为文化工业的一个环节。作为当今文化工业或知识工业生产的一个主要的制度性场所，现代大学的知识生产带有浓厚的消费主义的倾向。在以出版和发表为主导的生产流水线上，大学里的知识的呈现方式已经从经典文献转变成为了大众娱乐消费的一个组成部分。今天大学里很多的知识生产只是为了消费论文发表时那一瞬间的快感。发表论文也只是为了消费经由论文发表所衍生出来的"意义"或获取进一步的利益，而不是为了对知识的整体推进做出贡献或追求所谓的真理。在消费主义主导下，人类的知识进展与出版物的增多之间并不成正比关系。出版物的多寡只是代表着消费者对此问题的关注程度，并不意味着相关研究的深入，有时甚至相反。在消费主义的意识形态主导下，人们已经逐渐习惯了消费一切事物，而不愿意去反思自己和社会。在消费社会中，"那么多的教师（大多数）甚至没有开始怀疑体制强迫他们去做的'工作'（体制大于他们的预想，压抑着他们）。更糟糕的是，他们具有的最先进的意识（即新的最流行的思维方式），却将他们的全部精力和智力投入于'工作'的执行中。他们很少怀疑他们自身的奉献，

① 诺曼·费尔克拉夫. 话语与社会变迁 [M]. 殷晓蓉，译. 北京：华夏出版社，2003：6.
② 罗伯特·波恩鲍姆. 高等教育的管理时尚 [M]. 毛亚庆，等，译. 北京：北京师范大学出版社，2008：160.

这奉献作用于对学校所代表的思想体系的维持与丰富上。"① 我们知道，在内在逻辑上，大学主要是一个自由主义的机构；作为一个自由主义理念的制度性存在，人类历史上大学的确曾作为智力辩论、发表不同意义和批判性思考的公共论坛而起作用。但在以后现性为主导的消费社会中，知识成为商品，学生成为顾客，学校成为市场，教育成为产业，已经成为大学中消费主义的本质所在。在一个消费主义占主导的社会中，大学里的学生首先是一个消费者而不是国家的臣民。如果说在以生产为主导的产业社会中，大学的使命就是培养生产者；那么在以消费为主导的消费社会中，大学的使命则是培养消费者。在消费社会中，消费不再是生产的一个后继环节，消费象征着地位，消费意味着一种新的道德，甚至于是一种美德。作为对产业社会的一种超越，消费社会在迎来物质丰裕的同时，也面临着精神上的贫乏。伴随以网络为基础的第二媒介和第三媒介的兴起，对"物"的崇拜被迅速放大。在盲目拜"物"逻辑所主导的消费主义的意识形态下，目前关于大学的话语方式逐渐商业化。在商业化文本、话语实践以及社会实践的影响下，大学的主要代价就是普遍的不安全感。由于这种普遍的不安全感的挥之不去，如果不能成功转型，大学的前景堪忧。

---

① 威廉·V. 斯潘诺斯. 教育的终结［M］. 王成兵，亢校盛，译. 南京：江苏人民出版社，2006：57.

第七章　知识社会与大学转型

今天以城市化、工业化为代表的工业社会逐渐达到了顶峰，对于工业社会之后人类社会将会呈现出何种形态，走向何方，吉凶如何，学界有各种不同的预测，也提出了各种不同的概念。各种意见归纳起来可以概括为两种。一种意见认为，工业社会的逻辑仍将继续，现代性仍然是未竟的事业，未来将是一个高度工业化的社会。另一种意见认为，工业社会已经走到了尽头，现代性已无生命力，下一个社会将是以知识为基础的后工业社会。由于知识价值的不确定性，这种后工业社会既可能是知识社会也可能是风险社会。与农业社会相比，工业社会的历史并不长，但在不长的时间里，工业化却彻底改变了整个世界。由于工业社会中，生产力高度发达，人类活动对于环境和地球本身的影响急剧加大，其结果有地质学家认为，"自18世纪晚期开始的'人类世'应该是最新的地质时期"①。今天世界范围内，由于环境问题、能源问题的凸显，工业社会的逻辑不可能再一直持续。社会实践中一种源自工业社会但又不同于工业社会的新的社会形态正在形成。伴随着新社会的孕育，大学也处在转型之中。现代大学虽然源于中世纪，但今天世界上存在的大学主要还是工业文明的产物，是工业文明成就了今天的现代大学。现代大学已经成为了现代工业文明不可分割的重要组成部分。工业社会的未来与现

---

① 杨雪梅. 人类活动改变环境　地质学迎来新世代 ［N］. 人民日报，2004－11－8.

代大学的未来密不可分。今后如果现代大学不能对变化中的"知识生产模式"① 和社会形态作出适当反应并尽可能地超越知识生产模式的挑战的话，在新的知识生产机构和新的知识生产模式的双重挑战之下，大学的失败将不可避免。事实上，自 20 世纪后半期以来，随着以自反性（reflexivity）、跨学科性（transdisciplinarity）和多样性（heterogeneity）为特征的新的知识生产模式的出现和"后资本主义社会"的形成，"现代大学就不再是知识生产领域的支配者，并且其地位不断下降。"② 换言之，在今天"大学中心主义的衰落"已经是既成的事实。不过，对于这一客观存在的事实如何看待，不同学者会持不同的判断。丹尼尔·贝尔在其著作《后工业社会的来临》中就认为，大学是高度依赖知识生产的后工业社会的中心，大学将是后工业社会的"轴心机构"。其理由可能是，在知识社会中，虽然大学不再是知识生产的唯一机构，但"大学是社会上最能把工业需求、技术和市场力量与公民需求相联系的机构。就这些力量对基于专家的大学的强烈依赖来说，大学实际上正在变得强大而不是衰落。"③ 对于现代大学未来命运的不同预测，表面上看似乎相互矛盾，但却真实地反映了在未来的知识社会中大学功能的高度不确定性。因为，无论对于工业社会，还是对于现代大学而言，知识社会都还是一个变化中的目标。同样以知识为基础，人类社会可能走向安全的知识社会，也可能走向不安全的风险社会。在从工业社会走向知识社会，从现代大学走向"后现代大学"的过程中，我们的每一个选择都既改变着工业社会的结构，也改变着现代大学的理念与制度，更会改变着人们对于知识社会本身的认识。在通向知识社会的路上，不确定性对于现代大学既是风险，也是机遇。在迎接知识社会的过程中，现代大学必须要勇于创新、敢于放弃，以适应并超越知识变革的步伐。

---

① Michael Gibbons, Camille Limoges, Helga Nowotny, Simon Schwart zman, Peter Scott, Martin Trow 合著有 The New Production of Knowledge 一书。在该书中，他们提出了知识生产的新模式，并区分了知识生产模式 1 和知识生产模式 2。其中知识生产模式 2 有应用的语境、跨学科性、异质性、自反性和观点多样等特点.

② 杰勒德·德兰迪. 知识社会中的大学 [M]. 黄建如, 译. 北京：北京大学出版社, 2010：125.

③ 杰勒德·德兰迪. 知识社会中的大学 [M]. 黄建如, 译. 北京：北京大学出版社, 2010：138.

第一节　知识价值的革命

人类对于知识的价值的认识经历了曲折的过程。长期以来，知识主要局限于非生产性的精神场域。知识史与工作史的有效交叉很晚才发生。人类的知识应用史上发源于英国的工业革命是一个重要的里程碑。"这场大变动是由知识意义的剧烈改变所推动的。无论是在西方或在东方，在这之前，知识一直被视为'道'（being），但一夕之间，知识就变成'器'（doing）。这也就是说，知识变成一种资源、一种实用利器。知识原本一直被视为属于个人层面的东西，当时却变成属于社会层面的东西。"① 自工业革命以后，知识的实用价值受到了全社会的普遍关注。由此人们开始主动地将知识应用于工作。在此之前，知识主要局限于人的认知的层面，主要用于人性的改造和精神的陶冶。在此之后，知识开始从认知的层面走向社会和经济领域，开始服务于人的工作和社会的生产。在斯宾塞关于"什么知识最有价值"的工具理性启蒙下，以自然科学为代表的硬科学在大学里迅速扩张，科技知识开始大规模进入人们的生产、生活，工业社会的生产力大幅度地提高，知识的经济价值得以凸显。工业革命之后的生产力革命极大地改变了工业社会的组织结构、美学意识与伦理观念，也引发了许多难以解决的社会问题。当前随着资源与环境危机的不断加剧，原先隐藏在"知识就是力量"以及"科学技术是第一生产力"背后的征服逻辑不再是永恒的真理，转向知识价值的背后，转变社会发展模式已经迫在眉睫。

本质上，大学就是一个知识机构。大学离不开知识，知识也曾经离不开大学。长期以来大学对于知识的垄断被认为是天经地义的事情，对知识的垄断或在高深知识占有方面的不对称性曾是大学能够独家提供高等教育的重要合法性基础。历史上，大学与知识的关系犹如鱼和水一样，双方谁也离不开

---

① 彼得·F.德鲁克.后资本主义社会［M］.傅振焜，译.北京：东方出版社，2009：3.

谁，但"鱼不知水"的事同样发生在大学身上。大学虽拥有知识，但并不知道如何利用知识和管理知识。中世纪时，大学以"自由七艺"为基础，主要传播一些关于说什么、怎么说的知识，其目的是为教会和城邦培养职业人才。而在工业社会，以自然科学为代表的知识主要关涉是什么、为什么，其目的主要是为国家和政府培养科学家和学者。而在信息社会，大学作为一个知识机构在知识生产过程中将会主要关心做什么、怎么做，其目的是为了用知识创造知识和用知识创造财富。由于知识的极端重要性和普及性，在知识社会中"无知"将会成为最大的灾难。对此，以乌尔里希·贝克为代表的一些学者持有不同看法。贝克认为"危险的来源不再是无知而是知识；不再是因为对自然缺乏控制而是控制太完善了；不是那些脱离了人的把握的东西，而是工业时代建立起来的规范和体系。"① 贝克的看法不无道理，但要超越由知识带来的风险仍然只有依赖知识本身。我们不可能舍弃知识重返无知，而只能不断地克服无知，走向以知识为基础的知识社会。归根结底，专门知识作为一种创造新社会的重要力量必将入侵人类社会生活的所有领域。当然，这种"知识帝国主义"的出现既会带来积极的社会影响但也将引起整个社会价值观念与意识形态的巨大冲突。对此，我们必须要有充分的准备。

大学的历史上，早期重视知识的传播，今天重视知识的生产，将来必定高度重视知识的应用。诚然，知识的生产、传播与应用是不可分割的系统，但何者占主导仍然标示着不同的社会形态，具有不同的社会意义。对于知识与社会间关系的判断，绝不是根据现阶段知识会有什么功能，而是根据知识的哪种功能在占主导地位。知识的生产、传播与应用分别占主导地位的不同社会形态中，人们的知识观和大学观也会各不相同。农业社会中知识传播占主导，知识的价值和功能主要是一种装饰，大学是一种奢侈，上大学的目的主要是学习一些"无用"的知识以标示自己的身份。工业社会中，强调知识的生产，知识成为了生产力，大学的功能也就侧重于科研而不是教学。未来的知识社会中，大学里仍然会进行知识的生产与传播，但知识的应用将会变得更加突出。没有应用，知识的价值将无法显现。此时"知识不再局限于智

---

① 乌尔里希·贝克. 风险社会 [M]. 何博闻，译. 南京：译林出版社，2004：226.

力活动，而是进入了生产过程，并且在应用的过程中不断再创造。"① 今天高等教育领域在产学研合作以及大学、政府与企业的三重螺旋过程中，大学已经开始高度重视知识的应用，学术的资本主义亦逐渐成为很多研究型大学发展的新理念。需要注意的是，对于今天在研究型大学中正在发生的这种变化，我们绝不能仅仅将其作为零星的局部现象或暂时现象看待，而应从整个社会和整个大学发展的角度和高度去加以深入分析。在知识价值革命的大背景下，对知识的应用绝不是研究型大学的特权和专利，而是所有高等教育机构，所有知识机构必须高度重视的大课题。

知识价值革命或知识社会的来临必须有两个前提条件，一个是大学和研究的大众化（即高等教育大众化），一个是信息技术的飞速发展。大学和研究的大众化为知识社会提供了充足的知识和知识工作者，信息技术的飞速发展又使得知识的储存、加工和交流成本十分低廉和快捷。这两个条件结合在一起就使得知识弥散于整个社会成为可能。但将这种可能性转变为现实还需要整个社会知识价值观念的根本转变。今天我们这个时代，由于高等教育的大众化以及信息技术的飞速发展，知识的丰富程度已经超过人类以往任何时代，知识在我们这个社会中所起的作用也超过了以往任何时代。我们这个时代虽然可能仍然残留着一些工业时代的金钱和商品拜物教的价值观，但以微软和苹果为代表的新的知识企业的崛起和以斯坦福大学、沃里克大学为代表的创业型大学的兴起，已经初步显示出了知识经济的强劲动力和知识价值革命的宏伟蓝图。工业社会中大学传统上只是高深知识的产地，大学与产业彼此保持一定的距离。二者之间的合作往往需要通过中介机构加以联系。未来的知识社会中，大学本身不但将成为基于知识的产业，而且将直接把知识作为商品加以"销售"，在大学、企业与政府的三重螺旋中"学科—专业—产业链"的建构将成为大学服务于经济社会发展的最重要的"脐带"。按此趋势发展下去，人类社会继工业革命、生产力革命和管理革命之后，知识价值的再次革命将不可避免。在某种意义上，所谓知识社会也就是"知识与智慧价值大大提高的社会。"②

---

① 杰勒德·德兰迪. 知识社会中的大学 [M]. 黄建如，译. 北京：北京大学出版社，2010：127.

② 堺屋太一. 知识价值革命 [M]. 金泰相，译. 沈阳：沈阳出版社，1999：37.

导源于知识价值革命，知识社会的本质特征就是知识生产弥散在整个社会当中，知识的社会价值和经济价值充分展现。知识社会中的每一个人，每一个机构都既是知识的消费者，也是知识的生产者。在这样一个社会里，精英大学将走下高深学问的神坛，那些研究型大学的学科专家也不再必然是知识的权威。无论在自然科学领域还是社会科学和人文学科当中，每一个具体情境中的人，都将成为相关知识的生产者和消费者；每一个具体情境中的机构，都必须是一个知识型和学习型的组织。在这样的社会中，精英大学与一般大学，大学与产业，专家与民众之间的边界将逐渐趋于模糊。在知识面前，无论是人与人，还是机构与机构之间将不再有显著的等级差异或阶级差异，而只有分工的不同和角色的不同。在知识生产、传播和应用的整个过程中，所有的人和组织都将是工作中的伙伴关系，所有的知识和人都将不再有等级之分，而只有功用之别。此时将不再是人选择知识，而是知识选择人。知识不再是人的工具，相反人不过是知识有效流动的最优载体。知识社会中知识的爆炸"不仅意味着知识增长的速度远远超过任何个人能够获取知识的速度，更致命地，它意味着我们每一个都仅仅是知识的脚注。"① 由于这种变化的剧烈程度在历史上从未有过，现代大学必须要面向未来重构自己的理念和制度，以实现自身从学术资本向知识经济的转变，以适应知识社会中知识价值革命的新挑战。

第二节　学科模式的失败

人类有一个奇怪的现象，总喜欢将近期的历史绝对化。总是习惯于以今天为原点去回顾过去并展望未来。总是会以为现在是这样的，过去也是这样，将来也会是这样。"在任何时代，人们往往把新发明的机器看成是现有机器的延续。人们最初把电影看作为'运动的相片'；把汽车看作为'没有

---

① 汪丁丁. 串接的叙事：自由、秩序、知识 [C]. 北京：生活·读书·新知三联书店，2009：12.

马的马车';把电视看作为'家庭电影院'。但是,到后来,人们逐渐发现了新的用途。目前,社会上对新技术的认识也是如此。"① 对于大学,人类的思维也依然如此。人们不但会把今天的大学境况带入对于大学历史的想象,而且会认为将来的大学也会如此。就大学而言,近千年的历史可谓沧海桑田。但是今天无论组织还是个人对于大学的想象力,其眼界总是难以超过百年甚至半个世纪,总是习惯于把近百年或近半个世纪的历史当成大学全部的历史,甚至会强迫自己认为大学的未来也应如此、也会如此。事实上,今天世界上的现代大学已是中世纪大学数次转型和蜕变后的结果。现代大学之所以是这样的而不是那样的,既有历史必然性的因素也不乏偶然性的运气成分。中世纪大学与现代大学虽有源渊,但二者相比早已是霄壤之别。即便是那些建立于中世纪时的老大学,其昨天与今天也不可同日而语。更何况"大多数的现代大学要么建立于第一次世界大战前的 30 多年,要么建立于第二次世界大战后的一段时期。"② 因此严格地讲,现代大学是工业社会的产物而不是中世纪大学的衍生,总体上现代大学是一种大众教育而非精英教育的机构。由于工业化逻辑的不可持续性,今天以传统系科结构为基础的现代大学面临着转型的挑战。传统上那种建立在学科、专业和课程基础上的终结型的高等教育将为一种可持续性的终身教育体制所取代,今天现代大学中残存的古典大学的理念人的价值理性将被知识人的工具理性所取代。尤其重要的是,随着情境化的加深和知识生产模式 2 的普及,现代大学中知识生产的学科模式的失败可能会不可避免,从分科大学制度向跨学科大学制度转变也将是大势所趋。

道理很简单。现代教育只是人类教育发展的一个阶段。现代大学也只是大学的一个阶段。人类的教育和大学既不是自古以来就是如此,也不会将来永远如此。今天高等教育中分阶段、分专业、班级授课式的制度安排只是人类为了应对当时和当下的社会发展而选择的一种教育形式和制度安排。无论传统的农业社会还是现在的工业社会,教育和学校都是作为社会发展和人的发展的一种工具而存在。教育和学校自身的本体价值以及人的价值并不被关注和重视。作为一种工具性存在,为了规模效益和方便管理,无论在哪个国

---

① 堺屋太一. 知识价值革命 [M]. 金泰相,译. 沈阳:沈阳出版社,1999:148.
② 杰勒德·德兰迪. 知识社会中的大学 [M]. 黄建如,译. 北京:北京大学出版社,2010:34.

家基本上都是由学校垄断了教育供给。随着知识生产机构的多元化，知识生产模式的多样化以及知识增长和传播速度的快速化，学校将不再是教育的同义词，大学也不再是高等教育的垄断者，原先体制化的大学教育有可能被一种更灵活的即时的在线教育所替代。原先分阶段按年级安排的课程方案也许会被终身教育中的主动学习所取代。"正规教育的目的不再是向学生传授将来全时参与生产过程所需的预备知识，而是培养学生将来进入终身教育阶段时主动获取知识的能力。这就是人们通常所说的：'学校最重要的职能是传授怎样获得知识而不是传授知识。'"①

今天知识社会的愿景虽然已经浮现出来，但工业社会中关于大规模和标准化的价值观仍投射在大学身上。现代大学的发展正在步现代企业发展的后尘。"大的"就是"好的"的理念仍存在于不少大学办学者的潜意识中。在质量保障的名义下，今天在大学里专业人才培养的标准化浪潮也是甚嚣尘上，新职业教育主义正在席卷整个大学。作为现代大学的基础结构，系科结构源于19世纪，20世纪后半期逐渐达到顶峰，今天已经越来越难以适应社会和知识发展的需要。"大学被吸纳到工业社会中。20世纪广为流行的认知结构也出现在这几十年中，例如客观事实与价值观的分离、理性与信念的分离、知识分子与专家的分离、民族统一与国家的分离、传统与现代性的分离。大学丧失了它在启蒙时期拥有的判断价值以及为客观事实正名的权力。"② 由于学科模式和启蒙理性的普遍失败，德国模式的"大学正处在黄昏时代。""现代性意义上的大学已经随风而逝。"③ 当然，由于知识社会的性质、结构和形态尚未最终确定，在知识社会中大学究竟会扮演什么样的角色也具有不确定性。不过，近半个世纪以来，"知识的使用者已经扩展到一系列的社会机构和社会群体中。知识成为知识经济、电信系统、技术系统、政治学以及日常生活的核心。知识社会就是指一种用知识生产知识的环境，

---

① 汪丁丁. 知识印象 [C]. 北京：中信出版社，2003：81.

② 杰勒德·德兰迪. 识社会中的大学 [M]. 黄建如，译. 北京：北京大学出版社，2010：51-52.

③ 比尔·雷丁斯. 废墟中的大学 [M]. 郭军，等，译. 北京：北京大学出版社，2008：7，161.

而且这种知识生产的环境并不受知识模式本身所控制。"① 为了应对知识社会的上述挑战，并化解学术分科所造成的大学合法性危机，近几十年来科学转型和跨学科研究风起云涌。但在现代大学既有的系科结构内跨学科研究很难成功。因为很多跨学科研究本身的目标就是成为一个跨学科的学科。与跨学科研究范式不同，科学转型过程中在大学之外兴起的知识生产模式 2 对于现代大学的学科模式给予了最致命的一击。与以学科模式为代表的知识生产模式 1 不同，知识生产模式 2 虽然也是跨学科研究，但它"并不一定以将其自身建立为一个新的、跨学科的学科为目的，也不以修复统一的认知为目的。相反，它在本质上是一种暂时性的布局，因此是具有高度可变性的。"② 在以知识生产模式 2 为主导的跨学科的应用情境中，学科与学科，学科与产业，大学与企业，基础研究与应用研究，科学家与企业家之间的边界日益模糊。"学科不再是大多数引导兴趣的问题所在的场所，也不再是科学家们必须回归其中寻找认同或奖赏的地方。在毕生的时间中，这些专家可能长久地偏离于他们自己的学科之外，在各种各样充满刺激的问题中实现他们的职业生涯。"③ 未来在知识生产模式 2 的影响下，持续几个世纪的学科忠诚和同行认可制度在知识社会中也可能会"寿终正寝"。

由于受社会分工和学术分科思想的影响，传统上，大学教师习惯于将自己的工作定位为学术职业。学术职业以学院科学为基础，主要强调学术自治、学术自由和学术中立的价值观。在知识社会中，伴随学院科学向产业科学，知识生产模式 1 向模式 2 的转型，学术本身的内涵面临着重构，什么是学术开始成为一个重大的问题（problem）。由于学术资本主义的蔓延，自治不再成为大学免责的理由，强调绩效将成为无法回避的选择。"大学要求得到特殊待遇的理由、职业培训场所，与职业特权一样，被逐步削弱。未来的大学将越来越被当做其他组织来对待，而其专业人士也越来越被当做其他职

---

① 杰勒德·德兰迪. 知识社会中的大学 [M]. 黄建如，译. 北京：北京大学出版社，2010：184.

② 迈克尔·吉本斯，等. 知识生产的新模式——当代社会科学与研究的动力学 [M]. 陈洪捷，沈文钦，译. 北京：北京大学出版社，2011：26.

③ 迈克尔·吉本斯，等. 知识生产的新模式——当代社会科学与研究的动力学 [M]. 陈洪捷，沈文钦，译. 北京：北京大学出版社，2011：26.

业的从业者来对待。"① 其表现之一就是大学里科学和科学家的称号将不可避免地被知识和知识工作者所取代，大学所赖以存在的合法性基础不再是自治的学术职业而是营利的知识产业。"今天大众化、工业化社会中，大众教育条件下自由的大学（liberal university）理念正在消退。在现代大学中，知识拥有社会实用性已经不再被视为是对大学自治的威胁。"② 在未来的知识社会中，情况将更是如此。在知识社会中学术自由不再由学术共同体来决定和维护，而是由大学的诸多利益相关者共同决定和治理。学术自由甚至极有可能成为知识社会中高等教育和大学应用性的第一个牺牲品。原因在于，由于情境化的加深和知识的地方化，科学不再是自治的和自由的，学术也不再是中立的和客观的，知识需要有计划的创新，需要强调绩效和责任。"将来学校必须建立'绩效底线'，也就是说，人家付出多少，学校就有责任付出多少绩效回馈给人家，这两者之前的'盈亏底线'必须建立。"③ 在当代工业社会中，由于文化大学理念的破产和一流大学理念的兴起，一方面是研究型大学的凯旋，另一方面是大学和科学合法性危机的不断蔓延。随着科学情境化和社会化程度的加深，现代大学里以学科为基础的知识生产模式越来越难以适应社会经济发展的需要，一种新的知识生产模式将应运而生。"这种新的知识生产模式影响非常广泛，不仅影响生产什么知识，还影响知识如何生产、知识探索所置身的情境、知识组织的方式、知识的奖励体制、知识的质量监控机制等。"④ 与传统的学科模式不同，这种新的知识生产模式会以应用为情境，以跨学科（transdisciplinarity）为手段，以多变的组织为载体，以社会责任和绩效管理为标准，以社会问责和反思性为工作目标。

由于学科模式的失败，在知识社会中，大学将不再能够垄断知识的生产、传播与应用。未来大学不是走入社会的中心成为统治者，而是要融入社会成为各类知识机构中的参与者和竞争者。大学赢得竞争的手段不再是政府

① 杰勒德·德兰迪. 知识社会中的大学 ［M］. 黄建如，译. 北京：北京大学出版社，2010：150.

② 杰勒德·德兰迪. 知识社会中的大学 ［M］. 黄建如，译. 北京：北京大学出版社，2010：68.

③ 彼得·F. 德鲁克. 后资本主义社会 ［M］. 傅振焜，译. 北京：东方出版社，2009：170.

④ 迈克尔·吉本斯，等. 知识生产的新模式——当代社会科学与研究的动力学 ［M］. 陈洪捷，沈文钦，译. 北京：北京大学出版社，2011：序言·1.

的特许、庞大的规模和标准化的人才培养，而只能是基于利基市场的不断的创新，即个性化教育。"今天的教育，大势所趋，不再是专业化的、工业时代的、技术人生的教育。人生原本应当是艺术的，而非技术的。教育原本应当是个性的，而非标准的。"① 当然，工业社会中的大学也有提倡个性化，也会强调跨学科，也有基于知识的产业，也会强调创新人才的培养，但这与知识社会有根本的不同。对于社会的发展，包括大学的发展，我们要看的绝不是它有什么，而是它主要是什么。"一个社会的决定性因素不是'有什么'，而是'以什么为主'；就是说，决定一种社会的因素，是'该社会中的一般规则。'"② 在知识社会中知识本身将成为一种产业，大学不再是基于知识的产业，而是一种知识产业的集合体。今天人类社会仍处在工业社会和现代性的尾声，基于知识的产业的蓬勃发展充其量证明当今社会正在从能源经济转向知识经济，而并不意味着我们的社会就是知识社会。对于现代大学而言，知识社会绝不只是一个概念，而是实实在在即将来临的现实挑战。因为，当世界进入知识社会以后，大学周围的一切都将发生根本变化，在知识社会的情境中，大学要么进行它从未进行过的变革或转型，要么就会被其他机构所超越或替代。

第三节 知识社会与大学

知识社会的来临与大学和研究的大众化密切相关。甚至没有大学和研究的大众化就不会有知识社会的产生。大学和研究的大众化不但为知识社会提供了充足的知识工作者而且也改变了大学在知识生产、传播与应用中的角色。但在另一层意义上，大学的繁荣和规模的扩张也导致了其自身在知识社会中的合法性危机。由于社会和知识的转型，今天现代大学的发展似乎正在步入一个自我否定的怪圈。因为在高等教育大众化过程中，大学的功能日益

① 汪丁丁. 知识印象 [C]. 北京：中信出版社，2003：87.
② 堺屋太一. 知识价值革命 [M]. 金泰相，译. 沈阳：沈阳出版社，1999：40.

多样化和泛化，但未来的知识社会却要求所有的组织，包括大学，功能必须专门化。除了功能层面的冲突之外，在理念层面上大学也面临巨大的张力。在知识社会中，传统的大学自治与学术自由面临挑战。科学自治将为情境化所取代，学科边界日益模糊，传统的系科结构将会重构，统合性的知识将转型为专门化知识。为学术而学术，知识本身就是目的经典理念将为知识就是财富的新理念所取代。基于上述矛盾，知识社会中现代大学必须转型。

　　大学的转型主要受两种因素的影响，即外部的社会转型和内部的知识转型。"任何关于高等教育机构的研究都应基于两种视角：内部的视角——意味着知识的科学本质，以及外部的视角——即社会施加的压力和寄予的期望。"① 今天无论在外部还是在内部，大学的转型都与知识的变革密切相关。在外部，从工业社会向知识社会的转型为大学转型提供了社会期望，在内部，从知识生产模式 1 到模式 2 的转型为大学转型提供了动力机制。虽然知识生产模式的转型未必与知识社会的来临有关，但是对于大学转型而言，二者亦不乏契合之处，其共同背景就是大学和研究的持续大众化，其动力学机制都是知识的商品化和研究的市场化（知识价值革命），其结果都是大学垄断地位的消失和知识的极大丰富。在高等教育大众化的过程中，越来越多的人进入大学，越来越多的知识被生产和传播。由于学术漂移的存在，加之社会对于学历和学位的崇拜，越来越多的大学开始提供研究生教育，越来越多的人最终接受了学术研究训练。研究生教育的大众化导致很多受过研究训练，尤其是拥有博士学位的毕业生根本无法进入现有的学科体系从事学院科学的教学和研究工作。其结果，在社会其他领域，这些拥有研究能力的专门人才在各自的工作岗位上逐渐开拓出一种崭新的知识生产模式。在这些大学之外的新型研究机构、政府以及企业组织内，知识的生产、传播与应用完全聚焦于实践问题，突破了传统的学科的界限。"一个数十亿美金的知识产业在现有的教育机构之外发展起来，以更为直接、往往也更为有效的方式对实业界和劳动力市场的需求做出反应。这就导致大学在提供训练和颁发在私立

---

① 迈克尔·吉本斯，等. 知识生产的新模式——当代社会科学与研究的动力学 [M]. 陈洪捷，沈文钦，译. 北京：北京大学出版社，2011：71.

部门内具有良好流通性的教育文凭方面的垄断地位被侵蚀。"①

　　工业社会是人类社会发展的一个过渡性阶段，现代大学也是大学发展的一种特殊形态。没有永恒的社会形态，自然也没有永恒的大学模式。随着工业社会向知识社会的逐渐转型，以系科结构为基础的现代大学向跨学科的后现代大学转型也是必然的趋势。当前"一流大学"论者喜欢将研究型大学作为大学的黄金范式，甚至是标准模式，这反映了大学想象力的萎缩。今天尽管研究型大学的基本范畴和系科结构仍然没有发生根本变化，但雷丁斯的"废墟中的大学"已经成为一个挥之不去的意象。在即将到来的知识社会中，以研究型为典范的那些精英大学为避免崩溃必将会逐渐转型为以知识应用为核心的后现代大学。从长期的发展趋势看，以石油为代表的工业能源的枯竭不可避免，传统的工业化思路面临挑战。面临资源的约束和能源的危机，当前工业社会中形成的消费主义价值观会危及人类的生存。随着知识价值革命的发生和信息化时代的来临，一种新的美学观念和消费伦理正在形成。对于物质财富的追求会逐渐被对于幸福生活的追求所替代。生产和消费领域的大规模和标准化也正在被多样化和个性化所取代。当然，从工业社会向知识社会的转型过程十分漫长，现代大学向后现代大学的转型也将是一个漫长的渐进过程。从现在来看，这个过程无论起点还是终点都还是模糊的。所谓里程碑式的标志也不过是大学发展史中具有典型意义的某一事件。就像现代大学以柏林大学的建立为起点一样，斯坦福大学旁边硅谷的出现也可以看作工业社会的现代大学向知识社会的后现代大学转型的开始。但这种典型事件并非每个国家都会出现，更不意味着在转型过程中所有的大学都会有共同的路线图和时间表，共同的起点和终点。在社会转型的背景下，大学转型的历史多半会是"同一个世界，不同的梦想"。即便是在同一个国家，大学的转型在速度、广度、深度、难度和向度方面也会有所差异。

　　今天知识社会尚处在形成中，从工业社会向知识社会的转型刚刚拉开序幕，还没有哪一个国家真正进入知识社会，更不可能存在所谓的知识社会中的大学的标准范式。因此，今天对于知识社会中的大学的"议论"更多的还是一种理论上的猜测和思想上的启迪而非实证的探究。虽然有些国家早已经

---

① 迈克尔·吉本斯，等. 知识生产的新模式——当代社会科学与研究的动力学［M］. 陈洪捷，沈文钦，译. 北京：北京大学出版社，2011：68.

在着手改革本国高等教育体系以使其更好地适应知识经济发展的要求，但还没有哪个国家以应对知识社会的来临为目标来制定相关的大学转型政策。事实上，今天从工业社会向知识社会转型的种种新现实已经对现代大学的发展提出了严峻挑战。在实践中从高等教育向终身教育的转变也已不再只是趋势而成为了一种客观的存在。此外，企业大学和虚拟大学等新兴机构的兴起也打破了传统大学对于高等教育的垄断。长期为大学所垄断的学历和文凭授予今天也日益的多元化。由政府或企业内部的培训机构或独立的研究机构授予学位正在成为一种潮流。从这个发展趋势来看，未来的知识社会中，大学将危机重重，而不是一帆风顺，其致命威胁可能不是来自内部而是外部。"将来会逐渐变成学校和'非学校'之间的激烈竞争，也就是说，会有不同机构渗入教育领域，提供不同的教育途径，从而与学校竞争。随着知识变成后资本主义的资源，学校作为知识'生产者'与'分配管道'，其社会地位与独占地位都将遭受挑战。而且若干竞争者一定会成功。所以，教什么、学什么，怎么教、怎么学，教育与学校的消费者是谁，学校在社会中的地位如何，所有这些问题，在未来几十年会有重大变化。教育与学校挑战之大，会面临的变革之剧烈，是其他机构所比不上的。"① 今天从表面上看，工业社会中的现代大学是高度成功的，但实际上却也是高度危险的。在从一种稳态向另一种稳态过渡的转型期，现代大学正不可逆转地在走"下坡路"。无论是从工业社会向知识社会的转型，还是从知识生产模式 1 向模式 2 的转型，都意味着"将来，高等教育机构——特别是大学——将仅构成知识生产部门的一部分，且可能仅仅是很小的一部分。无论是从科学、经济还是政治的角度，它们都不再处于足够强势的地位，无法决定教学和研究中什么才算作是卓越的。为了适应这些新的压力，高等教育所做的调试就是改变大学系统传统的组织和结构。"② 对于现代大学而言，无论是知识生产模式的转型还是社会结构的转型，都是一个客观事实，基本不存在主观选择的弹性空间。大学无法改变别人，只能改变自己。从工业社会向知识社会的转型是社会发展的大趋势，具有不以人的意志为转移的强制性。从知识生产模式 1 向模式 2 的

---

① 彼得·F. 德鲁克. 后资本主义社会［M］. 傅振焜，译. 北京：东方出版社，2009：170.
② 迈尔克·吉本斯，等. 知识生产的新模式——当代社会科学与研究的动力学［M］. 陈洪捷，沈文钦，译. 北京：北京大学出版社，2011：74.

转型也是社会转型过程中知识转型的一种具体表现形式，同样不以人的意志为转移。大学转型的目标多半是要适应社会的转型和知识的转型而绝不是要去对抗它们。当然，大学对知识社会的适应绝不只是消极的，而应是积极的超越。毕竟风险与机遇共存，失望与希望同在。如果现代大学能够积极地参与到公民社会的运转当中，超越知识生产模式2的羁绊，未来的大学仍然会充满生机和活力。因为"在知识社会中，认知过程不仅产生知识的内容，而且提出新的认知结构和认知本体，这是一种更深层的、更深远的认识视野的变化。这一变化意味着那时大学的作用的被强化了，而不是削弱了，因为在知识社会中，大学开辟了一个不同话语系统相互交流的空间。"① 今天对于现代大学即将迎来的转型我们无法以价值判断的"好与坏"来衡量，而只能从事实出发，冷静地面对大学不得不转型的客观现实。今天的大学由于科层化严重，院系等传统的学术单位已经高度的行政化。未来的知识社会虽不是大学的天堂，但今天现代大学如不尝试以此为契机"改弦更张"，将永远无法实现"反败为胜"的理想。

为了应对学科模式的普遍失败，知识社会中的大学将会尝试走出科层制的铁笼，大学中等级化的制度安排将被平等的伙伴关系所取代。以学科内和学科间认同为动力学基础的知识生产模式和奖励机制将被以学科外承认为主导的知识生产动力学机制所代替。此时学者需要"效忠"的既不是学科，也不是大学，而是知识的消费者或知识生产的委托人和资助者。今天现代大学就可以开始有计划、有步骤、有系统地放弃一些习惯的、熟悉的、舒适的知识生产与传播方面的习惯。对于现代大学而言，那些历史证明了行之有效的做法并不必然意味着在将来依然有效。大学转型应该更多地关注未来而不是重复历史。随着信息技术的飞速发展和知识社会的来临，大学内部的变化会越来越剧烈。面对高度不确定的未来，历史经验会逐渐失效，甚至会起负作用。过去一句话可以概括几个世纪，而现在甚至没有人知道下一秒世界会发生什么。如彼得·德鲁克所言："知识改变得很快，今天还斩钉截铁的事情，明天就成荒谬可笑的话题，这正是知识的本质。"② 今天很多大学还在以大为

---

① 杰勒德·德兰迪. 知识社会中的大学 [M]. 黄建如，译. 北京：北京大学出版社，2010：185.

② 彼得·F. 德鲁克. 后资本主义社会 [M]. 傅振焜，译. 北京：东方出版社，2009：38.

美，以历史悠久为荣，由于经不住政治与经济的诱惑，加之机构自身的欲望使然，大学什么都想做，功能日益泛化，规模日益庞大，今天的大学甚至已无法区分哪些是自己的核心使命，哪些是支持系统。工具理性主导下，走出象牙塔的大学逐渐迷失在商业化与市场化的大潮中，成为了金钱的"奴隶"而不是财富的"主人"。知识社会同样是一个高度市场化和商业化的社会，在知识社会中大学自身更是高度的产业化。但与今天不一样的是，知识社会中的大学必须高度专注于它本身的使命所在，即知识产业，与此无关的工作将从大学剥离。德鲁克就曾深刻地指出，未来不论企业、工会、大学、医院，或是政府，通通都需要"反败为胜"。要"反败为胜"以下三个步骤都是不可或缺的："放弃不成功（行不通）的事，放弃从来就不成功的事；放弃已经过时、再也不能有贡献的事。专心做成功（行得通）的事，专心做真的有成果的事，专心做能提升组织执行能力的事。对于半成功半失败的事，我们应该分析为什么会成功，又为什么会失败。要反败为胜，那么，凡是前面所讲的种种不成功之事，我们通通都必须放弃，凡是成功之事，我们都必须做得更进一步。"① 未来现代大学如要成功转型，以上三条同样值得借鉴和参考。

总之，由于知识的价值发生了革命性的变化，知识社会与工业社会也会有本质的不同。当然，这种不同绝不局限于技术发展和产业结构的变化方面，它还将引起整个社会基本结构的变化，美学意识和伦理观念的变化。由于镶嵌在社会结构中的一系列社会硬件和软件的急剧变化，知识社会中的大学与工业社会中的大学相比也将有根本性的不同。今天适用于现代大学的很多治理模式和制度安排在知识社会中未必有效。今天用来分析现代大学的很多概念工具和理论范畴在知识社会中也未必合适。尽管如此，未来在漫长的有可能超过一个世纪的知识社会的形成过程中，现代大学的转型也绝非毫无线索可循，毫无规律可遵。假若我们能够抓住历史的机遇，认真地对待社会转型中初露端倪的知识价值革命和知识生产模式的转型，对于现代大学在即将到来的知识社会中的转型也不是完全无法预知。今天我们至少可以肯定，"现代大学是大众教育的机构，是城市化和工业化的产物。"② 所谓的现代大

① 彼得·F. 德鲁克. 后资本主义社会 [M]. 傅振焜，译. 北京：东方出版社，2009：125.
② 杰勒德·德兰迪. 知识社会中的大学 [M]. 黄建如，译. 北京：北京大学出版社，2010：56.

学其本身就必然意味着大学发展的一个阶段而不可能是终点。我们可以预期，从知识社会的观点看现代大学就像从今天工业社会的观点看中世纪大学一样，价值观的冲突将不可避免。就像现代社会认定中世纪是一个黑暗时代一样，未来的知识社会也极有可能会认为现代大学诞生于一个极度崇尚金钱和物质，无视思想和理念的平庸和荒诞的时代。另一个可以预期是，与工业社会对于研究型大学的推崇不同，知识社会中的理想的大学未必还是研究型的。在知识社会中那些研究型的精英大学与一般的地方大学相比在知识生产、传播与应用方面并不必然具有绝对的优势。相反，由于知识生产的情境化程度不断加深，那些地方大学在解决区域问题方面还将占有压倒性的优势。最后一个可能的预期是，作为工业社会之后的下一个社会，知识社会中的工业生产将会主动放弃大规模和标准化，而主要以知识为基础，凸显个性化和创新性。在知识社会中知识将不再意味着力量和权力，也不再意味着对自然的征服和对人的控制，而是主要体现为人的全面发展，知识将成为人类走出工业社会困境的手段。此时大学教育将告别标准化和批量化，真正迎来个性化的新时代。

第八章 知识应用与大学转型

　　应用性是大学的基本属性，但长期以来大学的应用性要么被人为地压抑，要么在社会的强烈需求下以产业性、服务性、技术性、职业性等其他方式"半遮半掩"地呈现。应用性不同于服务性，也不同于职业性、技术性与产业性。服务无论自上而下还是自下而上，都仍然意味着大学与社会的隔离。与服务性相比，职业性和技术性的含义更狭窄，它们仅是大学实现社会服务的一种具体手段，充其量只是大学的衍生属性而非本质属性。与职业性和技术性相比，产业性与应用性的关系较为密切。不过，产业性也只是应用性的一个方面而非全部。知识的产业化意味着大学的应用性，但应用性本身并不全是产业化。大学中那些不能产业化的知识与学科同样具有应用性。应用性要求大学与社会融为一体，不只大学要为社会的发展服务，社会也要为大学的发展服务。大学以社会发展为目的，社会也要以大学发展为目的。在社会与大学之间不但要有一个为了社会的高等教育体系，而且还要有一个为了高等教育的社会体系。在历史上，长期以来为了纯科学的理想，人们经常会不顾时过境迁的现实，仍然相信知识本身就是目的的古典信条；对于高等教育，尤其是大学的应用性视若"洪水猛兽"，唯恐大学走出象牙之塔会荒芜了人类的精神家园；唯恐大学与社会靠得太近会蜕变成了职业教育的培训场所。但是历史的发展不以人的意志为转移，人们的怀旧情绪同样无法阻挡时代前进的脚步。今天当知识社会即将来临之际，当以知识为基础的经济开始蓬勃发展之时，大学的应用性终究会像纸里的火一样，怎么包也包不住。

无论我们愿意还是不愿意，承认还是不承认，今天大学的应用性就在那里，并会越来越显示出其巨大的影响力。

第一节　科学的社会化与社会的科学化

　　大学的发展脱离不开时代精神的约束。大学的应用性的凸显也离不开时代精神的蜕变。历史上，由于时代的约束，大学虽然一直具有应用性，但却始终无法充分地展示其应用性。今天在科学社会化与社会科学化的互动中，随着科学的普及化以及科学知识情境化的加深，知识的应用已经成为我们时代精神的重要特质之一，大学的应用性终于有机会可以大放光芒。但遗憾的是，由于习惯力量的强大，今天大学的应用性仍然没有引起人们的足够的和普遍的重视，应用型大学仍处在高等教育系统的边缘。这种情况的出现反映了我们对于社会发展状况的无知和大学在社会变迁中的滞后。如果我们对于当前大学发展所处社会状况和时代背景一无所知，如果我们仍然在沿用历史上的"大学"典范来规范今天甚至未来高等教育发展的宏伟蓝图，那么我们就有可能会犯"守株待兔"和"刻舟求剑"的错误。当人类社会已经由工业社会向知识社会，由现代性向后现代性转型之时，如果我们仍然坚持一种传统主义的态度，仍然像鸵鸟一样"埋头"逃避知识社会对于大学的挑战，那么我们就永远无法知道未来的大学应是什么样子，也无法知道它会遇到什么样的麻烦。

　　历史上，科学虽然在近代大学完成了制度化，但那时的大学追求的是所谓的"纯"科学，对知识本身就是目的给予高度评价，对解决社会经济问题漠不关心。这是因为，近代以前，科学长期处在社会之外，科学与社会相互隔离。社会的运转依靠的是经验和常识。科学的发展则主要依靠"有闲阶级""闲逸的好奇"。因此，19世纪科学虽然在大学里实现了制度化，但传统大学理念依然倾向于使科学远离社会。在当时科学的发展仍然主要不是为了满足社会经济发展的需要而只是为了满足人类的好奇和民族国家的政治合法性。当然，客观来讲这种源于好奇的知识生产和社会科学关于民族国家合法性的知识建构并非毫无价值，恰恰相反，正是这些知识奠定了现代大学理性的基础和制度的根基，为后来工业社会中的科学技术化与技术科学化以及知识社会中的科学社会化和社会科学化埋下了伏笔。就像没有中世纪就没有大学一样，没有近代大学对于纯科学的坚守也就不会有今天产业科学以及后产业科学在人类生活实践中的广泛应用。近代大学作为民族国家的姻亲，其主要使命是为政府部门培养公务人员而不是为社会经济的发展提供科学技术。近代大学以学科为基础的系科结构以及以同行承认为核心的奖励系统使得大学注重理智的训练而回避应用的研究，那些为社会必需的应用科学研究被交付给工业实验室而不是大学。作为近代大学的发源地，"19 世纪德国对接受过技术和科学训练的人员的需求，通常降低到技术高中的水平，这使得大学保留所谓的'纯'科学的垄断。"与之形成鲜明对照的是，"自 18 世纪后期到 19 世纪，法国设计并创建了大学校，用以在国家公务人员中发展科学知识和专门知识，这一模式后来在整个欧洲大陆普及开来，只是具体形式略有不同。"①

今天伴随着知识社会的来临和知识经济的发展以及高等教育转型的启动，学科制度虽然仍是现代大学的基础结构，但传统的由学科制度所主导的知识生产模式已越来越不适应社会发展的需要。过去跨学科研究只是出现在少数相邻或相近的学科间，现在任意两个或多个学科之间都开始相互交叉。一种以问题解决和跨学科为特征的新知识生产模式正在形成。过去知识的生产被大学所垄断，现在大学之外、学科之外同样有高深知识的生产。过去曾经是科学离不开大学，现在则是大学离不开科学。今天大学只是诸多知识机构中的一种，而科学则几乎成了大学全部的内容。如果说在过去科学是散落在社会之中，那么在今天社会则已经散落在科学之中；不但社会科学化而且科学也正在社会化。当约翰·杜威写道"'科学是对日常活动的详尽阐述'以及'家庭、学校、商店、床头和医院提出的（科学）问题，正如实验室所提出的一样'时，他捕捉到了那个时代的精神，即科学技术明显在以一种

---

① 海尔格·诺沃特尼，彼得·斯科特，迈克尔·吉本斯. 反思科学：不确定时代的知识与公众 [M]. 冷民，等，译. 上海：上海交通大学出版社，2011：121，244.

每个人都能够理解，也确实已经理解的语言在讲话。"① 今天科学已经渗透进了人类生活的所有角落，大学已成为科学的"工人"而不再是"主人"。知识社会中新的知识生产模式正在超越传统学科的界限，打破由学科制度化所建构的人类的认知的"铁笼"。与学科知识不同，模式2的知识"是在一种应用的环境内产生的。这不同于'纯'科学在理论的/实验的环境中产生的过程，这是'应用性的'，技术被'转让'，知识随后被'使用'。"② 在这种新的知识生产模式下，研究型大学在知识生产中不再必然占据优势。由于学科制度化的削弱以及科学共同体的分散化，加之知识生产机构和生产者人数的激增，各种各样的社会组织都正在成为学习与研究型组织。精英大学里的专业研究者在情境化知识的生产中不再具有压倒性优势。由于离开具体情境就无法生产出情境化知识，那些贴近实践的应用型大学甚至比传统的研究型大学更有效地实现了知识的产业化和产业的知识化。在高等教育旧秩序中，应用型大学一般处在高等教育金字塔的底部，被认为只消费和传播知识而无法生产知识。但今天由于科学的社会化、知识的情境化以及整个高等教育的应用化，"那些曾经因为仅仅是研究成果的'传播者'、'经纪人'或'用户'而被摒弃的行动者，现在已经更加积极地参与到知识'生产'中来，"③ 成为了新的科学研究和知识产业化的重要组成部分。

今天在大学里虽然仍然存在"至少10%纯科学"④，但总体上科学的概念已经发生了根本的变化，即从学院科学向后学院科学、产业科学以及后产业科学的转变。与学院科学对于学术性的强调相比，后学院科学更加强调产业性。"不管是在应用范畴还是基础范畴，它都必然在要求学术和产业间联系更紧密的越来越强的呼声中，学术机构被期待着在产业支持下进行更多的研究，产生更具直接商业价值的成果。这种政策的推进，将缩小知识生产的学院模式和产业模式之间的传统差距。无论是学院的、政府的还是商业的，

---

① 海尔格·诺沃特尼，彼得·斯科特，迈克尔·吉本斯. 反思科学：不确定时代的知识与公众 [M]. 冷民，等，译. 上海：上海交通大学出版社，2011：58.

② 罗杰·金，等. 全球化时代的大学 [M]. 赵卫平，主译. 杭州：浙江大学出版社，2008：161－162.

③ 海尔格·诺沃特尼，彼得·斯科特，迈克尔·吉本斯. 反思科学：不确定时代的知识与公众 [M]. 冷民，等，译. 上海：上海交通大学出版社，2011：100.

④ 约翰·齐曼. 真科学——它是什么，它指什么 [M]. 曾国屏，等，译. 上海：上海科技教育出版社，2002：22.

无论是在自然科学还是社会科学，无论是在基础科学还是应用科学，都是如此。"① 在世界范围内，自20世纪80年代以来，在大学、政府与产业的"三重螺旋"的过程中，"经济上正确"逐渐取代了"政治上正确"开始成为大学合法性的新来源。"随着大学日益成为地区和国家经济中产业发展的关键点，经济合法化正变得与文化主题同样重要。这种目的的重新确定，与19世纪晚期20世纪早期古典的以教学为主的学院向研究性大学的转变具有同样重大的意义，同样影响深远。"② 事实上，随着剑桥现象、硅谷科技园的成功以及大学举办高科技公司在许多国家的蓬勃兴起，大学在经济发展中的引擎作用日益明显，以知识为基础的经济已经由昔日的初露端倪开始走向阳光大道。"大学的科学家正不断受到敦促应更好地对工业需求做出反应；学术科学家和产业科学家也不断被敦促要更好地对用户需求做出反应；作为一个合法的竞技场，市场受到颂扬，科学家们可以毫无恐惧地在市场中获得更多收益。"③ 随着科学社会化以社会科学化的紧密互动，科学的产业化和产业的科学化正在成为现实。"大学的经济功能正日益制度化。"④ 今天在高等教育系统中产业科学正在履行一种新的创造经济财富的社会角色。伴随着科学的突飞猛进，以大学为主体的高等教育系统正在产生根本性变革。"大学需要作出一个承诺，即从生成仅仅是可靠的知识转为生成社会上广泛需要的知识。"⑤ 在即将来临的知识社会里，由于面临着以知识为基础的经济环境的硬约束，"闲逸的好奇"和"知识本身即目的"将不再是大学存在的合法性主要来源，知识的应用将成为高等教育发展的主旋律。

---

① 约翰·齐曼. 真科学——它是什么，它指什么 [M]. 曾国屏，等，译. 上海：上海科技教育出版社，2002：94.

② 亨利·埃兹科维茨，劳埃特·雷德斯多夫. 大学与全球知识经济 [C]. 夏道源，译. 南昌：江西教育出版社，1999：245.

③ 海尔格·诺沃特尼，彼得·斯科特，迈克尔·吉本斯. 反思科学：不确定时代的知识与公众 [M]. 冷民，等，译. 上海：上海交通大学出版社，2011：122.

④ 亨利·埃兹科维茨，劳埃特·雷德斯多夫. 大学与全球知识经济 [C]. 夏道源，译. 南昌：江西教育出版社，1999：255.

⑤ 罗杰·金，等. 全球化时代的大学 [M]. 赵卫平，主译. 杭州：浙江大学出版社，2008：191.

第二节　知识的产业化与产业的知识化

知识社会不但是一个科学社会化与社会科学化的社会而且也是一个知识产业化和产业知识化的社会。"社会自身以及构成了社会的制度与组织，现在正围绕'知识'的可获得性和操纵能力被组织起来。一个庞大的存在之链（chain of being）得以建构，它始于新科学，经由技术与市场，而到达一个新社会。"① 在以知识为基础的社会里，为避免"知识帝国主义"（content imperialism）的入侵，不单大学所有的社会组织都必须成为一个学习型与研究型的组织。"用一种比喻的说法，我们正看见知识的神经末梢的倍增，这些远远超越了大学的边界和大学里的学科。"② 此时大学里的知识不再是为了满足个人内心的好奇，而是为了保持组织创新的活力。因为，在知识社会里离开知识系统任何组织都难以有效运转。

在工业社会中，知识的产业化主要发生在大学中那些明显具有应用性的学科当中，但是现在的情况已经在发生根本性变化。今天知识的产业化已经在几乎所有知识领域普遍出现。即便是传统上一直属于基础研究或纯科学的领域也逐渐被产业化。在产业化浪潮中，基础研究与应用研究、学术性学科与应用性学科、硬科学与软科学之间的边界开始模糊。"大学成了最终用户需要的产品和服务的直接生产者。"③ 知识社会对于知识经济的预期使得所有科学活动都无法回避产业化和应用性。"当前几乎所有的科学技术政策都试图加强大学、产业和政府的联系，其理由是基础科学也是一种必须做出其自身'经济贡献'的公共资源。作为结果，基础科学事实上已经在以知识为基

---

① 海尔格·诺沃特尼，彼得·斯科特，迈克尔·吉本斯. 反思科学：不确定时代的知识与公众 [M]. 冷民，等，译. 上海：上海交通大学出版社，2011：13.

② 罗杰·金，等. 全球化时代的大学 [M]. 赵卫平，主译. 杭州：浙江大学出版社，2008：164.

③ 亨利·埃兹科维茨，劳埃特·雷德斯多夫. 大学与全球知识经济 [C]. 夏道源，译. 南昌：江西教育出版社，1999：18.

础的经济情境中被重塑了。"① 换言之，今天在知识产业化的过程中，由于经济理性的主导，大学里的学科和科学都逐渐产业化。与传统的学院科学或学术性学科相比，"产业科学是所有者的（Proprietary）、局部的（Local）、权威的（Authoritarian）、定向的（Commissioned）和专门的（Expert）；它产生不一定公开的所有者知识。它集中在局部的技术问题上，而不是总体认识上。产业研究者在管理权威下做事，而不是作为个体做事。他们的研究被定向要求达到实际目标，而不是为了追求知识。"② 事实上，在知识、学科和科学产业化的过程中，产业也逐渐知识化。没有知识含量或知识含量过低的产业将逐渐被淘汰。

在知识社会中，大学既是知识的孵化器，同时也是知识产业化与产业知识化的中介体。为了适应知识社会的需要，"仅仅按照产业和职业的现行作法作专业性的准备教育是不能成功的；仅仅在学校里照样模仿现有的产业状况更难获得成功。问题并不是要使学校成为工业、商业的附属物，而是要利用产业的各种要素，使学生生活得更有生气，更富有现实意义，同校外的经验有更紧密联系。"③ 此外，值得注意的是，知识社会中在学科、专业与产业一体化的过程中，知识将逐渐丧失教育的潜力而只剩下功利主义的本质。在对于经济财富和利润的不断追逐中，学院文化被审计文化取代，知识普遍主义被知识帝国主义取代，学术自由主义也不可避免地被学术资本主义取代。大学里的学科和科学不再是文化的载体而是成了有待交易的对象。"科学家们对其认知权威的坚持只不过是一种'市场'工具，用以在政治和商业领域中提高消费者必须支付的知识售价，也用于限制知识交易得以发生的必要条件。"④ 其结果，虽然在知识与知识、学科与学科之间存在区别。有些学科的知识会偏向于情境化，有些学科的知识会偏向于去情境化。有些知识可能是强产业性，有些知识可能是弱产业性。但在知识产业化和产业知识化的过程

---

① 海尔格·诺沃特尼，彼得·斯科特，迈克尔·吉本斯. 反思科学：不确定时代的知识与公众 [M]. 冷民，等，译. 上海：上海交通大学出版社，2011：61.

② 约翰·齐曼. 真科学——它是什么，它指什么 [M]. 曾国屏，等，译. 上海：上海科技教育出版社，2002：95.

③ 筑波大学教育学研究会. 现代教育学基础（中文修订版）[M]. 钟启泉，译. 上海：上海教育出版社，2003：44－45.

④ 海尔格·诺沃特尼，彼得·斯科特，迈克尔·吉本斯. 反思科学：不确定时代的知识与公众 [M]. 冷民，等，译. 上海：上海交通大学出版社，2011：207.

中，人类几乎所有知识都不再是自足的、自治的。所有的知识也许仍然会有强产业性与弱产业性之分，但不会再有情境化与去情境化之别。即使是极少数的纯科学也不可能再做到完全的去情境化。"知识本身就是目的"曾是近代大学自我辩护时的经典台词，但今天这种辩护已经过时。"什么知识最有价值"的追问已被"什么知识更有使用价值"所取代。面对"什么知识更有使用价值"的追问，高等教育的产业性不可避免地凸显出来。大学"为知识而生，靠知识而活，"① 知识的应用至关重要。"从历史上看，'纯粹的'学者是体现一种制度性的精神气质的典型人物，现在是讲求应用的学者当家做主。"② 在知识社会中为了生存和发展，所有大学都必须要充分地利用知识、开发知识，既生产知识又消费知识，既传播知识又转化知识。

第三节 大学的应用性与应用型大学

应用型是现代大学发展到一定阶段的必然取向。传统大学往往具有十分浓厚的精英主义气质。随着高等教育规模的扩大，尤其是大众化和普及化的到来，整个高等教育从学术型和研究型转向应用型是大势所趋。"大学的功能从早期的'传播知识'，到十九世纪末的'发展知识'，直至二十世纪六十年代以来已强调'应用知识。'"③ 当前知识的应用正通过制度化的手段吸纳知识的生产与传播成为高等教育的主要职能甚至是唯一的职能。与知识的应用相比，无论是生产还是传播都不具有独立性。实践中无论是知识的生产还是传播都不能脱离开应用。离开了应用，生产与传播就失去了目的性。失去了目的，知识也就失去了价值和意义。今天研究型大学仍然位于高等教育这座冰山的顶部，但整座冰山淹没在水下的部分已经开始转向应用型却是不

---

① 弗雷德里克·E. 博德斯顿. 管理今日大学：为了活力、变革与卓越之战略 [M]. 王春春，赵炬明，译. 桂林：广西师范大学出版社，2006：4.

② 亨利·埃兹科维茨，劳埃特·雷德斯多夫. 大学与全球知识经济 [C]. 夏道源，译. 南昌：江西教育出版社，1999：20.

③ 汤尧，成群豪. 高等教育经营 [M]. 台北：高等教育文化事业有限公司，2004：110.

争的事实。无论是西方国家正在出现的高等教育中的新职业教育主义还是我国高等教育实践中的应用型人才、应用型专业、应用型院校以及应用型本科教育和应用型高校的快速扩张都可以表明，"应用"正在成为新时期大学发展的强劲动力。在知识经济和信息技术所主导的新时代，应用性正在成为现代大学获取合法性的新来源。在知识社会里，大学不再是知识生产和传播的唯一场所，高等教育的主要作用也不再是为了能更快地将人类社会的高深知识或真理传播给下一代。虽然人类社会的发展仍然需要少数大学秉承大学自治、学术自由的经典理念，坚持精英主义的教育理想，但是就整个高等教育系统而言，面向应用将是一个不可避免也不可逆转的大趋势，未来大学为应用而生将是一个铁的事实。

知识社会的出现与应用型大学的兴起间既不是因果关系也不是线性关系，而是彼此互动的关系。即将来临的知识社会是大学的应用性得以张扬的重要的制度环境，而应用型大学则是知识社会有效运转的必然要求。知识社会的出现要求大学的应用化取向，应用型大学也以知识社会作为应用的情境。"所谓'应用的环境'是指整个环境，在这个环境中，科学的问题产生、方法论得到了发展、结果得以传播以及用途被确定。"① 当然，这也不是说没有知识社会就没有应用型大学。即使在工业社会大学同样具有相应的应用价值，同样有大学以应用型自居。所不同的是工业社会中的应用型只是大学诸多发展模式的一种选择，而在知识社会中应用型将不再是大学发展的一种价值选择而是必然的趋势。在知识社会中大学需要考虑是选择哪种应用型而不再是应用型与非应用型。对于大学的发展而言，在知识社会中，要么应用，要么消失。

应用本是大学的应有之义。没有哪一个大学会是完全无用的。不过，大学"有用"与应用型大学还是有明显区别。应用型大学不同于实用型大学或大学中庸俗的实用主义，更不是要把所有大学都降格为实用技术或职业技能的培训机构。对于应用型大学而言，应用既不是手段也不是目的而是一种实实在在的理念。作为一种办学理念，应用型大学是对高等教育应用性的一种张扬。它意味着大学中的所有知识都必须在一种目的合理的情境中加以应

---

① 罗杰·金，等. 全球化时代的大学［M］. 赵卫平，主译. 杭州：浙江大学出版社，2008：162.

用。由于自反性的存在，应用本身既是一种知识的转化同时也意味着一种新知识的生产。大学朝向应用型方向发展既不是大学的降格也不是大学理念的异化而是时代的必然和人的理性选择。近年来创业型大学在世界范围内的蓬勃兴起就是很好的证明。"它们的许多单位恰恰建立在学科的含义之外，它们延伸大学的边界，把外部问题解决小组的观点带了进来；它们准备从外部带头，使工作接近应用。它们常常有力地承诺直接生产有用的知识。""用斯科特（Peter Scott）的话说，在这里，知识这种原始商品是'应用生成的'。"① 作为欧洲创业型大学的杰出代表，通过知识的产业化，在沃里克大学"创收已经为创新提供了手段。"因此，沃里克大学被公认为是把"学术卓越和富有想象力的创收"结合起来的"一所模范欧洲大学。"②

与创业型大学相比，传统大学以学科结构为基础，知识生产中强调同行的评价。大学与社会相互隔离。产业与大学形同水火。"典型的大学课程是'反企业的'和缺乏职业性的，相比较工业和商业创新的适用性来说，大学显然对基础性的和求新的学术研究更感兴趣。"③ 唯有通过国家自上而下的官僚计划或科学规划，大学才会承担一些政府和产业刻意指向社会和经济目标的应用研究。由于学科作为一种知识生产系统与产业系统相互隔离，在政府规划框架下应用倾向明显的重大课题经过大学的研究往往只能产生较小的效果。现代大学仍缺乏将学科知识转化为产业行动的能力。现有高等教育系统中的人已经形成某种知识的偏见，他们忠诚于学科，难以生产强情境化的知识。实践证明"对科学强加命令并不是所谓的情境化。相反，只有当研究人员有机会并愿意应对来自社会的信号时，强情境化才会发生。它是一个动态、双向的沟通过程，与试图通过科层制管理的手段来控制科学的过程正好相反。"④ 当然，大学向应用化转型也不意味着原有的系科结构就完全失效。以学科结构为基础的知识产生模式仍然会存在，只不过不再是主流，最具创

---

① 伯顿·克拉克. 建立创业型大学：组织上转型的途径 [M]. 王承绪，译. 北京：人民教育出版社，2003：171.
② 伯顿·克拉克. 建立创业型大学：组织上转型的途径 [M]. 王承绪，译. 北京：人民教育出版社，2003：29，43.
③ 罗杰·金，等. 全球化时代的大学 [M]. 赵卫平，主译. 杭州：浙江大学出版社，2008：26.
④ 海尔格·诺沃特尼，彼得·斯科特，迈克尔·吉本斯. 反思科学：不确定时代的知识与公众 [M]. 冷民，等，译. 上海：上海交通大学出版社，2011：146.

新意义的科学知识通常会在学科框架以外被生产出来。"关于什么样的科学应该得到支持的问题，转化为有关何为从事科学的最佳方式、科学知识的目的是什么以及什么才是有价值的知识的争论。"① 此时政府对于科学的规划与控制也同样会存在，不过，规划与控制的方式会发生重要的转变。

今天研究型与教学型是大学分类中的基础模型，有些国家也出现了服务型大学。在学科制度主导的 20 世纪，根据社会分工和专业化的需要将大学分为研究型、教学型及服务型可能具有一定合理性。研究型大学注重研究，教学型大学强调教学，服务型大学则以社会服务为使命。但今天由于"更多的研究发生在大学之外，教学和研究的区分开始瓦解，研究开始失去其精英的内涵。"② 大学在研究、教学与服务之间的区分也失去了应有的意义，应用成为了所有大学的共同选择。在应用的情境中，研究、教学与服务从相互隔离走向一体化，离开了研究无所谓教学和服务，离开了服务也无所谓教学和科研。同样地离开了教学，服务和研究也将失去根基。与研究、教学和服务相对应，大学里的学科、专业与产业之间结成了一条"链"。一荣俱荣，一损俱损。今天无论是学科、专业与产业还是研究、教学和服务都不再是大学内部自己的事情。在知识产业化与产业知识化的过程中，大学里的学科与专业既吸纳了产业的影响也被产业的影响所吸纳。在知识社会中不再是研究型大学才是知识生产者。"少数以研究为导向，而不是以获取进入大学的权利为导向并培养大多数研究人员的大学，将不再在新经济中起核心作用。在数量方面，这些大学远不及大众机构，而在质量方面，这些大学所擅长的那些活动（模式—1 生产的研究和研究人员）也不再是现代社会'知识博弈'中的引领性活动。事实上，我们可能得出这样一个结论，即非精英大学会更好地参与这些'知识博弈'，因为它们有更多培训和建立'有知识的'共同体的经验，并且它们乐于这样做。"③ 长期以来，研究型大学处在高等教育系统的中心，而以应用为主的高等教育机构则处在边缘。这种中心与边缘秩序的

① 海尔格·诺沃特尼，彼得·斯科特，迈克尔·吉本斯. 反思科学：不确定时代的知识与公众 [M]. 冷民，等，译. 上海：上海交通大学出版社，2011：165.

② 罗杰·金，等. 全球化时代的大学 [M]. 赵卫平，主译. 杭州：浙江大学出版社，2008：216.

③ 海尔格·诺沃特尼，彼得·斯科特，迈克尔·吉本斯. 反思科学：不确定时代的知识与公众 [M]. 冷民，等，译. 上海：上海交通大学出版社，2011：101.

瓦解对于高等教育的发展具有革命性意义。只有抛弃了学术中心主义，现在的研究型大学才能走下"神坛"。相应的，只有应用成为了所有大学共同的价值选择，一个全新的应用型的高等教育体系的建立才会有希望。

总之，大学作为人类根本性的实践活动，一刻也离不开应用。大学不是温室里的花朵，大学也从来没有真正成为过象牙之塔。大学的历史证明，离开了应用，任何高深学问都没有被接受的可能，更谈不上普及。离开了应用，任何形式的高等教育机构都可能会失去合法性。无论是一种理论还是一个机构都离不开应用。应用理念的提出可以使大学之于社会的应用性从自发走向自觉。今天研究型大学仍甚嚣尘上，大学的应用性仍被轻视。这种被轻视不是因为研究型与应用性相互矛盾而是因为我们对于研究本身的重视超越了对于研究成果应用性的重视。在知识社会中研究型大学应该是研究应用型大学或应用研究型大学，而不是为研究而研究的大学。为研究而研究在我们这个时代已经过时。在知识社会中，为应用而研究才是正途。今天我国大学的发展对美国亦步亦趋。我国世界一流大学的建设也直接以美国的研究型大学为榜样。在今天这样一个转型的时代里，这种跟随战略注定没有前途。当我们终有一天建成一流研究型大学时，别人可能早已抛弃了这种范型的大学，实现了从研究型向创业型的转型，或从创业型大学向其他范式的大学转型。重要的事情经常出自常识，教育的智慧也往往来自民间。当前国内外高等教育实践中对于应用性的高度重视以及部分创业型大学的成功实践可以表明，现代大学的出路在于知识的应用。没有应用，任何高深的理论都是白搭。没有应用，最顶尖的一流大学也只是花架子。

第三部分

第三部分

第九章　学科重构与大学转型

19 世纪以来，在学科制度化思潮的影响下，以系科结构为轴心的现代大学彻底制度化。其结果，在一个以分析式思维为主导的时代，人类的知识领域普遍地被学科化，大学也随之成为分科的大学。在分科大学的模式下，人类知识结构的进化呈现典型的树状结构。伴随着学科的分化，原先的树状结构进一步根系化，人类知识不可避免地呈现出碎片化与原子化。但毫无疑问，人类世界所面对的自然、社会以及人文方面的问题绝不是按着学者的知识分类结构有序地组织起来的，而是一个相互不可分割的整体性结构。为了达成知识的条块分割与问题整体性之间的有效平衡，"科学和工程学的发展日益要求来自多门不同学科的学者之间的合作，促使这一变化出现的是对于研究跨越传统的学科界限的复杂问题的迫切需要，以及新技术所具备的改造现有学科和产生新学科的能力。"① 20 世纪中叶以来，为了弥补分析式思维可能给人类发展和知识进化带来的困境，超越学科边界的跨学科研究以及构建超越分科大学的跨学科大学就成为世界各国高等教育改革的重要选择。世界范围内"现在跨学科已经变成了科学研究的'规则'，成为了这个科学时代标准的研究范式。"② 伴随着从学科到跨学科的转型，可以预期未来在跨学科大学模式下，人类知识的树状结构将逐渐地被知识的网状结构所取代，人类知识的整体性将逐步得以恢复或重建。

---

① 程如烟. 美国国家科学院协会报告《促进跨学科研究》述评 [J]. 中国软科学, 2005 (10)：73.

② 刘仲林，等. 国外交叉科学（跨学科）研究新进展 [J]. 河池学院学报, 2009 (1)：10.

第一节　从学科研究到跨学科研究

跨学科教育与研究根源于现代高等教育的课程综合化改革、政府和企业主导的应用研究以及大学学者自觉或不自觉地跨越学科边界的学术活动。20世纪60年代以来，在分科大学的制度框架下，为了满足知识生产和问题解决的现实需要，以学科为基础的学者个体和群体跨越学科边界的行动直接或间接地导致了一大批交叉学科和跨学科研究领域的出现。"跨学科是打破传统学科壁垒的新方式，是传统学科领域互相开放和融合的纽带。跨学科的出现突破了'标准'学科探索科学知识的垄断局面。跨学科致力于打破传统学科的规则和方法，打破传统学科的界限，帮助传统学科建立新规则。"[①] 当然，由于思维和行动的惯性，加之对学科制度化的路径依赖，从学科到跨学科的转变不可能一蹴而就。沃勒斯坦就认为，当前跨学科研究虽然"表现出巨大活力，但是大部分仍停留在提升良知阶段，还没有发展到有足够的能力重塑大学体制的议程。"[②] 尽管如此，未来高等教育中跨学科研究的大趋势已不可逆转。

一、从关于跨学科研究的研究到跨学科研究的实施

大学中的跨学科研究从无意识到有意识，从对于跨学科研究的理论探讨到具体实施跨学科研究的制度安排，这其中必然要经历相当长的时间，而且还必须要付出艰辛的努力。当前由于新的制度安排尚未形成，传统的系科结构依然在主导着大学发展，跨学科研究还处于从理论探讨到制度创新，从无意为之到有意创造的过渡阶段。正如简妮·哈钦内等人在对芬兰科学院资助跨学科研究的研究中所指出的："大学跨学科研究不是很明显，因为它常常

---

① 陈婵. 高等学校跨学科组织的系统管理研究 [D]. 浙江大学，2005：4.
② 伊曼纽尔·沃勒斯坦. 否思社会科学——19世纪范式的局限 [M]. 刘琦岩，叶萌芽，译. 北京：生活·读书·新知三联书店，2008：118.

发生于虚实结构之间，从历史上分析，它在学科体系中也只是很少的一部分，并且大学内跨学科研究组织在很大程度上面临'不足的制度存量'。跨学科研究要求行动上的达成一致需要进一步从制度上进行操控与规范，这种跨学科研究的制度化将是实践中的一个趋势，大学将面临对于跨学科研究组织与行动的制度转换。"① 应该说，经过长期的历史积淀，现有大学体制下，组织结构与知识结构已经相互统一、高度匹配。分科大学模式与传统的系科结构互为表里。不改变大学的组织结构，以学科为基本单位的知识结构就很难实现变革。同样不改变以系科为基础的组织建制原则，大学也很难实现真正的组织变革和制度创新。在以分科为基础的大学制度下，跨学科教育与研究的组织机构就缺少生存和发展的空间。在以学科为基本单位的分科大学里，很多跨学科教育与研究难免流于形式。"名义上一些巨额资助的科研项目会由多位科学家协作完成，事实上却是分成多个'小'项目各自独立地开展。个别科学家尖锐地指出，'跨学科研究'可能是大学领导用来向外界（包括校友）争取科研资助或基建经费的一个动听词汇。"② 由于受到学院的学科文化与系科结构的排斥，当前的高等教育实践中，比较成功的跨学科研究机构往往不属于任何大学的任何一个院系，相反它们还经常超越学校的边界，与政府、企业等其他组织保持着密切的关系。由于现有分科大学的制度安排还无法与跨学科研究的组织机构有效地融合，因此很多巨型的跨学科研究机构往往只是选择"位于"大学，而不是"属于"大学。在目前情况下这样的一种存在状态既保证了跨学科研究机构可以充分地利用大学的智力资源又保证了这些机构能够具有一定的独立性，以超越不必要的学科边界和大学边界，并达成自己的使命。但从长远来看，这种局面对于大学从学科研究向跨学科研究，从分科大学向跨学科大学的转型很可能是不利的。因为那些位于大学的跨学科研究机构的成功可能会让大学产生一种成功转型的幻觉，从而掩盖了分科大学和学科研究中已经存在的诸多深层次问题，错把大学的发展当做改革，进而失去了转型的冲动。正如有学者所言："尽管学术界曾

---

① 周朝成. 当代大学中的跨学科研究——学科文化与组织的视阈 [D]. 华东师范大学，2008：181.

② 董金华，刘凡丰. 研究型大学跨学科研究的组织模式初探 [J]. 中国软科学，2008（3）：84.

较早地提倡跨学科研究，但是学术专业化程度也在同时加快，学科越分越细。美国学者哈维·布鲁克斯（Harvey Brooks）曾于 1994 年罗列了研究型大学的八大弊端，其中第一个就是大学按照学科组织起来，不适宜解决实践问题；其成员只对学科同行负责，而不对学校、学生以及利益相关人负责。"① 基于大学在跨学科研究中所面临的组织与制度困境，很多国家和机构都主张通过打破大学传统组织建制的障碍来促进跨学科研究，使得跨学科的研究者和组织者不再忙于协调各学科或机构之间的边界冲突。1999 年英国的大学拨款委员会评价组织（Evaluation Associates）的报告《跨学科研究与科研评价活动》，2003 年荷兰国家科技政策委员会的报告《1 + 1 > 2，促进荷兰的多学科研究》（1 + 1 > 2，Promoting Multidisciplinary Research in the Netherlands），2004 年 4 月欧盟科研咨询团（European Union's Research Advisory Board）的研究报告——《欧洲的跨学科研究》等，都是相关机构针对其所在国家或地区的跨学科研究的现状与问题，分析障碍、提出对策，其中也都涉及了跨学科组织的建设问题②。2004 年美国国家科学院发表的《促进跨学科研究》报告更是把跨学科研究提升到了国家战略的高度。目前虽然以分科为基础的学院、系、所仍然是美国研究型大学最基本的组织形式，是研究型大学教学和研究职能的主要承担者，但美国学科分类的指导性标准（Classifieation of Instruetional Programs，简称 CIP）已专门设置了与人文科学、社会科学、自然科学、技术科学并列的交叉学科大门类，交叉学科从此不再被边缘化。这一指导性标准的出台从体制上和根本上改变了单一学科科研教育制度的封闭、僵硬与故步自封，从制度上保障了跨学科研究的发展，使得跨学科研究有据可循，拥有与传统经典学科同等发展的权利和空间。在美国 CIP2000 设置交叉学科这一新门类就是对单一学科科研、教学体制的改革和创新，旨在突破传统的学科界限和知识壁垒，鼓励跨学科的研究与合作，从而使美国研究型大学的跨学科研究有了制度和政策的保障③。

---

① 董金华，刘凡丰. 研究型大学跨学科研究的组织模式初探 [J]. 中国软科学，2008（3）：82.

② 肖彬. 中国研究型大学跨学科组织的发展研究 [D]. 国防科技大学，2006：6.

③ 程妍. 跨学科研究与研究型大学建设 [D]. 中国科技大学博士论文，2009：47.

二、从外生的跨学科研究到内生的跨学科研究

历史上，由于分科逻辑的深入人心，一开始人们认为大学中的跨学科研究只是为了满足社会的需要，解决具体的问题，属于为社会服务的范畴，与大学的核心使命无关。但是随着大学卷入社会经济活动程度的加深，人们又开始相信社会需要比新知识生产更能推动大学学科结构的转变和大学模式的转型。最终"'问题优先'模式使得社会和技术问题成为大学开展跨学科研究的体制动力。这种动力是如此之强劲，以至于在 1982 年，OECD 就宣称，外生于大学的跨学科研究现在比内生于大学的跨学科研究具有优先权，因为，外生的跨学科研究源于社会的'真实'问题所带来的持久动力和高校履行其全部社会责任的需要。"[①] 但是跨学科一定以问题研究为中心吗？跨学科研究一定指向应用吗？以跨学科为建制原则的大学一定更强调社会服务吗？恐怕未必那么简单！正如美国科学、工程和政策委员会在其编写的《促进跨学科研究》一书中所指出的："跨学科研究与教育是受复杂问题的解决需求驱动而产生的，这种复杂性问题可能来自于科学好奇心，也可能来自于社会。"[②] 从认识论的角度来看，跨学科是学科制度化内在逻辑演化过程中否定之否定的必然结果。马克思早就预言："自然科学往后将会把关于人类的科学总结在自己下面，正如同关于人类的科学把自然科学总结在自己下面一样：它将变成一个科学。我们称这种自然科学与社会科学成为一个科学的过程为自然科学与社会科学的一体化。"[③] 从政治论的角度看，跨学科研究又是社会转型、国家转型与政治变革的产物。詹奇就认为：我们"不能孤立地看待教育或大学，应把它们同科学技术发展密切联系起来，在社会发展的动态大系统中，对大学实行全新的科学—教育—改革一体化设计。大学传统僵化的学科、专业设置与不断发展的社会需求存在着尖锐的矛盾，大量社会需求是综合的、不分学科的，而大学科系建制却是学科壁垒森严。从这个角度

---

① 刘欣. 大学跨学科组织的发展研究——以 E 大学研究院为个案 [D]. 华东师范大学，2007：17.

② 李平，王玲. 美国研究生跨学科培养模式的本质特征探析 [J]. 学位与研究生教育，2008 (9)：72.

③ 马克思. 经济学—哲学手稿 [M]. 何思敬，译. 北京：人民出版社，1956：91-92.

说，'跨学科'是大学适应现代社会需要的必要手段。"① 刘小枫则更加尖锐地指出："在学问制度内部，学科分割和专门化原则因应美国成为头号王权国家而发生改变：历史学、经济学、社会学、政治学及人类学、古典学、东方学的学系分割，不能适应新的强权国家的政治需求。美国学界率先发展出跨学科或聚合性学科（或所谓科际整合），例如地域文化研究，明显带有为美国政治权力效力的动机。反过来，美国政府为了其全球范围的政治利益，要求学界对世界各地区作综合性研究，为美国维持国际王权提供政策基础。新王权国家的国际政治需要打破了人文—社会科学分界及其知识划分原则，其影响有两个方面：学科重合和新学科的产生（如传播学、行政学等），原有的学科变得不纯粹。这一例子表明，现代学问体系和学科制度的发展与强权民族国家的权力仍是相关的。"② 由此可见，大学中跨学科研究的兴起既离不开外部需求也脱离不了学科内在逻辑的演进。具体而言，以问题为导向的跨学科研究其目的在于解决复杂的社会现实问题，以学科为导向的跨学科研究其目的则在于以新的范式生产新的高深知识。二者相比，问题导向的跨学科研究外生于大学，学科导向的跨学科研究则内生于大学。外生于大学的跨学科研究指向产学研合作和为社会服务，内生于大学的跨学科研究则主要满足于大学的科研和教学。需要注意的是，虽然大学在产学研合作过程中需要大量的跨学科研究，但是跨学科研究的意义绝不只在于为了更好地进行产学研究合作。大学之所以要存在的根本仍然在于知识的创新与社会的发展。在新的大学模式下，跨学科研究机构不应成为传统系科或学院的附属机构，而应成为大学组织建制的主流。跨学科研究的目的绝不仅仅是为了更好地进行产学研的合作，也不只是为了满足政府或产业界的现实需求。这些都只是外因。唯有大学制度和高深知识的演进才是跨学科教育和研究的内在逻辑。当前，在以系科结构为轴心的传统大学制度下，大学内的跨学科研究机构还只不过是旧的系科结构的简单重组而不是真正意义上的创新。目前"高校内组建跨学科科研组织，很大程度上具有'跨利益组织'性质，而联合不同学科利益主体进

---

① 刘仲林. 现代交叉科学 ［M］. 杭州：浙江教育出版社，1998：148－149.
② 刘小枫. 拣尽寒枝 ［C］. 北京：华夏出版社，2007：18.

行'跨组织'研究活动需要较大的'交易成本,'"① 在实践中很难推广。归根结底,跨学科研究不仅仅意味着一种新的方法和思维方式,更意味着一种组织和制度的创新,甚至是大学模式和制度的创新。没有组织和制度创新,跨学科研究就没有前途。没有大学组织和制度的变革,跨学科研究就行之不远。

第二节　从分科大学到跨学科大学

以学科研究向跨学科研究的转变为基础,大学从分科大学向跨学科大学的演进有其内在的原因,一是知识从分化到综合的内在逻辑,二是大学为了更好地满足社会需求的反映,三是大学内部组织建制以及大学制度本身变迁的需要。在本体论上,大学的发展绝不只是知识的积累和人才的培养,大学作为一种组织制度其本身也有价值取向也必然要经历着某种质的转变,即从一种大学范式到另一种大学范式的革命性变化。和其他任何事物一样,没有一成不变的大学制度,也没有一成不变的大学模式。"以前,对大学的比喻可能是'扩展中'　(spreading)的大学,现在它更可能是'被拉伸'(stretched)的大学。作为进行情境化的、分布式的知识得以生产的地方,大学的演进使其本身可以被视为情境化和分布化的一个组成部分。"② 由此可见,有什么样的知识生产制度就有什么样的学科制度,有什么样的学科制度就有什么样的大学制度。反之亦然。知识生产制度、学科制度与大学制度之间不是谁决定谁的问题,而是一个彼此适应、相互匹配的过程。"大学转型代表了一种知识转型,也就是从所谓'知识模型1'向'知识模型2'转变。其中'知识模型1'强调同质性,它植根于等级化的强势学科,知识通过师徒关系传递给学生;'知识模型2'则是非等级、多元、跨学科、变化迅速

---

① 柳洲. 高校跨学科科研组织成长机制研究 [D]. 天津大学,2008:7.
② 海尔格·诺沃特尼,彼得·斯科特,迈克尔·吉本斯. 反思科学:不确定时代的知识与公众 [M]. 冷民,等,译. 上海:上海交通大学出版社,2011:90.

的，它对多样化需求具有社会敏感性。"① 无论历史上还是现实中，大学组织自身的变革都与大学内部知识类型的变革、人才培养类型的变迁相辅相成。"知识模式的重组意味着大学的革新而不是终结。""大学不可能重建已打破的知识统一性，但它可以为不同种类的知识提供相互交往的渠道。"② 作为一种社会建构的文化组织，大学组织的转型某种程度上类似于格式塔心理学中关于认识过程中整体形象的转换。一种新的大学模式也就意味着一种新的大学形象，一种新的大学形象也就意味着一种新的知识生产方式和新的组织建制和制度安排。

一、从在分科大学中成立专门的跨学科组织到建立跨学科大学

跨学科教育与研究组织在分科大学的建立与跨学科大学的构建是同步进行的。跨学科组织在分科大学里的不断制度化既意味着分科大学模式的不断衰落也意味着跨学科大学模式的不断兴起。从在大学里设立专门的跨学科研究与教育组织到作为跨学科组织的大学的完全制度化是一个十分漫长的过程。今天在渐进式的制度变迁过程中，分科大学与跨学科大学事实上是并存的。分科大学里蕴涵着跨学科大学制度创新的动因。将来的跨学科大学里同样也会有分科大学的影子。跨学科大学是对分科大学的超越而不是完全的否定。学科是跨学科的必要的基础。跨学科是对学科的综合而不是抛弃。分科大学向跨学科大学的转型与从学科研究向跨学科研究的转型是一个硬币的两面。在学科研究向跨学科研究已成定局的今天，现代大学本身无论从组织上还是从制度上都必须向跨学科的方向转变。在从分科大学向跨学科大学转型的过程中，大学里专门化、组织化的跨学科研究与教学机构的普遍建立只是一个必要的过渡。如果是在理念和制度上分科大学没有彻底转变为跨学科大学，在传统学科制度的巨大压力和行动惯性之下，分科大学里那些新增的跨学科机构或跨学科研究项目将面临极大的不确定性。换言之，在从分科大学向跨学科大学转型的过程中，仅有规模的扩张和增量的改革还远远不够，大

---

① 安东尼·史密斯，弗兰克·韦伯斯特. 后现代大学来临? [C]. 侯定凯，赵叶珠，译. 北京：北京大学出版社，2010：176.
② 杰勒德·德兰迪. 知识社会中的大学 [M]. 黄建如，译. 北京：北京大学出版社，2010：8，9.

学制度的存量部分也必须进行从未要求它进行过的最根本的变革，唯有如此跨学科大学的建立才有希望。

今天虽然在理论上从分科大学向跨学科大学已是大势所趋，但是也绝不能为跨学科而跨学科。跨学科是对学科的超越而非否定。为了跨学科而肆意地否认学科的价值是极端错误的。无论如何学科仍然是跨学科的基础。没有学科也就无所谓跨学科。大学发展到今天，人类已不可能再退回到知识整体性的百科全书的时代。如果那样将意味着历史的倒退而不是知识的进化。与此同时，以学科研究向跨学科研究为基础的跨学科大学也并不是要完全否认分科大学的历史意义与存在价值。毕竟分科大学也曾经为人类知识的进步作出了巨大的贡献，并至今仍在发挥着其他组织难以取代的重要作用。分科大学依然是建立跨学科大学的必要制度基础。在分科大学的基础上，跨学科的必要性既是为了适应社会结构转型对于知识结构转型的内在要求，也是为了高深知识生产方式和大学模式的创新。与分科大学相比，跨学科大学的基础在于学科导向的跨学科研究，即跨学科学科是跨学科大学的基础，跨学科性是跨学科大学组织建制的基本原则。当然，无论跨学科学科还是跨学科大学其本质其根本都在于范式的创新。跨学科大学主要是为跨学科研究提供一个好的制度环境。跨学科研究的目的则在于创造一种新的科学范式与学科范式。以此新的科学范式和学科范式为基础，现代大学制度创新的路径就是从分科大学走向跨学科大学。毫无疑问，跨学科大学作为对传统以分科为基础的研究型大学的创新，同样需要在教学、研究和社会服务之间保持必要的平衡，而不是更加注重直接为社会服务和问题研究。即便为社会服务，跨学科大学仍然是以学术的方式提供，而不是将自己降格成为一个"服务大学"。服务大学也许是跨学科的，但跨学科大学绝不仅仅意味着服务。

二、从分科大学到跨学科大学转变的困境

在分科制度下，每一学科都有能力阐明一个事物或问题的一个方面，虽然没有哪个学科必然比另一个学科更重要，但无论是哪一个学科的见解都是片面的。分科大学可以生产知识，可以培养专家，却无法揭示真相。只有在跨学科制度下，人类对于事物的认识才能更加完整。只有在跨学科大学里，知识生产与人才培养才能更加接近大学的理想。不过"由于当前大学中规范

跨学科研究的制度存量不足，学科组织之间参与跨学科研究中的责任权利没有得到很好的明确，教师往往不愿走出学科边界进行学科之间的合作。为促进大学跨学科研究，必须针对跨学科研究参与机构建立相应的经费补偿制度。由于参与跨学科研究的相关部门涉及间接成本问题，导致许多部门'割据'自己边界内的设备设施，跨学科研究单位难以共享到资源，在美国的一些大学中已经逐渐在建立一种对于这些部门的间接成本补偿制度。"① 事实上，建立间接成本补偿制度只能是分科大学的权宜之计，这种制度也许能够缓和矛盾，但并不能从根本上解决由于学科与部门之间的条块分割所形成的学术割据与知识碎化的问题。要真正促进大学的跨学科研究，大学模式本身必须在组织与制度层面上做出反应。从发展的角度看，为了适应跨学科研究的需要，从分科大学到跨学科大学转变已是现代大学发展的必由之路。只有在跨学科大学里才能够真正解决历史上由于学科划分方案的不合理所造成的科际间的矛盾和冲突等重大知识生产制度问题。在跨学科大学里，以现有学科为基础跨学科学科或跨学科研究领域的形成更多的是客观需要，而不是主观设计或通过立法使它们成立。在分科大学的学科规训制度下，每一大学教师都是传统系科的产物，他们都忠诚于某一具体学科或系科而不是大学。在跨学科大学里首先要帮助教师消除他们专业认知的障碍和狭隘的学科意识，教师忠诚的对象也将由学科和系科转向大学。在跨学科大学里，传统按学科划分专业的做法将为全新的跨学科学科与跨学科专业所取代。

就目前而言，面对学科分化可能带来的种种制度性危机，与此同时受到跨学科研究思潮的深刻影响，从学科研究到跨学科研究，从分科大学向跨学科大学转型的趋势已经日益明朗。但是由于学科制度、系科结构以及学院文化的根深蒂固，跨学科大学的建立并不会一帆风顺，更不会在短时间内完成。从分科大学到跨学科大学的转型必将是一个十分漫长而痛苦的过程。"历史上高教系统的变化通常采用这样一种折衷方式，即新的单位绕过旧的单位，而旧的单位依然生存。"② 正是由于大学变革过程中存在这种"只做

① 周朝成. 当代大学中的跨学科研究——学科文化与组织的视阈 [D]. 华东师范大学，2008：165.

② 伯顿·克拉克. 高等教育系统——学术组织的跨国研究 [M]. 王承绪，译. 杭州：杭州大学出版社，1994：242.

加法不做减法"的路径依赖现象，至少在今天跨学科大学更多的还是一个理想而不是现实，甚至跨学科大学作为一种新的大学模式还谈不上能够与分科大学的旧模式分庭抗礼。当前无论学术界还是实践中对于跨学科研究可以克服学科制度化的弊端并无多大异议，但对于跨学科大学是不是代表着大学制度未来的发展方向还有疑问。比如，作为跨学科大学的典型代表，筑波大学虽然在一定程度上取得了成功，但它的成功并没有引起日本其他大学的争相效仿，更不要说在世界范围内产生示范效应与连锁反应。今天的大学世界里，筑波模式仍然是"一枝独秀"，个中原因颇为耐人寻味。与筑波大学在系科结构上根本性改变不同，今天更多的大学即便崇尚跨学科研究也还是坚持以学科作为大学组织建制的基本原则，坚择在"以学科建制院系"、"以学科组织知识的生产、传播与应用"的基础上，成立更多的跨学科研究中心这种新的组织形式来应对由于学科过于制度化所带来的大学制度的危机。基于此种背景，在跨学科研究的基础上，未来大学组织转型的目标就是要重塑大学的组织结构，逐渐从系科结构与跨学科机构并存过渡到以跨学科性作为大学组织建制的基本原则，以跨学科组织作为大学的轴心机构。

第三节　跨学科大学的体系与结构

面对从传统分科大学向跨学科大学转型的剧烈挑战，今天高教系统在组织与制度层面上缺乏充分准备，仍然在沿着惯性前进。美国社会科学研究委员会"知识制度"项目（Knowledge Institutions Program）主任黛安娜就认为："美国的跨学科研究并不缺乏外部的关注和支持，也不缺乏内部的动机，而是在组织层面缺乏系统的执行架构和机制。大学的管理和架构更多仍是支持单学科的研究，而对跨学科研究则缺乏支撑力和推动力。"与此同时黛安娜还认为，"实际上，大学倾向于将跨学科理解为一种趋势（Trend），而不是一场真正的转变（Transition）。在这种状况下，大学推进跨学科研究的方式是零碎的、不连贯的，而不是全面的、彻底的。"① 黛安娜对于大学跨学科研究的评论是深刻的，这种评论同时也揭示出了跨学科大学建构中所面临的巨大困境。

一、跨学科大学建立的路径

分科大学在学科制度化过程中所形成的牢固的系科结构是大规模开展跨学科研究的根本障碍，也是跨学科大学构建过程中必须要超越的组织架构。为了能够克服系科结构对于跨学科研究以及跨学科大学构建的影响，盖格（Roger L. Geiger）提出在大学中建立"有组织的研究单位"（Organized Research Units，ORUs）的主张，以适应一些由于规模、时间和目标等而不适宜在系科结构中进行的研究形式。"ORUs 能够进行系所不能进行的研究，能够使大学扩大选择研究问题的范围，而不影响学术系科的基本教学任务。这类机构是由来自不同专门研究领域的研究人员组成，还包括一些非科学家人员，并发展出自己的评价标准、声望结构和职业模式。"② 除盖格关于建立"有组织的研究单位"的主张之外，当前高等教育实践中为了促进跨学科研究的顺利开展和跨学科大学的形成还出现了其他形式的制度创新。比如在学院层面上，日本东京大学就创建了具有跨学科研究和研究生教育功能的新型学院，即综合学院。再比如麻省理工学院也提供了多样化的跨学科发展形式，并给予跨学科研究充分的自由。在麻省理工学院跨学科研究是全员性和开放性的，有教师参与，也有学生参与；有校内师生的参与，也有来自其他高校和各种机构的人员参与。在大学层面上，跨学科大学的雏形也开始形成。比如美国洛克菲勒大学就注重跨学科研究，该大学没有传统的学系，主要以开放的实验室为中心开展跨学科研究。再比如成立于 1973 年的筑波大学也可以说是这种"跨学科型大学"的典型范例。根据当时文部省的设想，筑波大学创建时"第一次抛弃了日本传统的学部——学科——讲座的传统组织体系，代之以'学系'和'学群'这样的在日本大学史上从未有过的崭

---

① 肖彬. 中国研究型大学跨学科组织的发展研究 [D]. 国防科技大学，2006：17.
② 耿益群. 美国研究型大学跨学科研究中心与大学创新力的发展——其于制度创新视角的分析 [J]. 比较教育研究，2008（9）：25.

新的教育和研究组织。"① 这种制度设计就是要力求能够在组织建制上打破学科壁垒，以有利于筑波大学在以后的发展中实行跨学科的教学和研究。再比如欧林工学院（Franklin W. Olin College of Engineering）。它的课程设置别出心裁，致力于给予学生跨学科学习的经验，使学生在基础科学、数学和工程之间，艺术、人文、社会科学和技术学科之间，工商业、创业技能和工程技术之间建立联系。为实现"欧林三角"的培养思路，欧林工学院在组织、制度上进行了独特的设计。首先学院里不设"系"，以防其成为"跨学科"培养理念的障碍，只设工程学（Engineering）、电子及计算机工程（Electrical and Computer Engineering），以及机械工程（Mechanical Engineering）三个"主修"的本科学位。其次学院在选址上也充分考虑到为实现跨学科培养提供永久可能性。它与柏布森学院（Babson College）和韦尔斯利女子学院（Wellesley College）相邻，以便从两校分享非工程类的课程资源、教师资源和校园设施。此外，欧林工学院取消教授终身聘用制，以便组成学校所开设课程需要的跨学科团队。教师不属于任何一个系，完全采纳合同制，五年一个任期，这种做法在美国历史上也是绝无仅有②。与国外众多高校对于创建跨学科大学的探索相比，我国大学的改革相对滞后。目前只有从尚在建设中的南方科技大学身上隐隐约约可以看出一丝跨学科大学的影子。南方科技大学决定取消学院和系，这在国内是一个前所未有的尝试。校长朱清时认为，院系对交叉学科有不利影响，取消院系是一种新的有活力的大学模式。取而代之的是设几十个研究所及实验室，由学校直接管理。鼓励教师们依照自己的兴趣从事高风险、高回报的前沿研究，同时接纳本科生在研究所上课和实习。根据南方科技大学网站上的介绍，南科大将设置理学部和工学部，条件成熟时还将设置经济管理学部及人文社科学部。在学部下建设若干个研究室（所）和跨学科的研究中心。学部承担专业基础课程的教学工作。研究室（所）和研究中心既是学校的教育基地，为本科生开设专业课程，并接受选读这些专业课的本科生在该实验室进行科研实习；同时也是前沿学科的研究基地。南方科技大学将依托研究室（所）培养研究生，学习国际先进经验，

---

① 胡建华. 战后日本大学史 [M]. 南京：南京大学出版社，2001：204.

② 李曼丽. 独辟蹊径的卓越工程师培养之道——欧林工学院的人才教育理念与实践 [J]. 大学教育科学，2010（2）：93–94.

尝试探索学科培育和研究生培养的新方式①。

从上述各国高等教育实践中对于跨学科大学体系与结构的探索中可以发现，今天在从分科大学向跨学科大学转型的过程中，跨学科研究机构的设立和跨学科大学的建立与跨学科研究项目之间没有必然的逻辑关系。跨学科大学是一种新的大学模式。在这种新式的大学里，跨学科研究机构只不过是跨学科大学实现其功能的一种组织建制。因此我们不能仅仅将跨学科研究机构作为跨学科项目研究的临时载体，而应将其视为未来大学组织建制的基本形式。在从分科大学向跨学科大学转变的过程中，大学中的跨学科研究机构的人员可以是流动性的，方向也是可以不断调整的，但机构应是永久性的，并且要逐渐制度化，机构不应随着项目的结束而解散。对于大学而言，机构应是争取项目的基础，而不应是完成项目的工具。在分科大学里，从跨学科项目的设立到搭建创新平台，从创新平台到在大学里成立专门的跨学科机构，再从跨学科组织的制度化到将传统的学科性学院改造成为跨学科学院，最后就是一个由跨学科院系组成的跨学科大学的形成。这既是跨学科研究在现代大学制度变迁中的一般路径也是从分科大学到跨学科转型的具体过程。

二、跨学科大学的体系与结构

经过从学科研究到跨学科研究，从分科大学到跨学科大学的剧变后，"这些大学的学科组织结构已经不同于传统的直线职能制学科组织结构：为便于新兴学科及跨学科研究的发展，它们在保留院系结构的同时，吸收了跨学科、跨专业元素，将院系结构与跨学科研究组织统一在一起；兼顾学科导向与问题导向，形成了由纵横两套系统（学科系统与问题系统）交叉组合而成的复合组织结构。"② 与传统的分科大学相比，这种新型的跨学科大学不仅在组织机构、制度安排和大学理念上具有跨学科性的特点，而且在专业设置、课程开设、教学方式、学习方法和人才培养目标等诸多方面也有根本的不同。

---

① http：//www. sustc. edu. cn/cn/research/postgraduate/
② 段丹. 基于矩阵结构的大学学科组织结构创新研究 [D]. 浙江大学，2003：45.

传统大学与跨学科大学比较①

比较项目	传统大学	跨学科大学
教学	中学式抽象的	活泼具体的
目标	知识	技能（如何获取知识）
传授	老化的知识	更新的知识
强调重点	内容	结构
教学方法	重复法	发现法
教学基础	消极地接受被学究式分科的知识	连续的、批判的、认识论的思考
大学本身	被束缚在一种明显的孤独境地，提供一种与生活绝缘的知识	克服大学和社会、知识和现实之间的鸿沟
要求	一个纯等级系统和僵化的教学大纲	依据大纲实施情况进行整体性全面修订
提倡	孤立和竞争	集体性活动和研究

资料来源：OECD - CERI：Interdisciplinary

当前由于大学中的跨学科研究面临传统的系科结构和学科制度的阻碍，大学从分科大学向跨学科大学的转型亦尚"在路上"。因此，关于跨学科大学的体系与结构都还处于理论探讨的前制度化阶段，甚至当前学术界对于"跨学科"的理解都还远没有达成普遍的共识。比如 Ruegg 就认为，"应该用'合作团队'代替'跨学科'。在当今的科学和知识领域，学科的边界已经逐渐成为流动性的，不断有新的学科在学科边界处产生。"他认为"'跨学科'不是不同的学科在一起工作，而是多个有不同学科背景，拥有足够开放的思维的个体，用他们的专业知识来解决问题和完成任务。"② 由于对于跨学科的理解不同，当前对于什么是跨学科大学，跨学科大学的体系结构如何也是众说纷纭③。对于学术问题存在争议是必然的。但这些争议本身并不能改变从分科大学向跨学科大学转型的大趋势，而只会促进相关研究的深入。对于跨学科大学的体系与结构，基于跨学科研究的基本原则，有两种主张比较有代表性。一种观点认为："跨学科大学的最底层依然是传统的学科系，这

① 刘仲林. 跨学科学导论 [M]. 杭州：浙江教育出版社，1990：144.
② 陈婵. 高等学校跨学科组织的系统管理研究 [D]. 浙江大学，2005：12.
③ 裴世兰. "跨学科大学"述评 [A]. //刘仲林. 中国交叉科学（第二卷）[C]. 北京：科学出版社，2008：35 - 43.

也是跨学科大学的基础。因为跨学科是建立在学科的基础上，没有学科跨学科就无从谈起。学科系之上是跨学科定向系，致力于把跨学科的研究和教育内化为范式，面对科技社会中遇到的复杂性问题，知道怎么做、做什么。最高级系统目标系则是知道未来去哪里，对人类、社会、自然的未来走向提出关乎未来的前瞻思想。这三种类型的系组成了跨学科大学的主结构，它们动态相连互为反馈，系统目标系在某种程度上引领着传统学科系、跨学科定向系的协调发展。"① 另一种观点则认为："建立多学科型、流动型和协作型的跨学科大学运行体系，将跨学科大学的各类学科组织有机衔接起来，形成一个综合的学科组织系统。这个学科组织系统至少应该包括下列基本机制：a. 保证代表不同知识门类的多学科之间的有效合作和交流。在灵活设置跨学科学科组织的基础上，尽量减少人为的学术分割，弱化学科组织严格界限。b. 保证学术成员可以在学科组织之间自由流动。不将学科组织成员固定在某一学科或专业范围内，允许学科组织成员根据课题需要和个人研究志向自由选择各类学科组织。c. 保证科研和教学设施在整个跨学科学科组织系统中充分共享，这既是跨学科研究的必要保障，也是提高跨学科科研课题项目效益的有效措施。"② 应该说，上述两种主张每一种都有其一定道理，都从一个侧面透视了跨学科大学的体系与结构，也都符合从学科研究到跨学科研究、从分科大学向跨学科大学转型的内在逻辑。整合两种主张，从系统性的角度考虑，对于跨学科大学的体系与结构的形成可以做如下描述：首先是大学要明确跨学科教育、教学和研究的理念。在跨学科大学理念指导下，在传统系科结构和学科研究的基础上渐进式地推进大学跨学科组织机构的建设，最终形成符合大学转型需要的跨学科教育和研究制度。某种意义上，分科大学里跨学科教育和研究组织的制度化也就标志着跨学科大学的初步形成。最终在跨学科大学里，传统的学科研究被跨学科学科研究所取代，传统的系科结构被跨学科教育和研究机构所替代。与传统的分科大学相比，在跨学科大学里，专业、课程与教学同样也是跨学科的，学生在经过重新设计的跨学科专业里通过跨学科课程（科目）、跨学科教学以及跨学科的学习接受一种跨学科的教育。

---

① 程妍. 跨学科研究与研究型大学建设 [D]. 中国科技大学，2009：121.
② 邹晓东. 研究型大学学科组织创新研究 [D]. 浙江大学，2003：64.

第四节 大学转型的双重逻辑

大学与学科密切相关，二者甚至可以说是"一体两面"，大学的转型离不开学科转型。因此不理解学科就无法理解大学。不理解学科组织就难以理解大学组织。不理解学科的转型也就无法理解大学的转型。不理解学科转型的逻辑也就无法理解大学转型的逻辑。我国大学与西方发达国家的大学之间不仅在共时性上有中外之别，而且在历时性上也有时代的落差。在学科与大学之间，我国大学里学科制度化进程可能尚未完成，而在西方国家的大学里，超越学科制度化，打破系科结构，重构学科（从学科到跨学科转变）正方兴未艾，并成就斐然。一般而言，大学转型主要由内在逻辑与外部环境共同决定。外部环境的变化虽然是大学转型的直接动因，但是学科的内在逻辑却主导着大学转型的方向。就外部环境来说，外部世界的变化改变了大学，大学的转型也改变了外部世界。就内在逻辑而言，学科组织化导致了大学的产生，大学组织的变革也要求学科制度的重构。因此，大学转型的逻辑是双重的而不是单向的。学科的逻辑与大学的逻辑的互动永远是大学转型的主旋律。大学转型的目标就是要在学科逻辑与大学逻辑之间实现一种微妙的平衡。

一、大学的逻辑与学科的逻辑

学科是大学的基础性结构与核心构件，为大学的发展与变革提供了不竭的动力。大学是学科的组织外壳，为学科的发展提供了制度性保护。学科是大学的核心技术，为大学的发展提供了无限的可能。没有学科，无所谓大学；没有大学，也无所谓学科。大学是学科组织化的结果，学科又是作为大学的一个组成部分而形成和发展起来的。学科以大学为存在的根据，大学以学科为发展的基础。学科系统构成了大学的主干，大学系统成为了所有学科的"家"。"系、研究所和学院等等机构都是因应学科的分化与综合的需要而建立起来的，这些学术基层组织和结构的存在理由就是学科及其发展。"①
尽管如此，学科与大学也并非是完全等同，二者更不能相互替代。学科的归
学科，大学的归大学。学科与大学之间存在着巨大的张力。学科的逻辑与大
学的逻辑和而不同。一方面学科的逻辑主导着大学，甚至决定着大学的逻
辑，另一方面学科的逻辑又与大学的逻辑相背离，大学的逻辑有时会要求重
塑学科。

学科的逻辑主要是一种知识与组织分化的逻辑。无论是从心理学的层面
还是从社会学的层面，也无论是从经济学的层面还是政治学的层面，学科的
逻辑都是分裂主义的。在心理学的认知论的层面上，研究对象的精细化符合
人类求知和认识论的一般规律；在社会学的层面上，研究领域或知识分支的
具体化也符合学科组织专门化的要求；从经济学的意义上讲，作为一种人类
知识生产的根本性制度，学科分化越细，学科组织越小，学科内部同行间的
认同就越强烈，知识生产过程中的交易成本也就越低。从政治学的意义上
讲，知识就是权力，知识的分化与专门化既可以造就更多的学科专家，也可
以满足当今社会对专家主义的需要。基于学科分裂主义的逻辑，今天的大学
里知识分化与组织建制的分化已经是一股难以阻挡的潮流。如沃勒斯坦所
言：1945 年以后在大学里新学科开始层出不穷，并且都获得了适当的制度化
基础：大学里新的研究规划甚至新系，新的学术团体，新创办的期刊，以及
图书馆制定的新的分类目录②。其结果，"无论是英美模式：大学—学院—学
系，还是德国模式：大学—学部—研究所（讲座制），都是建立在学科分化
基础上的。英美模式中，学系就'是一个围绕某一学科的共同利益而组织起
来的相对统一的机构'，每一学系代表一门学科，新学科的增加就意味着学
系乃至学院的增加。"而在德国，"大学的研究所通常范围更小，常常代表的
是某些分支学科的领域。"③ 不过，20 世纪 60 年代以来，伴随知识分支与学
科组织的不断分化，以系科主义为基础的学科制度化遭遇到了严峻的挑战。
在后现代主义思潮的影响下，以反对系科主义为宗旨的跨学科研究在西方大

---

① 韩水法. 大学制度与学科发展 [J]. 中国社会科学, 2002 (3)：77.
② 沃勒斯坦, 等. 开放社会科学 [M]. 刘锋, 译. 北京：生活·读书·新知三联书店, 1997：14, 51.
③ 段丹. 基于矩阵结构的大学学科组织结构创新研究 [D]. 浙江大学硕士论文, 2003：12, 14.

学里蓬勃兴起。

以知识和组织的分化为基础，大学主要以高深知识的生产与传播为目的，强调多科主义。"大学被人为地划分为不同的学院和系别，各种学科的学科活动经由近似的职业圈子，并为划一的标准化业绩指标所推动。"① 早期的大学虽然也有单科性质的，但后世的大学一般都是多科性的。无论是教育还是研究，大学的逻辑都是多科主义的，"综合性"至今仍是人们对于现代大学组织的善意的误解和美好的想象。事实上，今天无论是在知识的层面还是在组织的层面，还没有哪所大学真的是"综合性大学"。真的"综合性"要求学科的融通和知识的系统，要求组织跨越学科的边界，学科跨越组织的边界，而今天大学的现实是，学科以组织为边界，组织以学科为边界；现代大学的根基仍然是学科的分化而非综合，现代大学仍然是基于多学科主义的分科大学，而绝非基于学科会聚或整合的综合性大学。今天所谓的综合性大学只不过是拥有更多学科的多科性大学。因此，今天大学的逻辑仍然是多科性而非综合性。综合性也许是现代大学的理想，但多科性却是现代大学的现实。当然，现实也是理想得以产生的必要土壤。多科性是综合性的基础，没有多科性就不可能有综合性。另外，无论历史上还是现实中大学的多科主义的逻辑也有其相对合理性。从教育方面来看，由于分科的不可避免性，学生的培养需要自然科学、社会科学与人文学科的诸种知识，只有通过多学科的知识才有可能培养出一个有教养的全面发展的人。"现代大学应该是多学科的。从教育方面的原因考虑，大学应该覆盖尽可能广泛的学科，比如从希腊古典文学到计算宇宙学。"② 从研究方面来看，知识本身虽然应该是一个整体，但是大学需要分设不同的院系和一门门的学科，以满足人们对于不同领域的知识进行探索的需要，绝不存在一个万能的学院和学科。"学者们不可能像医师和建筑师那样独立开业，他们需要一种行会（universitas）"③。任何一门学科都不可能单独地解决人类面临的复杂问题，它们需要在一个多科性

---

① 约翰·齐曼. 真科学——它是什么，它指什么 [M]. 曾国屏，等，译. 上海：上海科技教育出版社，2002：33.

② 约翰·齐曼. 真科学——它是什么，它指什么 [M]. 曾国屏，等，译. 上海：上海科技教育出版社，2002：33.

③ 乔治·凯勒. 大学战略与规划：美国高等教育管理革命 [M]. 别敦荣，主译. 青岛：中国海洋大学出版社，2005：203.

的大学里互相融合、取长补短。因此"大学按学科设置系别和学院是一种必要的组织设计。"① 基于此，至今学科仍是大学进行知识生产与传播的基本单位，只有以学科为基础，大学才能实现高深知识生产与传播的目的。

总之，学科的逻辑是大学的逻辑的合理内核。学科的逻辑也是大学组织变革的逻辑基础。没有知识的分化与分支学科的组织化就没有大学的产生，也更不会有对于多学科知识的生产与传播。大学区别于古代传统高等教育机构的一个最重要的标志就是分科制度与多学科性。在人类历史上，传播百科全书式的知识与培养百科全书式的人曾是古代高等教育的一种理想境界，但中世纪以来，大学的合法性基础逐渐由普遍知识转向专门的高深学问。普遍主义为专门化所代替，一门门的专业性学科成为了大学的象征。在大学里系统性是知识生产的理想，专门性是知识系统化的必要步骤。在从专门化走向系统化的过程中，学科起着承上启下的作用。在今天整体性的知识只能是一种抽象的存在，大学所生产与传播的一定是具体的知识，即某一门学科的专业知识。知识的分化与学科的分裂促进了科学的进步与知识的增长，但也造成了大学的"涣散"和"肢解"，阻碍了现代大学的发展与变革。学科分裂主义的逻辑导致了大学组织建制的过度分化与专门化，损害了知识的整体性与大学的整合性以及人的全面性。"今天的大学制度原本脱胎于 19 世纪下半叶涌现出来的西方社会的知识分工与既得利益分配体系。虽然西方大学教育正在从分科制度向跨学科制度转型，但是一个仍处于知识生产初级阶段的社会的大学教育或许还要继续在分科制度下蹒跚前行。这样，一方面是学科划分的努力，另一方面是开启人类心智的努力。这两方面的努力相互冲突，构成当代高等教育的基本矛盾。"② 由此可见，学科的逻辑与大学的理想间的矛盾是"现代大学转型逻辑"的主要矛盾。学科的分裂主义逻辑虽然满足了大学对于多学科性的需求，为大学的综合性奠定了基础；但过度的学科制度化也阻碍了大学对于知识整合的追求，以学科的分裂主义逻辑为基础的系科主义倾向也妨碍了现代大学从多科性向整合性，从分科大学向跨学科大学的转型。

---

① 约翰·齐曼. 真科学——它是什么，它指什么［M］. 曾国屏，等，译. 上海：上海科技教育出版社，2002：35.

② 汪丁丁. 跨学科教育文集［C］. 大连：东北财经大学出版社，2009：256.

二、基于大学，重构学科

知识的分化由来已久，但学科的存在并不久远。尽管如此，自古典时代伊始学科的含义已有根本的改变。在时间的顺序上，可以说先有学科后有大学，大学是学科组织化的结果。古典时代，学科是高深学问的具体化，以学科作为基础，大学才成为生产与传播高深学问的制度性场所。在近代大学里，学科成为自然科学与社会科学获得合法建制的一种制度形式。现代以降，由于科研职能重要性的凸显，学科规训成为高深知识生产与传播中的最为重要的制度安排。如果说在古典大学和近代大学里，学科还是镶嵌在大学当中；那么在现代大学里这种关系已被倒转过来，大学开始镶嵌在学科当中。如果说在过去学科是大学的学科，那么今天只能说大学是学科的大学。过去是离开大学无所谓学科，今天是离开学科无所谓大学。一流学科成为了一流大学的核心竞争力所在。换言之，在今天学科与大学已经成为高深学问这枚硬币的两面。学科标识着高深学问的类型，大学标识着高深学问的产地。历史上，学科规训了大学，大学也重塑了学科。在学科的规训下，大学形成了追求自治与自由的精神气质；经过大学的重塑，学科也经由知识的分支转变为了一种高深学问生产与传播的制度性安排。简言之，学科规训下的大学成为了分科的大学；分科大学里的学科也成为了制度化的学科。

大学从起源上看无疑是西方中心主义的。作为西方文明的产物，大学身上具有典型的欧洲"血统"。在某种意义上，大学也是欧洲文明对于整个世界的最大贡献，是欧洲对于世界的最大"出口"。历史上，伴随西方资本主义国家在全球范围内的殖民活动，大学从欧洲到美洲、再到亚洲与非洲，最终以巴黎大学为"范本"的西方大学模式逐渐传遍世界，成为今日世界高等教育最主要的组织形式。今天的世界上，无论是东方文明还是西方文明，无论是基督教世界还是伊斯兰世界，传统的高等教育机构与形式均已逐渐地衰微，"虽然有一些非西方大学模式存在，但只有埃及的伊斯兰教的爱资哈尔大学（Al－Azhar）幸存至今。""毫不夸张地说，世界上所有的大学都起源于中世纪欧洲大学模式。"① 今天源于中世纪的欧洲大学全面凯旋，成为人类

---

① 菲利普·G. 阿特巴赫. 比较高等教育：知识、大学与发展 [M]. 人民教育出版社教育室，译. 北京：人民教育出版社，2001：2.

社会共同分享的高等教育的新传统。今日之世界只有一种大学，那就是源于中世纪的欧洲大学。作为一种组织和制度的创新，不仅是东方文明中传统的高等教育机构无法与现在的大学相提并论，即便是西方文明中的古代高等教育机构与现在的大学也无内在的联系。因为，无论是理智上还是制度上二者之间都有着巨大的差异。人类历史上，大学是一种崭新的高等教育形式，也是今天唯一在人类社会中通用的高等教育机构。在西方的大学谱系中，无论是英国大学、美国大学还是法国大学、德国大学，彼此之间只有具体模式的差异，而无实质的不同。虽然"英国、法国和美国的学术界继承了极其不同的智识传统、极其不同的组织安排和极其不同的工作风格。圈内人甚至可以把两个表面上等同的大学区分开来，如区分出牛津和剑桥。但是这些只是在同一主题上的变动而已。不管在哪个国家，如果把大学象牙塔的生活与外界的生活相比较，上述差异就是微不足道的了。"① 今日的世界，大学已是如此的普遍，甚至于已经成为人类理性的神话，人们无法想象还有其他任何机构可以替代大学。由于对大学模式的迷思，这也就注定现代大学的变革仍然只能是修修补补，而无法改弦更张，重起炉灶。因此，所谓的重构大学只能是大学的一次深度转型，而不可能是大学的"重来一次"。无论如何，人类的理性都尚不足以对大学推倒重来。

与大学只有一种相比，学科却是多样的。按照约翰·齐曼的说法，在今天的大学里是："一个科学，多种学科。"② 今日无论是哪个国家的哪所大学，均由多种学科组成，纯粹单科性质的大学已不存在，多科性已是大学的标准类型。虽然多科性符合大学多科主义的逻辑，但多科性绝非大学的理想。无论基于自由知识、普遍知识还是高深知识，大学的理想都是要对人类知识的整体进行探究。学科分裂主义的逻辑虽然满足了大学对于多科性的需要，但也限制或阻碍了大学的整合性。按照波耶尔（Boyer, 1994）的理论：现代大学正在兴起和发展第四种学术领域，即学术的整合（the scholarship of integation），其定义为"从不同的学科和广泛的知识背景出发，在知识和范

---

① 约翰·齐曼. 真科学——它是什么，它指什么［M］. 曾国屏，等，译. 上海：上海科技教育出版社，2002：34.

② 约翰·齐曼. 真科学——它是什么，它指什么［M］. 曾国屏，等，译. 上海：上海科技教育出版社，2002：33.

式之间建立起联系；同时打破原有知识体系的僵化分割，为新学科的成长和知识的应用提供交汇点。""根据组织结构原理，组织功能的发展，必然要求组织结构发生适应性变革。大学学术组织功能的发展，即知识整合功能的出现，必然要求大学学科组织结构发生相应的变革。"① 今天学术整合的逻辑与学科分裂的逻辑之间处于一种紧张状态。在分科大学里高深知识的生产遵循着分析与专门化的逻辑；学术的整合不但需要学科的会聚，而且需要大学组织结构的调整。只有在一种跨学科甚至超学科的框架内，通过学科组织结构的重构才可能实现学术的整合。除此之外，所谓"一种大学，多种学科"，绝不仅意味着学科数量的多少，而且意味着学科旨趣的差异与变迁。"诸科学的领域分崩离析。它们的方法论各异其趣。今天，诸科学花样繁多的分裂状态，仅赖各大学及其各系科之间的技术性组织以维持统一，由这些系科的实践目的捏为一个有意义的整体。但是，与此相反，诸科学的根本在其本质（存在）的基地上萎缩了。"② 今天在分科大学里传统的学科制度已经面临着重重危机，为了能够重构大学，首先必须要重构学科。当然，学科的重构并非要完全拆除学科边界上的篱笆，而是要超越系科主义在学科建设中画地为牢式的消极影响。重构后的学科将逐渐淡化领地的概念，强化将学科作为一种理解方式，多学科共同分享人类知识的盛宴。在传统学科向跨学科或超学科范式转变的过程中，学术共同体一定要淡化学科的组织边界，强化学术团队与视角融合，直面现实问题而不问学科的归属。今天大学的转型首先要"基于大学，重构学科"，传统学科向跨学科或超学科的转型是分科大学向跨学科大学或整合性大学转型的基础。只有实现了"基于大学，重构学科"然后才有可能"基于学科，重构大学。"

三、基于学科，重构大学

大学的发展绝不只是知识的简单积累，作为一种组织其本身也在经历着某种质的转变，即从一种大学范式向另一种大学范式的革命性变化。当前现代大学变革的首要任务就是要实现从学科范式到跨学科或超学科范式的转

① 邹晓东. 研究型大学学科组织创新研究 [D]. 浙江大学，2003：32.
② 海德格尔. 人，诗意地安居：海德格尔语要 [Z]. 郜元宝，译. 桂林：广西师范大学出版社，2000：25.

变。只有打破了传统学科制度中分裂主义的逻辑，以整合性代替分析性，以整体主义代替原子主义，大学的重构才有可能。从中世纪大学的诞生到近代大学的兴起，从近代大学的建立到现代大学的繁荣，人类的历史长河中大学的转型或重构已发生过多次。纵观历史上大学的每一次转型或重构，其最主要的标志就是大学职能的变化。每一次变革的过程中大学原有的组织结构虽然也有调整，但是作为大学制度根基的系科结构较少发生根本性变动。自中世纪以来，大学一直是分科大学，一直坚持多科主义。经过近代大学的过渡，基于分裂主义逻辑的系科制更是成为现代大学组织结构的主干。系科中心主义成为现代大学挥之不去的梦魇。今天传统的学科制度开始面临跨学科研究的挑战，分科的大学也开始面临着向跨学科大学转型的危机。从分科大学到跨学科大学的转型也就意味着需要以跨学科研究为基础重构现代大学。作为对分科大学的一种超越，重构后的大学无论从组织上还是从制度上都必须是跨学科或超学科的。因为世界上的问题绝不是按着学者或学科的分类组织起来的，只有在一个跨学科大学里才能真正实现学术的整合。

　　跨学科研究兴起于 20 世纪六七十年代。当时在西方，特别是美国，为了解决某些超越了单一学科的复杂问题，各种跨学科研究机构纷纷成立，相关文献大大增加，并涌现出了大量的交叉、横断和边缘性学科。这一时期美国各大学（如宾州大学）纷纷成立跨学科研究中心或协调中心。当时各种不同的组织机构尤其是各种基金会也都热心支持跨学科研究。因此，20 世纪六七十年代也一度被称为"跨学科研究的时代"。但由于受到传统学科制度的阻碍，加之传统学科组织文化的惯性，跨学科研究在分科大学里面临合法性危机，根本无法建制化，最终没有能够取得预期成果。不过，以问题为切入点的跨学科研究的失败并没有扑灭跨学科研究的热情。很多跨学科研究者调转枪口开始反思传统的学科制度，试图以传统学科制度的重构为切入点重新复兴跨学科研究事业。毕竟大学发展的历史和现实均已证实，跨学科研究代表了未来大学发展的方向。"跨学科研究已是一种确定的科学做法，而单纯的多学科研究正在逐渐失去意义。"[①] 通过对于传统学科制度的反思和批判，今天在大学里跨学科研究已经不仅意味着一种解决问题的新方法和思维方

---

① 费兰·费雷尔. 有关教育研究趋势的一些想法［J］. 教育展望, 2000（3）: 158.

式，而且意味着一种学科组织原则和大学制度的创新。传统学科组织与分科大学制度的重构已经被提到了跨学科研究议事日程的顶端。因为如果没有学科组织和大学制度的创新，跨学科研究就没有前途。没有学科组织和大学制度的变革，没有从传统学科到跨学科学科、从传统大学到跨学科大学的转型，跨学科研究将行之不远。因为如果分科大学没有能够转变为跨学科大学，在传统学科制度的巨大压力下，新增的跨学科机构或跨学科项目将面临极大的不确定性。在传统学科制度框架下，所谓的跨学科研究最终的结果很可能只是在大学里增添一些新的分支学科和相应的系科。这样非但不能缓解学科制度化的危机而且很可能会加剧学科制度化的危机。"当前大学中的跨学科研究面临两个基本问题：一是需要更大的组织系统支撑，'要重组大学的学系结构和学术会议的协会组织，'要重构19世纪以来'预设了学科分类合法地位'的现代大学体制——以学科制度为基础的学系结构。二是需要更大的制度系统支撑，由于大学跨学科研究常常发生于虚实结构之间，在很大程度上面临着'不足的制度存量'（insufficient institutional capacity）。"① 面对跨学科研究的制度困境，"基于学科，重构大学"的关键就是要保障学科组织与大学制度间的匹配性。分科的大学制度为传统学科组织的运行提供了合适的土壤；跨学科研究则只有在跨学科的大学里才能够生根发芽。

为了能够解决跨学科研究制度存量不足的问题，大学必须要从分科大学向跨学科大学，从多科性大学向整合性大学转型。今天，跨学科大学或整合性大学模式的提出绝非凭空想象。跨学科大学的出现与跨学科研究范式在大学里的普及密切相关。如前所述，大学重构的前提是学科的重构。大学转型的基础是学科的转型。学科制度与大学制度密切相关。跨学科研究以跨学科大学为基础，跨学科大学同样必须以跨学科学科为基础。没有跨学科学科的普及就没有跨学科大学的诞生。在学科制度化危机的今天，跨学科研究已是大势所趋，基于跨学科研究重构现代大学也是众望所归。大学从分科走向跨学科既反映了学科组织从综合到分化再到综合的辩证逻辑，也反映了大学组织变革从科层化再到去科层化的内在需要，符合制度变迁的一般规律。根据新制度主义经济学中的交易成本理论，跨学科大学在本质上是对大学里越来

① 周朝成. 加州大学跨学科研究的组织结构与制度研究 [J]. 高等工程教育研究，2009（3）：101.

越多的跨学科研究活动的一种制度化安排，其目的是为了节约在大学里进行跨学科研究的交易成本。在跨学科大学的制度框架下，"跨学科组织从制度上保障和促进了大学内部跨学科研究的进行，使各学科的教师都有机会与可能发起跨学科的合作，减少彼此之间寻找合作者的盲目性和学校管理部门协调跨学科研究的成本，同时可以实现各学科之间的知识、设备等资源的共享。"① 在从分科大学向跨学科大学转型的过程中，大学里专门化的、组织化的跨学科研究与教学机构的普遍建立只是一个必要的过渡。跨学科研究机构不应成为传统系科或学院的附属机构，而应成为大学的主流。跨学科研究的目的绝不仅是为了更好地进行产学研的合作，也不是为了满足政府或产业界的需求。这些都只是大学变革的外因。跨学科大学是分科大学制度、传统学科组织以及高深知识演进的内在逻辑共同作用下的必然结果。从分科大学到跨学科大学是现代大学转型的必由之路。

总之，学科是大学的基础。大学的转型就是从大学到学科，再从学科到大学交互作用的过程。无论是在知识还是在制度层面上，学科的逻辑永远是分裂主义的，大学的逻辑则是多科主义的。学科分裂的逻辑导致了分科的大学，大学的多科主义则导致了学科的松散联合。今天大学转型的目标应是在跨学科学科与跨学科大学的制度框架下，使学科成为大学的学科，而不仅是在大学里的学科；使大学成为基于学科的大学，而不只是拥有某些学科的大学。

---

① 肖彬，等. 解读大学跨学科组织的四种理论视角 [J]. 高等教育研究学报，2008（4）：20.

第十章　性别分析与大学转型

　　在文化的意义上，社会主要是人的社会，没有人就无所谓社会，人是社会的意义之源。但在创造意义的过程中，由于性别视角的缺失，"人"成了"男人"的简称，人类的历史成为了"他的故事（history）"。在社会发展实践中，人绝不应只是一个抽象的概念，除了阶级、种族和国籍之外，人还是"有性别的人"。在这个世界上如果人与人之间有什么普适性的区分的话，那么性别可能就是其中最为稳定的标准之一。但也许正因为这种区分太普遍了，以至于人们并不认为这是一种有效的区分，对于这种区分的意义也并不重视。"对大多数人来说，谈论社会性别就像鱼儿谈论水一样。鱼儿每天生活在水里，但可能并未觉察到水的存在。社会性别是我们日常生活的绝对基础，因此，对这种大家早已视为理所当然的假定和先决条件进行质疑，简直就像考虑太阳是否还会升起一样多余。"① 在高等教育领域中也是同样如此。无论历史上还是现实中，学科、性别与大学之间都存在着紧密的关联：早期的大学是"男子大学"，早期的学科也都是男性的学科。女性进入大学的历史非常短暂，即使在今天女性在科学研究中所占比例也远远低于男性。自 20 世纪 60 年代女权主义运动兴起以来，性别问题逐渐地被"政治化"。在政治正确的大前提下，学科、性别与大学的关系开始趋于复杂化。今天在性别研究已经从政治立场走向学术立场的大背景下，女性主义思潮其本身也开始更多地被视为一种方法论而不仅仅是社会运动和政治思潮。在今天的西方大学里，妇女学的兴起以及性别分析方法的

---

① 余宁平，杜芳琴. 不守规矩的知识——妇女学的全球与区域视界［C］. 天津：天津人民出版社，2003：245.

确立已经对于学科知识结构以及大学制度本身产生了重大的影响，成为现代大学转型的契机。通过引入性别分析视角重构大学学科制度，甚至重建大学制度已成为世界范围内大学与学科发展的重大问题。人类历史上，自中世纪以降，几百年来大学以及大学里的学科一直都是男性和男性思维的天下，人们并不认为有什么不妥，好像事情本来就该如此。从19世纪开始，尤其是20世纪中期以来，伴随着女权主义运动的蓬勃兴起，性别意识尤其是女性主义的观念开始弥漫在人类社会生活的各个部分，包括大学与学科。以生理性别的区分为基础，以社会性别的建构为武器，女性主义者终于揭开了尘封的历史，人是有"性别"的开始成为一个基本的共识，由此一切的"人造物"都开始富有"性别"的含义。毫无疑问，当前对于性别的强调既有女性主义基于性别视角的真知灼见，也有不适当（也许是无意识的）的矫枉过正。在高等教育中学科与大学都是"人造物"，是人类所创造的意义世界的重要组成部分。对于性别因素之于学科和大学发展的影响，尤其是性别分析通过学科渗透可能对大学转型带来的影响，我们既要看到性别分析作为一种方法或方法论对于大学和学科发展所具有的积极意义，也要尽可能地避免基于对性别区分的主观认识而可能强加于大学和学科的性别之分或"性别鸿沟"。一句话，性别分析之于学科和大学转型的意义是通过去性别化来批判和重建学科制度与大学制度来实现的，而绝不是以性别为标准将学科与大学分裂为男子大学、女子大学或者男性学科、女性学科。

第一节　什么是性别分析

世界因为有人的存在而有意义。人的世界因为有性别的存在而丰富多彩。但在人类漫长的历史上，性别的含义并没有受到重视。除根据生理特征将人区分为男女之外，性别在人们生活中并不具有更多的社会意义。与种族、阶级、国家等社会建构的范畴相比，性别作为一种社会建构一直处于被遮蔽的隐性状态，没有能够引起足够的注意。历史上，伴随着17世纪的工业革命、18世纪的启蒙运动、19世纪的劳资斗争、20世纪的民族解放运动，女性主义或女权主义运动终于在 20 世纪 60 年代开始逐渐形成气候。在女性主义发展的历史上，早期的研究比较侧重于生理意义上的"性"（sex），比如《性政治》、《第二性》和《阴道独白》等作品都极大地冲击了人们对于"性"的传统认知。在对"性"的研究基础上，"女"（woman）的地位逐渐开始显现并越发重要，性别的社会建构（女性主义者认为，性别不属于人类本质的自治范畴，它意味着历史而非自然）成为女性主义学术的突破点，由此性/社会性别制度也成为女性主义理论的一个重要基石。也正是因为这个缘故，gender 这个在英语里原先并无特殊含义的词，成为了当下性别研究中最为关键的关键词。与性（sex）相比，"女"（woman）的着眼点在于"性别"（gender）。"性别"是在承认人的两性的、自然的、生理的、先天的差异的基础上，更加强调两性的社会建构的、后天塑造的心理、角色、行为规范等方面的差异。这些性别差异是社会文化的力量与生物学的力量之间相互作用的结果而不是天生的。因此，与生理意义上的性别相比，社会意义上的性别更适合于作为反映社会结构和文化规范的符号。具体而言：与以"性"（sex）为核心的生理性别相比，对作为社会性别的"Gender"大致有三种理解：（1）Gender 是指男女两性在社会文化建构下形成的性别特征和差异，即社会文化形成的对男女差异的理解，以及在社会文化中形成的属于男性或女性的群体特征和行为方式。（2）Gender 是基于可见的性别差异之上的社会关系的构成要求，是表示权力关系的一种基本方式。（3）Gender 是基于可见的性别差异之上的社会关系的构成要求，是表示权力关系的一种基本方式。社会性别意识的思想基础是人的主体性，它将主体意识引入性别范畴，确立了女性的主体地位。强调女性主体性，不仅要改变女性对于男性的从属关系，而且要改变女性对于国家的从属关系①。换言之，社会性别是一种文化构造和社会建制，它与纯粹意义上的生理性别之间并不存在必然的逻辑关联（虽然现实中二者往往高度关联），社会性别是通过社会实践的作用发展而成的女性和男性之间的角色、行为、思想和感情特征方面的差别。早期的女性主义研究侧重强调生理的"性别"（sex），并以此进行性别反思与权力意识的启蒙。这也是女性主义通常也被称之为女权主义的原因。今天女性主

---

① 闵冬潮. Gender（社会性别）在中国的旅行片段 [EB/OL]. http：//hermes. hrc. ntu. edu. tw/csa/journal/45/journal __park351. htm.

义的研究更加侧重于社会"性别"（gender），强调女性不是天生的，而是通过社会建构而成的。有时为了突出社会建构对于性别，尤其是女性性别角色的影响，有学者甚至认为，社会性别与生理性别之间并无关联，每一个作为主体的人的性别角色可以自由选择。

性别分析方法源于性别研究（Gender Studies）。性别研究则以妇女研究（Women's Studies①）为基础。传统上妇女研究以女性为对象，服务于女性。其方法论和理论的旨趣主要是"批评"或"批判"。女性主义者通过批判性的话语指出传统的"男性中心主义""这个也不是，那个也不是"，从而确立女性的地位与价值。它的主要任务是揭示性别之间的不平等，目标是追求男女之间的性别平等。作为对这种努力的一个回报，目前性别平等的"政治正确性"在世界各国已经基本上得到了公认。但是由于其过分强调鲜明的政治立场以及受政治正确性的影响，这种以"批评"为旨趣的方法论之于学术研究的积极影响比较有限。它有限的作用主要表现在对于传统学术规范以及学科制度中的"男性中心主义"进行批判和颠覆，并为未来可能的学科制度重建进行必要的性别启蒙。20 世纪 80 年代以后，伴随妇女研究向性别研究的过渡，女性主义的政治立场也逐渐地向学术立场转变，政治正确性开始被真理的客观性所取代。在此背景下，以经验主义和立场理论为基础的性别分析的方法论开始成为女性主义理论的基本共识。"她们的认识不断进步，从女权主义思想到女权主义理论再到女权主义认识论，以社会性别作为分析的一个类别标准，重新思考所有知识的基础体系，包括妇女自己的基础范例：对女性气质的社会建构以及'妇女'这个词的生物学基础。"②

与女性主义方法论的批评旨趣相比，性别分析作为一种方法或方法论的旨趣则要求研究者超越单一的性别视角，兼顾两性自然差异和不尽相同的历史存在，并以此为基础进行必要的比较。其核心之处在于对两性差异的敏感

---

① 对 Women's Studies，早期曾译为妇女研究，后来随着大学里妇女学系的建立，Women's Studies 开始被译为妇女学。除此之外，也有学者刻意区分了"妇女研究"（Women's Studies）和"妇女研究"（Women Studies），认为只有前者才强调了一种女权主义者姿态。参见玛丽莲 J. 波克塞. 当妇女提问时：美国妇女学的创建之路 [M]. 余宁平，占盛利，等，译. 天津：天津人民出版社，2006：44. 本文中对于妇女研究与妇女学没有刻意区分，根据语境交替使用。

② 玛丽莲 J. 波克塞. 当妇女提问时：美国妇女学的创建之路 [M]. 余宁平，占盛利，等，译. 天津：天津人民出版社，2006：22.

性。作为一种方法或方法论，性别分析以自然和历史中两性差异的客观存在为基础，不对现实中的任一性别抱有偏见；对于目前自然科学以及人文社会科学领域中普遍存在的男性中心主义现象，通过对两性差异的比较，进而重新审视和检讨整个人类的知识结构和学科制度。与女性主义方法论批评旨趣中的女性研究女性，为女性服务相比，性别分析则是包容两性的而不尽是女性的。性别研究中不但研究者中有越来越多的男性加入，其研究的对象也不再只是女性，男性研究或男性学也开始成为性别研究或性别分析的重要组成部分。目前在对男女性别差异进行分析的过程中"历史还原"和"立场置换"是其基本原则，也是主要方法。在性别研究的视角下，"女权主义运动必须有比消灭妇女压迫更多的梦想。她必须梦想消灭强制性的性欲和性别角色。我觉得最能鼓舞人的梦想是建立一个雌雄一体、无社会性别的（但不是无性的）社会，在这个社会中，一个人的性生理构造同这个人是谁、是干什么的、与谁做爱，都毫不相干。"①

作为女性主义认识论的一个重要视角，以社会性别为出发点的性别研究或性别分析，自出现以来，就以其特有的后现代主义式的批判性和解构能力，对自然科学和人文社会科学中的学术旨趣、理论框架、研究视角及方法都产生了不可忽视的影响。有学者甚至认为，在今天性别研究或性别学已经可以称之为"显学"或"热学"。原因就在于，目前在各个学科当中不但性别成为了非常热门的研究主题，而且性别分析作为一种方法论在其他诸多学科的有效应用更是引发了一系列的学术方法论的讨论和知识结构的变革。作为对这种影响的一种概括，琼·斯高特（Joan Scott）于 1988 年发表了以"性别：一个有用的历史分析范畴"为标题的论文。自此以后，性别分析开始逐渐成为整个人文社会科学研究中，与种族、阶级、国家等并列的一个重要的分析范畴。回顾历史，作为一个分析范畴的社会性别概念的形成，经历了不同的时期和不同的方式，分析的层次既有微观的相互交往，又有宏观的社会结构。具体而言，对于性别分析目前一般有以下几种观点：（1）强调"性差异"的社会性别观（Gender as Sex Differences）；（2）强调"地位"和"角色"的社会性别观（Gender as Status and Roles）；（3）强调人际关系的

---

① 王政，杜芳琴. 社会性别研究选译［C］. 北京：生活·读书·新知三联书店，1998：65.

社会性别观（Gender as System of Relationship）；（4）强调过程的社会性别观（Gendering as a Process）。① 进入 20 世纪 90 年代以后，性别分析开始同阶级、种族、年龄等分析范畴交叉互动，进一步深化了人们的认识，从而也标志着女性主义学术和理论开始逐渐地走向成熟。作为一门年轻的或不成熟的学科，高等教育学虽然形成在女性主义理论兴起之后，但其作为一门学科同传统的人文社会科学学科一样，也是男性中心主义的产物。高等教育研究中同样需要关注两性差异，同样需要引入性别分析这种新的方法以及女性主义学术中的新理论。今天现代大学正处于转型的十字路口，歧路重重。在此背景下，性别分析的视角以及女性主义学术的理论可以为现代大学的转型提供建设性的启示。

第二节　学科与性别

20 世纪 60 年代西方女性主义兴起以后，妇女研究对于大学里的学科产生了巨大的影响。一方面以性别分析为基础框架的妇女学或女性学等新兴学科开始在大学里出现，直至建制化。另一方面西方大学里众多的女性主义学者开始在不同的学术领域里以女性为对象进行专门的研究，在传统的人文社会科学的学科领地上开辟了许多与女性有关的交叉学科，比如女性史、女性人类学、女性心理学、女性教育学、女性社会学、女性文学、女性美学，等等。"女权运动和妇女问题的研究正在影响着所有的全部关于社会的和人文的知识。这些新思想使现行的引为典范的科学知识出现了许多缺口。"② 作为性别分析的前身，妇女研究有它独特的学术目标与理论旨趣。在某种意义上，它对人类有史以来的学术领域和学科制度化提出了一个道德挑战。它所有的学术努力都是为了要纠正女权主义运动所提出的在高等教育这一特定体

---

① 参见王政，杜芳琴. 社会性别研究选译［C］. 北京：生活·读书·新知三联书店，1998：384－389.

② 李小江. 女性/性别的学术问题［M］. 济南：山东人民出版社，2005：33.

制内部的知识权力的不平衡，性别的不平等。正是基于对权力不平衡和性别不平等的深入分析，妇女研究揭示出了传统人文社会科学学科制度中以及整个人类知识结构中对于女性的埋没和忽视。为了达到既定的学术目的，"女性主义者不能忽视方法，因为如果她们准备向现存的权力结构挑战，但却仍用该结构内认定的同样方法进行挑战，她们可能会'重建她们试图指出并破坏的那些不公正的权力结构。'"① 伴随着女性主义从政治论向方法论的转变，妇女研究也开始逐渐让位于性别研究。基于性别分析的视角，女性主义学者们经常会质疑："本学科的单一性别结构在形成学科方向上起了什么作用？""来自单一性别的资料和理解的角度，如何影响我所从事的领域？历史怎样被建构成它所被建构的方式——或者说，哲学、文学、人类学、甚至生物学和物理学——因为男人单独（或者说在很大程度上单独）建构了它们？如果妇女单独建构它们会是什么样子？如果由男人和女人共同建构它们又会是什么样子？"② 一些女性主义者甚至坚信，没有性别研究所提供的性别分析的独特视角，我们不可能知道人类知识本来应具有的模样。

20 世纪 80 年代以后，在妇女研究的基础上发展起来的性别研究对于大学里的学科制度产生了强有力的冲击。相比与妇女研究中对于妇女学学科发展中"自治"与"整合"的争论③，性别研究对于大学中其他学科的影响主要体现在两个方面："一是清理传统的学术遗产，校正单一性别偏差；二是全面渗透性别视角，重构人类知识体系。"④ 在性别分析的视野里，人类几乎所有的学科都是男性中心主义的。性别分析的目的就是要打破学科制度中男性中心主义的神话，恢复学科制度或人类知识结构的历史真相。比如在心理学方面，丹玛克就认为：从冯特的著作问世以来，心理学作为一门崭新的科学领域而得到确立。但是"直到最近，心理学几乎只局限于由男子对男性或

① 王政，杜芳琴. 社会性别研究选译 [C]. 北京：生活·读书·新知三联书店，1998：217.
② 李小江，等. 批判与重建：性别与中国（第 4 辑）[C]. 北京：生活·读书·新知三联书店，2000：293 - 294.
③ 自治（autonomy）与整合（integration）是妇女研究学科化论争多年的老问题。自治，意味着要建立具有独立的教职、学生、学位的妇女研究系；整合，则是要在所有学科中引进女权主义和社会性别的观点。参见李小江，等. 批判与重建：性别与中国（第 4 辑）[C]. 北京：生活·读书·新知三联书店，2000：255.
④ 李小江，等. 批判与重建：性别与中国（第 4 辑）[C]. 北京：生活·读书·新知三联书店，2000：180.

雄性动物进行研究。95% 以上的早期研究未涉及性别差异。一般认为，从妇女被试得到的数据是不可靠的，因而总是不加重视。甚至为数甚少的早期妇女问题研究工作者，自己也对这种现象感到内疚。"① 在道德心理学的研究方面，柯尔伯格曾利用他以男性为被试所建立起来的道德发展阶段理论来解释女性道德发展水平。在他的六种道德认知发展水平中，他发现大多数女性的道德发展水平都比男性低，女性基本上处于一到三级水平，很少有人达到第四级水平。因此，柯尔伯格得出了女性的道德发展水平低的结论。他的学生女性主义学者吉利根通过对女性道德的研究，发现她的导师的研究工作带有明显的性别偏见。因为以男性生活建立起来的道德标准反映了男性的个人主义和社会公正观，用强调个人主义道德观的标准来解释女性的道德发展水平对女性只能产生误解②。在社会学方面，西方女性主义社会学家也认为：（1）社会学从一开始就是具有男性性别偏见的，即带有性别歧视的假设一开始就被构建在社会学理论之中，并一直是社会学理论研究的基础；（2）社会学研究领域中的性别隔离使得社会学主要是一种男性的专业；（3）这个世界原本就是由传统的社会性别观念以独特的方法构建的，它也解构了人们对于两性差异的解释③。在经济学方面情况同样如此。比如《美国经济评论》上所刊登的一篇论文就曾经指出，经济学运用的所谓"经济人"的人性假设，具有明显的男性倾向。其原型就是西方白种男性经营者。换言之，这个所谓的"经济人"就是这些男性经济学家按照自己的面貌和价值观塑造出来的。这些经济学研究无视女性和其他非男性白人所从事的经济活动，往往把这些活动说成是落后的，低效的，无价值的。事实上，不仅是人文社会科学领域的知识可能存在性别的偏见，自然科学领域也同样未能幸免。比如，在自然科学中物理学的重点都是传统中视为男性的领域（机械、电、磁、物质）。某种意义上，所有的理科学科都更多的是男性的"文化遗产"，而不属于女性。由于男女在认知、思维方式等方面的差异，所有那些以男性为中心所建构的学科，所编制的课程也不利于女生的学习。女性主义科学史家伊夫林·

---

① 李小江，等. 批判与重建：性别与中国（第4辑）［C］. 北京：生活·读书·新知三联书店，2000：192.

② 参见王珺. 解读高等教育的性别符码［D］. 武汉：华中科技大学，2005：96.

③ 李小江，等. 批判与重建：性别与中国（第4辑）［C］. 北京：生活·读书·新知三联书店，2000：170.

凯勒（Evelyn F. Keller）在考察了历史上关于科学和知识的种种描述时发现，在"科学的"与"男性的"之间存在一种神秘的对等关系，"科学的＝客观的＝男性的"被看成不证自明的对等关系。基于此，她断言：自培根以来，占统治地位的科学观念就是，科学事业即为男性的事业，科学思维即为男性思维①。

认识到传统学科制度中男性中心主义以及性别差异的存在只是大学学科重建的第一步，以此为基础的第二步就是要在性别分析的视角下，通过"学科和个人交互作用的重建"来实现大学学科制度的重构。这种"学科和个人交互作用的重建"大致可以分为如下五个阶段：阶段一可以叫做无女性的历史，此阶段既不研究女性，也未注意到自己的这个欠缺。阶段二是历史中的女性，但仅仅是存在而已。阶段三是妇女问题，女性作为历史中的一个问题、一种异常、一个缺席或受害者（历史叙述中也是如此）。阶段四涉及作为历史的妇女生活。阶段五是修正或重建历史以包括我们所有的人②。与之类似，玛丽·凯·坦特里尔特（Mary Kay Tetreault）把女权主义关于改革课程和学科的观点的发展过程分为另外五个阶段：（1）男性学术阶段：这个阶段对于知识的片面性和排他性没有意识；（2）补偿性学术阶段：在这个阶段妇女的缺失被提了出来，但妇女在学术中的加入只是象征性的，并没有触及和改变传统结构；（3）双焦点学术阶段：在这个阶段，人类的经验被认为具有二元性（男人和女人互补），但女人仍被视为与男人有关（而不是独立存在）且不如男人的存在；（4）女权主义学术阶段：这个阶段把女性放于中心位置，提出新的问题以阐释女性不同的和多样化的经历；（5）多元焦点的相互关联学术阶段：这个阶段全面地看待人类的经历，开始确定人性中不同组合和分离的因素③。综观以上两种阶段理论（phase theory）可以说大同小异，二者都可以为性别分析应用于大学学科制度转型提供一个非常有价值的分析框架。借鉴第一种阶段理论，以教育学的重建为例，阶段一可称为无女

---

① 李小江，等. 批判与重建：性别与中国（第4辑）[C]. 北京：生活·读书·新知三联书店，2000：52.

② 李小江，等. 批判与重建：性别与中国（第4辑）[C]. 北京：生活·读书·新知三联书店，2000：28－29.

③ 余宁平，杜芳琴. 不守规矩的知识——妇女学的全球与区域视界 [C]. 天津：天津人民出版社，2003：91.

性的教育学。阶段二，教育活动中的著名女性。阶段三，女性作为教育学（或实际教育活动）的缺席者、异常问题或牺牲品。阶段四，作为教育历史的妇女生活。阶段五，教育实践的修正和重建，以包括我们所有的人，重新认识和平衡许多教育的经验——内部的和外部的、家庭的和公共的、心理的和物质的。再比如经济学的重建，阶段一为无女性的经济学，阶段二为经济中的著名女性。阶段三为经济学中的女性。阶段四为经济学中的妇女生活。最后，我们能够想象出一种被重建的经济学，它包括我们所有人的利益，它要创立一种方法来研究（从时间、金钱、资源的角度）如何生产更为普遍的财富，同时保留个人努力的动力。目前的高等教育实践中，无论哪个学科，在上述五个发展阶段中，"阶段一的思想框架是排他性的，带有权威的标记；阶段四则具有包容性，更关注人们的日常经验作为一种知识的源泉。如果用一种复杂的方式思考问题，那么，无论是个体研究还是大学课程都不是固定在某一阶段，而是表现在几个阶段的交互作用。这些阶段为一整体，或看问题的不同方法，每个都有自己的政治后果。"① 概言之，目前性别分析之于大学学科制度重建的影响还多停留在阶段二或阶段三，阶段四和阶段五还只是一种理想。不过，尽管如此，人们毕竟已经认识到性别分析对于大学学科制度重建的重要性。如有学者所言："如果大学中各学科都能从妇女学对思想史的重大贡献中获得启示，整个学院的前景将会大为改观。"②

以性别分析为基础的女性主义视角的介入已经引起高等教育领域的知识革命。客观上，有意识地采用性别分析的视角，意味着看到从前没有看到的问题，意味着用不同的眼光去看熟悉的问题。在一个普遍存在父权制与男性中心主义倾向的制度环境下，奥德里·洛德曾经悲观地认为："用主人的工具永远不可能拆除主人建立的房屋"。但是今天"女权主义学者们已经以足够娴熟的技巧来使用这些工具，并对高等教育机构产生重要的影响。虽然谈不上拆除，也谈不上全部重新装修，但重新布置家具的工作，已经在大张旗鼓地进行中了。"③ 正是由于女性主义学术的蓬勃发展，在今天一个对性别研

---

① 李小江，等. 批判与重建：性别与中国（第4辑）［C］. 北京：生活·读书·新知三联书店，2000：30.

② 转引自：王珺. 解读高等教育的性别符码［D］. 武汉：华中科技大学，2005：56.

③ 玛丽莲 J. 波克塞. 当妇女提问时：美国妇女学的创建之路［M］. 余宁平，占盛利，等，译. 天津：天津人民出版社，2006：66.

究，对女性主义毫无了解的人，在西方的大学里恐怕已经很难立足。在今天的西方大学里，性别已不仅仅只是一个值得研究和探讨的题目，对性别或女性这个课题的研究还从根本上改变了现代西方大学里知识分子的知识结构、思维方式和价值观。"无论是把妇女学比作文艺复兴，还是启蒙运动，或是比作哥白尼和达尔文，总之已有多位学者将妇女学产生的影响与几次对人类发挥过重要作用的知识转换过程进行了比较。"[1] "有关妇女的学术研究对学术界所有学科和我们的教学产生的影响……或许比电脑革命的影响更为深远重大，因为它关系到我们如何理解人生的体验，如何组织知识，以及我们如何去教学生。"[2] 今天在西方的大学里，女性的历史、性别的角色和女性的贡献、性别分析的方法等已经成为任何一个学科知识体系中不可或缺的一部分。在女性主义者关于性别研究的影响之下，目前世界各国的大学里的各个学科中都会面临同一个问题，即"女性在哪里?"正是这个貌似简单的问题将人类历史主体的另一半提到了知识的日程上，从而引发了人类知识的革命。目前大学里有关"女性"这一半的知识正源源不断地涌现出来。除此之外，女性主义、性别研究和性别分析在 20 世纪 80 年代以后还与人文及社会科学领域其他学科的理论思潮相结合，比如后现代主义、文化研究等，逐渐发展成为了当今社会中最重要的学术思潮之一，对于现代大学的学科转型起着积极的推动作用。

第三节　性别与大学

　　人类文明由男性和女性共同创造，但相当长的时间内，女性都被排除在历史记忆之外。无形之中，女性视角的缺失对于人类文明发展造成了巨大的

---

① 玛丽莲 J. 波克塞. 当妇女提问时：美国妇女学的创建之路 [M]. 余宁平，占盛利，等，译. 天津：天津人民出版社，2006：299.
② 玛丽莲 J. 波克塞. 当妇女提问时：美国妇女学的创建之路 [M]. 余宁平，占盛利，等，译. 天津：天津人民出版社，2006：313.

损失。其结果，不仅人类的思想、知识、学术与学科等都是父权制和男性中心主义的，而且人类的诸多组织制度也都是父权制的化身。作为当今社会最为重要的组织机构之一，今天的大学无论从中世纪算起，还是追溯到更古老的高等教育机构，男性中心主义和父权制都是其极为明显的制度特征。历史上，在大学产生之前，欧洲的女性主要通过诸如修道院、教会学校这样的组织积极参加学术活动。大学出现以后，女性受到了排斥，相当长的时期内大学都是男子大学，大学是女性的禁区。直到 19 世纪中期，女性才开始通过长期而艰巨的斗争让现代大学接受她们。1833 年美国奥伯林学院（Oblin）首次正式招收四名女生入学。而在欧洲，"瑞士要到 1860 年才接纳女性，英国在 1870 年代，法国在 1880 年代，德国在 1900 年代。"[①] 女性进入大学，男女同校只是迈出了男女性别平等的第一步，距离女性主义者最终希望的在组织制度的层面上修正大学的男性中心主义和父权制倾向，彻底废除性别不平等的目标还非常遥远。以美国为例，虽然早在 1833 年就已经有大学开始招收女生，但直至 1969 年，代表美国最高学术权威的常春藤大学才开始招收大学部的女生。历史上，自建校以来，像耶鲁、哈佛、普林斯顿等世界一流大学在美国一直象征着父权制的根深蒂固的权威，大学始终是男性的一统天下。某种意义上，正是伴随着 20 世纪 70 年代女权主义思想的不断高涨，美国常春藤大学的"男性特权"才得以发生根本改观。在这些常春藤大学里，女性首先成为学生，后来成为教授，近来不少人还做了系主任和校长[②]。值得肯定的是，由常春藤大学男女合校政策所产生的积极影响是巨大的。在某种程度上，它迫使人们从狭隘的男性主义世界观和传统组织架构中走出来，大学的本科教育目标不再仅指培养学生在专业以外有独立思考的能力，它更意味着关注两性差异，扩展两性之间的平等，使受教育者尽量少受偏见和教条的束缚。

　　作为对大学父权制与男性中心主义传统的一种反抗，女子学院或女子大学的兴起是探讨性别与大学之间关系的另一维度。历史上，传统大学多禁止

---

　　① 王珺. 解读高等教育的性别符码 [D]. 武汉：华中科技大学，2005：48.
　　② 据 2001 年 9 月 4 日《纽约时报》报道：现今美国大学女校长的比例是 19%，总人数是 400 多人，高于 1986 年的 9.5%，其中有 3 位是常青藤联盟大学校长，而八年前一位也没有。许美德. 大学与文明间的对话 [J]. 浙江大学学报（人文社会科学版），2002（3）：104.

女性进入，为了获得高等教育，专门成立女子学院或女子大学成为一个必然的选择。女子大学的出现，使大学开始公开走向"性别化"。作为目前世界上最大的女子大学，韩国梨花女子大学的诞生可以追溯到 1886 年，创立的原因就是因为当时的性别隔离制度禁止妇女离开她们的家去接受高等教育。客观来看，女子学院或女子大学的出现有其积极意义，一方面它扩大了女性接受高等教育的机会，促进了大学教育中的两性平等；另一方面它的出现也彻底击碎了大学作为一种组织制度性别中立的谎言，第一次使大学按照人的生理意义上的性别一分为二。不过，客观来看，女子学院或女子大学同样有着非常明显的局限性。女子学院或女子大学表面上好像是女权主义的产物，是服务于女性的；但事实上它仍然没有脱离社会性别制度的束缚，基本上仍然是在按照男性中心主义或父权制的逻辑在运转。例如阿博特女子学院 1829 年创立于安多威，它的目标就是为了使年轻的女性能够成为教师。另外，根据 A. C. 科尔（A. C. Cole）的观点，当玛丽·莱昂提供资金创立霍利奥山女子学院的时候，她的初衷就是为那些西部大峡谷地区需要接受教育的人提供教师，因为对女性来说，教师不仅仅是一门很合适的职业，而且她也能够结婚，抚养小孩，给社会提供支持①。弗洛伦斯·豪曾经以美国为例，把性别与大学之间的关系划分为三个阶段，并把以性别为分析框架的妇女学运动看作长期发展的第三阶段。按照她的划分：在第一阶段，即 18 世纪美国高等教育中没有院校愿意接收女学生。第二阶段，从美国建国初期开始，妇女们开始寻找途径进入神学院和大学，在那里学习一些专门为"女士"设置的课程。19 世纪后期，她们又要求拥有参加"男子课程"的权利。继新建立的女子学院提出这一强烈要求后，许多院校开始试行"男女合校"，越来越多的学校开始接收男女学生。在第三个阶段，她们要求在课程和课程大纲中有根本性的变革。因为这些课程和大纲通过维持对妇女史、妇女生活和女性视角的传统看法，或完全忽视这些内容，来强化对妇女的刻板印象，支持对妇女的歧视。为了纠正这些错误，填补空白，她们创办了妇女学②。

---

① 弗罗仑斯·豪尔. 女权主义运动与女性高等教育［EB/OL］. http：//www. 38hn. com/content. asp? id = 963.

② 玛丽莲 J. 波克塞. 当妇女提问时：美国妇女学的创建之路［M］. 余宁平，占盛利，等，译. 天津：天津人民出版社，2006：64 - 65.

今天专门创建女子学院或女子大学已不再是谋求高等教育中性别平等的主要手段，也不会再有哪个世俗的大学会拒绝招收女生①。在今天的大学里男女生的比例已经基本持平（部分国家或部分大学甚至女生多于男生），表面上大学的性别问题好像已不成为问题。但事实上，大学入学人数性别比例上的接近只是两性平等的一个表象，本质上性别之间的平等并未实现。今天的大学仍然不是性别中立的，更不是无性别的；相反今天的大学在某种意义上依然是一个父权制主导下的男性中心主义的大学，女性仍然处于从属地位。"高等教育很多学科普遍对妇女一无所知，而高等教育'获取学位的条件，很少要求把女性的状况作为人类整个状况的一部分进行认真的考察。'"② 一方面现有大学的学科、专业和课程设置依然是男性中心主义的。虽然今天的大学里学科对于性别的公开歧视已经不多见，也很少有哪个学科或专业标明只招男生或女生。但实际上在社会性别制度的直接规训下，大学里男性学科与女性学科的区分仍然很明显。"正如神话强化了父权制，社会科学也以同样的方式起作用。"③ 目前的大学里与男性多集中在以自然科学为主体的"硬"科学领域相比，女性多集中在以人文社会科学为主体的"软"科学领域。除男性学科与女性学科的区分外，大学里学科、专业设置中的男性中心主义还体现在知识运作的逻辑上。今日大学里的学科几乎都是男性中心主义的产物。这种男性思维主导下的学科制度根深蒂固，绝不会因为有了女性学生或女性教师的介入就会发生彻底的改变。更多的时候是女性教师或女性学生在不断适应自己所选择的学科与专业，而不是学科或专业因为有了女性的介入而改变自己。另一方面今天的大学制度直接继承了中世纪大学的传统，依然是男性中心主义的父权制的化身。无论是在历史上还是现实中，大学制度表面上没有性别之分，好像是性别中立的。但事实上，由于背后的价值观和大学理念在起作用，大学制度同样有着性别之分。和人类的其他制度一样，大学制度同样是父权制的产物。按照父权制的逻辑，大学长期以来是排斥女性的。即便后来的大学逐步接纳了女性，实现了男女同校，女性在

---

① 在中东地区由于宗教的原因，很多国家的大学一直是男女分校上课。比如，在沙特直到2009 年才建立了第一所男女同校的大学——阿卜杜拉国王科技大学。

② 王政，杜芳琴. 社会性别研究选译［C］. 北京：生活·读书·新知三联书店，1998：145.

③ 王政，杜芳琴. 社会性别研究选译［C］. 北京：生活·读书·新知三联书店，1998：89.

这种制度架构中也一直处在比较边缘的位置。比如哈佛大学建立了几百年，但直到 2007 年才选出第一任女校长①。当然，还有更多的大学，可能从来就没有过女校长。除此之外，在现有的制度框架内，女性即便进入了大学的领导层甚至最高领导层，仍然不可避免地要按照历史已经形成的男性化的游戏规则在行动。因为一般情况下任何单个人的力量都不足以改变既有制度安排，而只有遵守既有的游戏规则才能够存在。

道德探究是我们探讨性别分析或妇女学影响大学转型的另一个重要维度。阿拉斯代尔·麦金太尔（Alasdair MacItyre）曾经以"道德探究"作为线索将大学的发展分为三个阶段。按照他的分析，现代大学开始时是一种"前自由化"的机构，致力于理性的探索以及培养和教育（男性）民众，它要求将"在信仰方面的高度一致性作为先决条件。"通过有意识地排除潜在的异己分子，大学才能追求理性的探索，而这种探索是得到道德（和宗教）意义上的共识所认可的。在第二阶段，前自由化阶段"带有限制性协约的大学让位给了自由化大学。"在此阶段，由于缺乏对道德哲学的共识，而且无法"对人类才能究竟该如何排列，以及在这种排列顺序中探索的位置而求助于某种特别的理性认识，"大学陷入了"混乱状态"。在麦金太尔的公式中，现在该是第三类大学出现的时候了。麦金太尔认为，20 世纪 60 年代及 70 年代初学生反叛、呼吁和要求高等教育必须有社会实用性，实际上就已经"反映了（自由化）大学的贫瘠和枯燥，这种状况早在 19 世纪就已经被尼采等人视为有问题，因为它剥夺了大学自身基本的道德探索②。麦金太尔对大学发展阶段的分析抓住了现代大学转型的要害，而且也对 20 世纪六七十年代西方高等教育发展中的道德危机给出了一个全新的解答。今天高等教育中的道德危机依旧，大学如何应对道德的危机毫无疑问将成为影响现代大学未来发展的一个非常关键的因素。"妇女学倡导的教育之所以能够吸引公众的参与，是因为大家希望巩固——或者说恢复——大学在使人生更有意义方面的作用，同时还给社会指出了道德方向。对性别平等的争论不仅合法和有实用

---

① 哈佛大学第 28 任校长朱尔·福斯特（D. Faust）于 2007 年 2 月 11 日上任。她是哈佛历史上第一任女性校长。

② 玛丽莲 J. 波克塞. 当妇女提问时：美国妇女学的创建之路 [M]. 余宁平，占盛利，等，译. 天津：天津人民出版社，2006：302 - 304.

价值，而且是合乎道德的。"① 性别分析和妇女学的兴起为今天的大学应对道德危机，从第二个阶段的自由化大学走向第三阶段的道德探究式大学转型提供了非常好的契机。"妇女学坚决主张高等教育中的道德回归，向已有近百年历史的非教会大学的办学目的发出挑战。这一道德目标的回归，要求重新组织学院课程，重建机构体制，将妇女历来关注的关心、关注、关联问题，同新的有关妇女的研究成果结合起来，拓宽广度和深度，改变视角。"② 作为对这种努力的一种回应和肯定，有学者认为今天"妇女学已经恢复了一种大学的道德探究形式。"③

综上所述，无论历史上还是现实中，大学是有"性别"的已是一个铁的事实。问题关键在于，指出这一事实的意义何在呢？性别分析的价值并不在于给任何事物都贴上男性或女性的标签，更不是要处处为女性争取特别的好处。"提出妇女问题并不是要求做出对妇女有利的决定，而是要求决策者寻找性别偏见，基于该偏见进行辩争而做出决定。换言之，这种方法要求对一系列以往被忽视的、现在也可能被忽视的人们的利益和关切事项给予特别关注。"④ 作为一个有用的分析范畴，性别分析的最终目的是要解决问题。"一个批评家暗示亚洲的大学正在失去社会的信任和对危机失去反应。主要的原因是他们'对自身所处的环境持清高的态度'和'虚假的开端，虚假的借口，自欺欺人的名不副实的'优越感。这一点当局和民众都看得越来越清楚。如果我们至少同意其中一部分的批评，就能看到妇女学具有改变大学的潜能。"⑤ 原因就在于"妇女学的出发点之一是对父权制文化和父权制家庭体系包括教育体系的批判性的审视。"⑥ 既然已经很清楚，今日的大学依然基本上是父权制下男性中心主义的制度架构，那么性别分析又能够给这个历时

---

① 玛丽莲 J. 波克塞. 当妇女提问时：美国妇女学的创建之路［M］. 余宁平，占盛利，等，译. 天津：天津人民出版社，2006：325.

② 玛丽莲 J. 波克塞. 当妇女提问时：美国妇女学的创建之路［M］. 余宁平，占盛利，等，译. 天津：天津人民出版社，2006：6.

③. 余宁平，杜芳琴. 不守规矩的知识——妇女学的全球与区域视界［C］. 天津：天津人民出版社，2003：108.

④ 王政，杜芳琴. 社会性别研究选译［C］. 北京：生活·读书·新知三联书店，1998：226.

⑤ 余宁平，杜芳琴. 不守规矩的知识——妇女学的全球与区域视界［C］. 天津：天津人民出版社，2003：183 - 184.

⑥ 余宁平，杜芳琴. 不守规矩的知识——妇女学的全球与区域视界［C］. 天津：天津人民出版社，2003：182 - 183.

千年的超稳定机构带来什么新的东西呢？女性主义主导下的性别分析对于消解大学的性别化会有帮助吗？如果能够有所帮助，那么性别分析与大学制度去性别化的契合点又在哪里呢？

首先，性别分析可能导致人们对于大学学科制度的重构，学科制度的重构则可能导致大学制度的重构。学科是大学的细胞。学科制度与大学制度紧密相关。现有大量的女权主义论争力图说明，人们所熟悉的西方世界对现实的理解方式实际上很明显是男性中心主义的。如南希·哈特索克（Nacy Hartsock）所言："在妇女的生育经历（月经、性交、怀孕、分娩、哺乳）以外，妇女通过如烹调之类的活动而得到的转化自然物质的日常经验会使她们反对任何二元论，重视具体的日常生活，具有对他人和自然世界的各种联系和延续的感觉。如果说意识是由物质生活构成的，那就应看到妇女以相互关系来界定的存在、向界限挑战的身体体验、及转化物质和人类的活动必定会产生不同于二元论的世界观。在哈特索克看来，女性的体验产生了一种关系和延续过程的本体论，她认为这种本体论比建立在生理构造上的形而上学要优越。"① 今天在女权主义运动和女性主义学术思潮的影响下，性别分析已经深入到了大学的各个学科之中，通过性别分析，消除学科制度化过程中的男性中心主义，恢复知识的本来面目已经成为今日大学学科发展的一个重要方向。"各学科中的女性主义以不同的速度、方式和力量，改变了本学科的知识图像。"② 伴随着性别分析在大学学科制度重建中的不断取得成功，大学去性别化的重建并非没有成功的可能。

其次，女性主义不但唤醒了女性的性别意识，而且唤醒了男性的性别意识。而随着性别意识的普遍觉醒，男性中义主义的制度架构终将失去合法性。"新的大学要探索的是新的课题：如何在各学科领域中重新审视各时空中的男、女及两性关系，并且在这种审视过程中重构这些学科的规范。"③ 历史上，女性进入大学的时间要比女性主义的历史悠久得多。但在历史上，相当长的时间内，在社会性别制度的直接规训下，女性和男性一样认为，男性

---

① 王政，杜芳琴. 社会性别研究选译［C］. 北京：生活·读书·新知三联书店，1998：204.
② 王政，杜芳琴. 社会性别研究选译［C］. 北京：生活·读书·新知三联书店，1998：379.
③ 余宁平，杜芳琴. 不守规矩的知识——妇女学的全球与区域视界［C］. 天津：天津人民出版社，2003：115.

中心的制度是当然的。大学里的教学和科研工作都是女性跟着男性在走，男性研究什么，女性也研究什么，男性不研究什么，女性也不研究什么。在相当长的时期里，女性即便进入大学，也很少研究她自己，更不认为自己生活的制度是男性中心主义的，即便认识到也觉得理所当然。"只有女性发现自己在现代大学作为学生和教授的地位后，她们才能批判性地对待这个在文明中占主导地位的知识模式，并对已逐渐主导大学学科的教条主义的认识论提出一种男女平等主义的主张。"① 20 世纪 60 年代以来兴起的女性主义学术运动的一个巨大贡献就是赋予了女性以自信心，女性有权质疑所有男性中心主义的制度安排，并争取通过制度重构以保障自己的权益和促进社会的发展。与此同时，作为女性主义学术发展的一个新阶段，性别分析范畴的提出，为男性加入到女性主义者主导的学术运动提供了一个绝好的切入点。事实上，没有男性的有意识的介入，没有男性研究的兴起，单靠女性自己来改变男性中心主义的制度安排是十分困难的，甚至是没有希望的。"要认识一种不平等制度，我们必须审查占统治地位的一方——研究男性对于研究社会性别，就如同研究统治阶级对于阶级分析一样至关重要。"② 目前在大学学科制度重建的过程中已经有越来越多的男性投入到了女性主义学术的阵营中，作为妇女学的一个分支，男性研究也正在兴起，可以说今天男性与女性正在一起为恢复知识与学术的本来面目而努力，为改变大学制度的男性中心主义状况而努力。

最后，话语会改变对象的性质。"大学是男性中心主义的"作为一种女性主义的话语，最终会改变大学的性质，促进大学组织制度的转型。福柯认为，"任何知识（无论科学的、法律的还是宗教的知识）的真实性都是在话语中构成的，也就是说，它只有在一个特定的历史背景中才是真实的。这样，根据社会性别来进行的对一些社会关系的组织就不应该被看成是对女人和男人客观生物差别的反映。相反，生物是使知识合法化的场地，女人和男人在社会、政治、经济上的不平等都被归之于那个场地。生物的'真实性'是18、19世纪科学/医学话语的产物，它并不是在自然中独立存在只等着被人发现。此外，社会性别不是添加在生物之上的意识形态，它是话语的一种

---

① 许美德. 大学与文明间的对话 [J]. 浙江大学学报（人文社会科学版），2002（3）：105.
② 王政，杜芳琴. 社会性别研究选译 [C]. 北京：生活·读书·新知三联书店，1998：382.

效果,即组织着我们对世界和自己的知识与经验的各种社会体制和惯例所造成的一种效果。"① 历史上,大学无所谓男性的还是女性的,人们往往认为现实的就是合理的。女性主义思潮兴起以后,"大学是男性中心主义","大学是父权制的产物"逐渐开始成为主流的话语。这些话语的不断提出,使得大学的男性中心主义成为一个不折不扣的问题,其结果无论是基于政治的正确性还是学术的客观性,重塑大学的制度性质将成为必然的选择。"我们不是要在现行的制度下'达到我们的目的'(make it);相反,我们憧憬一个全新的制度。"② 作为一种具有学术/政治双重性的话语实践,女性主义关于"大学是男性中心主义"的判断将再一次证实,"事实本身不起作用;起作用的是对事实的理解。"③ 未来现代大学转型的实践将会证实,在对于大学制度的重塑方面,人们对于性别区分的认识与阐述可能远比性别区分本身更重要。

第四节 性别的迷思与超越

"迷思"为英语 myth 的音译,一般泛指那些人类无法以科学的方法验证的领域或现象,迷思的存在主要强调其批判现实的主观价值。性别之所以成为高等教育研究中的一个迷思,主要源于性别视角的滥用以及女性主义方法论旨趣中过于强烈的批判与解构倾向。"如今在学术圈子里,出版个人著作的最行之有效的办法似乎就是把你写的书冠以《女性主义与……》或《妇女与……》之类的标题,省略号里可以填进任何内容。"④ 大学教育作为关于人的生长与发展、形成与塑造的主要制度性场所,性别问题本就客观存

① 王政,杜芳琴. 社会性别研究选译 [C]. 北京:生活·读书·新知三联书店,1998:377.
② 余宁平,杜芳琴. 不守规矩的知识——妇女学的全球与区域视界 [C]. 天津:天津人民出版社,2003:234.
③ 余宁平,杜芳琴. 不守规矩的知识——妇女学的全球与区域视界 [C]. 天津:天津人民出版社,2003:291.
④ 威廉·亨利. 为精英主义辩护 [M]. 胡利平,译. 南京:译林出版社,2000:107.

在，利用女性主义理论和性别分析的方法来解读高等教育活动中的性别问题也顺理成章。但现在问题的关键是，虽然性别平等具有政治上天然的正确性，但是由于女性主义的激进、偏激和多元，什么是性别平等，如何实现高等教育中的性别平等却成为一种迷思。在高等教育场域中人人都知道性别平等的重要性，人人也都强调性别平等的重要性，但是对于什么是性别平等，如何实现性别平等，如何通过性别分析实现大学转型却没有明确答案。久而久之，性别就成为高等教育研究中的一种迷思，即学术上和政治上永远正确，但实践中无法证实或具体实施。

一、性别分析：女性视角与男性视角

性别分析方法源于性别研究（Gender Studies）。20 世纪 80 年代以后，伴随着妇女研究向性别研究的过渡，女性主义的政治立场逐渐向学术立场转变。凯利（Joan Kelly）首先将性别与种族和阶级放在同等地位，指出性别关系是社会的，而不是自然的。斯格特（Joan Scott）于 1988 年正式提出将性别作为一个有用的历史分析范畴。性别分析作为一个范畴，为了能够改变人们已有的思维规范进行了多方面尝试。第一种尝试是把社会性别看成多重的统治制度的一个方面。第二种尝试是把种族、阶级和社会性别理论并列，进而把"行动着的社会性别"扩展为"行动着的差异"。第三种尝试认为社会性别是一种社会机制，而不是个人属性或人际关系[①]。20 世纪 90 年代以来，女性主义学者相继发表了大量的文章和著作，全面阐述和探讨了性别分析作为一种方法论的学术价值以及女性主义的科学观点。其中桑德拉·G. 哈丁所著的《谁的知识？谁的科学？——从妇女生活出发进行思考》就是非常有影响的一部著作。在这部著作中，由她所提出的"立场理论"（feminist standpoint theory）目前已被许多社会科学界的女性主义学者所接受。当然，自然科学领域的女性研究者对此理论表示高度怀疑。她们认为自己的性别无法增加自己对于知识的贡献。

理论上，性别分析作为一种方法或方法论的旨趣要求研究者超越单一的性别视角，兼顾两性自然差异和不尽相同的历史存在，并以此为基础进行必

---

① 王政，杜芳琴. 社会性别研究选译 [C]. 北京：生活·读书·新知三联书店，1998：384 - 389.

要的比较和分析。其核心之处是对于两性差异的敏感性。在性别分析框架里,女性不是男性的敌人,男性也不是女性的敌人,他们是彼此共同生活的伙伴。作为一种方法或方法论,性别分析以自然和历史中两性差异的客观存在作为基础,主张不对任一性别抱有偏见。与女性主义方法论旨趣中的女性研究女性,女性研究为女性服务相比,性别分析是更加包容两性的而不尽是关于女性的或为了女性的。不过,由于受到女性主义方法论的影响,具体的性别分析中女性视角仍然成为一种"潜规则"。女性视角将女性作为男性的对立面,强调两性之间的差异与不平等。女性主义者的这种学术立场事实上也间接地否定了两性平等的可能。女性主义者相信女人绝不仅仅意味着人类中的女性,女性主义的诉求一直是"为什么男人不能更像女人"而绝不是"女人要更像男人"。在诸多性别分析的实践中,女性主义的视角就意味着要以女性的经验与立场重新看待人类世界,大力发展女性主义科学及其认识论。女性主义相信,只有完全从女性主义的立场出发,科学才有可能变得完全正确,教育才可能真正实现性别平等。桑德拉·哈丁在《女性主义的辩护策略》一文中指出:"非女性主义者未加以考虑的一系列可供选择的理论假设,是向男性中心信仰发起最深刻挑战的假说,是自觉形成的假说,是只有根据女性主义的理解——即对社会经验的社会性别化特征的理解,才能证明其合理性的假说。""女性特有的社会活动使得更全面、更不偏执的人类理解方式成为可能。"[①] 由此可见,女性主义视角的张扬使得性别分析中男性不可避免地受到忽视和遮蔽。但事实上,真正意义上的性别分析,仅仅有女性的视角,或仅仅研究女性是远远不够的。一些女性主义者也已经意识到,"需要长期的、多样化的和细致的纵向研究来弄清楚,男女之间的差别哪些是天生的,哪些是被制造出来的。要时刻记住,这种差别是非常有用的。要试着调整观念使我们更强有力。文化中这些被制造出来并强加于男性和女性的社会性别特性也许本来就存在于文化中每个人的内心。换句话说,男人和女人可能不是那么不同,像我们被告知的那样。也许,他们不是'对立的'性别,而是并行的和重叠的。在规定男女不同的角色和权力时,我们的社会已经付出了太大的代价。近期从女性研究发展出来的男性研究也表明,男人的

---

① 保罗·R. 格罗斯,诺曼·莱维特. 高级迷信:学术左派及其关于科学的争论(第二版)[M]. 孙雍君,张锦志,译. 北京:北京大学出版社,2008:154–155.

社会性别的约束和规则给男人的生活带来不必要的局限和痛苦，如同给女人带来的一样，即使多数文化中的男人比女人有更多的公共权力。"① 正是基于女性主义对性别分析中女性视角的反思，今天在性别研究中不但研究者中有越来越多的男性加入，其研究的对象也不再只是女性；从男性视角和男性立场出发的男性研究或男性学也开始成为性别研究的一个重要组成部分。

性别作为一种新的分析范畴，男性视角与女性视角一样重要。如果将性别作为一种分析范畴，男性视角与女性视角就是它的两只"眼睛"。只从女性主义视角进行性别分析必然是单向度的，甚至是异化的。为了弥补女性主义视角的偏颇，同时也是受到女权主义性别研究的启示，以男性作为一个整体存在作为研究对象的男性研究或男性学开始兴起。关于这门学科兴起的原因，哈伯·哥登伯格在他所著的《新男性：从自我毁灭走向自我保护》中作了这样的描述："男性是在我们社会中最后一个被明显地否定和歪曲而没有任何反抗的亚社会团体。"1985 年尤金·奥格斯特出版的《男性研究：跨学科的参考书目与选注》一书更标志着男性学成为一门新的社会科学的学科。"男性学把男性和女性作为对立的社会单位，从分析两性角色的差异中揭示男性角色及社会行为的意义和本质。"② 在某种意义上，男性研究的兴起以及男性视角的提出推翻了女性主义唯独存在"女性歧视"的幻想，弥补了性别分析中由于男性视角的缺失可能造成的不足。不过，遗憾的是，时至今日男性研究或男性学虽然早已产生，但其影响远不如女性主义广泛。其中一个主要的原因就是男性主义的政治正确性远不如女性主义。在女性主义的话语体系里，这个世界本来就是男权中心主义的或男性中心主义的，男性视角的霸权正是造成性别问题的根源，而非解决性别问题的手段。最终，男性学或男性研究只能局限于生理层面上的"男性生殖活动研究"，逐渐远离了社会性别意义上的性别分析。

高等教育研究中男性与女性并非天然就是一种视角。性别分析中所谓的女性视角和男性视角也只是"关于女/男性"和"为了女/男性"，真正要做到"从女/男性视角出发"是非常的困难。原因在于：所谓男性与女性只是

---

① 李小江，等. 批判与重建：性别与中国（第 4 辑）[C]. 北京：生活·读书·新知三联书店，2000：28.

② 方成. 男性的觉醒：男性学 [J]，读书，1997（4）：90-91.

人类社会基于生理差异自然形成的一种性别安排或性别制度。有性别的具体的人比较容易作为研究对象或研究主体，而非天然具有理论视角的潜在功能，除非人为地进行理论层面上的建构。社会性别就是女性主义对于性别的一种理论建构。因此，只有在社会性别的意义上，男性与女性才有可能成为一种研究视角。社会性别的理论框架下，所谓女性视角，也就是女性主义视角。相比之下，所谓男性视角，由于男性主义理论的缺失，其理论透视能力必然存在先天的不足。抛开对男性视角与女性视角的区分，今天在整体上性别分析作为一种视角或方法论仍然不成熟。在女性主义者内部虽然没有完全放弃为女性主义科学而努力，但她们也不得不承认："在目前的历史时刻，女性主义科学还未形成，人们谈论的只是女性主义对现存科学的批判。而在目前想象女性主义社会中的女性主义科学有点像要求一个中世纪农民去想象遗传学理论或航天器的出现。尽管女性学者可以提出观念并设想女性主义科学应达到的标准，但是不应将此与实际形成科学理论混为一谈。"[1] 此外，由于受到性别中心主义的影响，它本身还存在忽视社会文化的合理成分而夸大其不合理性的倾向。"社会性别结构分析方法尽管填补了传统学术中性别批评话语的缺失，但现行的研究有一种将社会性别理论作用夸大化的倾向，研究中必称社会性别，以为任何一种社会关系都是性别视角缺失造成的。"[2] 作为一种概念建构，社会性别虽然不同于生理性别，但也不能够完全脱离生理性别而存在。社会性别制度的形成虽然离不开社会制度和权力规训的作用，但生理性别与社会性别的一致仍然有其天然的合理性。女性主义者从生理性别转向社会性别的做法既为其学术研究拓展了空间，丰富了学科的想象力，但也埋下了巨大的隐患。毕竟生理性别是客观的，社会性别是建构的。男性与女性在生理层面上存在的差异仍然是女性主义学术得以存在的一个客观基础。如果抛开这种客观性，完全以一种后现代主义式的文化建构论进行社会性别的分析和解构，其主观与武断也势必不可避免。事实上，近年来伴随着女性主义学术的发展，其内部对性别与社会性别的划分也已经提出各种质疑和争论。社会性别理论虽然具有强调性别是社会建构的长处，但也有把性别

---

① 刘霓. 女性主义的科学反思 [J]. 国外社会科学, 2000 (3): 27.
② 魏开琼. 从女性主义视角反思本土妇女学的建立 [J]. 四川大学学报 (哲学社会科学版), 2004 (2): 61.

变成一种本质的短处①。正是由于性别分析理论的不成熟，当前整个高等教育系统中，在社会科学领域"我们还未充分看清'性别'这个概念对社会科学中学科划分的影响。"② "因为称之为性别的'变量'就像一个铁路棚车：人人都知道这叫什么、干什么用的，但谁都不知道里面是什么。"③ 而在自然科学领域"由于女性主义科学批判大多集中于生物学、医学等生命科学领域，而对数学、物理学等最具典范意义的学科领域未能提出有说服力的性别分析；关于女性主义科学的不同构想和重建方案上存在众多分歧和矛盾，且均建立在'女性经验的优势'这一模糊而有歧义的概念和假设基础上，未能提出一种具有普遍意义的方法论标准和一整套系统而规范的建设性纲领，因此女性主义科学研究至今仍处于学术边缘地带而未能进入学院派主流。"④ 总之，性别分析有其合理性和学术价值，但绝不是放之四海而皆准的。任何一种分析范式都只能在有限的适用范围内有效运用，而不能超越合理的限度。

二、女性主义：政治上正确与学术上正确

女性主义的兴起有着特殊的社会背景，在某种意义上，它是时代精神的产物。女性主义科学的倡导者认为："客观主义话语不只是知识分子和学术界的领地。它们是这个时代的官方信条。它们戒备女性主义的科学和认识论工程就像中世纪的神学抗拒哥白尼的天文学、牛顿的物理学以及这些理论背后的新哲学一样。"⑤ 作为昔日女权主义运动的一种政治和学术遗产，女性主义不可避免地与政治和意识形态有着千丝万缕的联系。即使女性主义从妇女解放运动转向妇女研究或妇女学之后，女性主义学术仍然面临着政治上正确（politically correct）与学术上正确（academically correct）的双重风险。所谓政治上正确，即将性别问题政治化。由于女性在历史上曾受歧视，在现实中

① 肖巍. 女性主义教育观及其实践［M］. 北京：中国人民大学出版社，2007：25.
② 伊曼纽尔·沃勒斯坦. 知识的不确定性［M］. 王昺，译. 济南：山东大学出版社，2006：18.
③ 王政，杜芳琴. 社会性别研究选译［C］. 北京：生活·读书·新知三联书店，1998：156.
④ 李小江，等. 批判与重建：性别与中国（第4辑）［C］. 北京：生活·读书·新知三联书店，2000：52.
⑤ 桑德拉·哈丁. 女性主义、科学和反启蒙思想的批判［J］. 都岚岚，译. 上海文化，2009（5）：84.

仍属于弱势群体。因此，女性关于性别平等的话语在政治上天然正确。基于此，女性主义的学术诉求更多地被认为是一种政治考量而非科学研究，很多社会组织（尤其是大学）给予女性主义学术更多的是道德层面的同情而不是科学意义上的尊重。所谓学术上正确，即女性主义的相关研究由于偏离了主流的学术规范，在现有学科制度的框架下，其作为学术项目的合法性受到广泛的质疑和批评。"尽管妇女学作为跨系的教学项目已体制化了，但在项目和个人的层面上，学术界都还没有承认女权主义学术作为一种学术行业的合法性。""即使在妇女学项目地位得到承认的大学里，反对女权主义学术的情绪，在评价教师个人，特别是做聘用、提升决定时，都公开地表露出来。"①面对学术界的质疑，女性主义者有防守也有进攻，有批评也有辩护。一方面女性主义者为自己的学术项目争取到了系科的建制，另一方面以相应建制为基础继续批判传统科学中的男性中心主义。

女性主义的看家本领是揭露性别歧视，批判男性中心主义，这也是女性主义获取学术合法性的重要资源。人类社会中由于男性一直占据着主要的科研机构，并长期垄断接受高等教育的机会，女性被迫成为教育制度建构和高深知识生产的旁观者。基于这种历史背景，女性主义对于性别歧视的批判具有充分的道德优越感和政治正确性。随着女权主义意识形态在学术界的不断弥漫，女性主义在学术上的欲望也越来越多，野心也越来越大。"它宣称要到达科学方法、概念和认识论基础的核心，要提供科学重建的基础，要深入到科学的内容、观念和研究成果中去。"② 这种目标的提出反映了女性主义在学术上的雄心，但遗憾的是，女性主义关于科学的欲望明显地超越了女性主义知识的边界，略显荒唐，乃至于被认为是一种高级迷信。女性主义者在科学领域的四处出击非但没有能够为女性主义科学开疆拓土，反倒更加充分地暴露了女性主义对于科学的可能的无知和幼稚，最终女性主义阵营自身也不得不重新反思"女性科学"这一提法本身的科学性。女性主义学术的基础是所谓的女性主义认识论。这种认识论得以成立的基础就是认为科学一直是男

---

① 余宁平，杜芳琴. 不守规矩的知识——妇女学的全球与区域视界 [M]. 天津：天津人民出版社，2003：34.

② 保罗·R. 格罗斯，诺曼·莱维特. 高级迷信：学术左派及其关于科学的争论（第二版）[M]. 孙雍君，张锦志，译. 北京：北京大学出版社，2008：124.

性的事业，科学中男性中心主义的价值观和父权制的制度安排影响了科学的客观性。女性主义视角可以弥补男性主义视角的不足，重建完整的学科、科学与大学。这里且不说女性主义对科学男性中心主义的控诉能否得到证实或者科学是否真的就如女性主义者所说的那样完全由性别所决定；退一万步讲，即便女性主义科学批判中的控诉都是事实，女性主义学术本身矫枉过正的主张也是一览无余。因此，尽管今天在西方的大学里女性主义已经铺天盖地，妇女学甚至无所不在，但学术界对于性别问题以及女性主义科学和学术仍然十分谨慎。由于女性主义者关于性别的言说夹杂着太多的政治说教和主观想象，所谓的女性主义科学仍然难以为主流学术界所接受。即便是在女性主义阵营内部，伴随着女性主义从单数向复数的转变，对于许多最基本的学术问题也是众说纷纭。普遍主义女性主义，分离主义女性主义，本质主义女性主义以及特殊主义女性主义关于性别基本问题的见解甚至会针锋相对。与此同时，伴随着女性主义的触角开始伸向自然科学领域，女性主义在学术上的错误更加明显。很多女性主义者把以后现代的方式对于自然科学进行解构视为学术时尚，对于大学里的传统科学和学科大加批判。女性主义学术的领军人物桑德拉·哈丁就认为，"自然科学是一种特殊类型的社会科学并应该这样将其概念化，应该充分认识科学所具有的社会背景，并对这些社会背景进行科学的而不是'通俗的'说明。"哈丁还认为，"既然将科学如此概念化，就应该理直气壮地坚持女性主义科学的存在。女性主义科学是由女性主义科学的超理论和这些超理论指导下的自然科学和社会科学研究计划组成的。"[1] 在现实中出于政治上正确的考虑，关于女性主义科学的评论往往会遭遇"性别屏蔽"，从而使女性主义对科学以及对文化的批判在学术界变得特权化。随着女性主义意识形态大行其道，许多女性主义者在自我陶醉中逐渐膨胀着自己的学术野心，各种打着女性主义旗号的学术成果纷纷涌现。比如对"区分性别"的粉色和蓝色一次性婴儿尿布的研究，对费城贝壳学会收藏家的性别角色的分析，对新泽西州收费高速公路布局中含有的性别歧视的评估[2]。再比如女性主义者通过解读数学课本，认为题目设计中很少出现女性的名字，影响了女性的数学水平；对于生物学领域关于受精卵形成的描述，

---

[1] 刘霓. 女性主义的科学反思 [J]. 国外社会科学, 2000 (3): 28.

[2] 威廉·亨利. 为精英主义辩护 [M]. 胡利平, 译. 南京: 译林出版社, 2000: 113.

女性主义也认为文字描述显然带有社会性别的特点，应将卵子是众多精子竞争之后的战利品的被动地位改变为卵子对于精子的选择的主动地位。在对《通往女性主义代数学》的批判中，莱维特尖锐地指出："人们最后发现，他们不是真正在提倡一些方法以改善妇女和其他被剥夺了权力的阶级的数学教育，而是极力要为将数学课堂变成'女性主义宗教'的小教堂而辩护。他们精心打造女性主义的语言和形象，其主要目的不是要建立女大学生的自信，而是要将问题和范例都变成纯正的女性主义寓言。"①

人类社会由男性与女性组成，女性几乎占人口总量的一半，但这不意味着50%的科学都必须与女性有关，也不必然意味着没有女性的参与人类的知识体系就必然是缺失了另一半。人类现有的科学和知识体系与男性的关系并不像女性主义所说的那样密切。学术研究的课题是一个客观存在，知识是一个整体，男人、女人均可以开展研究。就像阶级和种族不会影响科学的客观性一样，性别对于科学客观性的影响也几乎可以忽略不计。科学没有阶级之分、种族之分，同样也没有性别之分。即便是与妇女有关的学术课题，也不是必须一定要由大学里的妇女学系或女性主义者专门研究，其他系科的男性同样也可以研究。科学面前性别平等。真正的学术问题没有性别之分。科学只有好坏之分，没有性别之别。"扩大科学家的人员组成会产生更多或许更好的科学家，但绝对不会创造出非洲科学、同性恋科学，乃至女性科学；从'白种欧洲男性旧式科学'的灰烬之中，也不会有某种新的多元文化科学兴起。"② 当前女性主义者在高等教育改革中强行将所有与妇女有关的课题归入妇女学科的门下以自我为中心进行专门研究，割裂了知识的整体性和学术的有机联系。这种做法不但违背了妇女学自身跨学科研究的初衷，而且也容易使妇女学与其他学术性学科相互疏远，甚至是相互对立和敌视。比如，就在女性主义学术运动在西方大学里蓬勃发展之时，就已经有人开始质疑："女性主义运动还有一些更自私的动机。妇女研究系的存在本身使女性主义意识形态不仅有了依据，而且还有一个得以发展和完善的场所。由于有了这些

---

① 保罗·R. 格罗斯，诺曼·莱维特. 高级迷信：学术左派及其关于科学的争论（第二版）[M]. 孙雍君，张锦志，译. 北京：北京大学出版社，2008：134.

② 保罗·R. 格罗斯，诺曼·莱维特. 高级迷信：学术左派及其关于科学的争论（第二版）[M]. 孙雍君，张锦志，译. 北京：北京大学出版社，2008：151.

系，也就有了一批系主任、正教授及其他职务。这些职务不消说是专门留给妇女的。此外，妇女课题的繁殖还给教科书带来了市场。写教科书的人（也因此赚得丰厚稿费的人）当然又是持女性主义观点的妇女。"① 这种质疑虽然可能会有些偏激，但也并非完全没有道理。今天在大学里女性主义学术阵营中鱼龙混杂，既有献身于女性主义学术的真正学者，自然也不乏有打着女性主义旗号浑水摸鱼的人。

和其他诸多后现代主义流派一样，女性主义学术的优势主要是批评和解构。不过，学术研究中需要的绝不是充满热情的说教或是义愤填膺的控诉，而是必须要看到女性主义者发现、革新知识的实例以及女性主义通过批判和解构所代表的方法论转换和概念转换是否真的促进了高深知识的发展与进步。"必须有无可辩驳的证据再加上铁的逻辑，以构成相应有说服力的案例，其主张才能有可信度。必须展示给我们看：迄今为止看上去很严谨的科学，由于男性视野的不完善而显示出了种种缺陷，而这些错误的理论可由女性主义的见解加以修正或取代。"② 女性主义和其他很多当代学术思潮一样，在学术正确性上犯有这个时代的通病。她们对于以男性和自然科学为核心的科学秩序和教育制度充满了敌意和不信任，为了能够解构这种霸权，其立场很容易矫枉过正。这些学术思潮的发源地一般是人文社会科学领域，由于对自然科学的无知，加之自然科学的强势地位所造成的对于人文社会科学的巨大挤压，在各种学术思潮的涌动中，人们很容易冲动地借助于一种批判性哲学或学术意识形态去重振人文社会科学，重新解读或解构自然科学。近年来，与女性主义者试图以性别统一人类科学的企图相比，新制度经济学也曾试图以制度来统一社会科学；沃勒斯坦等人从知识的不确定性出发，通过对复杂性科学和文化研究的分析，也认为无论是自然科学还是人文学科都面临着社会科学化的大趋势，社会科学现在正处于知识等级的最高层，甚至物理学家也需要从历史的社会科学中寻找典范。以上诸种看法和女性主义科学的主张如出一辙，毫无疑问是荒谬的。自然科学中所谓的不确定性与社会科学中的不确定性完全不可同日而语。自然科学中的比较高的选择性和偶然性，绝不意

---

① 威廉·亨利. 为精英主义辩护［M］. 胡利平，译. 南京：译林出版社，2000：112.

② 保罗·R. 格罗斯，诺曼·莱维特. 高级迷信：学术左派及其关于科学的争论（第二版）［M］. 孙雍君，张锦志，译. 北京：北京大学出版社，2008：128.

味着经验或行动中的不确定性或任意选择；相反，它们意味着对条件和限制的不断增长的依赖。量子力学和非线性拓扑动力学绝不可能推翻物理科学可以产生关于世界的可靠知识的论断，更没有任何证据表明物理学家们正在拼命要放弃确定性的范式而接受所谓的后现代范式。因此，在今天的大学里，"尽管后现代主义不可一世地宣称：主流知识型出现了'范式转变'和激进突破，然而，在大多数严谨的学科中，科学实践仍旧一如既往地发展着，其前进主要受学科内部的逻辑以及不可改变的客观现实状况所驱动。"①

总之，无论是女性经验主义还是维护女性主义视角的理论都无法为女性主义科学提供充分的合法性。在今天女性主义仍然处在学术上正确与政治上正确的夹缝中。女性主义学术项目虽然有了妇女学系可以作为组织建制，但仍然尚处于学科合法化和制度化的过程当中。女性主义要想成为严肃的学术性学科，要想得到学术共同体或科学共同体的尊重和承认，除了抛弃强烈的政治意味之外，还必须更加客观地看待性别与科学之间的关系。在这一过程完成之前，在高等教育领域中合理区分女性主义中学术与政治的界线、性别与科学的关系仍然是一件至关重要的事情。

三、超越性别主义

在高等教育研究中女性主义主要试图以性别分析作为手段重读、解构和重建当前的高等教育活动和大学制度，其目的是要创造一个性别平等的新教育空间。女性主义通过把教育和课程作为"性别文本"来解读，深入地批判了大学教育过程中仍然残存的男性中心主义和父权制度。她们以性别平等为理念，力图冲破社会性别制度的壁垒，培育一个无性别歧视的，真正以人为本的教育场所和教育制度。女性主义对教育的期许是美好的，但无疑又过于浪漫。性别是否真的如女性主义者所认为的那样完全是权力或社会制度的产物？生理差异对于性别的影响是否真的可以忽略不计？性别与社会性别的关系到底是什么样的？将性别作为与阶级、种族和国家同等地位的分析范畴是否合理等一系列问题都还值得商榷。历史上，女性在高等教育活动中曾经遭遇性别歧视是一个铁的事实，人类教育制度设计中对于女性的排斥也曾客观

---

① 保罗·R.格罗斯，诺曼·莱维特. 高级迷信：学术左派及其关于科学的争论（第二版）[M]. 孙雍君，张锦志，译. 北京：北京大学出版社，2008：93.

存在。但真实的历史总是比想象中复杂，仅仅以性别的视角来解读女性在高等教育中的历史难免肤浅，性别之外肯定还有一种更为强大的力量在左右着男性和女性在高等教育活动中的存在。客观上，任何一种社会制度和高等教育制度，如果忽视了性别的差异或存在着性别歧视，无疑是有缺陷的；同样任何一种社会制度和高等教育制度，如果把一切的差异都归于性别的原因或性别的歧视，也是错误的。在高等教育活动中，性别的差异固然重要，但绝不是一切的差异均是由性别引起。在高等教育活动中，如果把女性群体的弱势完全归咎于她们自己的话是不公平的，但如果总是以男性中心主义或父权制度曾经对于女性的歧视来为女性群体的弱势进行辩护也是不合理的。两性之间的生理差异对于男性和女性发展所造成的影响虽然不是决定性的，但也绝非如女性主义者所认为的那样完全微不足道。今天的高等教育，尤其是精英高等教育还带有严格的选拔性，大学不可能按着统计学的男女比例进行招生录取，高等教育活动中男女性别比例存在差异有时完全是一个自然的随机现象。如果仅从统计数字的对比来讨论性别的平等无疑过于表面化。高等教育活动中与性别有关的现象有些可能只是随机的，未必总要以问题的眼光来看待高等教育中所有的性别关系。女性主义由于有着先入为主的偏见，对于性别问题过分敏感。"如果在公认的天才中妇女少于男子，如果没有哪个妇女因其作品的质量值得认真研究的话，天才和质量就成了政治上有问题的概念，必须弃置不用。岂止是这些概念，就连产生了高雅文化的社会也必须因性别歧视而被拒斥。创造出这一文化的男人们也必须因参与压制妇女受到痛斥。政治上正确的戒律有多种表现形式。这种思维是最坏的一种。"① 事实上，只要我们的社会制度和教育制度为两性提供了公平竞争的机会和制度安排，单纯从性别比例推导出的性别歧视就只能是一种受害者的主观想象或者是某种失败者赖以获得心理安慰的借口。人类社会中性别差异与个体差异是永恒的存在。某一类型的高等教育机构中或某一类型的高等教育活动中，男性或女性的优势地位绝不必然意味着性别间的歧视，而更可能是这类高等教育机构或这类高等教育活动对于性别进行选择后的自然结果。或者相反是某一性别的学生对于某一高等教育机构或某一类高等教育活动主动选择的结

---

① 威廉·亨利. 为精英主义辩护 [M]. 胡利平，译. 南京：译林出版社，2000：111.

果。在高等教育活动中总会有一些人比另一些人更出色，无论是男性还是女性，优秀者都应得到鼓励，平庸者也应得到宽容，绝不能把平庸者的平庸作为优秀者的罪过。

总之，性别固然可以成为解读知识和高等教育的一个视角，但也不能不顾及各门科学和学科所内含的具体逻辑以及人类高等教育发展的历史规律。高等教育中的高深学问虽有社会建构的成分，但也绝非任意选择的结果。人类的知识体系和高等教育制度之所以是今天这个样子而不是其他状态，绝非是简单的男权中心主义和父权制结构就能够解释得清楚，自然也绝非一个女性主义视角就能够轻易地重构。那些女性主义理论家推出的各种学科重构与科学重建计划更多的还是一种学术的幻象而非科学的规划。今天科学的真实发展状况完全不像女性主义所想象的那样已经进入后现代状态，性别在科学和高等教育中的重要性也明显被女性主义者人为地夸大。保罗·R. 格罗斯和诺曼·莱维特曾经把以女性主义为代表的学术左派比做"二战"结束后流行于太平洋某些岛屿的"货运巫术"。"在我们看来，那些透视理论家所建造的'科学'模型，与货运巫术的信徒们用柳条和泥土建造的 C-47 模型极为相似。这样的模型与它所欲模仿的实物相比，只有含糊的、表面上的相似，其内部逻辑却有着让人忍俊不禁的差别。然而，那些建造模型的人却还希望着，借助于其理论化的魔术仪式，能够最终控制他们所模仿的实物。"①这种对比虽然有失厚道，但也并不是没有任何的道理。任何一种学术视角都有其内在的限度，一旦超过这种合理的限度学术就会成为迷信或迷思。对于高等教育改革，女性主义者拥有"镜"和"灯"的双重理想。一方面她们希望通过性别的"镜头"深度透视和反映高等教育中各门知识的历史与现状，希望能够通过女性主义的科学批判来改变高等教育领域中的各种不平等，消除性别歧视和不合理的社会性别制度，从而把人类高等教育带入一个更加理想的性别空间；另一方面女性主义还喜欢将性别比作一盏"明灯"，试图以自己的学术之光重新照亮女性和两性平衡发展的高等教育之旅。今天看来无论是灯的理想还是镜的理想，女性主义者都难以实现。今天的高等教育制度是人类社会几千年沧海桑田变迁之后的产物，是历史与现实多种因素

---

① 保罗·R. 格罗斯，诺曼·莱维特. 高级迷信：学术左派及其关于科学的争论（第二版）[M]. 孙雍君，张锦志，译. 北京：北京大学出版社，2008：46.

综合作用的产物。女性主义认识论和女性主义科学很可能是一厢情愿的迷思或者迷信。当然，目前由于性别研究的历史尚短，其作为一种方法或方法论还不是十分成熟，因此，对于大学里学科制度重建的最终影响还很难下最后的定论。"把新的妇女学学术成果加入到现存的知识体系中去，就必须要求从根本上改变构成知识领域的种种假设、解释和结构。必须提出新的问题，确定新的资源，设计新的分析类别和新的方法去从事研究和解释证据。这不可能是一个简单的附加过程。"① 此外，为了能够争取最大的成功可能性，在现代大学转型过程中，性别分析也不应孤立存在，它还必须与其他的视角，比如制度分析、历史分析、阶级分析、种族分析、年龄分析等结合起来，共同整合人类知识，重构大学知识结构与学科制度。

① 玛丽莲 J. 波克塞. 当妇女提问时：美国妇女学的创建之路 ［M］. 余宁平，占盛利，等，译. 天津：天津人民出版社，2006：72.

第十一章 道德危机与大学转型

　　20 世纪六七十年代，西方高等教育大众化过程中曾经有三大危机之说。三大危机当中，质量危机与财政危机多为世人所熟知，而道德危机却少有关注。如果说质量危机、财政危机与大众化进程中高校入学人数的增加直接相关，可以通过相关措施并随着时间推移最终解决。那么，道德危机形成的原因可能更为复杂，绝不仅仅关乎高等教育的规模或高校学生的数量，其持续的时间也会更为持久。因为大学的道德危机不是单纯的教育问题，而是一个社会问题，是现代性的直接后果，是现代大学的宿命，也是今天人类文明发展的一部分。因此，如果说社会道德危机是现代性逻辑的一个必然；那么高等教育中的道德危机就是现代大学的宿命。这种复杂性也正是今天道德危机之于大学不但没有解决的迹象而且还有愈演愈烈之势的根本原因。大学道德危机的出现与整个社会环境的变化有关，与整个大学组织制度设计中的去道德化的趋势有关，更与大学近代以来只讲科学不"讲"道德的传统密切相关。因此即便没有高等教育大众化，道德危机也会以其他的方式或形式爆发出来。比如，20 世纪六七十年代世界范围内的学潮。今天大学里种种的不道德现象已严重影响了现代大学的组织形象，甚至开始危及其存在的合法性基础。那么，我们应如何理性地认识现代大学的不"讲"道德以及高等教育中的道德危机呢？如何从道德探究与德性践行的高度重建今天的大学呢？又如何以道德危机为契机促成现代大学的成功转型呢？

第一节　高等教育中的道德危机

高等教育领域中源于 20 世纪 60 年代的道德危机反映了民众对于现代大学的不满。目前在对于道德危机的持续反思中，大学生的公德意识、教授的学术道德、学校的财务丑闻以及性骚扰等成为西方高等教育道德危机的焦点。为能够更好地理解高等教育中面临的危机现象，有学者曾对 1970—1994 年的 25 年间高等教育期刊发表的相关论文进行了简要的统计分析。在 1990 年以前道德危机在关于高等教育危机的研究中被提及的次数占总次数的比例一直低于 5%。但在 1990—1994 年的五年间价值观和道德危机在关于高等教育危机的研究被提及的次数占总次数的比例已经达到 6%。目前信任危机已经与财政危机和停滞不前的危机一起并列为高等教育的三大危机①。面对社会各界对大学的严厉的道德批评与质疑，现代大学很少能够做出积极的建设性反应。唯一能做的就是通过回顾辉煌的历史来寻求暂时的安慰。目前由于市场力量的不断侵蚀，大学的道德资本已经日益耗尽，高等教育已经逐渐地放弃了对于培养有道德的人的追求，道德不再是大学教育的核心目标。"对于什么是优秀品德，人们也缺乏统一的认识，因此，各学校都不愿意通过课程培养学生高尚的品德。"② 由于高等教育规模的不断增大和功能的愈加复杂，科层化的组织制度最终将人性化的道德规范逐出了大学的场域。最终，在财政危机与质量危机的大背景下，随着大学信用的濒临"破产"以及民众对于大学的信心的逐渐丧失，在世界范围内"痛击大学似乎已经变成了一种十分流行的室内运动，它是 18 世纪反教会运动在现代学术方面的对应现

---

① 菲利普·G. 阿特巴赫. 为美国高等教育辩护 [C]. 别敦荣，陈艺波，主译. 青岛：中国海洋大学出版社，2007：50.

② 哈瑞·刘易斯. 失去灵魂的卓越：哈佛是如何忘记教育宗旨的 [M]. 侯定凯，译. 上海：华东师范大学出版社，2007：82.

象。"① 除了媒体的激烈批评之外，由于大学在现代社会中的重要地位，对于高等教育中道德危机形成的原因以及其具体表现，长期以来大学的学者也多有关注。比如，布鲁姆早在《走向封闭的美国精神》一书中就对"高等教育如何损害了民主，枯竭了今日大学生的灵魂"等问题进行过深入而广泛的探讨，并引发了全世界范围内广大读者的未及预料的强烈反响②。除此之外，查尔斯·塞克斯的《学术骗局：教授与高等教育的衰败》一书专注于对教授群体中财务的和道德的指控③。布鲁斯·维尔舍尔的《大学的道德败坏》一书则深入探讨了处身于道德危机潮流之中，大学培育和表达良知的能力和无能④。学术界的这些相关研究一方面深化了学界内部对于高等教育中道德危机的理性认识，另一方面也使得更多的人了解了高等教育中道德危机的现状与原由。作为生活世界中的常用范畴，道德危机的内涵丰富，边界模糊。在高等教育中的道德危机既有社会其他领域普遍存在的一般道德危机也有大学所特有的学术道德危机。面对这种状况，我们要追问的是，高等教育中的道德危机是社会道德危机在大学里的自然延伸呢？还是大学自身出了什么特殊的问题？高等教育中的道德危机是客观存在的还是主观建构的？高等教育中道德危机的原因是普遍的还是特殊的？是必然的还是偶然的？抑或高等教育中的道德危机既是普遍的又是特殊的，既是必然的又是偶然的。所谓普遍的、必然的，即在现代性道德危机的大背景下或在现代化的过程中，整个社会都面临着道德危机或道德转型，高等教育中的道德危机只是其中不可避免的一个环节或组成部分。所谓特殊的、偶然的，即高等教育中的道德危机是独特的，是高等教育自身在办学的方向上出了大问题，高等教育中的道德危机与社会其他领域的道德危机有着本质区别。事实上，高等教育中的道德危机的出现虽然有内在的逻辑必然，但也离不开外在因素的诱发。"一方面国家削减了对大学的投入，而另一方面更多的学生要求进入大学，于是，一种

---

① 雅罗斯拉夫·帕利坎. 大学理念重审：与纽曼对话 [M]. 杨德友，译. 北京：北京大学出版社，2008：13.

② Allan Bloom. The Closing of America Mind: How Higher Education Has Failed Democracy and Impoverished the Souls of Today's Students. New York: Simon and Schuster, 1987.

③ Charles J. Sykes. Profscam: Professors and Demise of Higher Education. Washington, D. C.: Reqnery Gateway, 1988.

④ Bruce Wilshire. The Moral Collapse of the University, Albany: State University of New York Press, 1990.

类似于新的社会契约的东西产生了，即大学、工业和国家之间的契约。其基础是由生产者和使用者来塑造知识生产。大学的合法性是由其责任性来决定的，从而失去了道德目的的意义。"① 今天道德之所以会成为现代大学危机的一部分，就是因为政府和工业界的"釜底抽薪"，再加之长期以来现代大学一直在内外交困的状态下制度性地"空转"，忽视了道德教育和德性养成的重要性。长期的制度性"空转"不但耗尽了大学在历史上所积累下的雄厚的道德资本，也使得现代大学越来越成为只是一种组织和制度的存在，而不再是一种理念的象征和精神的家园。正视高等教育中道德危机的存在，保持对于现代大学危机状态的高度关注，努力矫正现代大学中知性与德性的失衡关系是大学转型过程中必需的选择。

一、什么是道德危机？

危机是现实与理想之间所存在的一种张力，是社会前进的一种动力机制。道德危机感是人类社会道德发展的一种自我保护机制，只要现实生活中的道德状况还存有不足，只要人类对于道德的发展还拥有某种理想和期许，在某种意义上道德危机就不可避免。早在一百年前，涂尔干就曾指出："今天，传统的道德已经发生动摇，人们还没有提出其他道德取而代之。原有的义务已经失去了往日的力量，我们无法清晰而确切地发现新的义务究竟在哪里。不同的心灵持有截然相反的观念，我们的时代危在旦夕。请不要觉得惊奇，我们已不再会感到道德规范曾经给过我们的压力。它们已不再是最高的权威，因为它们实际上已然消逝而去。"② 百年之后，重读涂尔干，旧事如新闻。今天高等教育中的道德危机既有大学人道德败坏的成分，但更主要的还是一种大学自身的信用与制度危机，同时也是民众对于大学的信心的危机。以美国高等教育为例，目前"专业人员不再被看作社会'值得信任的受托人'。当然，无论何时只要我们以媒体所制造的视角去看社会，学生往往会同意品德教育的假设：美国文化陷入了危险的道德衰退中。"③ 在现代性道德

---

① 杰勒德·德兰迪. 知识社会中的大学 [M]. 黄建如，译. 北京：北京大学出版社，2010：157-158.

② 爱弥尔·涂尔干. 社会学与哲学 [C]. 梁栋，译. 上海：上海人民出版社，2002：45.

③ 罗伯特·纳什. 德性的探询：关于品德教育的道德对话 [M]. 李菲，译. 北京：教育科学出版社，2007：36.

危机的大背景下，高等教育中道德危机的产生既有现实的根据也有社会的建构，但更主要的还是一种社会心理和时代精神状况。高等教育领域中出现了道德危机并不意味着所有的大学以及大学人都道德败坏，糟糕透顶，而只是表明人们对于目前大学里所呈现出的道德状况不满意或很失望，期望能够有所改变。事实上，在道德的天平上，现实中的大学既不像我们过去想象的那么好，也绝不是我们今天感觉的那么差。大学可能仍然还是那个大学，对于大学道德状况的评价很大程度上要取决于一定的社会心理倾向和时代背景。作为一种普遍存在的社会心理体验，道德危机在社会生活中呈光谱的序列存在，在完全的道德主义与彻底的道德败坏之间，整个人类社会的道德光谱大致可以区分为：道德瑕疵，道德祛魅与道德污点三个不同的大区间。纵观整个大学发展史，如果说中世纪大学曾经是道德至上主义，那么近代早期的大学已开始出现些许的道德瑕疵；稍后通过高等教育近代化，近代大学最终完成了道德祛魅过程；第二次世界大战以后，在为国家服务，为经济发展服务理念的主导下，近代大学最终完成了现代化进程，随之现代大学作为一类组织机构在道德上的污点也逐渐增多。20 世纪 80 年代以来，尽管基于加强对大学生进行道德教育的考量，世界各国的大学都在不断地进行本科教育改革，但"学生仍然对大学提供的道德教育的内容和最终成效抱有很大的怀疑。"① 其结果，由于信心的丧失和信任感的缺乏，20 世纪 90 年代以来在现代性道德危机的大背景下，高等教育中愈演愈烈的道德败坏使得现代大学的道德危机最终演变成为了一个全社会关注的公共话题。

在大学的历史上，人的道德品质曾经是一个至关重要的因素。在中世纪时，大学录取学生的唯一要求就是学生的道德品质而不是考试成绩。"除了作为一名基督徒不言而喻要接受洗礼之外，唯一的入学标准似乎就是道德品质：这是一种每一个人在原则都能够达到的标准。"② 中世纪大学对于人的道德品质的高度重视虽然没有在后来的大学发展中得到一以贯之，但是中世纪大学的这种初始行为，仍然成为了后世大学发展中的一种重要的路径依赖和

---

① 罗伯特·纳什. 德性的探询：关于品德教育的道德对话 [M]. 李菲，译. 北京：教育科学出版社，2007：2.
② 希尔德·德·里德-西蒙斯. 欧洲大学史第一卷 中世纪大学 [M]. 张斌贤，等，译. 保定：河北大学出版社，2008：187.

思想资源，并对近代大学的德性传统产生了深远影响。文艺复兴之后，从 16 世纪开始大学虽然在民族化、贵族化和国家化的过程中逐渐遗失了其部分固有的德性传统，但是 19 世纪以降，在近代化的过程中仍然是知性的美德拯救了传统大学。在 19 世纪的大部分时间里，虽然近代大学已主要是一个理智的而非道德的机构，但道德之于大学仍然十分重要。此时的大学虽然开始重视科研，但是道德哲学仍然是以柏林大学为原型的文化大学得以存在的最为重要的合法性基础；此时，在教学与科研相统一的"洪堡原则"主导下，知性的追求仍然不失德性的传统，德性是目的，知性是手段，大学教育的根本目的仍然是为了给予学生一种系统的人生哲学而不是某一种谋生的技能和实用的知识。"大学，就像威廉·冯·洪堡所设想的，旨在通过研究的经历塑造品格，形成对生活的态度。这是 19 世纪和 20 世纪的大学没有成功实现大学思想的一个重要部分。但是，通过学术研究塑造品格这一理想的一个方面的确保持了下来——这就是科学上的正直和科学精神。""这可以视为大学在 20 世纪最初几十年中取得的道德上的成就。"① 但是自第二次世界大战以后，美国模式的研究型大学逐渐取代洪堡模式的文化大学成为了世界大学发展的新范式。在研究型大学中，科研的功能和意义被无限放大，知性的美德有意无意地被异化。20 世纪 80 年代以来，作为现代性逻辑的一个重要组成部分，以道德相对主义、情感主义和价值多元主义为切入点，高等教育中的道德危机集中爆发，一时间关于大学的负面新闻铺天盖地、连篇累牍。媒体而不再是政府开始成为攻击大学的头号敌人。"当负面新闻报道推动学校政策时，大学总是文过饰非，而不是试图去理解并解决那些实质性的问题。"② 其结果，今天道德不但不再是大学值得炫耀的资本，反倒成了其致命的弱点和易于攻击的区域。今天凡有媒体或学者将大学与道德相提并论，其所持立场多是负面的。换言之，今天高等教育中的道德状况已日益成为民众指责大学的一个重要把柄，而不再是昔日大学头顶上那令人炫目的光环。今日高等教育中道德秩序的失范或许可以表明："大学不会通过将世界变得更加真实

---

① 爱德华·希尔斯. 学术的秩序——当代大学论文集 [C]. 李家永，译. 北京：商务印书馆，2007：58, 59.

② 哈瑞·刘易斯. 失去灵魂的卓越：哈佛是如何忘记教育宗旨的 [M]. 侯定凯，译. 上海：华东师范大学出版社，2007：12.

（true）而使世界得到挽救，世界也不会通过让大学变得更加本真（real）而挽救大学。""启蒙得付出自身的代价。"①

二、道德危机：谁的道德危机？何种道德危机？

在人类社会之中，道德的存在往往具有两面性，一方面道德的起源与人的天性分不开，道德是人类社会的专利，动物之间是无须讲道德的；另一方面人类社会道德的存在又与思想观念和制度层面的社会建构密切相关，没有人为的规训与教化，任何的道德规范都不会自动产生。作为一种理性的存在，人是道德主体的最佳选项和基本单位。因为，道德一定首先是某一个人的道德，离开了具体的人无法讲道德。只有以人为基础才可以衍生出群体的道德、机构的道德以及制度的道德、甚至国家的道德。作为现代性危机的一部分，目前道德危机已经渗透到人类社会生活的各个领域中，并以现象和话语两种不同的形式呈现出来。作为一种现象的道德危机，即实践中的道德危机；作为一种话语的道德危机，即理论上的道德危机。"高等教育中的道德危机"既包括客观存在的作为一种现象的"高等教育的道德危机"，也包括其他领域的道德危机在高等教育中的蔓延，同时也涉及学术界关于高等教育道德危机的话语实践。实践中的道德危机是学术研究中关于道德危机话语合法性的源泉。道德危机话语的合法性又会反过来强化或消解实践中道德危机的严重性。二者互动的最终目的当然是通过道德话语的围攻使人类道德实践不断高尚起来。目前由于现象和话语、理论和实践的相互交织，今天的大学在道德问题上比以往任何时候都更加困惑。"大学面临的难题难究其根源。虽然大学的衰落可以归咎于机构丧失了意志，或归咎于教师的懒散。金钱在某种情况下可以解决这些问题。但是，许多问题有其历史根源。它们之所以悬而未决，是因为它们涉及价值冲突，且矛盾各方找不到均衡点。大学对自己所做之事缺乏信心，它们不知道如何在大学教育使命的大背景下思考这些问题。"② 今天在高等教育领域中道德危机的爆发不但使得现代大学斯文扫地，而且也严重地危及到现代大学的道德合法性。那么高等教育中的道德危

---

① 比尔·雷丁斯. 废墟中的大学［M］. 郭军，等，译. 北京：北京大学出版社，2008：164.
② 哈瑞·刘易斯. 失去灵魂的卓越：哈佛是如何忘记教育宗旨的［M］. 侯定凯，译. 上海：华东师范大学出版社，2007：1.

机究竟是谁的道德危机？以及何种道德危机呢？

（一）谁的道德危机：大学人的道德危机还是大学组织制度的道德危机？高等教育中的道德危机既是大学人的道德危机又是大学组织制度的道德危机。大学人的道德状况直接反映大学的道德状况。今天大学人的道德水平的急剧滑坡是造成大学道德危机的一个重要原因。没有一个道德高尚的师生群体和管理阶层，现代大学就不可能成为一个道德高尚的制度化组织。那么，大学人的道德状况又何以堪忧呢？其中有社会道德危机大环境的影响，也有大学制度本身的问题。简单地说，在制度主义的背景下，现代大学已不再是一个文化的或道德的机构，出于成本和效率的考量，在伦理学的层面上，现代大学制度也已经主要不再是一种"善"的教育制度。由于缺乏制度伦理层面的考量，在今天现代大学已经更像是一个经济组织或政治组织，今天现代大学组织制度更加注重的是组织的成本和管理的效率而不是制度的伦理、组织的德性以及人的道德品质。"在公司资本形式产生之后，大学迫不及待地重塑自己的形象。大学急于（或者被迫）放弃制定规范（特别是道德规范）的权力，转而信奉新的典范及精神力量。也就是说，在宣扬自己的原则时，大学变得更加谨小慎微，尤其当那些原则与神圣不可侵犯的商业法则相冲突时，大学更是深感自责和内疚。"① 总之，今天高等教育中的道德危机是一个大学人与大学组织制度的双重危机，是一个大学人与大学组织制度在道德问题上恶性循环的危机。对于大学人的道德危机需要加强道德探究和德性践行，对于大学组织与制度的道德危机则需要重建大学的机构德性和制度伦理。

（二）何种道德危机：一般道德危机还是职业道德危机？高等教育中的道德危机既有一般道德危机也包括大学人的职业道德危机。所谓一般道德危机就是在社会其他领域发生的种种道德危机，如贪腐、贿赂、欺诈，大学亦未能幸免。所谓职业道德危机就是在一般道德危机之外，大学还呈现出了社会其他领域所未呈现过的特殊道德危机，即职业道德危机或学术道德危机。在不断世俗化的过程中，今天的大学不但早已不再是一片净土或所谓的象牙塔，而且道德的危机已经浸入"骨髓"，大学以及大学人不但早已"习得"

---

① 安东尼·史密斯，弗兰克·韦伯斯特. 后现代大学来临？［C］. 侯定凯，赵叶珠，译. 北京：北京大学出版社，2010：35.

了和习惯了社会上的种种不道德行为，而且连自身最为核心的学术职业道德也呈现出深度的危机。甚至可以说，今天学术不端或学术腐败已经取代了传统上的对于大学自治和学术自由的侵害成为了整个学术界的公敌或公害。今天再也没有什么能够比学术道德的败坏和学术行为的不端更加指向学术界的要害了。学术的不道德严重影响大学的社会形象和学术声誉。今天我们所面对的已不再是"道德的大学"与"不道德的社会"的冲突而很可能是"不道德的社会中的不道德的大学人与不道德的大学"的"和谐"共处。我们知道，虽然现代性道德危机在当今世界是一个十分普遍的现象，但高等教育中的道德危机绝对不同于其他领域的道德败坏，其不仅传播迅速而且影响深远。"最佳品德的腐化乃是最恶劣的腐化"、"最高德性的曲解可能导致最坏的恶习。"[①] 作为曾经的社会良心和道德榜样，今天高等教育中的道德败坏无疑是最为恶劣的道德败坏。一个大学人或一所大学的道德败坏对于整个社会道德风气的影响要远甚于其他的机构和个人。政府或企业里出现了不道德的人或事，人们也许会愤怒但绝不会惊奇；相比之下，高等教育中的不道德现象留给人们的只有深深的失望与叹息。

第二节　大学道德危机的社会背景

在历史的长河中，大学一直是一个充满道德优越感的地方，曾被誉为社会的良心、道德的领袖。但17世纪以降，以牛顿的经验主义与笛卡儿的理性主义为主导的现代主义范式逐渐控制了知识界，事实与价值、知识与信仰、科学与道德开始分道扬镳。"现代科学由其对特殊的客体方面的预设，在建立自己的同时也使自己不断分化。现代科学的一套预设方案和计划是借助相应的方法论弄出来的，而现代科学的严密性要求则确保了方法论的运用。方法论又因为现代科学追求事功的特性在任何时候都可以使自己立于不

---

① 罗伯特·纳什. 德性的探询：关于品德教育的道德对话 [M]. 李菲，译. 北京：教育科学出版社，2007：135.

败之地。总之，预设方案和严密性要求，方法论与事功性和操作性，四者交相为用，共同组成了现代科学的本质，驱使科学堕落为探究。"① 从此以后，在价值问题上理性必须保持沉默，知识不再意味着美德。19 世纪以后自洪堡到纽曼都主张，大学的目的是理智的而非道德的。时至今日，随着大学里科研至上和系科主义的盛行，加之教学科研活动中对价值中立的制度性诉求，道德之于大学已越来越成为一种奢侈或装饰，大学已日益成为一个不讲道德只讲"真理"，只追求知性不理睬德性的组织机构。今天的大学已越来越成为科学探究的场所。大学教师越来越倾向于只传播科学知识而放弃道德教育的责任。道德探究与德性践行的缺失使得现代大学失去了应有的活力。毫无疑问，在今天以及可预见的未来，单单凭借对高深知识的生产、传播与应用，大学已不足以赢得人们的尊重。如果大学不能恢复对于道德探究和德性践行的热情；如果仍然是只讲"真理"不讲道德，那么，人们将很难信服在未来大学继续有资格在各种社会组织中拥有诸如免税，学术自治和自由等特权。

众所周知，任何一种道德哲学总要有相应的社会学作为基础。因此，论述任何一个道德问题总要以一定的社会背景作为参照系。对于大学道德危机的分析同样必须放在一定的社会背景下进行。一般来讲，人类社会的发展可以分为两个层面，一是物质层面，一是精神层面。物质层面上，人类的历史基本上是进步主义的。但在精神层面上，却往往循环往复，如西西弗斯之石，绝少有只直线前进而不后退的。道德属于精神的层面，其与人类物质文明的发展绝非正比的关系，更多时候是物质进步了，道德反倒堕落了。比如，今天在物质层面上我们一直呼吁现代化，并走向了现代化，实现了现代化；但在精神生活领域，尤其是在德性方面我们却一直面临着回归传统的压力。原因就在于："德性传统与现代经济制度的主要特征不一致。"② 当然，历史的车轮也绝不会因为人们对于过去的留恋，对传统美德的向往而暂时停下前进的脚步。时间之矢的不可逆性决定了在历史洪流中，人们只能会被物质文明裹挟着，一路不断地回头张望精神的天堂，抑或在文本中苦苦追寻传

① 海德格尔. 人，诗意地安居：海德格尔语要［Z］. 郜元宝，译. 桂林：广西师范大学出版社，2000：36.

② A. 麦金太尔. 德性之后［M］. 龚群，译. 北京：中国社会科学出版社，1995：321.

统的美德。

在西方，对于道德的探究一直是哲学的重要组成部分。在对西方道德哲学谱系的梳理中，麦金太尔认为，人类德性的发展大致经历了三个阶段，即从"复数的德性"到"单数的德性"再到"德性之后"。其中"复数的德性"是一种古典道德，强调德性有一个支配性的人生目的。那一时期以亚里士多德的德性论为代表，是德性的黄金时代。稍后经历了启蒙运动对于道德探究的失败，人类德性遭遇了巨大危机。"复数的德性"逐渐被"单数的德性"替代。二者相比，"单数的德性"强调单纯的道德方面的德性，其实质是道德向非目的论的、非实质性的方向发展。目前西方自由主义者所强调的"规则的道德"就是德性发展到"单数德性"阶段的具体表现。在"单数德性"阶段，道德成了德性的代名词，德性只存在有或无两种状态。此外，由于对规则的强调使得作为道德的德性开始工具化。人们开始将幸福的赌注压在了"理性支配的规则和规则指导的理性"身上，但由于共同标准和必要共识的缺失，各种道德观念之间往往不可通约；再加之在价值问题上理性必须保持沉默，从而导致了彼此间相互对立的价值冲突无法合乎理性地得到解决。在"复数的德性"和"单数的德性"之后的第三个阶段，即"德性之后"。这一阶段不再有统一的德性观、价值观，德性世界变得四分五裂①。按照麦金太尔的说法，目前在西方由于亚里士多德的德性传统没有能够被坚持，而启蒙运动对于人类道德合法性的诉求在现代化的进程中又均以失败而告终，从而导致了今天西方社会中的道德实践处于深刻的危机中。其主要表现在以下几个方面：第一，社会生活中的道德判断的运用，是纯主观的和情感性的；第二，个人的道德立场、道德原则和道德价值的选择是一种没有客观依据的主观选择；第三，从传统的意义上，德性已经发生了质的改变，并从以往在社会生活中所占据的中心位置退居到生活的边缘②。

作为社会系统的一个组成部分，社会道德危机同样渗透到了高等教育领域。"现在道德问题更多出现在学术世界与外部世界的系列接触之中。从来没有像今天这样有那么多道德问题在打转。"③ 从 20 世纪 60 年代开始，在多

---

① A. 麦金太尔. 德性之后 [M]. 龚群，译. 北京：中国社会科学出版社，1995：3－5.
② A. 麦金太尔. 德性之后 [M]. 龚群，译. 北京：中国社会科学出版社，1995：译者前言·2.
③ 克拉克·克尔. 大学之用（第五版）[M]. 高铦，等，译. 北京：北京大学出版社，2008：171.

元文化、宗教自由、个人主义和相对主义价值取向等因素的综合作用下，欧美国家出现了一种新的道德教育思潮，它反对一切形式的道德灌输，主张道德教育要突出学生的自主性，强调道德教育过程就是学生自我理解、自我行为选择的自主过程。对于这种思潮，英国学者曼德斯称之为"去道德化的教育"。早期所谓的"去道德化教育"主要就教育内容和教育方式而言，不涉及教育制度的问题；但由于"去道德化教育"思想的提出适应了"社会机构去道德化"、"组织化不负责任"以及后现代思潮中自由、多样化与宽容的大趋势，这种教育思潮迅速地被制度化，从而使学校逐渐成为了"无道德的领地"，道德教育逐渐走向空壳化，教育制度逐渐知性化和过度科层化。其结果，学校制度设计中的去道德化为教师逃避道德教育责任提供了尽可能多的便利，为学校以及学校教育不讲道德预设了某种先天的理论合法性。对此现象，布尼尔在《道德的人与不道德的社会》一书中曾从"个体的道德"与"群体的道德"的角度进行过深入分析。布尼尔认为：个体可能是自私的，也可能是无私的，但群体一定是自私的，因此个体的道德高于群体，群体是不讲道德的①。布尼尔在道德问题上关于个体与群体的区分有一定的解释力，但就教育而言，如果转换为"个人的道德"与"制度的道德"恐怕更为准确。理论上，人是制度的守护者，现实中却是制度规训人。好的制度能使坏人变好，坏的制度可以使好人变坏。今天在经济理性、技术理性与常识理性的共同主导下，以科层制作为组织架构的社会机构，包括学校，在制度设计中去道德化已是一个普遍的选择。大学当然也不例外。帕森斯和普拉特就认为："大学与文化系统的非认知结构依然存在联系，不过它一般独立于道德共同体（moral community）之外，它是自治的。大学的一个基本特性，即相互关系非常复杂的特性使大学免于沦为社会的道德裁判：现代大学已不能像早期现代大学那样充当'君主的良心'（Prince's conscience）。"②

大学是社会机构中的一种。作为一种教育制度，大学同样会受到社会道德环境的制约。在社会道德危机的大背景下，今天的大学内部同样呈现出道

---

① 莱茵霍尔德·尼布尔. 道德的人与不道德的社会 [M]. 蒋庆，等，译. 贵州：贵州人民出版社，1998.

② 杰勒德·德兰迪. 知识社会中的大学 [M]. 黄建如，译. 北京：北京大学出版社，2010：65.

德危机的症状。症状主要包括：道德脱离大学生活主流，大学生道德素质下降，大学教师道德教育责任意识淡薄，大学组织制度设计中的去道德化倾向等几个方面。与其他社会机构相比，虽然道德危机最晚波及大学，但大学的道德危机却是社会道德危机的根源与症候。概括起来，大学道德危机可以分为两个层面，一个是形而下的道德教育危机；另一个是形而上的道德理论危机。所谓道德教育危机，即大学在学生道德教育方面的失败；所谓道德理论危机主要指大学在道德哲学传承上的失败。二者互为表里。大学道德理论危机造成了道德教育危机，道德教育危机则凸显了道德哲学的失败。西方国家在 20 世纪 60 年代爆发的反抗运动就标志着大学道德探究与德性践行的贫乏；稍后流行的道德相对主义、情感主义、功利主义、后现代主义等道德哲学理论对于大学道德教育中放任自流的教育形式和去道德化的制度安排更是起到了推波助澜的作用。对此，布鲁姆在《走向封闭的美国心灵》，麦金太尔在《德性之后》等著作中均有过深刻的分析。与布鲁姆、麦金太尔等学者对大学道德危机偏重哲学理论的分析相比，原哈佛大学校长德里克·博克则主要从以下四个方面阐述了 19 世纪末以来传统大学道德教育崩溃的深刻原因。第一，生物进化论思想破坏了传统的宗教与科学之间的和谐，而道德教育的许多内容是与传统的教义相统一的；第二，研究型大学注重对自然科学的依赖，使用更加客观的研究方法。同时科学的发展带来学科和专业的分化，进一步发展成为学生的专业课程；第三，伴随着农业社会向工业社会的转型，大量移民带来新的不同的价值观，摧毁了与原先传统大学道德教育一致的同类文化；第四，教师在研究和著作中所体现出的学术和科研能力成为其聘用和晋升基本的甚至是唯一的标准观[①]。博克关于西方大学道德危机原因的分析十分深刻和准确。他所提到的几种因素当中，无论是道德与宗教的脱离还是自然科学主导下的价值中立；无论是学术与道德的区隔还是价值观层面的多元主义，至今都仍是分析西方大学道德危机的重要依据。

综上所述，在社会道德危机的大背景下，大学道德危机的存在已经是确定无疑的事实。在今天的大学里，本着一种自由主义的理念，基于一种相对主义的价值观，大学成为了各种道德观念交汇的地方，什么是道德，什么是

---

① 魏玲，赵卫平. 美国大学的道德教育——博克的道德教育观浅析 [J]. 外国教育研究，2005（8）：62.

非道德的界线已经日益模糊，道德不再是人们用来判断是非的黄金标准。"当代大学的容纳力不仅消除了对抗，削弱了敌对性，并且在这样做的过程中，也使大学自身在文化上成为无关紧要的场所。"① 某种意义上，今天大学作为一种组织和制度之所以会排斥或忽视道德探究和德性践行也是社会制度的产物，是现代性的后果，当然也和目前社会发展所处的阶段紧密相关。大学在社会中虽然是一个自治程度较高的组织，但绝非独立于社会之外的组织。和其他社会机构一样，大学的"德性本身也得到某种社会机构的促进，并也受到某种社会机构的危害。"② 作为一个社会机构，大学在本性上必然与某种外在利益有关。出于政治或经济因素的考虑，有时大学也可能拒绝正确的选择，接受错误的选择，因为它们可能屈服于权力，或渴望权力，或追逐利润，或者仅仅是为赶时髦③。与其他社会机构一样，大学有时也会"陷于金钱和其他物质财物的获取中，它们依据权力和社会身份来建构，它们把金钱、权力和身份地位作为奖赏来分配。"④

第三节　大学从讲道德到重科学的历史变迁

上面分析了大学道德危机的社会背景，即外部原因，但外因只是事物变化的条件，内因才是事物变化的根本。那么除了外在的社会背景之外，在大学内部又发生了什么显著的变化，从而导致了大学不讲道德呢？

在西方，中世纪一直被当做黑暗时代的代名词；但正是在那漫长而黑暗的岁月里诞生并造就了人类最富有创造性和想象力的制度安排——大学。从中世纪大学产生到19世纪柏林大学建立，在这几百年时间里大学以教学为

---

① A. 麦金太尔. 三种对立的道德探究观 [M]. 万俊人，等，译. 北京：中国社会科学出版社，1999：226.

② A. 麦金太尔. 德性之后 [M]. 龚群，译. 北京：中国社会科学出版社，1995：247.

③ R. W. 费夫尔. 西方文化的终结 [M]. 丁万江，曾艳，译. 南京：江苏人民出版社，2004：219.

④ A. 麦金太尔. 德性之后 [M]. 龚群，译. 北京：中国社会科学出版社，1995：245-246.

主，既不提供实用的科研成果也不直接为社会服务。那么，单单凭借教学大学何以赢得了基督教教会和世俗社会的尊重呢？答案只有一个，即为社会和教会培养有道德的人。比如，巴黎大学最初就是一所奥古斯丁式的大学，其教学形式表达了与众不同的奥古斯丁式的道德探究概念和合理性概念。当时在巴黎大学，"没教养的人通过想象有知识的人所给他们解释的经文叙述来理解他们自身。不论是在神学教授的圈子里，还是在巴黎在校学生中，在其生活的早期就应该开始发挥很大的作用。"① 中世纪时的欧洲，基督教曾一统天下，大学的存在主要仰仗教会的庇护。大学也扮演着世俗教会的角色。在那个国中有国、王者不王的时代，大学虽然可以利用教会和王权之间的矛盾，借鉴中世纪城市制度建立过程中商人、市民阶层为争取城市的自治权而采取的惯常策略来谋求自身的自治②，但事实上在当时大学与教会之间在许多方面仍然存有相当的同质性。由于在当时宗教与道德、道德与知识间具有高度的相关性和同质性，大学的教学内容，无论"三艺"还是"四艺"都直接服务于神职人员的培养。当时大学教学的主要任务就是在基本教义的框架下对学生进行道德层面的提升。所谓的知识只是上帝赐给众生用以提升德性的工具。美德即知识，知识即美德。在这种普遍讲道德、重视德性的氛围中，早期的大学主要以宗教和神学等人文学科的知识为主导，制度架构上以教会和修道院为原型，教师来源则以教士或牧师居多，学生的身份为预备教士，师生待遇参照僧侣，所有这一切都决定了当时作为一种教育制度的大学，其存在的目的主要是为了道德而非知识，知识是道德的附属，知识是实现道德教育目的的工具。换言之，在当时大学的存在的方式主要是德性的而非知性的。

中世纪大学在道德方面的坚持影响深远。中世纪以后，甚至于早期的现代大学仍然十分重视道德探究与德性践行。由于人文学科强调道德价值关联，早期现代大学在做出学术贡献的同时，继续扩展大学的德性传统并更具社会责任感，并最终为自己赢得了社会良心的美誉。这种情况一直持续到19世纪。直到柏林大学将科学研究正式确立为大学的使命，并践行大学自治与

---

① A. 麦金太尔. 三种对立的道德探究观 [M]. 万俊人，等，译. 北京：中国社会科学出版社，1999：99.

② 张东海. 美国联邦科学政策与世界一流大学发展 [M]. 上海：上海教育出版社，2009：3.

学术自由理念之前，世界各国大学都还主要致力于学生的道德发展，并视其为自己使命中不可或缺的重要组成部分，实践中在相当长的时期内大学在对年轻人的教育中最重要的仍然是要确保道德品质。从中世纪时起直到 19 世纪，大学教育都反映了道德践行的最高约束，重视师生的品格与修养，大学教学的目的就在于培养出服务于社会的、遵守纪律的、服从一定道德约束的受教育阶层。但是伴随政教分离原则的正式确立以及自然科学、社会科学全面进入大学，知识不再意味着美德，美德更不能直接成为知识，学术开始成为一种职业，专家知识与世俗权力日渐合流，知识与道德最终分道扬镳。以美国为例，"高等教育开始时是为了努力提升道德。它继续下去是为了努力取得好工作和更好的工作。富足一生已取代人生哲学而成为高等教育的主要目的。"① 正是基于上述一系列的变故，到 19 世纪末道德教育在大学里的地位日益下降。尤其是到了 20 世纪中期，真正在理念和实践上仍然坚持致力于道德教育的大学与学院已经所剩无几。"许多大学已从核心课程中取消了伦理学，即便有关于道德的课程，也是注重对道德理论的探析，而不是道德行为的规范，即使注重道德规范的课程也是以非常抽象深奥的方式讨论一些道德理论。这些课程看上去并不是以创造有品德的公民为目的。与之相反，学术自由和学术成就的标准在现代大学中却变得越来越重要。教师的聘任主要以学术上的成就，如研究成果和发表的著作为基础。学术自由和学识能力代替了传统的注重教师自身的品德及对学生的道德教育。"② 那么，大学是如何从讲道德走向了重科学的呢？答案可能就是：制度化的课程设置的力量，即自然科学、社会科学逐渐取代人文学科成为大学课程设置中的主导力量。

历史上，从 19 世纪起自然科学课程开始以"科学"的名义迅速在大学扩展，并完成了学科制度化，其结果人文学科受到排挤，很多人文知识因为不合乎科学范式的要求而失去了存在的合法性。自然科学兴起以后，从 19 世纪中叶开始，社会科学又开始在近代大学里兴起。"和经济理性和其他功利主义一样，社会科学是随着工业资本主义的到来而诞生的一种常识的专业

---

① 克拉克·克尔. 大学之用（第五版）[M]. 高铦，等，译. 北京：北京大学出版社，2008：166.

② 魏玲，赵卫平. 美国大学的道德教育——博克的道德教育观浅析 [J]. 外国教育研究，2005（8）：62.

变体。"到 20 世纪末，"社会科学知识，和它前面的各种常识一样，很快流传开来，不久就变成了通用货币，其通用的程度和那些早已被人遗忘的谚语一样。"① 最终的结果就是，在价值观的博弈中，科学取代了道德，知识替代了信仰，在大学的发展中占据了主导地位。伴随大学里占据主导地位的知识型的变化，大学的理念与使命开始发生相应的变化。知识型决定制度型。反之亦然。"每一种教育制度都有其道德目标，它总是试图占据并影响教育的全部课程，它要创造出一种特定的人。"② 因此，在社会大背景一定的前提下，高深知识作为大学得以存在和运作的"基本材料"，其属性、类型、价值以及人们对于高深知识的观念等都直接影响大学的理念与实践。

在中世纪以及中世纪之前和稍后的漫长历史岁月中，人文知识一直是最有价值的知识。在人文知识型的主导下，价值受到尊重，道德是评判价值的尺度。无人愿意做恶，知识就是美德，作恶皆因无知。在古希腊以及此后漫长的历史进程中，"没有知识的品格是不可能的，没有品格的知识也是同样的没有意义。生活是一整块布——分解它就会毁灭它。""现代主义知识观独立于品格之外，在精神气质上是科学的，在本质上是客观的，它来自于启蒙时代的技术理性。17 世纪之后，人们越来越多地用机械的和数学的术语来界定这一知识观。"③ 由此可见，如果说在以前"知识就是美德"，那么现代以降"知识就是力量"、"知识就是权力。"与人文学科对价值判断的尊重相比，在科学知识型的主导下，价值判断逐渐被驱逐出了知识的范畴，道德层面上的知与行逐渐分离。在科学主义知识观的影响下，一些原先合法的知识和道德教育方式先后被宣布为非法，并被驱逐出了大学。19 世纪末顺应当时社会发展的需要，斯宾塞适时地提出了"什么知识最有价值？""惟一的答案是——科学。在所有方面都是如此。为了直接的自我生存……依靠科学。为了谋生……依靠科学。为了完成抚养的责任……依靠科学。为了形成良好的公民修养……依靠科学。为了欣赏艺术……依靠科学。为了达到训练的目的……依靠科学。科学是开展这些活动的最好准备。"④ 现代大学在从讲道德

---

① R. W. 费夫尔. 西方文化的终结 [M]. 丁万江，曾艳，译. 南京：江苏人民出版社，2004：261，263.

② 布鲁姆. 走向封闭的美国精神 [M]. 缪青，译. 北京：中国社会科学出版社，1994：18.

③ 小威廉姆 E. 多尔. 后现代课程观 [M]. 王红宇，译. 北京：教育科学出版社，2000：159.

④ 小威廉姆 E. 多尔. 后现代课程观 [M]. 王红宇，译. 北京：教育科学出版社，2000：1.

向重科学转变的道路上，斯宾塞关于"什么知识最有价值"的发问有重大影响，这一发问对于大学最终接纳并发展自然科学无疑具有重要的启蒙意义。"事功性的现代科学的特征之决定性的发展，也在科学工作者身上烙上了与以往全然不同的印记，学者消失了。他被所谓的科学工作者——探究者——所接替；探究者忙于他五花八门的研究项目与课题。"① 总之，在西方世界里，经历了文艺复兴、宗教改革，尤其是后来的启蒙运动以后，在19世纪整个社会开始弥漫一种强烈的现代氛围，即"科学企图取代信仰，或者至少把信仰转化为确定的知识。"② 事实上，对于"科学化"运动对于人类道德发展可能带来的消极影响，卢梭早就已经指出："科学并没有使人更好一点，没有使人更道德一点，甚至也没有使人更幸福一点！在自然状况中，人对科学一无所知，但人在本能和感情的指引下，却比有了所谓文明更幸福得多！"③

19世纪以降，随着自然科学的崛起，在大学自治与学术自由之外，以价值中立为基础的学术中立开始成为一个重要理念与原则。在价值中立的大前提下，大学在学术研究中"为了便于实现纯粹真实的理想，价值判断和实践行动都被暂时搁置在一边。"④ 但人类世界是充满价值判断的人文的世界，绝非价值中立的冷冰冰的科学世界或自然世界。人之所以为人绝不在于发现若干自然规律，征服自然；人之为人的真正价值在于拥有思想，以思想创造有意义的生活。人类存在的根本就在于通过思想改变世界而非通过发现规律征服世界。历史上启蒙运动的意义就是要唤起民众主动运用自己的理性去认识世界的勇气与热情。当然这种理性绝不是纯粹的科学理性与技术理性，同样也要兼容人文精神。大学作为启蒙运动的发源地，要有勇气正视自己的处境。今天在科学主义的笼罩下，原本充满人文精神的德性大学已逐渐被貌似价值中立的知性大学所替代，原生的道德冲动已被人为的求知欲望所代替。

---

① 海德格尔. 人，诗意地安居：海德格尔语要 [Z]. 郜元宝，译. 桂林：广西师范大学出版社，2000：35.

② 卡尔·雅斯贝尔斯. 大学之理念 [M]. 邱立波，译. 上海：上海人民出版社，2007：48.

③ 弗·鲍尔生. 德国教育史 [M]. 滕大春，滕大生，译. 北京：人民教育出版社，1986：104.

④ 卡尔·雅斯贝尔斯. 大学之理念 [M]. 邱立波，译. 上海：上海人民出版社，2007：174.

"我们的时代甚至在无事可做之处都是以知道如何为之的方式思考的。"① 最终，大学成为了帕森斯意义上的"知性复合体"（cognitive complex）。在这种知性化的制度环境里，大学人似乎"看不到罪恶，听不到罪恶，闻不到罪恶，不知道罪恶。"② 与此同时"科学好奇心从未摆脱控制、管理、使事物更美好这一令人振奋的幻象。""从一种有关人类不平等性的、据说是客观的科学话语，到关于'无价值生命'的道德论点的假定合理的形式，再到最终解决：'无价值生命的解除和消灭'，道路是笔直的。"③ 其结果，作为社会机构的一个重要组成部分，大学里原本指向生活世界的德性践行被知性德育所取代，由此大学的道德危机成为必然。

第四节　知性大学的制度基础及其转型

一般认为，目前高等教育中的道德危机的出现是由于对知性的重视超越了德性；抑或是大学对于科研的重视超过了教学。比如哈瑞·刘易斯就认为："大学文化的这一转变，根本上是因为研究代替教学，成为了大学的基本职能。"④ 事实上，无论是知性与德性还是科研与教学绝非简单的二元对立。重视科研未必直接导致轻视教学，重视知性也绝不意味着一定就要轻视德性。反过来，不重视科研也绝不意味着就必然会重视教学，放弃知性的教育也绝非必然就导致重视德性的养成。理论上，知性与德性、教学与科研本来就是辩证统一的关系，无所谓孰轻孰重；实践中之所以会有两者之间一轻一重类似压跷跷板的关系，完全是操作的失误和思维的惯性。目前的高等教育实践中，重科研与轻教学、重知性与轻德性的出现只

---

① 齐格蒙·鲍曼. 生活在碎片之中——论后现代道德 [M]. 郁建兴，等，译. 上海：学林出版社，2002：165.

② 乌尔里希·贝克. 风险社会 [M]. 何博闻，译. 南京：译林出版社，2004：69.

③ 齐格蒙特·鲍曼. 现代性与矛盾性 [M]. 邵迎生，译. 北京：商务印书馆，2003：63.

④ 哈瑞·刘易斯. 失去灵魂的卓越：哈佛是如何忘记教育宗旨的 [M]. 侯定凯，译. 上海：华东师范大学出版社，2007：167.

是时间上的巧合，并不意味着彼此之间有着必然的因果关系。对此，纯粹经验主义的判断是靠不住的。"在此之后"和"因此之故"是两个完全不同的概念①，"在此之后"不一定就是"因此之故"。绝不能因为看到了重科研的同时，出现了轻教学；重知性的同时，出现了轻德性，就认为二者之间有必然的内在关系，并顺势将二者对立起来或者反转过来。高等教育中完全可以做到也完全应当做到科研与教学并重，知性与德性并行。现在之所以出现了一轻一重的问题完全是实践操作的失误，而不是逻辑的必然。高等教育中的道德危机的形成绝不是由于重知性或重科研所导致的而只是轻德性教化的必然结果。如杜威所言："当我们把品德的发展确立为一个至高无上的目标时，道德教育实际上已经毫无希望了，同时，当把占据大部分学校时间的知识获得和理解力的发展看成与品德没有丝毫关系时，道德教育也没有希望了。在这样一个基础上，道德教育不可避免地会降低为某种问答式教学……降低为一些'有关道德'的课程，这些课程把其他人所思考的德性和义务看作是理所当然的事。"② 高等教育中道德危机的根本在于大学忽视了道德品质对于人的成长的重要性而不是重科研和知性的结果。对于大学而言，重科研、重知性本身没有错，它是更好地进行教学和德性养成的源泉，如果没有了知性的探索和科学的探究，大学的德性实践和教学活动就会成为无源之水、无本之木。

德性是道德的人格化。大学的德性亦即大学道德的人格化。对于大学而言，没有知性就没有动力；没有德性就没有方向。如果知性是发动机，

---

① 拉丁文 post hoc, ergo propter hoc，中文译为"在此之后，因此之故"。这句话在近代欧洲是一句著名的民谚，成为经验主义者的信条。此语的意思是，在两种前后相随出现的现象上，乙现象总是跟随在甲现象之后，因此，甲就是乙的原因，乙则是甲的结果。"在此之后，因此之故"的最大毛病在于，"在此之后"是对事物现象变化的外在描述，而"因此之故"是对事物内在关系的判断。依据事物的外在表象能证明其内在的关系吗？这样的判断有合法性吗？其暗含的逻辑显然是，事物的内在属性与其外在表象具有高度的一致性，而且这种一致性是无须证明的。事实上我们知道，这种高度一致性是不存在的，即使存在，也是需要专门证明的。理性主义认为，要说明事物之间的内在关系，当然不能忽视、舍弃对事物表象关系的观察，但不能仅限于此，还要钻到事物的内部，对事物的内在属性进行分析、考察、研究，而后才能得出初步的结论。而这个初步结论最终成立不仅要经实践的检验，还要符合理性的先验规则。参见：范海辛. 析"在此之后，因此之故"[EB/OL]. http://www.chinaelections.org/NewsInfo.asp NewsID＝110923.

② 罗伯特·纳什. 德性的探询：关于品德教育的道德对话 [M]. 李菲，译. 北京：教育科学出版社，2007：54.

德性就是方向仪。二者之间的关系颇有点类似于心理学上智力因素与非智力因素的关系。没有智力谈不上非智力，没有知性也就谈不上德性。知性本身蕴涵有德性的成分，德性本身也必然包含有知性的成分。在历史上，早期的大学重德性轻知性，结果大学不可避免地陷入合法性的危机，并一度有被其他机构替代的可能。20 世纪 80 年代以来，大学又开始重知性轻德性，随着研究型大学在全球范围的逐渐普及，表面上人类在高深知识领域取得了前所未有的成功。但对于大学发展而言，我们得到的只是"失去灵魂的卓越"。"大学道德教育的功能逐渐削弱；学校道德教育与满足学生及家庭从教育投资中获得回报的希望之间存在矛盾。为了取悦学生，以便在所有重要的大学排名中名列前茅，大学在用'糖果'哄骗学生，而不是采取严格的措施锻炼学生的品行。"① 真正卓越的大学，绝对应该是知性与德性、教学与科研并重并达成某种均衡的大学。在这样的大学里，对于大学人以及大学制度的德性的关注应被放在与知性同等重要的地位，大学的教学也应与科研一样被视为同等重要。卓越大学的存在绝对不能只是为了生产、传播与应用高深知识，在高深知识之外，我们还必须关注人的美德和制度的伦理。虽然在今天知识不再必然意味着美德，美德也不再必然意味着知识，但是无论什么时候，美德与知识、知性与德性对于人类都同样重要；无论何时、无论何地，知识的道德维度或美德维度以及人和机构的道德品质都是不可忽略的重要方面。总之，高等教育中道德危机的根源不在重知性而在轻德性，不在重科研而在轻道德教化。化解大学道德危机绝对不能反其道而行之，因为对于知性和科研的轻视只会使大学在道德复兴之路上南辕北辙，而不会是水到渠成。在大学转型的过程中，德性大学的建立取决于大学在知性与德性、教学和科研之间的微妙平衡，而绝对不是人为地硬要将"跷跷板"压向另一端。

对于人类社会的发展，知性与德性是不可缺少的两翼。没有知性，人类难以脱离蒙昧，没有德性，人类的存在又会失去意义。大学的发展同样如此。没有知性的存在，大学就像没有发动机，没有德性的张扬，大学就像少了导航仪。没有了动力，无法发展，失去了方向，同样可怕。自 19

① 哈瑞·刘易斯. 失去灵魂的卓越：哈佛是如何忘记教育宗旨的 [M]. 侯定凯，译. 上海：华东师范大学出版社，2007：4.

世纪洪堡创建柏林大学以来，大学里的知性成分就像城市中的钢筋水泥一样迅速加强，而德性氛围却如江河沿岸的泥土一样日益流失。"在20世纪90年代初，外部世界受益于大学在19世纪和20世纪初所积累下来的精神资本和传统。这些资本和传统的积累必须是一个不断维持、添加和修正的过程。如果它们不是为人所利用、重新诠释和增加，它们就会失去生命力，变成无果之花。"① 在今天的大学里科学研究逐渐成为专家们的一种求真的游戏，人文知识被视为科学的对立面，道德因素在大学里的存在虽然还有学院文化的惯性，但已逐渐失去制度的根基。"在当今文化中，道德银行破产最明显的症状之一，就是对待道德问题的某种时髦态度，对这种态度，下面这句话概括得最恰当不过：'不存在黑白，只有灰色。'"② "在这一语境下，'灰色'只是'黑色'的开端。世界上也许有'灰色'的人。但却不能有'灰色'的道德准则。道德是黑白分明的规范，当人们试图在二者之间达成妥协时，哪方必然失败、哪方必然获利是显而易见的。"③ 在现代社会和现代大学中，知识的市场化、学科的功利化、道德的资本化使得今天的大学已经日益蜕变为一个实用主义的堡垒，而不再是昔日的象牙塔或知识分子的精神家园。由于现代性逻辑中可量化原则的主导，科研的卓越几乎成为了所有大学的共同追求和努力方向，对于组织德性、制度伦理以及个人道德品质的关注日益减少。在今天几乎所有的大学都已经主动地放弃了成为道德领袖的权力。"现在道德问题更多出现在学术世界与外部世界的系列接触之中。从来没有像今天这样有那么多道德问题在打转。"④ 目前在世界范围内，创建一流大学正在成为很多国家高等教育发展的目标，而所谓一流大学基本上就是科研卓越的研究型大学。在重视一流，追求卓越的思路下，如果忽视了高等教育中道德危机的存在，如果现代大学不能及时调整发展方向，继续沿着科研卓越之路一直走下去，一流大学的未来恐怕只能是"失去灵魂的卓越"。现代大学如果要想继续

---

① 爱德华·希尔斯. 学术的秩序——当代大学论文集 [C]. 李家永，译. 北京：商务印书馆，2007：89.

② 安·兰德. 自私的德性 [M]. 焦晓菊，译. 北京：华夏出版社，2007：76.

③ 安·兰德. 自私的德性 [M]. 焦晓菊，译. 北京：华夏出版社，2007：81.

④ 克拉克·克尔. 大学之用（第五版）[M]. 高铦，译. 北京：北京大学出版社，2008：171.

保持作为社会发展之轴心机构的地位，必须提高对于道德危机的敏感度，并以此为切入点，通过德性践行与道德探究，最终实现从一流大学或知性大学向德性大学的转变。如克尔所言："未来伟大的大学将是那些已迅速和有效地作好调整的大学。"①

在西方历史上，中世纪大学之后，"每一种自由艺术都最大限度地发展向前，这导致的总体后果便是一种日益增长的学科异质性与多样性。"相比之下，从14世纪到15世纪道德哲学在整体上一事无成。"历史无非是这样，即统一的探究整体解体分化为多样性和异质性，或者换一种说法，诞生出作为组织化和专业化的大学学科的院系哲学。"② 如前所述，经过了文艺复兴、宗教改革与启蒙运动，19世纪以来大学逐渐知性化，在大学里系科主义、科学主义盛行，信仰、道德与价值受到排挤。由自然科学逻辑主导的客观主义的制度设计使得大学成为了不折不扣的只讲科学不讲道德的制度性场所。在系科主义影响下，随着大学教授从普遍主义知识分子向专业主义知识分子的转型，大学也逐渐放弃了道德责任与社会批判的精神，大学教授失去了道德自治与自主，在诸多问题上大学变成了政府与企业的合伙人。在合作伙伴关系和利益相关者身份的掩蔽下，权力与金钱逻辑进入大学，学术开始成为一种新的资本。谁出钱、谁有权，大学就可以为谁提供使其合法化的话语或真理（真理也是一种社会关系，像权力、所有制和自由一样③)，帮助其确立自己统治的合法性。与过去不同，今天大学与政府"他们彼此需要对方，没有知识的权力无疑是没有头脑的；而没有权力的知识则是无力的。统治者和教师们从同样的、管理人的有利地位出发来看这个世界。……他们几乎没有磨擦的可能。"④ 由此可见，在知识、金钱与权力的循环逻辑中，今天大学里一切的操作均打着理性与科学的旗子，指向金钱与权力的目标，道德已经不再是判断是非曲直、正义与

---

① 克拉克·克尔. 大学之用（第五版）[M]. 高铦，译. 北京：北京大学出版社，2008：61.

② A. 麦金太尔. 三种对立的道德探究观 [M]. 万俊人，等，译. 北京：中国社会科学出版社，1999：158 – 159.

③ 齐格蒙特·鲍曼. 现代性与矛盾性 [M]. 邵迎生，译. 北京：商务印书馆，2003：351.

④ 齐格蒙·鲍曼. 生活在碎片之中——论后现代道德 [M]. 郁建兴，等，译. 上海：学林出版社，2002：263.

否的标准。现在如果让道德判断进入大学制度设计或决策领域，人们甚至可能会感到这是错误的，不可理喻的。换言之，由于时代精神的蜕变，今天要求大学讲道德似乎成为了一种矫情而不再是大学的天性。准确地说，现在"我们再也不把道德当回事，我们发现我们所有的决定都带上了消费的色彩和腔调。"① 在今天的大学里，"真正促使我们行动的惟一知识是经济理性支持的功利主义计算得出的结果，"② 而不是道德良心。

由于道德探究与德性践行的缺失，今天的大学开始面临诸多顽疾。克瑞可教授曾将今天大学的病症诊断为以下四个方面：第一，教育无目的。大学存在只是为了作为一种制度延续下去。第二，知识无序。大学盛行以"职业为中心"的专业化计划。能挣到一分钱的知识，便用一分的时间和精力去讲授或学习。第三，巨人主义，即随着规模扩大，大学制度设计中去道德化的科层制成为必然选择。第四，对意识形态的膜拜。今天的大学顺应意识形态的需要，向金钱和权力献媚，自觉成为跨国公司和政府的代言人③。冰冻三尺非一日之寒。大学作为一种教育制度，从昔日讲道德、重德性到今天讲科学、重知识，自有其深刻的社会根源与内在逻辑。概括而言：一方面是在社会道德危机的大背景下，大学的道德教育逐渐形式化、知性化，从而使得大学的道德探究空间逐渐萎缩，德性践行被悬置；另一方面在于大学内部，在科学理性、经济理性、技术理性与常识理性主导下，大学里人文精神式微，知识客观化、精细化，道德相对主义与科学主义盛行，客观遮蔽了主观，知性僭越了德性，事实阉割了价值，科学取代了信仰，道德探究付之阙如，德性践行如油浮于水。现代大学逐渐走上了成为"无道德领地"的不归路。

面对这种大学转型过程中所面临的道德困境，1992 年在一篇重新评价纽曼《大学理想》的文章中，扎洛索夫·佩里坎敏锐地指出了目前高等教育发展中的两个危险倾向：第一个就是 20 世纪中叶以来盛行的"人文科

---

① R. W. 费夫尔. 西方文化的终结 [M]. 丁万江，曾艳，译. 南京：江苏人民出版社，2004：13.

② R. W. 费夫尔. 西方文化的终结 [M]. 丁万江，曾艳，译. 南京：江苏人民出版社，2004：321.

③ 大学的危机与人文教育的缺失. http://hi. baidu. com/依旧自己/blog/item/e8f89434e4508bb4d1a2d3f6. html.

学的新严格主义"。按他的说法，20世纪以来随着人文科学概念的提出，人文学科的学术文化开始从广泛到严格，并尽力缩小和淡化它们在传统课题中的一些道德价值判断。第二个危险就是大学里"古老而极端的个人主义"。人是社会的人，大学是社会的大学。个人主义无论对教学科研、社会服务还是对于大学的道德探究与德性实践都有重大影响。目前在大学里，从学科专业化、注重专业知识、课程的分割、社会孤立到科系民族主义，个人主义都正在抬头。佩里坎提出，欲克服上述两种危险的倾向，"大学必须提供一种环境以支持各种群体"，"大学对知识的追求必须包括对人的道德关怀。"① 历史地看，相比于道德哲学，客观知识与科学真理之于大学的存在既不是充分的也不是必要的。没有自然科学大学仍然是大学，但如果排除了以道德哲学为基础的人文学科，尤其是包含丰富道德信息的哲学，大学能否称之为大学则要打上一个大大的问号。举凡历史上伟大的大学，均是道德的楷模、哲学的重镇。西方世界的巴黎、牛津、剑桥；中国历史上的北大、清华、西南联大之所为后人所铭记，绝非仅仅因为它们在科学发明创造中做出了非凡的成就，而在于它聚集了一批有道德、讲道德的教授，培育了一代有理想的、爱国的学生。自然科学的发明或发现再伟大，迟早也将被后人超越；但大学与大学人在道德上的践行则是一座永恒的丰碑，只会历久弥新。大学里自然科学的发明创造对于社会的发展也许会有立竿见影的功效（外在利益），但培养有道德的人对于社会的贡献会更加巨大（内在利益）。当然，这样说绝不意味着德性与对自然的探究不可调和，而是要指出有时"德性与外在利益和内在利益有一种不同的关系。拥有德性就必然可获得内在利益；也完全有可能使我们在获取外在利益时受挫。养成真诚、正义和勇敢的品格，常常使我们远离开富裕、声望和权势，虽然世俗中人有很大的偶然性。虽然我们也许希望，我们因拥有德性不仅可以达到卓越的水准和获得某种实践的内在利益，而且成为富有的，有声望的和有权势的人，可德性总是成为实现这种周全抱负的潜在绊脚石。"②

对于大学里道德探究的缺失和德性践行的虚置，麦金太尔曾经提出过

---

① 余宁平，杜芳琴. 不守规矩的知识 [C]. 天津：天津人民出版社，2003：109－111.
② A. 麦金太尔. 德性之后 [M]. 龚群，译. 北京：中国社会科学出版社，1995：248.

一个三阶段理论①。麦金太尔以道德探究为标准，以美国为例证，认为18世纪和19世纪初的大学和学院处于前自由主义阶段。在这一阶段，大学要求在基本信仰上的高度一致，极力排除潜在的不同意见。它所追求的理性探究是道德和宗教目标的强行一致。大学道德探究的标准以基督教基本教义为准。19世纪中叶以来，随着政教分离原则的确立，道德探究和宗教目标强行一致的前自由主义大学让位于自由主义大学。自由主义大学不仅以正确的一致性反对不公正的排斥，而且提出道德假设的前提，即所有理性的人如果不受管束，都将达成一致。换言之，道德是个人的事情，道德教育不应干涉个人自由。其结果，自由主义大学将"在思想或道德上并不中立的道德和信仰探究"排除出去。在这一时期，人类的理性成为了自然科学垄断的领域。由于排除了道德的探究与价值的判断，人文学科逐渐地被边缘化或科学化，自由主义大学在道德领域显得毫无生机。由于缺乏道德哲学与教育目标的一致，加之放弃了对于道德领袖地位的主动占有，自由主义大学时常处于紊乱状态，不能对它的批评者的批评做出任何有效的回应。"对那些为了推进道德和神学领域中的合理探究，而寻求有效解决其中根本分歧的人来说，自由主义大学无法提出任何补救办法。而正因为不能提供补救办法，它又成功地将实质性的道德探究和神学探究排除在它的领域之外。"② 按照麦金太尔的观点，现在是第三类大学，即后自由主义大学出现的时机了。他认为，后自由主义大学并不是乌托邦，这种大学在历史上至少存在过一次。在某种意义上，后自由主义大学不过是13世纪的中世纪大学在20世纪的翻版。尽管它也有20世纪的内容，但更多地将导向重建一种13世纪的大学制度形式③。今天随着女性主义的崛起，在西方高等教育实践中后自由主义大学已经初露端倪。有学者就认为："妇女学已经恢复了一种大学的道德探究形式。"④ 与前自由主义大学和自由主义

---

① A. 麦金太尔. 三种对立的道德探究观 [M]. 万俊人，等，译. 北京：中国社会科学出版社，1999：230-235.

② A. 麦金太尔. 三种对立的道德探究观 [M]. 万俊人，等，译. 北京：中国社会科学出版社，1999：233.

③ A. 麦金太尔. 三种对立的道德探究观 [M]. 万俊人，等，译. 北京：中国社会科学出版社，1999：240.

④ 余宁平，杜芳琴. 不守规矩的知识 [C]. 天津：天津人民出版社，2003：108.

大学相比，后自由主义大学在制度层面上不排斥道德价值判断，鼓励道德探究，强调德性实践，追求不一致，强调参与论争。在后自由主义大学里，不主张每一位大学教师都进行中立的、客观的、不偏不倚的讲授，而是鼓励大学教师和学生作为一种观点的主角参与教学过程。概括起来，如果以道德探究和德性践行作为衡量的标准，"近代前自由主义的大学是带有强行一致和约束的大学。自由主义大学渴望成为具有自愿一致性的大学，并由此废除了宗教和道德的检验与排挤。"在后自由主义阶段中，"大学作为约束性分歧的所在地，作为被迫参与冲突的所在，其所负的高等教育的主要责任，就是引导学生们参与这些冲突。"①

麦金太尔以美国为例，对于大学发展阶段的划分具有普遍的积极的意义。通过这种划分我们既可以更加清楚地看到今天大学道德危机的深层根源；也可以更深入地理解道德探究与德性实践之于大学制度创新的重要性。今天大学道德危机，无论是道德教育的危机还是道德理论的危机，深层的根源都在于大学的过度制度化，在于大学制度设计或演进中的去道德化与大学实践中去道德化教育的双重互动。"大学中缺少合理探究的形式，这就不可避免地使大学失去了对外界批评的充分反应能力。因此，大学和学院未能作出这种反应，并不是某个人的失败，"② 而是制度的失败。由于道德生活与道德探究的缺失，今天的大学作为一种教育制度面临挑战。具体而言：由于大学规模日益庞大，制度设计中的去道德化是现实的选择。在这种设计中，制度成为了人的道德良心的"掩体"。凡有违背人的道德或伦理的地方，个体无法改变的制度安排可以使人轻易地逃脱良心的谴责。在委员会式的制度框架下，在程序理性的主导下，通过细致的劳动分工，人的主体性被悬置，不可避免地处在一种"代理人状态"，要追究具体的责任很难。除此之外，在经济理性主导下，个人无须承担道德的责任，被重点关注的只有成本与效益。那么，现代组织机构何以会走到如此地步呢？又何以成功地实现了去道德化呢？鲍曼认为：现代组织机构主要

---

① A. 麦金太尔. 三种对立的道德探究观 [M]. 万俊人，等，译. 北京：中国社会科学出版社，1999：238.

② A. 麦金太尔. 三种对立的道德探究观 [M]. 万俊人，等，译. 北京：中国社会科学出版社，1999：235.

以两种制度化的方式来保护自己免遭道德责任的追究。一种是制度设计中的"责任流动化"，另一种就是"道德中立化"。所谓"责任流动化"就是"在一个现代组织中，每一位行动者只是一项命令的执行者和另一项命令的发出者。在引发行动的观念及其最终效果之间有一条行动者的长链，这些人中无人可以被毫无疑问地确定是计划与结果间的一种充分的、决定性的纽带。"换言之，现代组织是一个无人统治的机器，这架机器是由自动运行的游戏规则所具有的不带私人感情的逻辑来推动。所谓"道德中立化"是指现代组织机构宣布其组织中的所有成员工作时所被要求做的多数事情免于道德评价。"个人行动的最后的、联合的道德意义被排除在评价个人行动的准则之外，因而后者被视为道德上中立的。"基于此，"现代组织就是做那些不受道德约束的事情的一种方式。"① 今天大学作为一个现代组织虽然不会如官僚机构和商业组织那样永远不会成为"伦理圣地"和"道德学校"②，但是由于现代性的影响，由于组织化不负责任机制的作用，由于在风险社会里具有不确定性的制度环境的普遍存在，走出象牙塔之后，大学制度设计与决策中的去道德化仍然是一个不可否认的现实。在实践中，为了规避"道德风险"，在科学管理的名义下，今天的大学里道德先是被边缘化、中立化，继而空壳化，最终将面临被规则取代或驱逐的命运。近年来，现代大学在科学理性、功利理性、常识理性与技术理性等主导下的去道德化已经引起世界各国的高度关注。1998 年召开的首届世界高等教育大会所发布的《21 世纪的高等教育：展望和行动世界宣言》就郑重指出："高等教育本身正面临着巨大的挑战，而且必须进行从未要求它实行过的最彻底的变革和革新，以使我们目前这个正在经历一场深刻的价值危机的社会可以超越一味的经济考虑，而注重深层次的道德和精神问题。"由此观之，在市场化的背景下，走出象牙塔后，现代大学的社会责任绝不能限于"一味的经济考虑"，而必须"注重深层次的道德和精神问题"。因此，在制度演进和设计中对于道德和精神问题的深层关注无疑是

---

① 齐格蒙·鲍曼. 生活在碎片之中——论后现代道德 [M]. 郁建兴，等，译. 上海：学林出版社，2002：223 - 224，303 - 304.

② 齐格蒙·鲍曼. 生活在碎片之中——论后现代道德 [M]. 郁建兴，等，译. 上海：学林出版社，2002：307，324.

现代大学制度创新的正确选择。不过，目前我们面临的困境是，道德危机一旦形成，如果没有实现深度转型，现代大学制度创新的前景就不容乐观。因为，目前在道德问题上，"可能我们处于一个习惯化（habituation）历史进程的开端。可能下一代或者再下一代将不再被天生缺陷的图景——如现在满世界生活的满是肿瘤的鱼和鸟——所搅扰，就像我们今天不再为被违背的价值、新的贫困和持续高水平的大规模失业所搅扰。"① 事实上，当前更严重的问题恐怕还不在于道德危机的出现，而在于由于大学财政危机与质量危机的同时出现，道德危机之于大学的重要性与紧迫性无形之中被遮蔽。大学转型的必要性往往被大学蓬勃发展的表象所掩盖。学术界即便有学者论及大学的道德危机最多也只是在德育内容与方式上进行反思，很少有从大学制度的设计理念上着手，把大学道德危机这个问题"连根拔起"。面对此种困境，在现代大学制度建设过程中，超越知性走向德性是必然和必需的选择。现代大学如果要避免不"讲"道德的尴尬，就必须使大学再次成为德性的家。大学如果要想在下一个社会有更大的作为，无论是单纯地超越知性德育还是检讨"知识人"的教育信条都还远远不够②，大学要想在科学理性与道德探究之间取得平衡，就必须从制度框架上将知性的大学重建为德性的大学。而要想实现这一宏伟的目标，首先必须要淡化大学里科学主义的意识形态，合理区分科学与信仰，知识与道德，事实与价值，常识与情感，为在大学里深入开展道德探究和德性践行创造更大的制度空间。其次在办学理念与制度设计上要确保大学在追求真理，发展学术的同时，绝不能也不应放弃它的社会责任，尤其是道德责任；对于知识的追求不能脱离道德关怀，心灵自有不为理性所知的理由。换言之，"大学有必要赢得道德领袖（moral leader）的权力。"③

总之，无论如何、无论何时，在价值层面上大学都绝不是也绝不能是中立的，大学必须明确其道德的立场。对于德性的关注是现代大学制度建设过程中的一种潜在的新的社会使命，唯有如此才能阻止高等教育变成另

---

① 乌尔里希·贝克. 风险社会 [M]. 何博闻，译. 南京：译林出版社，2004：101.

② 参见高德胜. 知性德育及其超越——现代德育困境研究 [M]. 北京：教育科学出版社，2003. 鲁洁. 一个值得反思的教育信条：塑造知识人 [J]. 教育研究，2004（6）.

③ 世界银行、联合国教科文组织高等教育与社会特别工作组. 发展中国家的高等教育：危机与出路 [M]. 蒋凯，主译. 北京：教育科学出版社，2001：37.

一种知识工业或教学产业。历史的经验和现实的教训表明，大学成为一个讲道德的社会机构的关键就在于能否维持机构制度活动中的道德探究与德性践行的连续性。在机构的制度活动中维持道德探究与德性的践行对于现代大学从知性到德性的转型非常重要。因为，"大学是人类社会的产物，也就分享着人类社会的缺陷，像懒惰、妒忌、怨恨和玩忽职守等。"[①] 没有德性，没有正义，勇敢和真诚，现代大学的教育实践就无以抵抗社会机构的腐败[②]。

[①] 弗兰克·H. T. 罗德斯. 创造未来：美国大学的作用 [M]. 王晓阳，蓝劲松，译. 北京：清华大学出版社，2007：284.

[②] A. 麦金太尔. 德性之后 [M]. 龚群，译. 北京：中国社会科学出版社，1995：280.

第四部分

第四部分

第十二章　道德危机中的中国大学

对于道德的危机感是人类精神层面上的一种自我保护机制。对于道德危机的反思有助于人类在物欲横流的世界中更好地把握前进的方向。历史上沿袭"知识即美德"的逻辑，大学曾是道德的机构。作为世俗的教会，对道德的关注一度成为中世纪大学最重要的合法性来源。19世纪以来，伴随理性主义的崛起，知识与道德的分离，大学逐渐成为一个理智的而非道德的机构。自此道德危机之于大学就成为永恒的话题，并于近年愈演愈烈。在知性逻辑主导下，大学对于社会的道德责任，大学应有的批判精神等近乎销声匿迹。今天凡社会其他领域可能出现或已出现的道德问题，无一不在大学里发生，甚至有过之而无不及。今天大学作为道德领袖的光辉形象已经开始暗淡，人们对大学里许多不道德的现象（不道德的人与不道德的事）开始见怪不怪。改革开放以来，在以经济建设为中心的前提下，"为社会主义现代化建设服务"遮蔽了培养"四有新人"的重要性，为经济发展服务成为大学发展的主要目标。伴随着改革开放的推进以及市场经济向市场社会的蔓延，今天的中国已经是世界的中国而不再只是中国的中国，在诸多问题上中国与西方已经开始共享一个现代性的后果。作为现代性后果的一个重要组成部分，伴随着后现代思潮的兴起，"'宏大叙事'的瓦解……会导致'什么都行'的境况，会引起普遍的随意性，最终导致一切道德秩序（从而是社会秩序）的消亡"①。今天基于同样的现代性逻辑，中国大学也开始呈现出类似西方大学道

---

① 齐格蒙特·鲍曼. 现代性与矛盾性 [M]. 邵迎生，译. 北京：商务印书馆，2003：380.

德危机的症状。在今天这样一个全球化的世界，价值观的传播就好像空气的流动一样，西方的社会思潮迟早都会传到中国。无论世界的领土如何在地理上进行分割，人类的精神生活基本上仍然是一个无边界的领域。在这一领域中道德危机类似环境污染，没有哪一个国家的哪一所大学可以独善其身。改革开放以来中国经济高速发展，但整个社会的道德水平却没有同步提高，关于道德危机的疾呼一直不绝于耳。20 世纪 90 年代道德危机终于侵入大学，并于近年来全面爆发。一时间，大学领导贪污腐败、学术不端，大学教授嫖娼、剽窃，大学生考试作弊、学者论文造假等新闻充斥各类媒体。随着中国大学道德上的污点遭到频繁曝光，道德危机成为一个公共话题。毫无疑问，中国大学所呈现出的道德危机的状况绝非空穴来风。目前中国大学所爆发的道德危机在理论上有其必然性，在现实中也有其客观性；中国大学的道德危机一方面反映了大学道德危机的普遍性，另一方面也体现了中国问题的特殊性。探讨中国大学道德危机的产生既不能忽视现代性道德危机的大背景，更离不开"中国式大学"的小环境。

第一节　中国大学的道德状况

组织由人构成。一个组织的道德状况通常由该组织内的人的道德水平来体现。作为学术共同体，大学的道德状况自然需要通过大学人的道德水平来体现。但今天组织已经不再依附于人而存在，组织已经成为超越于人之上的一个实体。大学与大学人的关系也是一样。一个优秀的校长或一个著名的学者就可以代表一所大学的时代早已过去。在组织化的时代，大学作为一个机构已经成为独立于大学教师和学生之外的一个有着自己利益追求和价值取向的制度性存在。随着大学的组织化与制度化程度的不断加强，随着大学作为一种机构与大学人的逐渐分离，大学的道德状况与大学人的道德状况虽有关联但已不能同日而语。今天大学作为一个独立的机构已经在大学人的道德状况之外具有了机构自身的道德状况。

一、机构的道德

早期的中世纪大学主要是一个"人的组合体"，大学作为一个机构不具有独立的法人地位。依据帕斯奎尔（Pasquier）经典而古老的习惯用语，"中世纪大学是'人的组合体'（batie en hommes）。这样的大学没有理事会；不颁发任何行事一览表；没有学生社团——除非这所大学本身起源就是一个学生团体——没有学院报刊，没有演出活动，没有体育运动，更没有现代美国学院'校外活动'（它们是美国学院内部不活跃的主要理由）中的任何一个。"① 在那时大学教师与学生就是大学的一切。大学主要通过大学教师的示范作用以及培养符合教会需要的学生来维护大学的道德形象。大学首先关注的是学生个体以后的生活和事业上对于社会的贡献，而不是大学自己的机构上的"社会义务"②。伴随民族国家的崛起，大学的国家化成为不可阻挡的潮流。稍后，伴随着公立大学系统的兴起，作为国家机构的大学最终取代了作为行会的大学成为大学的主要存在方式。自此以后，大学人可能有道德的或不道德的，但作为一个国家机构，大学的道德却注定只能是灰色的。"那些为未来培养大批企业家、政治家、律师的知名大学，在竭力解释它们的办学宗旨。但是对大学课程中的道德原则和终极价值观通常语焉不详（即使这些道德原则和价值观一息尚存）。"③ 与西方大学相比，中国大学更为特殊。作为国有事业单位，大学作为一种机构所呈现的道德状况与政府具有高度的同质性。

（一）智性美德的遗失。就像大学里的人并不会天然地拥有高于普通人的道德水准一样，作为一个机构，大学也不是天生就具有至高无上的美德。人们之所以期待大学拥有高于普通机构的道德水准，完全是由于它对于高深知识的占有以及由此而衍生出的一系列相关的智性活动。借用亚里士多德的术语："如果存在着'至高无上的智性（an 'imperial intellect'），也必定存

---

① 查尔斯·霍默·哈斯金斯. 大学的兴起 [M]. 王建妮，译. 上海：上海人民出版社，2007：2.

② 雅罗斯拉夫·帕利坎. 大学理念重审：与纽曼对话 [M]. 杨德友，译. 北京：北京大学出版社，2008：147.

③ 哈瑞·刘易斯. 失去灵魂的卓越——哈佛是如何忘记教育宗旨的 [M]. 侯定凯，译. 上海：华东师范大学出版社，2007：59.

在着'智性美德。'"① 对于这种智性美德，纽曼曾有过非常精彩的描述。"大学乃是一切知识与科学、事实和原理、探索和发现、实验和思索的高级保护力量；它描绘出理智的疆域，并表明……在那里对任何一边既不侵犯也不屈服。"② 人们关于大学的所有道德想象无不源于对高深知识和智性本身的顶礼膜拜，尽管有些时候这种膜拜本身也会导致大学道德败坏。智性与德性是大学的两翼。智性本身蕴涵着德性，德性的发挥更离不开智性。大学虽然应该为学生的道德发展负责，但最终道德的发展不能离开心智的成长。离开了至高无上的智性，大学就失去了存在的意义，大学的德性问题就会陷入"皮之不存，毛将焉附"的困境。对于大学，智性美德的张扬是塑造大学道德形象的基础，没有智性的美德就谈不上大学的道德。"如果大学只是作为一种追求物质利益和自由的法人团体，它本应与中世纪其他机构具有同样的命运；而这些机构已经销声匿迹了。正是大学组织和学科所共同负担的探索知识的责任，赋予了学者和教师的特权与自由以某种意义，从而超越了他们的直接的特质利益，确保大学在其最显著的活动（即学术的、科学的教学与研究）中保持自治。"③

中国大学自上世纪 20 年代之北大、30 年代之清华以及稍后的西南联大之后，大学精神逐渐远离智性的美德，而陷入政治的旋涡。大学自治与学术自由逐渐远离大学人的生活世界，教授治校与学生自治也成为渐行渐远的梦想。近年来，伴随高等教育体制改革的深入，大学的自主权有所扩大，但是由于相关制度的缺失，随之而来的不是学术的百家争鸣、百花齐放，相反，学术界的不道德现象或不讲道德的学术腐败事件开始大量出现。大学智性本身理应具有的自由、宽容、诚信等道德秩序被人为地破坏。按照帕利坎的说法，大学"'研究法则'中两个基本的智性美德就是自由探究（free inquiry）和智识活动中的诚实（intellectual honesty）。""第三个智性美德是对合理化

①　雅罗斯拉夫·帕利坎. 大学理念重审：与纽曼对话 [M]. 杨德友，译. 北京：北京大学出版社，2008：49.

②　杨东平. 大学精神 [C]. 沈阳：辽海出版社，2000：封底.

③　希尔德·德·里德 – 西蒙斯. 欧洲大学史第一卷　中世纪大学 [M]. 张斌贤，等，译. 保定：河北大学出版社，2008：25.

及其过程的一种持续的信赖。"① 今天上述三种智性美德在中国的大学中均面临严峻挑战。首先学者的自由探究在大学自治、学术自由理念与制度基本缺失的情况下充满了不确定性，这种不确定性在学术研究中通常会导致大学自身或学者自己会主动地画地为牢，自我束缚。其次智识活动中的诚实由于权力和利益的诱惑而面临失守。近年来，中国大学在考试成绩、简历制作、论文发表等方面的"不诚实"已经给用人单位和国外同行留下十分不好的印象②，高等教育本科教学水平评估中参评学校的"集体造假"和"相互取经"更是令整个社会为之震动。诚实是大学智性美德的核心，也是一切道德规范的基础。"如果不坚持学术诚实，大学不仅会伤害自己，而且会走向毁灭；在将来——即现代社会和技术力量正在创造出来的那个将来，大学是否还会有资源，包括道德资源，继续衡量自由探究和智识活动中的诚实，这个问题必须提出。"③ 对于第三种智性美德，即对理性的信赖同样堪忧。由于行政权力的持续干预，自由探究的缺失以及学术的不诚实，"专家"和"教授"的称呼被舆论和媒体肆意调侃，甚至于侮辱；由于"底线伦理"的不断被突破，对于什么是"智性美德"，今天中国的大学都还需要观念层面的重新启蒙，又谈何"对理性的持续的信赖"？

（二）对于国家的依附。中世纪以来，大学之所以能够长期拥有道德领袖的资格，一方面固然与其对高深知识的占有以及至高无上的智性探究有关，但另一方面大学遗世独立的姿态和洁身自好的传统也在无形之中抬高了人们对于大学道德状况的期待。中世纪大学的产生既不是生产力发展的必然结果也不是知识自然演进的必然产物。"如果没有理性主导的探索知识的精神冲动，就不会有大学，但精神本身并不能创造大学。作为新的社会制度，

① 雅罗斯拉夫·帕利坎. 大学理念重审：与纽曼对话 [M]. 杨德友，译. 北京：北京大学出版社，2008：53，55.

② 在《失去灵魂的卓越》一书中前哈佛学院院长哈瑞·刘易斯曾两次谈到中国大学和中国学生的道德问题。一次在谈到学生为自己所犯错误找借口时，他就选择以中国为例。如他所言："比如，一名中国学生可能为自己抄袭作业的行为辩解说：这样的现象在中国校园文化中是很普遍的。"另一次在谈及"把道德问题地方化的观点"时，他又说道：这"颇似哈佛大学里中国学生抄袭作业的情形——将抄袭归咎于中国盛行这样的行为，所以抄袭是可以原谅的。"哈瑞·刘易斯. 失去灵魂的卓越——哈佛是如何忘记教育宗旨的 [M]. 侯定凯，译. 上海：华东师范大学出版社，2007：138，139.

③ 雅罗斯拉夫·帕利坎. 大学理念重审：与纽曼对话 [M]. 杨德友，译. 北京：北京大学出版社，2008：55.

大学只有在中世纪某些具有特殊的政治、经济和社会条件的城市中，才可能出现。"① 大学的诞生在某种意义上是欧洲中世纪独特的历史背景下世俗政权与教会相互斗争与妥协的产物。从一开始，中世纪大学就处于教会与城邦的张力之间，而不是完全倒向某一方。部分大学虽然会在薪俸上受教会的控制，但绝非完全地依附于教会，而是在教会和城邦之间寻找某种微妙的平衡。沿袭这种传统，后世大学的道德状况往往与其独立和自治的程度成正比。独立和自治本身就标示着一种不屈服的道德。民族国家兴起以后，大学逐渐摆脱教会的控制成为国家的机构。在政教分离原则下，大学成为国家实现其合法统治的有利工具。大学对于国家的依附对于大学的道德状况产生了巨大影响。国家的民族性抑制了大学的国际性，国家的自利性扼杀了科学的公共性，国家的意识形态性限制了真理的可能性，国家的强制性压抑了学术的独立性。最终国家主义的道德取代了智性的美德成为了裁量大学作为一种组织机构的功能和意义的最主要的尺度。中国近代大学史上，蔡元培1919年6月15日在《不肯再任北大校长的宣言》中就曾痛心疾首地提出："我绝对不能再作那政府任命的校长"、"我绝对不能再作不自由的大学校长"、"我绝对不能再到北京的学校任校长。"② 国内外大学的历史和现实都告诉我们，不自由、不独立、依附于政府的大学在道德上将无任何优势可言。甚至无道德可言。不自由就意味着这个机构很多时候言不由衷、其诚信值得怀疑；不独立就代表着这个机构缺乏必要的立场，更谈不上道德担当；依附则表明这个机构对于政府或其他机构言听计从，没有自己独立的价值判断和信仰，有的只是利益的计算和权力的博弈。今天中国的大学在法律的意义上多是事业单位，在领导体制上实行党委领导下的校长负责制。这两重法律关系的存在使得中国大学的道德前景充满了中国式的迷茫。在对于国家和政府的依附下，中国大学既无成为道德领袖的冲动，也无道德危机的紧迫。

二、人的道德

大学人的道德水准是大学道德状况的晴雨表。对于大学人的道德状况有

① 希尔德·德·里德 – 西蒙斯. 欧洲大学史第一卷　中世纪大学［M］. 张斌贤，等，译. 保定：河北大学出版社，2008：13.

② 杨东平. 大学精神［C］. 沈阳：辽海出版社，2000：327 – 328.

两种不同的预期。一种预期是认为大学人并不必然拥有高于常人的道德修养，必须通过制度的建设来抑制人性中可能的恶。"在一般情况下，如果期待大学或者其他任何故步自封的机构在没有外部'公众舆论压力'的情况下去讨论其各种纲领和结构的道德维度的话，那是不现实的。"① 另一种预期恰恰相反，认为大学作为一个拥有诸多特权的社会组织，其核心成员理应具有更高的道德素质。"大学不应该传递出这样的信息：大学教师与家长一样都只是普通人。"② 今天在世界范围内，大学普遍面临道德危机并不是指所有的大学人都道德败坏，而是指道德不再成为大学人判断是非曲直的重要标准，不再成为大学人生活的重要组成部分。大学主动放弃了对于大学人的道德要求，旗帜鲜明地放弃了道德标准上的黑白之分，而选择将道德看成一个灰色地带。这样无形之中也就将"大学人也是人"当成了一种常识并逐渐习惯化，也就降低了对于大学人的道德要求。"在很大程度上，大学已经放弃了以道德标准选择教授的做法，因此，无论大学如何信誓旦旦地强调道德标准的重要性，都无法左右学校里成年人的行为了，而他们对学生的人生却有着如此巨大的影响。"③ 在智性主义的主导下，学术的道德维度被巧妙地剔除。在人品与学问之间，学问成了大学的优先选项。"在一次又一次的教授聘任和晋职会议上，一旦有人提及候选人品德高尚之类的话题，就会被认为在给学术能力低下找借口。而若有人质疑候选人的品行，则被认为此事与真正的学术能力无关。"④ 在大学里虽不能说在所有的学术领域，道德都是知识的必要条件，人品都是学问的必要前提；但至少在人文社会科学领域当中，好人虽然未必就是一个好的学者，但是坏人肯定写不出"真正的"的好文章。在今天的大学里虽然道德不能也不应替代学术能力，但道德至少应该成为聘任大学教师和招收学生时需要考虑的因素之一。

目前中国大学里"人的道德"状况不容乐观。民国时期，经过一批传统

---

① 雅罗斯拉夫·帕利坎. 大学理念重审：与纽曼对话 [M]. 杨德友，译. 北京：北京大学出版社，2008：168.

② 哈瑞·刘易斯. 失去灵魂的卓越——哈佛是如何忘记教育宗旨的 [M]. 侯定凯，译. 上海：华东师范大学出版社，2007：87.

③ 哈瑞·刘易斯. 失去灵魂的卓越——哈佛是如何忘记教育宗旨的 [M]. 侯定凯，译. 上海：华东师范大学出版社，2007：88.

④ 哈瑞·刘易斯. 失去灵魂的卓越——哈佛是如何忘记教育宗旨的 [M]. 侯定凯，译. 上海：华东师范大学出版社，2007：88.

士子的不懈努力，中国大学逐渐在道德上成为社会的榜样。新中国成立初期，在全面思想政治教育和崭新意识形态的洗礼下，大学人的不道德现象极为少见。改革开放以来，在内外部因素共同作用下，大学里长期积淀下的道德沉渣开始泛起。首先是制度的不健全为大学人的道德败坏提供了可乘之机，紧接着不合适的制度建设又进一步催化了大学道德危机。中国大学一方面不断呼吁扩大办学自主权，但另一方面办学自主权的每一次扩大又都伴随着大学人的道德败坏与社会对于大学公平与正义的质疑。自由是大学的真谛，但如果我们假自由之名不务正业或汲汲于一己之利，那才是中国大学最大的失败。社会发展实践告诉我们："个体若要享有自由就必须具有相应的道德品质。"① 中国大学道德危机的症结正在于此。在很多时候大学与大学人只是在追求能够为自身创造利益或提供方便的自由，而忽视了这种自由应有助于大学的发展和知识的推进。

（一）知识与欲望。从清末民初以来，大学在中国主要是一种教学机构，其任务主要是为各行各业培养专门人才。20 世纪 80 年代以来，科研开始成为与教学并列的大学中心工作。经过近 30 年的发展，今天科研已经成为中国大学里占据绝对主导地位的中心工作。今天中国大学对于科研的热衷甚至于可以用"全民学术"、"举国学术"来形容。大学重视科研，民众关心大学对于知识推进的贡献本是国际性大趋势。中国大学选择走向研究型本也无可厚非。但一流大学的产生有着客观的规律，知识的生产更是欲速则不达。从中世纪到现在，西方大学走过了几百年的历程，那些中国人耳熟能详的一流大学没有一个是在较短时间内通过某个工程建成的。一流大学的建设必须尊重大学自身的规律。与西方大学相比，中国大学从制度、理念到知识产出都还处在幼年。中国大学从幼年向成年的过渡需要时间，更需要智慧与宽容。在大国崛起的惯性思维下，为了实现快速建成世界一流研究型大学的梦想，目前中国大学对于科研工作的重视有些走火入魔（类似历史上的"大炼钢铁"）。在量化指标考核以及金钱和地位的诱惑下，低水平的论文被大量地反复地"生产"。中国大学的论文数量就像中国经济的 GDP 总量一样在数年间迅速冲到了世界前列。但质量如何呢？更有甚者，为了金钱与地位，铤而

---

① 雅罗斯拉夫·帕利坎. 大学理念重审：与纽曼对话 [M]. 杨德友，译. 北京：北京大学出版社，2008：54.

走险直接抄袭、剽窃他人著作的现象屡见不鲜。就像铁路要大提速不但要更换火车的发动机而且也必须更换铁轨一样。中国大学要实现跨越式发展，建设世界一流大学，除了人的因素之外也必须更新其制度环境。当前由于大学学术制度的不健全以及学术生态的官场化，丑闻面前，官官相护，从而导致在中国大学里学校领导抄袭与剽窃行为的成本极低，而收益颇高。除此之外，由于制度性原因，学术市场需求的旺盛，论文的发表在中国已经成为一个巨大的灰色产业，并形成了错综复杂的利益链条。在这一产业链条兴旺发达的背后，对于他人学术成果的抄袭与剽窃正在普遍化，对于知识与真理的追求正在被学术的市场经济所异化；中国大学正在耗尽前辈们用了一百多年时间才慢慢积攒下来的学术信誉。

（二）金钱与权力。中国自古就是一个官本位的国家，中国的大学也同样难以逃脱官场化的命运。在官僚主义逻辑主导下，中国大学的智性与德性逐渐被金钱与权力侵蚀。无形之中金钱与权力的逻辑逐渐替代了知识和真理的逻辑慢慢镶嵌入大学的组织运行机制当中。大学为了组织内部人的私益开始不惜损害公共利益。比如学历与学位本是大学颁给受高等教育者的一种资格证明，但今日在中国的很多地方已被作为"商品"在公开或半公开地进行交易。很多地方高校所举办的函授形式的专科和本科学历都明码标价，所谓的考试多是逢场作戏，各方力求双赢或多赢。即便是处在高等教育塔尖的研究生教育也未能幸免。在"官员博士化"的大潮中，越来越多的政府官员名正言顺地"获得"了大学的博士学位，更有不少高级官员凭借所获学位堂而皇之地成为了大学的"教授"与"导师"，甚至还有人凭借"官大学问大"的中国式逻辑进而成为某一领域的"学术权威"。既然官员可以凭借自己手中的权力获得大学的"真"学位，那么企业家同样可以施出金钱的魔杖让大学的学位或名字来为自己撑面子。当然，大学不是不可以为企业家提供教育服务，相关培训也不是不应收取相应费用。理论上，这是大学应尽的社会责任和义务，也是大学经营的一种营销手段。目前问题的关键在于，中国的大学针对企业家举办的各种培训班，其出发点恐怕主要不是基于自己的社会责任，而主要是为了金钱，为了营利。在某种意义上，这种以大学名义招揽生意的培训班就等于变相地变卖大学的品牌以为某些个人谋取私利。2008年12月1日，沈阳博宇有色金属炉料连锁贸易集团董事长兼总裁于博诉清华大学教育培训合同纠纷一案在北京市海淀区人民法院开庭审理。之后，很多新闻媒体都以"千万身家企业老总状告清华大学'总裁研修班'"为题进行了广泛报道①。尽管于博一审败诉，但自此中国名校继续教育中天价培训班的内幕也逐渐为广大民众所知，中国大学在继续教育市场上所理应承担的社会责任与道德责任引起人们广泛关注。

中国大学扎根于中国社会，在大环境不改变的前提下，如果抱着一种道德理想主义希望中国大学在金钱与权力面前"一尘不染"是不切实际的空想。尽管如此，大学之为大学总应坚守一个最基本的底线伦理：中国大学可以世俗到不具有任何高尚的"美德"，但总不能不讲最基本的学术道德和职业道德。我们虽不能要求中国的大学都成为一个道德精英的共同体，中国大学人都成为中国人的道德楷模，但大学坚守知识与智性本应具有的道德规范，与金钱和权力保持必要的距离，少一些交易的欲望，多一份社会责任，总不算过分的要求。

第二节 中国大学道德危机的原因

中国大学道德危机的形成既有现代性道德危机的大背景也有中国自身独特的"国情"。二者相较，独特"国情"的重要性恐怕要远远重于现代性道德危机的普遍性在当中所起的作用。道德危机的形成之于西方大学很可能是"启蒙的必然代价"，是现代性逻辑发挥到极致的产物；而中国大学的道德危机在某种意义上却是"现代化"程度不够造成的，是一种不启蒙的代价。

一、制度的原因

中国大学自清末建立以来，在民国时期逐渐完成了高等教育理念、制度与内容的近代化。但新中国成立以后，出于意识形态的考量，中国大学在现

---

① 私企老总状告清华大学招生欺诈 [EB/OL]. http://news. 163. com/08/1202/10/4S5DD93200011229. html.

代性维度上与西方现代大学的逻辑背道而驰。其结果，中国大学的现代化进程在两种完全不同的现代性所形成的张力中苦苦地挣扎。从改革开放至今，中国大学用几十年的时间走过了西方大学几百年的历史。这种压缩饼干式的发展模式既给中国大学带来了规模上和形式上的繁荣，也为中国大学的未来发展埋下了巨大制度隐患。在现代性的维度上，目前中国大学一方面呈现出后现代大学的奇异景象，另一方面又明显地保留有前现代大学的痕迹。在中国大学里，由于制度的桎梏和利益的驱动，公共知识分子越来越少。教授们埋头于论文的撰写与发表，很少会有人再去抬头仰望星空，低头反思心中的道德律令。"有两种东西，我们愈经常愈持久地加以思索，它们就愈使心灵充满日新月异、有加无已的景仰和敬畏：在我之上的星空和居我心中的道德法则。"① 而一旦失去了这两种最能够震撼人的心灵的东西，大学人对于大学的责任与忠诚亦会随之灰飞烟灭，大学的道德危机也就不可避免。

1. 国家知识生产制度的缺失。作为生产、传播高深知识的一个宏观建制，大学的道德危机主要体现为学术道德的危机；学术道德危机的出现与国家知识生产制度的缺失密切相关。目前中国的知识生产制度主要由政治性权力主导，国家的宏观"规划"直接决定知识合法性的获得。比如，在论文发表领域，由于国家对于刊号的控制，期刊成为一种稀缺资源。加之缺乏完善的匿名审稿制度，论文的发表往往演变成金钱与版面的交易。"在各种因素的影响下，中国人文社会科学学术刊物渐渐演变成了一种提供统计研究者知识产品之指标的形式制度，并在一定意义上丧失了其作为研究者个人学术研究的知识参照作用和引领中国人文社会科学发展的实质性作用。"② 除此之外，中国大学里的课题申报、职称评定、著作出版、学术评奖等许多领域，由于同行评价制度的不健全，学术腐败层出不穷。"我们必须对这个'知识规划'时代和'集体性知识生产机器'进行深刻的反思和批判，因为如果我们不进行这种反思和批判，那么我们所做的任何改革大学的努力、改革评审规则的努力、改革出版体制的努力和改革学术规范的努力等，都有可能转变成粉饰这台知识生产机器的材料。更令人担忧的是：一方面，我们在使自己沦为这台知识生产机器之一部分的时候对此毫无意识；而另一方面，我们

---

① 康德. 实践理性批判［M］. 韩水法，译. 北京：商务印书馆，2000：177.

② 邓正来. 反思与批判：体制中与体制外［C］. 北京：法律出版社，2006：50.

还有可能通过自己的所作所为而使这台知识生产机器的生产更为有效，而且使其生产和再生产出来的那种知识具有更大的正当性。"① 在 20 世纪 80 年代，中国学术界曾掀起过关于学术规范和自主性的讨论，近年来为了遏止愈演愈烈的学术不端及学术失范行为，教育部曾专门成立了"教育部社会科学委员会学风建设委员会"，但由于行政不作为或作为不够积极，效果都不理想。究其原因，中国大学的学术腐败，其根源在于学术制度的缺失。如果没有健全的国家知识生产制度，再大声的"零容忍"宣言，也不可能改变学术不端泛滥成灾的现实。换言之，如果没有建立起完善的学术评价制度，如果整个国家的知识生产制度没有根本性的改进，大学的学术腐败和道德危机就不可能得到有效遏止。

2. 大学与政府的同构。在西方大学与政府是不同的组织，有着不同的治理系统和制度逻辑。但在中国，大学与政府却高度同构，拥有着几乎相同的治理系统和制度逻辑。在某种意义上，中国大学就是政府在高等教育领域中的一个分支机构或派出机构。由于大学与政府在制度上同构，中国大学的官本位与行政主导根深蒂固，学术在中国的大学里根本没有独立的地位。与西方大学里行政服务于学术不同，中国大学里的规则是学术服务于行政。行政部门负责决策，学术部门以学术的名义来执行。学术人员的最高理想多是谋得一份行政职位。为了实现"学而优则仕"的人生目标，很多学术人员会主动放弃学术的自主性，选择与行政权力或政府部门共谋，即以"学术"的名义为行政或政府部门的利益服务。因此，中国大学里很多学术腐败事件都与大学按政府的制度逻辑管理学术有关。"在根本上讲，中国当下的学术体制、评价标准和管理手段，充其量只适合于常规性的学术研究和教学活动，但是却不适合于那些需要足够时间和足够寂寞的基础性理论研究和原创性学术研究；进一步言，中国当下的许多与学术研究和教学活动紧密相关的政策和规定只适合于管理者的管理工作，但却不适合于被管理者（即广大的知识分子和教师）的学术实践和教学实践。"② 由于大学与政府的同构，大学管理者成为政府在大学的利益代言人。加之二者之间的行政隶属关系，中国大学的道德危机往往被政府的主管部门和大学的管理者掩耳盗铃式地归咎于某

---

① 邓正来. 反思与批判：体制中与体制外 ［C］. 北京：法律出版社，2006：77.
② 邓正来. 反思与批判：体制中与体制外 ［C］. 北京：法律出版社，2006：62.

些人的个人行为。由于制度不公所造成的机构性的道德败坏就被轻而易举地大事化小、小事化了。

二、人的原因

相关制度的缺失或错位是导致中国大学道德危机的一个重要的方面，但是人的因素同样不可忽视。毕竟制度的因素充其量只能直接导致大学在制度伦理层面上的危机，制度伦理层面上的危机如果要转化为大学人的道德危机或学术腐败，还必须要经过人自身这个重要中介。毕竟，制度是死的，人是活的。无论何时，人都有自己的主观能动性。同一种制度架构下，并不是所有人都必然会趋向道德败坏。今天中国大学人之所以频频曝出令人咂舌的学术丑闻及其他不道德的行为，除了制度的纵容之外，大学人本身的精神状况也值得反思。

在源头上，中世纪的知识分子根据自身的精神特质创造了最初的大学，而大学反过来又塑造了后世知识分子的理念、信仰与生活方式。"可以十分肯定地说，在科学领域，假如有人把他从事的学科当做一项表演事业，并由此登上舞台，试图以'个人体验'来证明自己，并且问'我如何才能说点在形式或内容上前无古人的话呢？'——这样一个人是不具备'个性'的。……只要一个人提出这样的问题，而不是发自内心地献身于学科，献身于使他因自己所服务的主题而达到高贵与尊严的学科，则他必定会受到败坏与贬低。"① 在马克斯·韦伯看来，大学的从业者应是以学术为"志业"而不是把学术当成一种赖以谋生的"职业"，大学人应是为学术而生而绝非以学术为生。中国不同于西方，由于知识论传统的不同，在中国的大学里自由主义的知识分子是异数，更多的中国知识分子仍然秉持着"学而优则士"、"仕而优则学"的士大夫传统。对此，刘小枫曾指出："在现代中国社会，科举制实际并未被废除，只是更换了修学内容、德行品质和学问建制：四书五经及其修身被'西学'取代，书院被大学取代，一套适应民族国家建构的现代文教制度建立起来。"② 今天中国的高等教育仍然在沿袭着科举的逻辑，中国的大学人仍然怀有做官大过做学问的信仰。这种信仰的存在为官场逻辑

---

① 马克斯·韦伯. 学术与政治 [M]. 冯克利，译. 北京：生活·读书·新知三联书店，1998：27.

② 刘小枫. 拣尽寒枝 [C]. 北京：华夏出版社，2007：5-6.

在学术领域的生根发芽提供了肥沃的土壤，从而也为学术的腐败埋下了伏笔。

民国时期受西学的影响，中国大学里曾拥有过一大批自由主义的知识分子，这批自由主义知识分子的存在，使得中国近代大学在道德的星空中绽放出耀眼的光芒。北大、清华与后来的西南联大之所以会成为中国大学人难忘的记忆，并不在于它们在学术上的有多么伟大的成就，而是源于那些大学里教授群体崇高的人格和道德魅力。新中国成立后，自由主义为新的意识形态所不容，经过社会主义改造，自由主义普遍转向社会主义。尽管如此，马寅初、梁漱溟、陈寅恪等学人的存在和表现仍然可以让后人感受到大学以及智性本身所理应具有的道德力量。今天中国大学里的知识分子并不缺乏留学欧美的学术背景，但其独立之思想与自由之精神与欧美大学的同行却不可同日而语。大学本是一个自由的场所，离开了学术自由与大学自治，大学就不能称之为大学。大学的这种精神气质与品格赋予并要求大学人具有理念人的特性。一旦大学人没有了对于大学理念的追求与信仰，一旦学术不再是学者毕生的志业，而仅仅是谋生的工具，在对金钱和地位的追逐下道德的败坏就是早晚的事情。如果大学人没有了学术的信仰，金钱与权力的诱惑随时都会导致大学的堕落。"理想的大学能够在个体与集体之间、在可体会到的承诺与正式的权力之间、在创造和生产之间，甚至在随意和严肃之间、神圣与亵渎之间，保持一种有趣而灵敏的平衡。"① 目前在中国大学的道德天平上，多数人无疑选择了站在金钱和地位的一边，那种"有趣而灵敏的平衡"早已不复存在。

第三节　道德复兴与中国大学转型

道德危机是现代大学所犯的一种具有致命作用的"慢性病"，它虽不明显影响大学的存在与运作，但却会在无形之中侵蚀现代大学之所以为大学的

---

① 弗雷德里克·E. 博德斯顿. 管理今日大学：为了活力、变革与卓越之战略 [M]. 王春春，赵炬明，译. 桂林：广西师范大学出版社，2006：4.

道德合法性。对于中国大学而言，一方面思想政治教育较之以前，强制性有所减弱，道德标准逐渐多元化，道德资本主义、实用主义、功利主义、情感主义也开始泛滥。另一方面大学里科学主义正在崛起，人文学科由于对价值判断的强调和客观性不足，边缘化与科学化正在成为其学科发展中的二重奏。此外，在扩招的背景下，加之城市化进程的快速推进，基础教育中传统文化教育和道德教育的缺失，今天中国大学的道德状况着实令人堪忧。今天中国大学虽处在世界一流大学的边缘，但是随着中国国家实力的提升，中国大学不可避免地要受到全世界的关注。在此大背景下，创建世界一流大学自然而然地成为中国大学的一种战略选择。创建世界一流大学目标的确立，一方面有利于促进中国现代大学制度的建立，但另一方面为了"多快好省"地建成世界一流大学，许多急功近利的做法也激化了本已存在的大学的道德问题。中国在建设世界一流大学的过程中对于学术的重视不应遮蔽大学理应成为道德领袖的必要，对于知识的推崇不应忽视大学人的美德的力量，对于智性的强调更不能以牺牲大学的德性为代价。现代大学的制度伦理、学术规范及大学人的职业操守将是决定中国能否建成世界一流大学的关键。

一、大学独立

中国大学所有问题的根源之一就在于大学缺乏独立性。由于大学作为一种机构缺乏独立性，大学组织变革就缺乏自主性，大学的制度创新也就缺乏足够的动力。由于大学对于政府的高度依附，中国大学的改革在外部主要由政府主导，在内部则主要由党政部门主导。大学自身出于学术的自觉而进行的改革少之又少。在《学校不是养鸡场》一文中，李零曾将今日中国大学的"弊政"概括为三条，"一是'工程热'（我叫'知识分子修长城'），二是'人越穷越分三六九等'，三是广大教师（不包括头上戴着很多帽子的人），他们待遇太低。"① 对于这些"弊政"大家有目共睹，但利益所在，人人又趋之若鹜。即便有一两个洁身自好者，也会被迅速边缘化，无法影响大局。大学独立绝不意味着大学要脱离政府的控制，更不意味着大学对抗政府或反政府。在民族国家框架下，大学永远都是国家的大学，有什么样的国家就有

---

① 李零. 花间一壶酒 [C]. 北京：同心出版社，2005：183.

什么样的大学，大学是国家的影子。大学的独立是为了大学更好地服务于国家，服务于社会。在民族国家的框架下，"大学不仅仅是国家政策的工具，相反，大学必须体现能转化为实践的思想（thought as action）。""国家与大学是一个硬币的两面，大学寻求体现思想，这种思想要能转化为奔向理想的行动；而国家必须寻求实践，这种实践能转化为思想，即民族的理念。国家保护大学的实践，而大学捍卫关于国家的思想，两者都为实现民族文化的理念而奋斗。"① 为了实现这一目标，国家没必要把大学时时"捆绑"在自己身上。大学与国家之间完全可以通过立法或其他手段建立起一种更加平等的契约关系。在契约关系的框架下，所谓大学的独立也就意味着，大学摆脱对于国家的人身依附，成为一个独立的法人实体。如果所有大学都能成为完全独立的法人实体，大学群体中组织间以及组织内的"游戏规则"慢慢就会自动确立起来。独立性是道德优势建立的基础。"大学和其他教育机构如果完全独立自主的话，是可以得到信赖来对付信任和自信心的危机的。"② 对中国大学而言，同样如此。只有拥有独立的法人地位才会有明确的责任意识，才会有相应的道德担当，才能最终进化出必要的制度伦理与组织德性。如果大学一直依附于政府，政府在无形之中就会成为大学道德败坏的"替罪羊"。在政府的庇护下，大学根本没有动力去将道德人格化为自己内在的德性，更不会有道德危机的紧迫感。

二、学术独立

大学独立可以为中国大学道德的复兴提供一个组织与制度的前提，但并不能解决全部的问题。组织与制度毕竟只是大学的外壳，中国大学的道德问题，其根本还在于大学的内在逻辑。今日中国大学里学术道德的败坏虽然有种种管理制度的不合理可以作为托辞，但是追究起来，学术不独立恐怕仍是其深层根源。对于什么是学术独立，学者有不同的见解：一种是指学术相对于政治的独立自主；另一种是指一个国家的学术相对于别国的独立自主。第一种情况通常表现为政治或经济领域对于知识生产的干预。如邓正来就曾指

---

① 比尔·雷丁斯. 废墟中的大学 [M]. 郭军，等，译. 北京：北京大学出版社，2008：66.

② 雅罗斯拉夫·帕利坎. 大学理念重审：与纽曼对话 [M]. 杨德友，译. 北京：北京大学出版社，2008：168－169.

出:"外部诸场域对学术场域之宰制的形成,在当代的社会中主要不是中国知识分子被动接受的结果,而是在所谓的'被动者'转变成了'主动者'以后才获得其实现的可能性的——亦即中国知识分子与经济场域、社会场域和政治场域之间进行形形色色的'共谋'所导致的结果。……另一方面,它还致使西方社会科学知识在中国社会科学场域中得到了很大程度的未经批判的'复制'或'消费'"①。后一种情况,民国时期很多学者均有过深刻论述。比如:吴有训就认为"所谓学术独立,简言之可说是对某门学科,不但能造就一般需要的专门学生,且能对该领域之一部分或数部分成就有意义的研究,结果为国际同行所公认,那么该一学科可以能为独立。"② 胡适在出任北大校长期间,也于1947年发表了他著名的《争取学术独立的十年计划》。以上两种,无论在哪一种意义上,中国大学尚未实现学术独立都是铁的事实。但更可怕的还在于,我们的大学改革还在加剧着这种状态。一方面其他场域的逻辑正在通过"资助"与"规划"这种无形之手控制大学的知识生产,另一方面大学自身的改革由于缺乏正确的理念作为指导,正在努力成为西方一流大学的"附庸"。目前国内大学的很多改革,包括学术工程、课题承包、教授分级、科研量化、用外语上课、过度重视外文刊物等,本身就正在成为滋生学术腐败的根源,其合法性值得再三检讨。就像大学的独立可以赋予大学自主性一样,学术的独立也是实现学术自主的前提。中国大学的学术道德之所以堪忧,在很大程度就是因为学术以外的因素对于学术的影响太多,大学学术的运作没有独立的场域。中国"大学里运行着官、学、商三种功能、目标完全不同的机制,大楼多于大师,设备重于人才,仍是普遍的现实。我们的教育之体仍于前现代状态,经济困窘、人才流失的危机并没有过去,计划体制、官本位的弊端和政治挤压仍然存在,而商业化的侵蚀和对教育的扭曲已经触目惊心。"③ 中国大学要有效遏止以学术腐败为核心的大学道德危机,学术独立是必需的选择。

---

① 邓正来. 反思与批判:体制中与体制外 [C]. 北京:法律出版社,2006:70.
② 吴有训. 学术独立与留学考试 [J]. 独立评论. 1935 (5):34.
③ 杨东平. 大学精神 [C]. 沈阳:辽海出版社. 2000:前言·9.

三、人格独立

如果说大学的独立着眼于制度伦理，学术的独立强调知识的逻辑，那么人格的独立就是要关注大学人的品格问题。大学虽是西方文明的产物，但中国大学却不可避免地会被烙上中国人的印迹。在西方大学是公民社会的重镇，公民有不服从的传统，大学里的知识分子往往是公共利益的代言人。但在中国，长期以来大学就是一个准官方机构，大学具有一定行政级别，校长由政府直接任命、党委直接领导，大学教师一般会有国家干部的身份。由于封建社会的漫长，加之现代高等教育的落后，中国人公民意识比较匮乏。从臣民到公民的人格独立尚未完全实现。在 21 世纪的中国大学，若非有长期的理性启蒙，实现大学人的人格独立不是一件容易的事。在中国大学依附于政府，大学人依附于大学。久而久之，大家会达成共识，问题太多，根本不是一个人能够改变的。在这种默契之中，中国大学的组织变革与制度创新不可避免地陷入一种"囚徒困境"。

大学的独立、学术的独立与大学人在人格上的独立三者之间环环相扣。没有大学人的争取与努力，大学不会自动实现独立；没有大学的独立，学术就只能是一种玩偶或工具。反之，没有学术的独立，大学人学术职业的合法性就会成为问题，哪里谈得上人格的独立；而没有大学人人格的独立，大学的独立又由谁来争取？以中国大学目前的状况观之，三种独立当中任何一种独立地实现无疑都任重而道远。但困难不等于不可能。大学的历史与现实告诉我们：只有实现了这三种独立，中国大学的道德前景才可能重现光明。

总之，目前在世界范围内大学道德危机已经是普遍现象。中国大学也不例外，甚至情况更糟。在现代性道德危机的大背景下，由于社会转型以及由此带来的大学转型等诸多原因，大学道德危机不可避免。作为一个发展中国家，中国大学同样也处在"发展中"。与西方大学转型中的诸多问题相比，"发展中"的中国大学在道德领域面临更加复杂的局面。由于金钱与权力的过多介入，学术与道德之间存在更多的灰色地带。在建设世界一流大学的今天，大学道德秩序的复兴至关重要。中国大学的前景与中国大学的道德前景密切相关。中国大学如果失去了对于道德危机的敏感，如果主动放弃了必要的赢得道德领袖的权利，中国就不可能建成真正意义上的世界一流大学。

第十三章　去行政化与中国大学转型

行政化是我国大学的痼疾。近年来，由于我国大学转型的客观需要以及改革契机的出现，去行政化逐渐成为社会各界讨论的热点话题。2010 年 7 月 29 日《国家中长期教育改革和发展规划纲要（2010—2020 年)》正式公布。《纲要》第十三章"建设现代学校制度"明确提出"推进政校分开、管办公离"。"随着国家事业单位分类改革推进，探索建立符合学校特点的管理制度和配套政策，克服行政化倾向，取消实际存在的行政级别和行政化管理模式。"稍早公布的《国家中长期人才发展规划纲要（2010—2020 年)》也提出要"克服人才管理中存在的行政化、'官本位'倾向，取消科研院所、学校、医院等事业单位实际存在的行政级别和行政化管理模式。""探索建立理事会、董事会等形式的法人治理结构。"应该说，相关规划纲要的出台为我国大学去行政化改革指明了方向。但是对于什么是行政化，如何去行政化仍然需要从理论层面进行深入思考。

第一节　行政与学术关系的重思

"行政化"是一个有中国特色的表述，也是一种约定俗成的说法，其实更准确地说应是"官僚化"或"官本位"。"行政化"在字面上一般是指一个组织中行政权力以及行政管理部门不适当的膨胀，乃至于影响到了组织的正常运转，大致相当于"科层化"或"过度科层化"。但当前我国大学的行政化其含义绝不限于此，而是包含了行政权力化、行政级别化以及行政文化主导三层含义。我国大学的行政化其真正所指根本不是科层化或过度科层化，而是严重的官本位或官僚化。那么既然如此，中国的语境中为什么习惯于用"行政化"来概括大学的"官僚主义"或"官本位"现象呢？除了社会主义意识形态里对于"官"的某些忌讳之外，"行政化"和行政权力、行政级别以及行政文化之间又是什么关系呢？这就需要对我国大学里行政与学术间的关系进行重思。只有通过对于行政与学术之间关系的条分缕析才能真正弄懂我国大学里"行政"的本来面目以及"行政化"的能指与所指。

一、行政权力与学术权力

纵观世界各高等教育发达国家，以科层制为基础的行政管理是大学规模增大后的必需，各国大学均无例外；但是将行政管理作为一种权力与学术权力并举，甚至以行政权力来控制学术权力则更多的是一种中国特色。在西方国家，以英美为代表，大学的权力被泛称为学术权力（academic power），行政管理只是为学生和教师服务，谈不上什么权力。在德国，由于法人地位和法律体系的不同，大学的权力倒是被泛称为行政权力（administrative power）。不过，在大陆法系的德国，大学的行政权力意指"大学的自治行政权"，即大学在处理与教学、研究、课程及进修直接有关的行政事务时所享有的自治权①。与我国大学里所谓的行政权力也可谓风马牛不相及。

当前我国大学里行政权力的泛滥事出有因，是政府有意为之与学术界自我异化的结果。民国时期我国大学规模较小，校内最主要的"利益集团"或"权力主体"分别是教授、学生和校长。当时大学的行政主要是服务于教授和学生，不构成为一种独立的利益群体，也没有什么行政权力之说。1949年新中国成立以后，民国时期的大学传统被迫中断，一种适应社会主义政治和经济制度的新的大学制度被建立起来。由于无产阶级专政的需要，加之后来的"反右"和"文革"等政治运动的冲击，在这种新的大学制度下，教授

---

① 宣勇. 大学变革的逻辑（下篇）[M]. 北京：人民出版社，2009，483－484.

和学生在大学里的地位被显著降低，学术权力逐渐式微。一种权力的退出必然伴有另一种权力的介入。随着以校长和书记为代表的行政管理部门的急剧扩张，以行政级别而非学术水平来分配权力成为大势所趋。加之在新体制下大学与政府之间存在着直接的行政隶属关系，因此，"行政权力"这一概念就被引入到我国高等教育实践中。众所周知，在理论上行政与政治密切相关，行政权力是政治权力的一种。在政治学上，行政权力是国家行政机关依靠特定的强制手段，为有效执行国家意志而依据宪法原则对全社会进行管理的一种能力。原则上，大学是学术机构而不是行政机关，根本不可能具备真正意义上的"行政权力"，行政之于大学只是一种管理方式而不是权力。但吊诡的是，在我国的高等教育实践中，这种没有任何"合法性"的"行政权力"不但大行其道，而且也经常被学者们津津乐道。从起先作为学术权力的对应物到最终成为学术权力的实际替代者，本来应以行政机关为主体的"行政权力"在我国的大学里轻而易举地就被成功地复制，并最终被行政级别所制度化。今天在行政级别制度的坚硬外壳下，我国大学里学术权力行政化，行政权力政治化或政党化，学术氛围日淡，官场气息日浓。

二、行政级别与学术级别

在我国的大学里，由于大学自治制度与学术自由精神的缺乏，学术权力通常要以行政权力为基础。如果没有行政权力的配合与确认，学术权力可谓举步维艰。由于缺少理论合法性，大学里行政权力缺乏独立性，必须以政治权力为基础。政治正确性是行政权力的底线。此外，在社会主义制度下，所有政治权力又都必须以执政党的权力为基础。在我国大学的治理结构中"党委领导下的校长负责制"也决定了政党权力是第一位的，无论是学术权力、行政权力、政治权力都必须服从于政党的权力。表面上看，我国大学里的四种权力在分布形式上呈现出典型的倒金字塔结构。但在实际运作中我国大学里学术权力、行政权力、政治权力以及政党权力又相互交织成复杂的网状结构，很难分辨出什么是学术权力，什么是行政权力，什么是政治权力，什么是政党权力。其根本原因就在于学术权力行政化，行政权力政治化，政治权力政党化，而无论是行政权力、政治权力还是政党权力又都倾向于"学术化"，即通过伪装成学术权力或以学术的名义来行使。不过，无论是倒金字塔结构还是复杂的网状结构，我国的大学作为一个"权力场"其本质都是一样的，即等级化。大学里权力的纵横捭阖与叠床架屋制约了学术的奇峰竞秀。在这样一种逻辑混乱、秩序颠倒的权力生态系统中，大学追求真理的冲动不可避免地受到抑制；人才培养和科学研究不可避免地被庸俗的功利主义哲学所主导；大学的理想不可避免地会成为世俗的笑柄，独立之思想、自由之精神不可避免地会成为舆论的禁区。其结果，学术依附于行政，行政依附于政治，政治从属于政党。伴随着政府部门对大学行政级别的强化，学术的"行政"级别化也就日益明显。

行政级别本来是行政机关的一种身份标识，它可以为行政权力的执行提供参照。大学不是行政机关，本不应有行政级别。但在现有事业单位管理体制下，行政级别已不局限于行政机关，大学之外的很多事业单位，甚至是国有企业都具有相应的行政级别。行政级别的设立可以看做是政府控制社会的一种技术手段。通过赋予相应的行政级别，各种不同的社会组织很容易被整合进一个层级系统。在这个层级系统中不同的组织可以通过行政级别的高低进行排序、定位与升迁。在某种意义上，行政级别化也是我国大学内部对于学术依附于行政、行政吸纳学术现象的制度化。虽然自1949年新中国成立以来，我国大学均有一定的级别，但只有近年来我国大学的行政级别才被不断强化而成为一个社会问题。当前种种议论中，反对取消大学行政级别的理由不外乎两个：一是其他组织有，大学当然也应该有；二是行政级别的提升体现了政府对于大学的重视①。第一个理由不值一驳，第二个理由关键看怎么理解。行政级别如果只是一种象征性的"级别"，只具有象征意义或是作为一种荣誉倒也未必一定非要取消不可。但我国的现实情况是，大学级别高度"行政化"和制度化。行政级别的存在不但导致了大学间的不公平竞争（不同级别的大学其政治待遇与资源配置均不相同），而且也严重损害了学术场域和学术本身的独立性。行政级别的高低甚至成为了评价一所大学好坏的标准。此外，由于行政级别背后官本位与权力本位的思想渗透进大学的学术

---

① 教育部原副部长吴启迪在接受访谈中指出：俄罗斯把莫斯科大学和圣彼得堡大学定为正部级，以佐证一定的行政级别对于大学的发展很重要，并认为行政级别问题不应划在行政化的谈论范围之内。卢彩晨，王春春. 深化管理体制改革　促进高等教育发展——访全国人大常委会委员、教育部原副部长吴启迪［J］. 大学（学术版），2010（5）：7.

评价系统中或直接或间接地导致了学术的行政级别化。理论上，大学的学术评价本应以同行评价为基础，学术水平的高低"无形学院"说了算。但今天作为行政级别化的延伸，为了方便学校行政部门和政府部门的科层化管理，我国大学的学术活动逐渐行政等级化，并且有越来越细化的倾向。在我国大学行政级别化的金字塔尖上是作为副部级的"985 高校"，依次往下是厅级、副厅级以及局级的高校。在大学内部校长、副校长、书记、副书记、院长、副院长、处长、副处长，均有相应的行政级别。在这样一种行政级别化的制度环境中，我国大学里的学术活动无论是教授评聘，学科、课程、专业建设，也无论是课题立项、科研获奖、论文发表、学位点设置都统统绕不开"级别"二字。教授有一、二、三级，重点学科有国家级、省级与校级；科研奖励也有国家级、省部级与厅局级；论文发表有权威期刊、核心期刊和一般期刊。诸如此类不胜枚举。总之，在我国行政级别制度化之于大学的危害已无异于腐败制度化之于政府。废除大学行政级别制度已是迫在眉睫。

三、行政文化与学术文化

虽然一日不取消大学的行政级别制度，大学的行政化就一日不能根除。但是这绝不意味着只要取消了大学的行政级别，我国大学行政化的问题就能全部解决。因为无论是行政权力的滥用还是行政级别的强化都只是我国大学行政化的必要条件而不是充要条件。我国大学的行政化之所以愈演愈烈，除了行政权力和行政级别的推波助澜外，还有一个重要的"土壤"问题。如果说行政权力的泛滥埋下了大学行政化的"种子"，对于行政级别的强化就是大学行政化所结出的恶"果"，而所有这一切都离不开我国大学所特有的以官本位作为底蕴的行政文化的"土壤"。

大学文化主要是学术文化。无论是斯诺关于"科学文化"与"人文文化"的两分法还是伯顿·克拉克在对"学术信念的基本类型"的讨论中所提出学科文化、院校文化、专业文化和系统文化的四分法都是以学术活动为中心①。历史上，自有大学就会有行政人员，至少也会有人扮演行政人员的角色，否则大学无法运转。学术与行政是制度化大学不可分割的两翼。但毫

---

① 伯顿·克拉克. 高等教育系统——学术组织的跨国研究 [M]. 王承绪，译. 杭州：杭州大学出版社，1994：87-109.

无疑问，大学绝不是从一开始就有行政文化，行政文化之于大学完全是后生的。"在世界上大多数国家，行政管理文化主要在国家层次上形成，因为掌握最高权力的是教育部和其他国家部门。"① 但是今天随着高等教育规模的增大以及功能的多样化，专职行政人员数量开始不断增多。在此背景之下，"一大批缺乏基本学术兴趣的人进入了大学，而且这些人最终将从他们自己的活动和职位中获取特殊的利益。"② 其结果，独立于学术文化的行政文化产生了。正如伯顿·克拉克所言："在学术事业和系统中最少被注意到但又变得日益重要的是行政文化从教师和学生文化中的分离。随着职业管理专家代替教授业余管理者，一系列独立的角色和利益出现了。一种独立的文化产生了。"③

我国大学里行政文化的产生与西方国家又有所不同。在西方国家，行政文化与大学管理的专业化和职业化有关，是科层文化的衍生物，甚至是大学自治制度必不可少的组成部分。在我国由于没有大学自治的传统，加之"无学不仕、无仕不学"以及"学而优则仕、仕而优则学"的文化传统和传统文化的影响，国家层次的行政管理文化畅通无阻地进入大学，并成为大学运行的潜规则。目前在我国的所有大学里，拜"官"主义的行政文化不仅存在而且十分繁荣。越来越多的教师对于从事行政工作更感兴趣。与行政文化的过分繁荣相比，我国大学里学术文化则十分淡薄，很多学科有知识没传统，有技术没文化。由于彼此之间强弱过于悬殊，我国大学里真正意义上的学术权力（文化）与行政权力（文化）的冲突极少会发生。学术权力（文化）与行政权力（文化）表面和谐的背后是学术行政化与行政"学术化"的勾结与共谋。今天，我国大学的行政化从表面上看是行政权力化与行政级别化，但根子上却是大学里行政文化的不合时宜的"繁荣"。由于行政文化的"顶天立地"、无孔不入，学术文化成为一种奢侈，学术空气日益稀薄。在我国大学去行政化的过程中取消行政级别也许很容易，但根除行政文化会很困难。由于积弊太深，当前行政式的思维方式或官僚式的做事习惯已经深入我

① 伯顿·克拉克. 高等教育系统——学术组织的跨国研究 [M]. 王承绪，译. 杭州：杭州大学出版社，1994：100.

② 爱德华·希尔斯. 教师的道与德 [M]. 徐弢，等，译. 北京：北京大学出版社，16.

③ 王英杰. 大学学术权力与行政权力冲突解析——一个文化的视角 [J]. 北京大学教育评论，2007（1）：57.

国大学组织以及很多大学人的骨髓中，成为大学运行过程中挥之不去的"潜规则"。某种意义上，今天我国大学的去行政化与清末的废科举所面临的困局不无相似之处。皇帝一纸诏书，科举制度就可以寿终正寝。但科举文化的阴影直到今天都很难说已经消失。而只要科举文化没有根除，我们的高等教育中就经常可以看到科举的影子。今天我国大学的去行政化改革，中央政府一纸红头文件就可以把所有大学以及大学管理者的行政级别全部取消。但是只要行政文化的土壤没有动，官僚式的作风依然如故，人们对于以大学校长为代表的管理阶层的官员想象和对官位的膜拜就仍会延续，教师和学生"学而优则仕"的冲动就不可遏制。换言之，即便大学没有了相应的行政级别，而只要行政权力不受制约、行政文化没有更新，在相当长的时间内我国的大学会一切如旧、依然如故，支配这一切的不是上级的行政命令而是潜在的行政文化。那种认为一旦取消行政级别，我国大学就会浴火重生、凤凰涅槃，乃至走向世界一流的想法毫无疑问过于天真。我国大学改革所面临的问题是一个系统性的问题，绝不是由行政级别或行政化这一因素导致的，当然也不会因为行政级别的取消或去行政化改革的成功就自动地成为世界一流。

总之，行政与学术关系的异化或行政对于学术的吸纳是我国大学的客观现实。我国大学里的行政阶层与政府部门高度同构，二者之间在职位设计、操作准则与评价标准方面都保持高度的一致。再加之"学而优则仕"传统观念的影响以及现实官场逻辑的诱惑，因此无论是教师和学生的心理期待还是他们的自我感觉，我国大学里那些中层以上的行政管理者都颇有"官员"的味道。正是在这种自我感觉和群体期待的支配下，加之行政权力的催化和行政级别的强化，大学的逻辑就成为了官场的逻辑，大学的行政化也就成了地地道道的官僚化。

第二节　学术与政治关系的重构

如上所述，我国大学行政化的主要表现是行政成为一种权力，行政级别成为一种身份，行政文化成为大学的精神，行政管理阶层以"官员"自居，学术文化逐渐淡薄，大学的风气形同官场，学者对于学术研究缺乏热情，更谈不上忠诚。大学去行政化的目的不仅是要摆脱行政级别的枷锁，更是要澄清大学的使命，恢复学术的生机。大学之所以为大学绝不仅仅是把一批科学家和学者聚集在一起。更重要的是要为他们创造出一种学术的氛围，形成一种风气，并赋予他们一种特权，让他们能够拥有一种学术化的生活，一种能够通过研究、教学以及对话和沟通促进知识生产、传播与应用的制度。在我国要实现这一目的必须要重构学术与政治的关系。在我国大学里，学术与政治的关系是处理学术与行政关系的前提。"行政"之所以能够"权力化"，学术权力之所以被边缘化，其根本就在于政府对于大学的不信任，政治对于学术的不信任，学术与政治的边界不清楚。因此，我国大学去行政化必须要重构学术与政治的关系。政治是行政的靠山和后台，政治化是行政化的惯用伎俩。只有通过相应制度设计实现了学术与政治的相对分离，大学的行政才能回归本位。只有在学术与政治相互分途的前提下，只有大学实现了自治与自由，只有政府实现了从统治到治理的转型，我国大学行政化的痼疾才会逐渐痊愈。

一、大学与政府

当前世界各国，由于政治制度与文化传统的不同，大学与政府的关系也各不相同。不过，无论如何，政府和大学并非天生就互为"敌人"。历史上，二者还曾互为"恩人"。大学赋予了民族国家统治的合法性，民族国家则复兴了近代大学。近代以来，民族国家以"政教分离"为原则，以举办公立大学为手段，逐渐掌控了几乎所有的大学。无论在历史上还是现实中，"尽管大学的重心和政府的重心分别存在于两个不同的领域里，但是它们之间的关系则是极其复杂和密切的。大学总是处于一种更加弱势的地位。它们既没有物质上和法律上的力量，也没有经济上的资源来抗拒政府的意志，而且当双方发生激烈的冲突时，它们总是无法抵挡政府的要求。"① 大学虽然有自治的传统，但法治社会中政府也有控制大学的合法手段。政府虽然可以强制大学

---

① 爱德华·希尔斯. 教师的道与德［M］. 徐弢，等，译. 北京：北京大学出版社，2010：162.

做它不愿意做的事情，但政府的力量也是有限的。在高等教育问题上它还必须依靠大学。因此，在自治与控制的博弈中，从短期看政府会略占上风，但从长期看大学一定会取得胜利。因为与政府的短视和短命相比，大学往往更有远见也更长寿。

在制度形式上，我国大学源于西方。但是在精神层面上，作为一种价值实体，我国大学仍然是中国文化的产物，与西方大学形同而质异①。当然，每一个民族，每一个国家都有塑造政府与大学关系的根本准则，这些准则反映了不同文化传统、政治制度、意识形态以及不同国家的不同发展道路。大学的发展不是在真空中进行，不可避免地会受所在国家文化传统的影响。在我国由于受到科举制度的影响，教育与学术从来都与"利禄之途"难脱干系。"书中自有黄金屋、书中自有颜如玉"的信条已经演化为中国读书人的文化基因。清末之时，面临三千年未有之大变局，清政府废科举、兴学堂，力图改革。在当时有鉴于国家"最重科举"，"诸生有视科第得失为性命者"，为便于改革的推行，梁启超就曾提出："入小学者比诸生，入大学者比举人，大学学成比进士；选其尤异者出洋学习，比庶吉士。其余归内外户刑工商各部任用，比部曹。庶吉士出洋三年学成而归者，授职比编检。"② 由此可见，我国大学的精神与制度从一开始就吸取了科举的"精华"。其结果是，今天我国的大学在制度形式上虽然完成了近代化或现代化，但在理念上虽不能说南辕北辙，但至少是相差甚远。如刘小枫所言："在现代中国社会，科举制实际并未被废除，只是更换了修学内容、德行品质和学问建制：四书五经及其修身被'西学'取代，书院被大学取代，一套适应民族国家建构的现代文教制度建立起来。"③ 如此一来，我国大学与政府的关系便可想而知。国外学者将其比之为"一种新式的'翰林院'"④ 也就不难理解了。

---

① 对此梅贻琦在《大学一解》中有相反看法。如他所言："今日中国之大学教育，溯其源流，实自西洋移植而来，顾制度为一事，而精神又为一事。就制度而言，中国教育史中固不见有形式相似之组织，就精神而言，则文明人类之经验大致相同，而事有可通者。"杨东平. 大学精神［C］. 沈阳：辽海出版社，2000：68.

② 陈平原. 中国现代学术之建立——以章太炎、胡适之为中心［M］. 北京：北京大学出版社，2010：66.

③ 刘小枫. 拣尽寒枝［C］. 北京：华夏出版社，2007：5－6.

④ 许美德. 中国大学（1895—1995）：一个文化冲突的世纪［M］. 许洁英，主译. 北京：教育科学出版社，2000：11.

二、政治与行政

行政、司法与立法的三权分立是西方资本主义国家基本政治制度的建制原则。由此可见，行政原本就带有鲜明的政治属性。没有政治，无所谓行政。政治与行政的两分曾是西方公共管理和公共行政中的一个轴心原则。后来新公共行政兴起，政治与行政的两分法遭到质疑。因为很多时候，管理者既从事行政执行，也从事政策制定，实践中政治与行政通常是联通在一起的两个变量。二者不是非此即彼的关系。今天随着科层制在所有社会组织中的不断扩张，作为一种必需的管理手段，行政已经不再局限于政府部门。"行政实际上演变为一种'行政管理模式'，它几乎被所有的各级各类组织采用，处在比基层单位高一级的中上级管理层。如公司的总部行政机构及活动、银行总部行政机构及活动、院校行政机构及活动。"① 在现实中，无论西方还是东方，大学都脱离不了政治。任何一个国家的大学，无论是公立大学还是私立大学都必须是"国家的大学"，也都是"现行体制"的一部分。至少在政治正确性的层面上，任何大学都绝对不能损害自己所在国家的利益，更不能背叛自己的国家。

与政治不同，行政之于大学的含义在东西方差别极大。在西方国家，大学里的行政就是服务，为学术服务、为学生服务、为教师服务，行政与学术相比始终处在弱势。学术部门负责决策，行政部门负责执行。虽然今天西方国家也在极力批判大学的官僚化以及行政管理对于学术活动的阻碍。但那只是相对于他们自己过去更加自治和自由的历史而言，与我国大学的行政化绝对不可同日而语。与西方国家大学里的行政即服务不同，由于受到官本位的影响，在我国大学里行政即管理，行政即决策，行政即领导，行政即权力。在我国大学里行政部门构成一个庞大的利益共同体，它们有自己的利益诉求和代言人。为了使自己看起来更像是一个行政机关，它们会给自己寻找许多理由充分的任务②。它们可以以管理的名义，以强制的方式为学校的学术发展，为学生的学习，为教师的教学制定各种的游戏规则。学生和大学教师都处在行政人员的包围中。行政管理的规章制度成为学校发展和教师工作必须

---

① 张丽. 高等教育行政的特性及运行机制 [J]. 大学（学术版）. 2010 (6)：37 - 38.
② 爱德华·希尔斯. 教师的道与德 [M]. 徐弢，等，译. 北京：北京大学出版社，2010：25.

遵守的游戏规则，学科的传统与学术的惯例无足轻重。原则上大学行政部门拥有的只是管理的"权利"而不是"权力"，但在我国现有高等教育管理体制下，由于大学自治制度与学术自由精神的缺失，加之行政级别的云遮雾罩和行政文化的推波助澜，我国大学里行政管理"权力化"的做法没有受到任何质疑。其结果，在我国大学里行政权力一统天下不费吹灰之力，学术服膺于行政也是不争的事实。当然，行政权力在我国大学里之所以能够成为一个"神话"，最根本的一点还在于政党权力介入其中。政党权力的政治合法性直接或间接地为大学里行政管理的"权力化"提供了合法性。

三、学术与政治

学术与政治分属不同的场域，遵循着不同的逻辑，在社会的不同部门运行。无论是逻辑上还是实践中，由于二者之间都存在着一定的张力，甚至是矛盾，一个人或以学术为业或以政治为业，很难将学术与政治兼收并蓄。马克斯·韦伯曾以"以学术为业"和"以政治为业"做过两次精彩演讲。在"以学术为业"的演讲中，他指出："在课堂上没有政治的位置。就学生而言，政治在这里没有立足之地"。"就教师而言，党派政治同样不属于课堂，如果教师是从科学研究的角度对待政治，那它就更不属于课堂。"① 韦伯对学术与政治界限的严格区分反映了他那个时代大学追求学术独立于政治之外的价值取向。但事实上，无论是学术还是政治其含义都十分广泛，学术与政治有时也的确很难区分。以大学作为组织载体，学术与政治的边界只能是相对的。世界各国，无论何种制度，学术与政治的关系从逻辑上都大致可以分为四种：一是学术与政治对立，即学术的归学术，政治的归政治；二是政治学术化；三是学术政治化；四是学术与政治良性互动，以政治为表，以学术为里。第一种状态是一种极端的假设，现实中不可能存在。第二种政治学术化是政治不成熟的表现。如果把政治问题当成一个学术问题，认为只要学术繁荣，政治自然就会昌明，那就大错特错。学术强调理解，政治注重行动。学术的影响需要时间，政治的宣传需要空间。第三种学术政治化既是政治不成熟的表现，也是学术不成熟的表现。如果一个国家把所有的学术问题都当成

---

① 马克斯·韦伯. 学术与政治 [M]. 冯克利，译. 北京：生活·读书·新知三联书店，1998：36，37.

一个政治问题，只问立场，不问是非，那么不但政治无望，学术亦无望。第四种学术与政治良性互动是一种理想的状态。其前提是学术与政治的相对分离。"学术的独立自由，不仅使学术成为学术，亦且使政治成为政治。"① 学术有学术的规范，政治有政治的操守。学术与政治各有其不同的场域逻辑、操作规则与评价标准。由此可见，政治与学术之间不是谁为谁服务，而是不同场域的不同主宰者。无论学术政治化还是政治学术化都是极端错误的选择，在学术与政治的关系上，二者必须从对立或依附走向良性互动。

大学自中世纪起，就以仲裁者的身份卷入了城邦与教会的政治斗争中。民族国家以来，由于在国家认同中对于政治信仰和意识形态的强调，以民族主义为表征的泛政治化成为一股不可阻挡的潮流。在这股浪潮中，伴随着大学的国有化或公立化，"政治型大学"和"政府主导的大学"大量涌现。19世纪以降，随着民族国家的逐渐走向成熟以及高等教育的近代化，大学开始进入一个国家主义的新时代。其结果，政治因素介入大学之后，学术研究不可避免地被打上了"国家"或"民族"的烙印，从而失去普适性。尤其在那些人文社会科学学科的研究当中，国家成为了一个挥之不去的迷思。一旦离开对于国家的想象，很多人文社会科学的学术成果就不再是知识，更谈不上真理。除此之外，大学政治化的后果还包括："在大学教师当中出现了这样一种流行观点，即认为这些真理不是通过这些方法获得的，所有的学术活动在本质上都是政治性的，而且试图保持公正和客观的愿望只是一种徒劳无益的幻想。"② 当前全球化虽然正在迅速蔓延，但民族国家依然是当今世界体系的基本单位。在民族国家制度框架下，大学与政府、学术与政治间的关系仍然十分复杂而敏感。对于政治与学术间的关系，"从历史上看，学术思想若与现实的政治处于分离状态，则其影响力常系局部的，慢缓的。若与现实政治处于对立状态，复无有力之社会力量加以支持，以改变当时之现实政治，则现实政治之影响于学术思想者，将远过于学术思想之影响于现实政治。若在本质上系与现实相对立，而在形势上又须有某种程度之合作时，则现实政治对学术思想之歪曲，常大过于学术思想对现实政治之修正。学术思

---

① 陈平原. 中国现代学术之建立——以章太炎、胡适之为中心 [M]. 北京：北京大学出版社，2010：47.

② 爱德华·希尔斯. 教师的道与德 [M]. 徐弢，等，译. 北京：北京大学出版社，2010：19.

想的力量，是通过时间的浸润而表现；现实政治的力量，则在空间的扩张中而表现；所以学术思想常无法在某一空间内与政治争胜。"① 今天无论在哪个国家，在大学与政府、学术与政治的纠结中，政府总是喜欢以国家利益的名义逼大学就范，大学则通常以学术自治和自由为理由进行软抵抗。政府喜欢坚持强者的逻辑，强调利益至上；大学拥有"弱者的武器"，拥护真理为王。

与西方国家相比，由于受到政治制度与文化传统的影响，我国大学里学术与政治的关系异常复杂。在我国历史上，无论是"学在官府"还是"学在民间"，无论是官学私学还是新学旧学，"江湖之远"总抵不住"庙堂之高"的诱惑。当代中国社会和国家正处于转型中，大学、学术与政治也都处在转型中。作为国家和社会转型的一个必然结果，学术与政治的边界非常模糊，甚至于相互重叠、彼此替代。但真正意义上的现代社会必须高度专门化，无论机构还是个人，在学术与政治之间只能有一种选择。个人要么弃学从政，要么弃政从学。对于组织机构也是一样。大学主要是从事高深学术研究的专门机构，而不是传播意识形态或政治教条的机关。原则上，大学不应参与政治，政府也不应通过政治手段控制大学。大学若能产生传世经典必将有助于政治，政府若要调控大学也必须遵循学术的规则。但长期以来，作为一种传统，我国的大学一直承担政治教化的责任，学术与政治，知识与意识形态之间相互缠绕，学术政治化与政治学术化的现象时有发生。未来我国高等教育在从传统走向现代的过程中，首先必须要实现学术与政治的相对分离。没有学术与政治的相对分离就很难抑制大学里行政权力的泛滥和行政文化的蔓延，就不可能真正实现去行政化。

第三节　理念与制度基础的重塑

晚清的废科举、兴学堂直接导致了我国学术的转型。在这次学术转型过

---

① 陈平原. 中国现代学术之建立——以章太炎、胡适之为中心 [M]. 北京：北京大学出版社，2010：114.

程中，大学制度的建立居功至伟。在废科举、兴学堂的基础之上，如果说民国时期我国大学的近代化是第一次转型，其目的是要与西方大学全面接轨；那么今天的去行政化就是我国大学第二次转型的重要组成部分，其目的就是要最终完成我国大学第一次转型所未竟的事业——现代化。历史上，我国大学从近代化到现代化的转型经历了太多的曲折。整个 20 世纪由于文化传统、意识形态和政治制度的剧烈变迁，我国大学从近代化到现代化的过程中波折不断。由于不断的改革和革命，直到今天我国的大学从理念到制度也都还没有定型。作为一个发展中国家，我国的国家和社会从传统向现代的转型尚未完成，作为整个社会结构的一部分，我国的大学和学术也不可能"异军突起"、"一骑绝尘"，而只能是处在"发展中"。按照唐德刚的说法，近百年来中国的学术一直停滞在"发展中学术"（developing scholarship）这个阶段之内①。与"发展中学术"相对应，近百年来我国的大学也必然始终处在"发展中"，可以说是"发展中大学（developing university）"或"转型中大学"（university in transformation）。20 世纪 90 年代末以来，在社会主义现代化建设的大潮中，我国大学以及大学制度的现代化也被旧事重提。近年来，以建设现代大学制度为目标，以去行政化改革为手段，我国大学现代化的问题再次被提上政府和学界的议事日程。"完善中国特色现代大学制度"更是被写入《国家中长期教育改革和发展规划纲要（2010—2020 年)》。当前对于我国大学而言，现代化的根本已主要不在于物质层面的更新而主要在于理念与制度的重塑。现代化不是一个时间概念也不是一个技术问题，大学的现代化本质上就是大学理念与制度的现代化。当然，由于国情不同我国大学的现代化绝不可能是对西方大学制度的简单复制，但是在一个大学模式近乎普适性的世界上，我国现代大学制度的完善也绝不能全是中国特色。总之，我国大学的现代化（即第二次转型）除了要创造出有中国特色的现代大学制度之外，还必须要重申经典大学理念。

一、理顺党委领导与校长负责

党委领导下的校长负责制是现阶段我国大学治理结构的基本架构。党委

---

① 胡适. 胡适口述自传［Z］. 合肥：安徽教育出版社，1999：311.

领导下的校长负责制虽不符合现代大学制度的通例，但是适合于我国现阶段的基本国情。由于我国大学这种独特的治理结构已经超出了高等教育制度的范畴，成为我国政治制度架构的重要组成部分，短期内肯定难以废除。坚持"党委领导下的校长负责制"可能是唯一选择。当然，任何一种制度都需要靠人来经营。在这种意义上，没有绝对好的制度也没有绝对坏的制度。重要的不是制度的形式而是制度的实质。因此，形式上大学制度镶嵌在政治制度中并不一定全是坏事。德国大学在被法定为"国家机构"的情况下同样能够成为世界一流。就像政府控制并不一定必然会阻碍学术的发展一样，党委领导下的校长负责制也未必一定就会阻碍我国大学的发展。问题的关键还在于党委如何领导？领导什么？校长如何负责？负责什么？简言之，大学的发展关键还是要以人为中心，事在人为。实践表明，任何一种大学制度只要不是从根本上违反了人性都蕴藏着无限的可能。像其他国家的任何一种大学治理结构一样，以党委领导下的校长负责制为核心的中国特色的现代大学制度有优点也有缺点。面对一种有缺陷的制度（不可能有没缺陷的制度），一种做法是废除，另一种做法是改良。当前对于党委领导下的校长负责制既然不能废除，那么完善与改良就是必然的选择。当前无论是认为只要废除党委领导下的校长负责制我国大学就可以建成世界一流大学，还是认为只有废除党委领导下的校长负责制我国才能建成真正意义上的现代大学制度都大错特错。对于大学而言，制度的外在形式任何时候都无法单独发挥决定性的作用。就像一个国家可以把城堡修得很坚固，如果没有高素质的士兵那里仍然是一座空城。我国大学的发展，世界一流大学的建设，现代大学制度的完善都是极其复杂的系统工程，不可能一蹴而就，我们必须有足够的热情、耐性与韧性。绝不要认为只要解决了某一问题就可以赢得全局，也绝不能坚持认为只有解决了某一问题才能解决另一问题。我国高等教育中的问题不是没有线性关系，但更多的还是一个系统性问题。大学的改革需要坚持，更需要策略与智慧。对于一个系统的改造更需要时间和过程。当前无论是学术腐败、行政化还是其他任何一个令人痛心疾首的问题也都只是当前我国大学发展中的千百个问题中的一个。有些问题也许会比其他问题更重要、更紧迫，但任何一个问题都绝非决定性的。党委领导下的校长负责制也是一样。

最近出台的《国家中长期教育改革和发展规划纲要（2010—2020 年）》

提出：我国要开展"现代大学制度改革试点。研究制定党委领导下的校长负责制实施意见。"由此可见，未来我国大学治理结构的改革仍然要"坚持和完善党委领导下的校长负责制"而不可能"另起炉灶"。换言之，改良而非革命仍然是我国大学现代化，即建立现代大学制度过程中的主旋律。按照《国家中长期教育改革和发展规划纲要（2010—2020年）》中的表述，当前在建设有中国特色现代大学制度的过程中我们能够做的就是"健全议事规则与决策程序，依法落实党委、校长职权。"根据我国《高等教育法》第三十九条的规定："国家举办的高等学校实行中国共产党高等学校基层委员会领导下的校长负责制。中国共产党高等学校基层委员会按照中国共产党章程和有关规定，统一领导学校工作，支持校长独立负责地行使职权，其领导职责主要是：执行中国共产党的路线、方针、政策，坚持社会主义办学方向，领导学校的思想政治工作和德育工作，讨论决定学校内部组织机构的设置和内部组织机构负责人的人选，讨论决定学校的改革、发展和基本管理制度等重大事项，保证以培养人才为中心的各项任务的完成。"第四十一条规定："高等学校的校长全面负责本学校的教学、科学研究和其他行政管理工作，行使下列职权：（一）拟订发展规划，制定具体规章制度和年度工作计划并组织实施；（二）组织教学活动、科学研究和思想品德教育；（三）拟订内部组织机构的设置方案，推荐副校长人选，任免内部组织机构的负责人；（四）聘任与解聘教师以及内部其他工作人员，对学生进行学籍管理并实施奖励或者处分；（五）拟订和执行年度经费预算方案，保护和管理校产，维护学校的合法权益；（六）章程规定的其他职权。"这里之所以不厌其烦地引述法律条文是为了表明，《高等教育法》对于我国大学里党委领导与校长负责已经进行了比较合理的区分，党委的职责和校长的职权也很明晰。问题的关键在于，《高等教育法》出台已十年有余，其立法精神和相关规定并没有在高等教育实践中得到认真地贯彻与执行。当前我国大学里仍然是党政不分，党委职责和校长职权混为一谈，议事规则与决策程序很不健全，很多事情都是领导个人以集体的名义说了算，要么缺乏规章制度，要么制度缺乏严肃性。极端情况下，大学甚至会成为校长和书记共同控制的私人领地或相互斗争的权力舞台。而根据《国家中长期教育改革和发展规划纲要（2010—2020年）》的相关精神，未来要完善我国大学里党委领导下的校长负责制必须首先要理顺党委领导与校长负责之间的关系，而要理顺党委领导和校长负责的关系也就必须要严格依据《高等教育法》落实党委职责和校长职权，健全议事规则与决策程序，合理划分党委领导与校长负责的边界。只有如此，才有可能实现"政校分开，管办分离"，才有可能真正地"去行政化"。

二、摒弃学优则仕与仕优则学

除了党委领导下的校长负责制之外，制约我国大学第二次转型与去行政化改革的另一个重要因素就是我国大学里普遍盛行的"学而优则仕、仕而优则学"的不良风气。我国的大学制度在形式上虽然是"旁采泰西"而非"上法三代"，但是由于文化的连续性，三代之"非仕无学，非学无仕"的传统却至今仍然在影响着我国大学的发展。文化传统是大学制度的基因。有什么样的文化传统就会有什么样的大学。近代以来，我国大学虽然在形式上沿袭了西方的制度架构，但其精神和理念仍然没有脱离"学而优则仕"的窠臼。民国时期，为了铲除科举时代遗留下来的文化劣根性，蔡元培在出任北京大学校长的就职演说中就曾开宗明义地指出"大学者，研究高深学问者也，"绝不能"有做官发财思想。"蔡元培之外，民国时期其他学者也对于学而优则仕的陋习进行了猛烈的抨击，并付之于行动。以章太炎为代表的一批学者"学而优不仕，不仅使学术成为学术，亦使政治成真正意义上的政治。学术界这种独立自由态度，不是逃避社会责任，不是脱离政治，而是为了更好地支持（或制约）政治。"[①] 1949 年新中国成立以后，在新的意识形态的指引下，在频繁的政治运动的冲击下，学而优则仕的风气暂时受到了扼制。但 20 世纪 80 年代以来，随着意识形态控制的放松以及官僚主义的盛行，尤其是行政级别制度的死灰复燃并愈演愈烈，我国大学里"学而优则仕、仕而优则学"重新成为大学教师和学生的主流价值观。在这种价值观的主导下，我国的大学越来越官本位，为学术而学术甚至成为一种负面的价值选择与社会批评的对象。其结果，追求学问的终极目的只能是"升官发财"与"为稻粱谋"。在行政级别的笼罩下，大学本身也逐渐的"官场化"。官员"学者化"，学者"官员化"。越来越多的官员成为大学的博士或教授，

---

① 陈平原. 中国现代学术之建立——以章太炎、胡适之为中心 [M]. 北京：北京大学出版社，2010：122.

越来越多的大学教授去追逐学校的行政岗位。在此氛围下，学术的急功近利不可避免，世界一流只能是幻想。

三、重申大学自治与学术自由

为了能够抑制"学而优则仕、仕而优则学"的不良学风必须要重申大学自治与学术自由的经典理念。恢复大学之所以为大学的尊严和气质。大学自治与学术自由是西方大学的经典理念。大学之所以要自治、学术之所以要自由与大学追求真理的使命密切相关，也和学者为学术而学术的使命密切相关。"实行大学自治的主要理由并不是为了维护传统和保持社会组织的多元化，而是因为大学教师所传授和发现的各种知识的正确性只有通过这些在长期的深入研究中掌握了它们的人才能得到检验。"[①] 如果大学和大学人放弃了对于理性、知识和真理的不懈追求，如果大学只是为政府培养公务员、为企业培养技术员，那么大学自治与学术自由就不再是必须，而可能是多余。大学的存在具有极大公共性和外部性，她的价值远非人们通过耳听与眼观所能够想象。她的影响可以超越时空，她有能力塑造一个国家和改变一个民族。当然，她除了为社会的生产与再生产提供充足的人力资源、知识产品和文化传承之外，大学还必须维持自身的再生产，即为自身培养学术的继承者，使学术薪火能够代代相传。为此，自治与自由就成为必要条件。世界各国无论政治体制如何、文化传统和宗教信仰怎样，公开反对大学自治与学术自由的政府或其他组织极少出现。历史上，"为了确立和维护大学的自治和学术自由，大学不得不与教会和政府保持一种微妙的关系。在不同的国家，处理这些关系的方式也有所不同。然而总的来看，大学自治和学术自由都已得到了确立。"[②] 今天，即便在那些极权的国家，大学自治与学术自由也具有理论的合法性。政府对于大学的控制只能通过其他手段隐蔽地进行。因为公开侵犯大学的自治与学术的自由毕竟不是什么光彩的事情。

我国政府的官方文件中对于大学自治与学术自由虽然很少正面提及，但对相关国际公约的承认以及宪法中的相关表述，至少表明政府不可能公开反对大学自治与学术自由的理念。我国《高等教育法》第三十二至第三十八条

---

① 爱德华·希尔斯. 教师的道与德 [M]. 徐弢，等，译. 北京：北京大学出版社，2010：7.
② 爱德华·希尔斯. 教师的道与德 [M]. 徐弢，等，译. 北京：北京大学出版社，2010：20.

中关于高校七项办学自主权的规定也为大学自治与学术自由预留了可解释与可操作的制度空间，同时也为我国大学的自治和学术自由的制度化提供了重要的法律基础。今年出台的《国家中长期教育改革和发展纲要（2010—2020年)》更是明确指出要"尊重学术自由"。此外，近年来国家总理温家宝在讲话中也曾明确指出："一所好的大学，在于有自己独特的灵魂，这就是独立地思考、自由地表达。千人一面、千篇一律，不可能出世界一流大学。大学必须有办学自主权。"由此可见，大学自治与学术自由在我国绝非是不可触碰的禁区，更不是什么洪水猛兽。现在问题的关键在于，一方面我国大学里并没有多少人真正关心大学自治和学术自由。少数坚持原则的人还会被同事和同行认为是"麻烦制造者"。另一方面政府对于大学的很多干预有时也并非完全是政府的错，而是大学的惰性使然。"对于那些打破了大学与政府之间界限的行为，大学本身也负有相当大的责任。大学太容易沉溺于政府的怀抱之中。大学常常不加思考地并且非常积极地依附于政府。"① 为了能够真正地去行政化，无论是政府还是大学，无论是媒体还是学者都必须大胆而公开地重申大学自治与学术自由的理念。只有大学自治与学术自由的理念得到了张扬，学而优则仕、仕而优则学的陋习才会逐渐消除。就像在改革开放过程中邓小平所明确指出的，市场没有社会主义和资本主义之分那样，大学自治与学术自由也没有社会主义和资本主义之分。在我国建设世界一流大学和高等教育强国的过程中必须要进一步解放思想，抛开意识形态与政治制度方面的歧见，共享人类文明的优秀成果。大学并非政府的"天敌"和反对者，大学的自治和学术的自由也绝对不会危及政府的有效统治，而只会增强国家的活力和实力。在世界历史上，因大学自治和学术自由而成功崛起的国家与那些因为控制大学而失去学术中心地位的国家相映成趣。今天虽然教育救国、学术救国等口号已被实践证明是"自不量力"，但我们仍然可以在任何一个大国崛起的背后看到教育与学术的贡献，看到高等教育和大学的发达对于国家强盛的贡献。极端一点甚至可以说，没有大学自治和学术自由就没有大学的崛起，没有大学的崛起就没有大国的崛起，没有大学和学术的繁荣就不可能有国家的繁荣和富强。所谓大国的崛起绝对不只是经济大国、军事大

---

① 爱德华·希尔斯. 教师的道与德［M］. 徐弢，等，译. 北京：北京大学出版社，2010：147.

国的横空出世，还必须是文化大国、知识强国与教育强国的逐步形成。当前我国正处于国家与社会转型的关键时刻，大学能否通过去行政化改革率先实现现代化对于我国在 21 世纪能否成功实现中华民族的伟大复兴至关重要。

总之，行政化是我国大学的痼疾，能否去行政化事关我国大学的未来。在我国大学行政化的外在表现是行政级别化，但其根子却在于学术对于政治的依附以及行政对于学术的吸纳。我国大学行政化的本质是政治权力和行政权力对于学术权力的压制，官僚文化以及行政文化对于学术文化的强制；在行政级别的外壳下，我国大学真正缺失的是大学自治的制度与学术自由的精神。我国大学的行政化绝非政策的失误，而是政府有意为之和学术场域自我异化的结果。在我国大学转型的过程中，去行政化首先要取消大学的行政级别，然后再通过制度设计将学术与政治、行政与学术进行合理区分与重构，以抑制大学里的官僚文化与行政文化，张扬学术权力与恢复大学尊严，最终让大学回归大学，学术回归学术。

第十四章 从中国式大学到大学的中国模式

追根溯源，今日之大学实源于中世纪的欧洲。在中世纪大学最初为行会组织，继之成为学术共同体，再进而被誉为"象牙之塔"；第二次世界大战以后随着后工业社会的来临，大学遂成为社会发展的"轴心机构"、"动力站"与"智力城"。历史上，作为昔日"精神手工业者的行会"的大学经由意大利、法国、英国、德国、美国一路走来，最终遍布世界各地。大学在从国际性走向民族化的过程中，由于受到遗传与环境相互作用的普遍影响，逐渐发展出了不同的模式。换言之，从中世纪大学至今，各国大学在组织制度逐渐趋同的同时也发展出了不同的大学模式。就目前而言，世界范围内大学已经有所谓的法国模式、英国模式、德国模式、美国模式，甚至于日本模式。反观我国，清末至今，大学发展已有百余年的历史。在这一个多世纪的文化冲突与碰撞中，中国式大学与西方式大学有过怎样的文化冲突呢？中国大学又是怎样逐渐与西方大学在组织制度上趋同的呢？目前大学这种源于西方的组织机构在中国有没有发展出独特的"中国模式"① 呢？如何才能发展出大学的中国模式呢？

---

① 就目前所掌握的文献，只有日本学者金子元久曾在他的文章中提到过高等教育发展的"中国模式"，并对此进行了详细论述。参见金子元久. 高等教育发展的中国模式：来自日本的观察[J]. 教育发展研究. 2004 (5A)：24 - 28. 另外，加拿大著名比较教育学者许美德也曾提出过"中国大学模式"的命题。他认为，中国大学模式必须建立在中西方文明对话的基础上，是在继承以往大学模式的前提下实现的超越。参见王洪才. 对露丝·海霍"中国大学模式"的猜想与反驳 [J]. 高等教育研究，2010 (5)：6 - 13. 不过，无论是金子元久所谓的"高等教育发展的中国模式"还是露丝·海霍的"中国大学模式"与本文所论及的"中国式大学"以及"大学的中国模式"都既有区别又有联系。具体而言：金子元久所谓的"高等教育发展的中国模式"接近于本文的"中国式大学"，露丝·海霍的"中国大学模式"接近于本文的"大学的中国模式"，但彼此之间内涵与外延的区别也是明显的，其能指与所指也均有差异.

第一节　University 与大学

　　众所周知，中国有着悠久的历史、灿烂的文明，自然不乏古老的高等教育机构。从孔子的"弟子三千"到稷下学宫的"百家争鸣"，从太学、国子监到书院、科举，历史上，中国式"大学"可谓一直不绝如缕。作为对中国古代高等教育实践的高度浓缩与升华，儒家经典的《大学》开篇即写道："大学之道，在明明德，在新民，在止于至善。"此所谓《大学》原理三纲领也！除此之外，《大学》一文还指出了"格物"、"致知"、"诚意"、"正心"、"修身"、"齐家"、"治国"、"平天下"等关乎大学教育的"八条目"。历史上，源于儒家经典《大学》的"大学"与源于西方中世纪的 university 分属两个文明体系，在某种意义上具有文化的不可通约性。历史的转折出现于 19 世纪末 20 世纪初，伴随欧风美雨、西学东渐，作为西方制度文明的一部分，university 漂洋过海来到了古老的中国。对此，蔡元培在《大学教育》一文中指出："吾国历史上本有一种大学，通称太学；最早谓之上庠、谓之辟雍，最后谓之国子监。其用意与今之大学相类；有学生，有教官，有学科，有积分之法，有入学资格，有学位，其组织亦颇似今之大学。然最近时期，所谓国子监者，早已有名无实，故吾国今日之大学，乃直取欧洲大学之制而模仿之，并不自古之太学演化而成也。"[①]

　　对于源于欧洲的 university 这一组织机构，中国人最终选择了儒家经典中的"大学"来与之对应。历史上，将欧洲的 university 和中国的大学相提并论最早出现于 1623 年传教士艾儒略所写的《西学凡》和《职方外纪》等书中。其中《西学凡》比较详细地介绍当时西方大学的情况。据清《四库全书总目提要》记述："其教授各有次第，大抵从文入理，而理为之纲。文科如中国之小学，理科则如中国之大学。"[②] 在《职方外纪》中也有"欧罗巴诸国皆尚文学，国王广设学校。一国一郡有大学、中

---

①　涂又光. 中国高等教育史论 [M]. 武汉：湖北教育出版社, 1997：302.
②　朱国仁. 西学东渐与中国高等教育近代化 [M]. 厦门：厦门大学出版社, 1996：16.

学，一乡一邑有小学。"① 其后，尤其是在 19 世纪后半叶，将欧洲近代高等教育机构与中国之大学相提并论者也一直不乏其人，如康有为、王国维等。但事实上，欧洲式的大学真正在中国出现却非常晚，而在这种新式高等教育机构名称中直接使用"大学"二字则更晚。晚清以来，伴随着西学东渐，欧洲式的大学最早以教会大学的形式出现在中国，但其中文校名多称之为书院或学堂而不是"大学"。比如，创办于 1839 年的马礼逊学堂以及成立于 1888 年的汇文书院（其英文名称为 Nanking University）。与教会大学相比，由政府主办的"大学"其校名也多叫学堂或大学堂而不是大学。比较著名的如成立于 1898 年的京师大学堂，创办于 1901 年的山东大学堂及成立于 1902 年的山西大学堂。事实上，直到民国以后，1912 年《大学令》颁布，"大学"才取代"学堂"、"书院"等成为这种新式高等教育机构的正式名称。其结果，自此以后在汉语中"大学"一词便具有了双重的含义。一方面大学一词要维系着古老的儒家文明，另一方面大学又要指涉那源于西方的现代高等教育组织与制度。为了维系这一概念必要的平衡，20 世纪 40 年代清华校长梅贻琦写就了《大学一解》。该文借用儒家经典《大学》对于我国当时大学教育的经验与教训进行了深刻反思与总结。按他所言："今日中国之大学教育，溯其源流，实自西洋移植而来。顾制度为一事，而精神又为一事。就制度而言，中国教育史中固不见有形式相似之组织；就精神言，则文明人类之经验大致相同，而事有可通者。"② 由此观之，在梅校长眼中，近代以来的中国大学固然在制度与具体的组织架构上源于西方，但在精神上却是与中国古代的"大学之道"一脉相承的。换言之，梅贻琦认为，在组织制度层面，中国大学的组织与制度虽源自欧美，但在精神理念，中国大学可谓源远流长。对此，笔者不敢苟同③。因为无论理念还是制度

---

　　① 左玉河. 从四部之学到七科之学——学术分科与近代中国知识系统之创建 [M]. 上海：上海书店出版社，2004：115.

　　② 涂又光. 中国高等教育史论 [M]. 武汉：湖北教育出版社，1997：331.

　　③ 儒家经典中的"大学"一词在当时主要不是用来指涉一种具体的高等教育机构，而更多的还是一种精神的象征、学问的象征。其所谓"大学之道"更多反映一种人生哲学和教育理想，而不是特指某一类高等教育机构的办学理念。梅贻琦在《大学一解》一文中也曾提及，"及至大学一篇之作，而学问之最后目的，最大精神，乃益见显著。"参见杨东平. 大学精神 [M]. 辽海：辽海出版社，2000：69. 对此，国外学者威尔·杜兰特在评价孔子的思想时也曾明确指出：儒家经典《大学》明显地体现了一种道德和政治哲学，而丝毫没有言及教育问题。参见威尔·杜兰特. 历史上最伟大的思想 [Z]. 王琴，译. 北京：中信出版社，2004：13.

上，中国古代的大学与西方的 university 都迥然不同。今天如果一定要以"大学"一词来指称中国古代的高等教育机构或组织形式，为准确起见，不妨称之为"中国式大学"。

在汉语词汇中大学一词的确古已有之，但中国古代的大学和西方中世纪出现的 university 存在重大差别。中国古代所谓的大学，尤其是那些官办学校以培养治理政府的仕人以及从事文化教育的文人为主。按《辞源》的解释中国古代的"大学是古代贵族子弟读书的处所，即太学"。与汉语中古老的"大学"一词相比，university 一词的拉丁文"universitas"，原是借用自罗马法规，意思是"法人组织"。根据罗马司法体制对这种"法人组织"的认定必须符合五个条件：（1）至少有创始人三位以上。（2）其行动由多数决定。（3）由一首长或代表人对外处理有关会务。（4）其债务或财产系组织公有，不由个别成员负责。（5）整个法人财产的维持视同一个体，比照任何公民在拥有财产的身份上一样①。只此"法人组织"一点，university 与中国的"大学"便泾渭分明。在西方的历史上，对于 university 一词现代含义的使用源于中世纪。最初"university 一词原无确指，与 community、college 二字通用，之后，则成为一种特殊的'基尔特'（guild）之称谓。与英文 university 一词最接近的中古称谓是 studium generale，它是指'一个接纳来自世界各地的学生的地方'，而非指一群老师宿儒（masters）或一群学生所组合的学术性的'基尔特'而言。到了 15 世纪，studium generale 和 universitas 二字变成同义词，都变成了英文 university 的前身了。"② 按照布鲁柏克的说法："随着时间的流逝，学生教师这种比较稳定的组织取得了中世纪名叫'大学'（universitas）的合法形式。高等教育的这个社团组织逐渐以'大学的行政和学术'（universitias magistrurumet scholarium）著称。以后，为了方便起见，这个名称缩写为它的第一个词、它的英语为'university'，意指大学。"③

总之，中文语境中将 university 对译为"大学"是西学东渐的产物，是中国文化自我选择的结果。在中国也不是一开始就将 university 直接译为

---

　　① 郭为藩. 转变中的大学：传统、议题与前景 [M]. 北京：北京大学出版社，2006：2.

　　② 金耀基. 大学之理念 [M]. 北京：生活·读书·新知三联书店，2001：1－2.

　　③ 约翰 S. 布鲁柏克. 教育问题史 [M]. 吴元训，主译. 合肥：安徽教育出版社，1991：432－433.

"大学"。在早期,西方的"university"之类的机构在中国也曾被称之为"书院"、"学堂"、"公学"等。比如,上海方言学堂、福建船政学堂、北洋水师学堂、北洋公学、南洋公学等;后来又改称为"大学堂"、"大学院"或"大学校"等,比如京师大学堂、山西大学堂等。自民国以后"大学"才成为正式的译名,并沿用至今。近代以来中国自 1860 年始开始尝试设置西方式的高等教育机构,最初称之为学堂。当时这些学堂只是传播一些实用性的知识,尚不能称之为大学。有学者以为,直到 1895 年北洋公学的设立,甚至 1898 年京师大学堂的成立,中国才开始有西方式大学。但事实上,直到 1912 年京师大学堂才正式改称"大学",即北京大学。不过,无论如何,既然汉语中选择了用"大学"指称西文中的"university",二者之间的关系就值得我们认真思考。在"语际实践"中,翻译总免不了误解与歧义,"意译"更是如此。在将 university 意译为"大学"之后,"大学"一词便具有了跨文化意义上的双重内涵,必然面临着不可避免的"语际冲突"。一方面大学要指涉中国学人的古典的学问信仰(大学之道),另一方面大学又要表征西方文明的理念与制度特征(学者行会、学术共同体、大学自治与学术自由)。在这种理念与制度的双重冲突中,中国人对于"大学"的认识就显得困惑而又迷茫。自民国以来,正是基于对"大学"的不同理解,有学者以为中国大学的历史可以远溯殷周,至少也可以追及两千年以前西汉的太学。而另一些学者则认为中国大学的历史前后不过百年。前一种观点为多数中国教育史家及学者所秉承,代表人物众多。如熊明安、高奇、曲士培等皆认为中国大学历史悠久,自古有之。作为后一种观点的代表性人物,陈平原就认为,"中国的高等教育,分成三千年的'大学'和一百年的'university',二者并非同根所生,很难直接过渡。"① 应该说,将 university 翻译成"大学"绝不是造成中国学者在"大学史观"② 方面大异其趣的唯一原因;不过,毫无疑问如果没有这种旧瓶装新酒的"语际实践",混乱的局面可能会轻得多,至少可能会比较容易在语词层面上将中国传统的高等教育机构和组

---

① 陈平原. 中国大学十讲 [M]. 上海:复旦大学出版社,2002:5.
② 在"大学史观"方面,西方学者同样会有争议。也不是所有学者都认同,今日的大学源于中世纪的 university。比如有学者就认为,柏拉图建立的柏拉图学院是世界上最早和存在最久的大学。参见威尔·杜兰特. 历史上最伟大的思想 [Z]. 王琴,译. 北京:中信出版社,2004:17.

织形式和近代以来以 university 为主导的高等教育机构和组织形式区分
开来。

第二节 大学自治、学术自由与
学而优则仕、仕而优则学

上面主要从"大学"与"university"语际关系的角度阐明了中国式大学
的第一层含义，即如果一定要用同一个词"大学"来描绘中国古代高等教育
机构与近代以降的高等教育机构的话，中国古代的高等教育机构不妨称之为
"中国式大学"，以此与近代以降源于西方的以 university 为主导的"高等教
育机构"相对应。当前除了用以标识中国古代的高等教育机构之外，中国式
大学还有第二层含义，即由于文化传统或文明类型的差异，近代以降西方式
的大学虽然作为一种组织制度传入了中国，但更多的情况下仍然是徒有其
表，无有其实。对此情形下的所谓大学亦不妨称之为"中国式大学"，可以
此凸显其"中国特色"。

大学源于西方，是西方文明的产物。没有西学东渐，儒家文明系统中不
可能自然而然地产生西方式的大学。作为一种制度形式，大学背后有着深厚
的文化积淀作为根基。清末民初，儒家文明面临千年未有之变局，为强国之
需，本着中学为体、西学为用的宗旨，在短时间内引入了一大批西式的组织
与制度。大学亦在其中。但组织与制度的移植较易，理念与文化的传播和融
合则较难。在中国引入西方的大学组织与制度，建成西式的校园和教室非常
容易；但若使这种组织机构在中国文化系统中如在西方文化系统中一样运作
良好，发挥同样的功用则非常困难。换言之，制度架构也许有普适性的，但
文明必然是民族性的。同一种制度在不同的文明系统中必然反映着这种文明
的限度。就大学的真谛而言，组织制度可能只是其表，其实质在于自治与自
由的理念。如果没有大学自治与学术自由的办学理念，再优美的组织和制度
设计可能也是徒劳。由于文化传统和文明类型的不同，源于西方的大学传入

中国之后，不可避免地遭遇文化的冲突。在中西方文化冲突中，大学自治与学术自由的传统无疑是一个焦点。"在悠久的文明发展历程中，中国呈现出一种与欧洲国家截然不同的学术价值体系。中国的高等教育，无论从形式还是从内涵上来说，都与欧洲国家有着重大差别。对于有着数千年发展历史的中国传统学术机构来说，我们确实很难用两三个特征来全面地概括它。但是，无论如何，我们可以肯定地说：在中国的传统中既没有自治权之说，也不存在学术自由的思想。""随着共产党对中国大学领导作用的建立，一种新式的'翰林院'产生了，大学自治和学术自由让位于社会主义官僚的学术权威和学术垄断。"① 今天中国大学的情况可能略有改变，"翰林院式的大学"逐渐淡出了历史的舞台。但由于文化变迁的惰性和政治体制的惯性，中国大学与西方大学在大学自治与学术自由的实现程度上仍然有着显著的差异。

由于文明类型的不同，文化传统的不同，在中国无论是古代传统的高等教育形式还是近代以降以 university 为主导的高等教育机构，都不完全具有西方式大学的自治与自由的理念和制度。这种自治与自由理念和制度的缺失在某种意义上反映了儒家文明的局限，也反映了所谓中国式大学的真正含义所在。实践中既然中国式大学不信仰大学自治、学术自由，那么中国式大学的理念又是什么呢？是传统的"大学之道"吗？答案是否定的。儒家经典中的"大学之道"更多是在于阐明一种人生哲学和道德哲学，而不是专指高等教育机构的办学理念。由于文明的差异，相比于以大学自治、学术自由为代表的西方大学，中国式大学呈现出迥然不同的另一种景象。由于儒家思想的影响，加之处于不同的社会制度与意识形态的笼罩下，相比于西方大学理念的大学自治与学术自由，中国大学发展过程中的所谓"大学理念"可以概括为"学而优则仕、仕而优则学。"在中国的大学里面，学术人员的地位低于行政人员，学术权力让位于行政权力是不争的事实。新中国成立以后，由于种种原因，大学被单位化。在单位制这种极其特殊的体制里，"学而优则仕、仕而优则学"被制度化（体制化）。其结果，大学衙门化，行政级别化，官本位盛行，教授无心向学，一心从政，严重阻碍了学术的发展与进步。基于此，如果美国式大学可以概括为研究生院大学，英国式大学可以概括为学院

---

① 许美德. 中国大学（1895—1995）：一个文化冲突的世纪 [M]. 许洁英，主译. 北京：教育科学出版社，2000：26，11.

式大学的话，那么中国式大学可以概括为"单位式大学"或"党委会大学"①。

　　作为整个社会资源动员与配置的一种手段，新中国成立后单位体制迅速成为了中国社会一种普遍的、占绝对主导的社会调控体系。"中国单位制度下的单位，不是一般意义上的工作场所，也不同于西方具有明确的技术规范和程序规范组织，以及以效率为根本原则和目标的厂商，它是在特定历史条件下，根据一系列具体的社会制度安排所形成的一种极具中国特色的'制度化组织'"②。中国大学在单位体制下具有鲜明的制度特征。比如，大学以公立为主，经费主要由政府拨付，缺少自主权，校长由政府任命，员工多是终身制，福利待遇多是平均主义，学校拥有自己的附属学校、校办企业、医院、食堂，学校本身以及学校领导具有相应的行政级别，等等。在单位制度下西方式的大学在中国已经变得是面目全非。从组织形式上看，它也许还有着西方大学的样子，但在实质上则已成为近乎完全迥异的两种机构。正如涂尔干当年所言："似乎很难想象，一种制度能够在它的历史进程中，完全去除自身形成之初如此彻底地包含的那一点内在特征。在它发展的进程中，这种制度已经完全改变了它的性质，已经变成完全不同的一种实体，它与以前的自己所具有的惟一共同之处只是它的名称，所以这个名称或标签具有误导性，因为它涵盖了两组完全不同的现象。"③ 近年来，随着我国高等教育体制改革的不断深入和高等教育国际化进程的加速，中国大学的办学自主权也在不断扩大，其与西方大学之间的差异也在不断缩小。但由于改革尚未进入深水区，具有鲜明中国特色的中国式大学与真正意义的大学之间仍然有不小的差距。

---

　　① 对于中国大学里面的"党委管理系统"，有日本学者称之为"中国式运营机制"。金子元久. 高等教育发展的中国模式：来自日本的观察 [J]. 徐国兴，译. 教育发展研究. 2004（5A）：27.

　　② 揭爱花. 单位：一种特殊的社会生活空间 [J]. 浙江大学学报（人文社会科学版），2000（5）：76－77.

　　③ 爱弥尔·涂尔干. 教育思想的演进 [M]. 李康，译. 上海：上海人民出版社，2003：119－120.

第三节　中国大学制度变迁中的形同质异

近年来，伴随新制度主义经济学的迅速发展，以迈耶（John Meyer）、罗文（Brian Rowan）、迪马乔（Paul Dimaggio）和鲍威尔（Walter Powell）等人为代表的新制度主义学派对美国社会中的非营利组织进行了大量经验研究，针对组织环境以及组织与环境之间的互动关系提出了新的见解，即制度同形性理论或称之为组织趋同理论。他们认为，组织领域的特征就是组织的生命周期，在组织年轻阶段，效率是主要的，在成熟期，制度的同形性则控制着生存①。这里所谓的制度同形性，实质上是"制度的形同质异"（Institutional Isomorphism）。新制度主义学派认为，在制度变迁过程中，由于合法性机制的作用，不同组织之间在制度形式上会逐渐趋同；不过尽管不同组织在制度形式上会逐渐趋同，但组织之间实质的差别并不会因此而消失。迈耶和罗文就曾经使用"制度化组织的结构不一致性"（structural inconsistencies in institutionalized organizations）来概括这种制度形式与其实质之间的背离。新制度主义者还发现很多组织往往会使用"松散化"（decoupling）的策略，即让组织下属的各个机构仅仅保持松散的连接来应付这种"形同质异"的局面。

根据迈耶和芬内尔（Fennell）的研究，在一类组织领域内部，往往存在两种同形性：即竞争同形性和制度同形性。与竞争同形性主要由效率机制决定不同，制度同形性主要是合法性机制（Legitimacy）在起作用。迪马乔和鲍威尔通过研究后认为，制度同形性变迁的合法性机制主要有三种，每种都有自身的前提。(1) 强制同形性源于政治影响和合法性问题。当理性化国家或其他的理性组织在社会生活领域中扩大其优势时，组织结构越来越多地开始反映由国家赋予的合法性以及规则的制度化。因此，组织在特定领域中越

---

① 薛晓源，陈家刚. 全球化与新制度主义 [C]. 北京：社会科学文献出版社，2004：135.

来越同质，并逐渐按照符合更宽泛制度的形式组织起来。（2）模仿同形性源于对不确定性的规范反应。当组织技术难以理解、目标模糊或不确定时，组织可能按照其他组织的形式塑造自己。组织倾向于模仿其领域中看上去更合法或更成功的相似组织。（3）规范同形性与职业化有关。两种职业化是规范同形性的重要来源。一是大学创造的认知基础上的正规教育与合法化；二是跨越组织并且新模型可以迅速传播的职业网络的发展与深化。鼓励规范同形性的重要机制是人事筛选①。新制度主义学派关于制度变迁形同质异的理论为理解和解释近代以降中国大学发展过程中的种种现象提供了有力的分析工具。那么，为什么中国大学发展过程中会出现制度的形同质异呢？中国式大学与西方式大学之间的差异是如何形成的呢？

　　制度变迁中的强制同形性主要源于政治影响和合法性问题。清朝末年，大学作为一种异质的制度传入我国，首先即面临着合法性问题。为了能够满足这种合法性，政府首先明确了"中体西用"的办学原则。继而为了迎合大众社会心理的需求，还一度创立了科举学位体系②，试用传统科举中的"科名"对西式大学中的学位进行简单"换算"。在当时情况下西方大学中的学士、硕士、博士等学位分别被"换算"成传统科举制度下的秀才、举人、进士等科名。最后，为了合法性的需要，早期的大学在知识的层面上还坚持用儒家的话语系统来诠释西方的科学知识。比如，在早期大学中，西方的物理、化学之类的所有自然科学，一律笼统地被称之为"格物"或"格致"等。此后，随着清朝的结束，民国的建立，我国大学又开始面临新的政治合法性诉求。当时的民国临时政府首先废止了尊孔读经；及至 1912 年教育部颁布《大学令》又取消了经学科，开始采取西方式的学科分类，即文、理、法、商、医、农、工。此外，当时的《大学令》还参照西方大学的制度安排，对于我国大学的修业年限、教授制度、评议会制度、教授会制度等做了具体规定。正是通过国家立法这种强制性形式，民国时期的大学很快在组织与制度层面实现了与国际接轨。但 1949 年以后，随着新中国的成立，原有大学制度的合法性受到了质疑，在全面学习"苏联模式"的浪潮中，我国大

---

①　薛晓源，陈家刚. 全球化与新制度主义［C］. 北京：社会科学文献出版社，2004：404 － 408.

②　刘海峰. "科举学位说"可以确立［J］. 学位与研究生教育，2002（7）：69.

学在政府强制下在制度上又走向了另一种同形性。

从清末至今，虽然我国大学制度经历了多次变迁，但大的趋势一直是政府主导的制度同形性。在同形性的过程中，我国大学更多的是在组织制度的表面上与西方大学趋同，其实质仍然有不小的差异。除民国部分时期以北大、清华以及后来的西南联大等为首的少数几所大学较好地实施了西方意义上的大学自治、学术自治、教授治校、学生治校的经典大学理念外，更多的大学还是中国式的。今天我国已经制定了创建世界一流大学的宏伟目标，也已提出了建设现代大学制度的重大命题。但最根本的，必须认识到今日中国大学与西方大学之间的"形同质异"；必须以此为基础，于"形同"中求制度创新，于"质异"中谋个性发展，最终创造出大学的中国模式，而不是局限于中国式大学。

除了基于满足政治合法性而实施的强制同形性之外，在我国大学制度同形性的过程中，"模仿"也起到了十分重要的作用。作为一种异质的制度，大学源于西方文明。自清末以来，大学在我国的发展主要是向西方学习与模仿的过程。清末民初学日本，"五四"之后学习美国（兼学德国、法国），20世纪50年代之后开始学习苏联，改革开放以后到今天又开始学习美国。我国整个大学发展史几乎就是一部对于国外大学发展模式的"模仿史"，有得有失，有成有败。无论得失成败，通过不断的模仿，我国的大学制度与西方大学制度已经逐渐趋同。应该说，在一定历史背景下，"模仿"是我国大学制度发展的最佳途径。通过制度模仿我国大学也很快实现了与国际接轨、制度趋同，并迅速提高了学术水平。历史上，以1917年蔡元培在北京大学的改革为起点，以1928年国立清华大学的建立为标志，以1938年西南联大的成立为顶点，中国近代大学与西方大学的制度同形化逐渐展开，并臻于完善。西方大学的种种制度架构几乎全盘移植到了中国。新中国成立以后，由于学习苏联，民国时期建立的大学制度被颠覆。今天虽然我国大学在组织机构层面上尽量与国际接轨，但形同质异的现象并没有根本改变。

与强制同形性、模仿同形性相比，我国大学组织趋同过程中"规范同形性"的作用可能不那么明显，但规范同形性同样是我国大学制度同形性过程中的一种重要机制。规范同形性的一个重要机制是人事筛选。近代以来我国一流大学里的师资来源主要是国外著名的研究型大学。民国时期国内重要大学的师资，尤其是那些著名教授，大多留学欧美一流大学，对欧美国家的大学制度非常熟悉。由这些人主掌中国的大学，自然而然会带来"规范同形性"。1917 年北京大学的改革就和蔡元培在美国与德国的经历有关，也和他本人对德国大学、美国大学的理解有关。和强制同形性、模仿同形性一样，由规范同形性所导致的大学制度趋同同样也是"形同质异"。我国大学制度的形成有着与西方国家完全不同的情境和路径，再加之不同的文化传统，由人事因素所导致的制度趋同往往很多只能流于形式，满足于一种形式的合法性，难以产生实质的效果。

第四节　大学的中国模式生成的路径

上面主要论述了中国式大学的两层内涵以及中国大学发展过程中制度同形性的三种合法性机制，并阐明了我国大学与西方国家大学在制度趋同过程中"形同质异"的具体含义。由上面的论述不难看出，"中国式大学"更多的是一种消极的含义，主要强调中国大学虽然在组织制度的形式上与西方大学越来越趋于一致，但实质上二者之间还有很大的差异，即"形同质异"。与西方大学相比，今日的中国大学仍然定位于事业单位，缺乏大学自治、学术自由等理念，党的领导居于绝对地位，大学缺乏教授治校的传统以及教授会的制度安排，大学教授往往不是以学术为志业，而是信奉着学而优则仕、仕而优则学的潜规则，计划经济体制下的单位制度依然是我国大学赖以生存和发展的重要制度环境。以此中国式制度架构为基础，我国现代大学制度建设的前景堪忧，创建世界一流大学的目标堪忧。纵观世界各国，举凡拥有世界一流大学的国家，无不是在秉承共同理念的基础上拥有自己独特的大学模式。早期的德国、法国、英国如此，后来的美国如此，今天的日本同样如此。历史地看，相比于大学的组织原型，这些国家独特的大学模式同样是"形同质异"，但问题的关键在于它们能够在"形同"中求制度创新，在"质异"谋个性发展，而且最终形成了自己独特的大学模式，丰富了大学制度本身的内涵。那么既然如此，我国大学能不能走向世界一流，建成现代大学制度，也可以能不能发展出"大学的中国模式"为标准。什么时候人们普遍认为存在一种所谓的"大学的中国模式"了，什么时候中国的大学才有资格说是世界一流，中国建设现代大学制度的目标才算实现。就目前而言，如何从"中国式大学"走向"大学的中国模式"呢？参照大学发展过程中"形同质异"的普遍性与必然性，从"中国式大学"走向"大学的中国模式"只有唯一的路径，即"理念求同、制度求异"。

一、理念求同

大学发展到今天已有近千年的历史，虽然不同国家有不同的大学模式，有不同的制度安排，但大学之所以为大学还是有着一些共同的特性。举凡世界一流大学无不坚守大学自治、学术自由的理念。自治与自由是世界大学的通例，是整个高等教育的精华。失去了大学自治、学术自由的理念，大学也就不再是真正的大学。当年蔡元培请辞北大校长，就是因为他认为"北京大学，向来受旧思想的拘束，是很不自由的。"① 清末至今，我国大学也已有近百年的历史。在这一百年的时间里，相比于制度与器物的近（现）代化，我国大学理念的近（现）代化一直没有实现。这其中既有政治制度、意识形态的影响，更与儒家文化中学而优则仕的传统不无关联。但所有这一切均不应成为大学自治、学术自由的桎梏。历史上，对于大学与国家之间的关系，作为大学国家主义开创者的洪堡早已经指出："大学作为一个将要圆满完成整个教育过程的阶段，'无非是要把人的精神生活、外在的闲情逸致和内在的追求引导到对科学的研究的兴趣上。'国家必须注意到，把它们的活动总是维持在'最剧烈、最强劲的活跃状态'，而且必须意识到，'这一局面本来不是它所造成的、也不是它能够造成的，也就是说，只要它干预其中，它在更大程度上总是起着妨碍作用，而且没有它的话，事情本来绝对会好得多。'因此，它不得要求任何与它直接或恰恰相关的东西，而是要从内心坚信，如果国民要实现他们的终极目标，他们也就会去实现它的目标，并且是从一个高得多的高度去实现，从这个

---

① 杨东平. 大学精神 [M]. 沈阳：辽海出版社，2000：328.

高度出发，与它所能推动的相比，可以包容多得多的东西，可以使用完全不同的力量和杠杆。"① 再就文化传统的影响而言，同在儒家文化圈，同样曾经有过学而优则仕的价值偏好，今天在有些国家和地区已经有大学做得很好。在这方面，如新加坡、香港、台湾等地的一些优秀大学无不秉承大学自治、学术自由的理念。其中办学历史仅 20 年的香港科技大学"十年有成"，成为世界知名大学，甚至于超越百年老校北大、清华。其成功的根本一点就在于"理念求同"。香港科大前副校长孔宪铎曾经著书认为"很自然的，美国大学的主流理念，就成了创办科技大学的理念。大学从精神上，没有国界，没有洲界，只有世界，一个世界。"② 由此可见，中国的传统文化、中国的政治制度与意识形态绝不是与大学自治、学术自由理念天然地不相容。值得欣慰的是，随着改革的深入，今天中国大学里，大学自治、学术自由的风气正在慢慢形成，经典大学理念在大学发展中的重要性已逐渐成为大学发展的基本共识。

二、制度求异

在从中国式大学向大学的中国模式迈进的过程中，仅仅"理念求同"还是不够的，必须要有所创新，要形成独特的大学模式，还必须注重"制度求异"。当然，这里的"制度求异"绝不是为了不同而求异，为求异而求异。事实上，大学在同形化的过程中，只是"形同质异"，制度的差异是必然的。这里强调"制度求异"正是基于这样一种必然性，对于大学制度创新的一种适当反应，而不是为"异"而"异"。与理念一样，制度对于大学的发展也同样重要。基于理念与制度的相关性，甚至于可以说，有什么理念就有什么制度，有什么制度就有什么理念。目前的大学发展中，作为经典理念的大学自治、学术自由可能是所有大学共同的价值选择。但基于维护大学自治、学术自由理念的大学制度却可能多种多样。"不同的高等教育参照体系下，高等教育在社会结构中享有不同的政治和社会优先地位，由此可以看出其中存

---

① 威廉·冯·洪堡. 论国家的作用 [M]. 林荣远，冯兴元，译. 北京：中国社会科学出版社，1998：16.

② 孔宪铎. 我的科大十年（增订版）[Z]. 北京：北京大学出版社，2004：前言.

在的不同的假设和显著的差异。"① 欧美各国为了适当地区分大学与政府的差异，确保大学自治、学术自由的实现，纷纷采取措施在大学与政府之间进行必要的权力划分，以确保大学自治与学术自由的实现。在那些拥有自己独特办学模式的国家，比如，法国、英国、德国、美国、日本等，在共同的理念主导下的制度设计也各不相同。法国坚持"行政管理上的集权主义"，德国倾向于"政治化的墨守法规"，英国大学"在国家体制中自治"，美国大学在"分散控制和市场体制"中生存，而日本的大学则会面临"院校等级与双重控制机构"②。与这些国家相比，中国大学目前制度设计上亮点不多。除面临党委会领导、事业单位体制等制度约束外，大学内部用以保障大学自治、学术自由得以实现的制度尚付阙如；同时为了应付政府控制或配合政府管理的组织机构却叠床架屋。未来要发展出大学的中国模式就必须克服或超越目前中国式大学的种种制度安排，从自身的文化传统切入寻找制度创新的生长点，并最终发展出基于相同理念的却又能够不同于西方大学制度的新制度。作为大学制度创新的一种理性诉求，近年来书院制度引起国内很多学者的注意。有学者甚至建议，恢复书院制度的相关传统以弥补我国大学制度的可能不足③。大学是文明的产物，文化传统是大学制度创新的根源。任何一个国家都有着自己独特的优秀的文化传统，这种文化传统是作为文化组织的大学在各自国家进行制度创新的根本动力所在。中国大学模式应该建立在对中国传统文化优秀遗产继承的基础上。中国大学不应该抛弃历史而单纯地对西方大学模式进行模仿。西方大学是建立在西方文化基础上的，不一定适合于中国。中国大学模式应该奠基于具有独特神韵的中国文化。中国大学模式应是在吸收西方大学模式的优点、提升中国文化内涵基础上的超越。④ 事实上，任何一种大学模式的创造都必然植根于本民族独特的文化传统之中。我国也不例外。大学的中国模式必须深深植根于中国文化传统之中。要实现这个理想首先要彻底摆脱西方中心主义以及西方文化霸权的不良影响。

---

① 于尔根·安德斯. 高等教育、国际化与民族国家 [J]. 陈洪捷，吕春红，译. 北京大学教育评论，2003（3）：40 - 41.

② 约翰·范德格拉夫，等. 学术权力——七国高等教育管理体制比较 [M]. 王承绪，等，译. 杭州：浙江教育出版社，2001：162 - 168.

③ 参见陈平原. 中国大学十讲 [M]. 上海：复旦大学出版社，2002：70 - 99.

④ 王洪才. 对露丝·海霍"中国大学模式"的猜想与反驳 [J]. 高等教育研究，2010（5）：7.

只有真正实现了文化上的独立，从根本上确立了多元化文化价值观的合法性，中国大学制度的创新才会迎来一个新阶段，大学的中国模式才有可能实现。

结束语　大学转型的解释框架

　　转型是当代大学深化改革的必然结果。关于大学转型的分析有三个基本的维度，即理想与现实、理论与实践、知识与行动。将理想与现实、理论与实践、知识与行动三维度综合起来可以构成一个关于大学转型的一般性的解释框架。在此框架之下，一方面大学转型的理想、理论与知识，知识、行动与实践之间存在着内在一致性；另一方面大学转型中理想与现实、理论与实践、知识与行动间也存在着难以克服的张力、矛盾与冲突。总体上，大学的转型既是一个从理想到理论、从理论到知识的认识过程，也是一个从知识到行动、从行动到实践的改革过程，更是一个从理想到现实、从理论到实践、从知识到行动的社会过程。一般而言，所谓转型是指事物的结构形态、运行模式以及观念制度的根本性转变过程。基于此，大学转型就是对大学深度改革的一种宏观层面上的抽象和概括，大学所转之型往往体现了大学改革与发展的大方向。今天大学无论是作为一种理念还是具体的组织机构都是人类社会主观建构的结果，属于社会性建构的产物。实践中，大学的转型既会涉及大学组织结构的调整也会涉及大学作为一种理念其叙事方式的变化。由于这种变化自身的跨时间和跨空间性，处于转型期的大学往往充满不确定性与异质性。就像转型社会容易失范一样，转型中的大学也经常会处于大学与非大学的模糊状态或曰灰色地带。处在转型中的大学始终无法回避理想与现实、理论与实践、知识与行动之间的矛盾和冲突。面对着理想与现实、理论与实践、知识与行动间的矛盾与冲突，有时必要的妥协与折中不可避免。在大学转型的整个过程中，基于从理想到现实，从理论到实践，从知识到行动的改革逻辑，遵循从理想到理论，从理论到知识，从知识到行动，从行动到实践的路径和秩序，关于大学的大的转型会被分解成小的转型，整体性的转型会被解构成部分性的转型，结构性的转型会被转化成功能性的转型，最终积少成多、积沙成塔，大学转型的涓涓细流才能汇成气势恢宏的大学变革之道。

第一节　大学转型的矛盾与冲突

转型是一种痛苦的蜕变、主动的求新而不是自然的生成。由于人的理性的介入，转型的过程也是一个理念重构、组织重塑和制度重建的过程。大学转型也同样如此。由于人的理性的局限性和现实的复杂性，大学转型的过程中不可避免地面临许多矛盾和冲突的地方。首先，关于大学转型的理论与大学转型过程中实际上所遵循的理论可能迥然不同。其次，大学转型的理想目标与大学在转型实践中所切实践行的目标也会有所不同。最后，关于大学转型的知识与大学转型的行动之间会存在明显的时滞现象，甚至是错位。总之，在大学转型过程中，理想不能影响现实，理论不能指导实践，知识不能转化为行动；现实、实践和行动不以相应的理想、理论和知识为基础是经常会有的正常现象。当然，大学在转型过程中所面对的这些吊诡也绝非大学的特例。人类社会生活中此类事情不胜枚举，甚至可以说是通例。"事实上，书面上的法律与被人实行的法律、统治者的原则与他们原由被统治者的精神所加以改变的行动方式、由制定体制的人所颁布的体制与被实现了的体制、书本上的宗教与人民中间的宗教、一种偏见表面上的普遍性和它所获得的实践拥护，都可能是如此之不同，以至于其效果绝对不会再符合于那些公开被承认的原因。"① 但既然理性赋予了人类以建构理想、理论与知识的能力，那么何以现实、实践和行动还会如此不堪呢？这就牵涉到精神世界与物质世界的区隔问题。因为无论是大学转型的理想还是关于大学转型的理论和知识基

---

① 孔多塞. 人类精神进步史表纲要［M］. 何兆武，何冰，译. 北京：生活·读书·新知三联书店，1998：174.

本上都属于人类的精神世界，相应的，大学转型的现实、实践与行动则属于物质世界。精神与物质之间虽有关联，但二者之间绝非一一对应，完全的转化几乎是不可能的。理想之所以是理想，现实之所以是现实就说明了彼此间有着本质不同。理论与实践、知识与行动也是一样。理论与知识强调科学性，实践与行动强调可行性。理论与知识的证实需要时间，行动与实践的展开则需要空间。我们既无法以科学性替代可行性，也更无法以空间换取时间。

一、理想与现实的背离

无论何时如果将大学的理想与现实相比较，便会生出种种无奈。大学的理想如精彩的画卷清晰地记录在学者的著作里和政治家的演讲里，但大学发展的现实却似乎在嘲讽着人类的智慧，"故意"与大学的理想背道而驰。今天在残酷的现实面前，一方面好像所有人都不约而同地在背叛着大学从过去到现在，从现在到未来的所有的理想；另一方面似乎所有人又都在试图阻止大学对于理想的集体背叛，而实际上最终所有的人又都莫名其妙地按照"谬误"的指引来采取行动。乃至于人们会认为现实中大学改革的结果就是不断重复着对于大学理想的背叛，即以理想的名义来背叛理想。在每一次转型过程中，吊诡或荒唐的事总是层出不穷，大学发展的常识只有在人们批评大学的现实时才偶尔得以以真理的方式在管理者耳畔响起。如前所述，人类社会发展中，理想与现实的背离有其普遍性。大学的转型也不例外。"理想与现实之间的差距在高等教育中是巨大的。因为在学院和大学中装腔作势的东西比小学和中学更多，这种差距特别明显，并且也加大了差距。高等学校的行为始终不符合那些理想的标准。这丝毫不足为怪。"① 无论古今中外，在大学发展实践中，理想与现实的冲突不但存在，而且十分突出。"从理想的角度说，学术组织表现为一个平等的自由联合体。然而任何地方都有等级制度，在这种制度中独立性受到职能部门代表的限制。理想中，大学是一个平等者的共同体，但事实上它是由学者、专业取向的教师和着眼于实用技术的人组成的松散的联合体。理想中，据说它要培养博学之士，实际上它却经常培养

① 亨利·罗索夫斯基. 美国校园文化——学生·教授·管理 [M]. 谢宗仙，译. 济南：山东人民出版社，1996：266.

眼光狭窄的专业人员。理想中，学院献身于无功利的学术活动，实际上它却总是从属于各种各样的利益。"① 即便是历史上被誉为大学转型经典范案的洪堡三原则也不例外。"洪堡精神作为支撑近代国家和社会中大学存在的极其重要的概念装置，发挥了非常大的作用。"但事实上"洪堡精神未必能表现德意志大学教育的实际状态。"② 由此观之，虽然大学转型本身是为了追逐大学的理想，但转型的结果绝对不全是为了实现大学的理想。有时大学的理想往往只是转型的一种借口而不是真正的目的。因为在转型过程中大学本身又会生成新的理想。其结果，不是现实在追逐理想，而是理想在追逐现实。大学在转型过程中不是理想影响了现实，而是现实催生了新的理想。当然，换一个角度看，也正是由于理想与现实之间存在着永恒的矛盾与张力，大学的发展才充满了活力。如果大学的理想真的可以或者很容易地就能够变成现实，大学早就没有了发展空间。

总之，大学理想与现实的背离是永恒的矛盾。"思想不会像海绵一样将现实都吸收干净的。思想和现实之间的战斗是所有的研究都要面对的战斗，而且研究工作永远不会使这场战斗停止。"③ 无论是普通的大学改革还是重大的转型实践，大学总逃不脱理想与现实之间的纠结。无论历史上还是现实中，甚至包括在未来，从理想的角度着眼人们总会有一百个理由对当下的大学给予最严厉的批评，相反从现实角度着眼人们又有十足的证据对当下的大学给予最热烈的表扬。实则任何一个时代的大学既不像表扬者说的那么好，也不像批评者说的那么糟。今天现代大学正处在转型的过程中，对现代大学的功过是非，人们毁誉参半。但无论是批评还是表扬都只是一种态度或价值倾向，真正有益于大学转型的是我们必须弄清楚今天的大学到底是什么样子，好又好在哪里？坏又坏在哪里？这才是今天大学转型中所面临问题的关键所在。如果我们一直不知道现代大学到底做对了什么，又做错了什么，那么转型之后的大学仍然有或必然有陷入转型之后怎么办的危险。

---

① 刘易斯·科塞. 理念人：一项社会学的考察 [M]. 郭方，等，译. 北京：中央编译出版社，2001：319.
② 金子元久. 大学教育力 [M]. 徐国兴，译. 上海：华东师范大学出版社，2009：27.
③ 艾德加·莫兰. 社会学思考 [C]. 阎素伟，译. 上海：上海人民出版社，2001：186.

二、理论与实践的脱节

理论与实践之间的脱节是一个老生常谈的话题。"理论是把自然现象的描述表达为科学知识的工具。但理论有其自身的地位。一个解释必须比它的被解释项更抽象、更概括,这样才能把一个解释系统置放在另一个解释系统内部,依次扩展成一个覆盖域不断增大的等级体系。"① 当前大学转型虽然还没有发展出专门的理论体系,但关于大学转型的理论并不少见,而只要有理论,理论与实践之间的脱节就不可避免。事实上,理论与实践相互脱节的必然性也说明了这种现象的某种合理性。理论有理论的价值,实践有实践的价值。二者绝不是"连体婴儿",而是可以分别在不同场域中独自存在。"我们已经知道——几乎是确凿无疑地,技能(相对于理想来说)并不是通过'内涵式'的理论而获取的。小孩子没有学习理论语言学就懂得运用语言,没有学过游戏理论就懂得弈棋,同样,他们(就像马戏团里在柱子上平衡的海豹一样)对牛顿力学一无所知也可以骑起自行车来。"② 大学转型也是如此。并不是所有大学转型的实践都需要具体转型理论的指导。理论有时只是对实践经验的提升与总结而不是开展任何一项实践活动的必要前提。

今天虽然社会学中有各种关于社会转型的理论,但在高等教育研究中,大学转型还是一个相对新的概念,缺乏专门的理论模型。当前与之相近的是关于大学危机或称之为高等教育危机的研究。对于大学而言,危机与转型具有高度的同构性。每一次大学危机的来临都预示着大学转型的开始。大学转型的初衷总是超越大学危机,转型的目标或标志总是为大学的存在提供一种新的合法性来源。当前对于高等教育(现代大学)是否面临危机可谓众说纷纭,有学者认为高等教育危机话语本身也是一种危机,即关于危机的危机。"关于高等教育危机,我们的定义是:它必须满足三个标准,一是威胁到了对某个或多个支持者来说十分重要的价值观;二是现存的影响渠道和华而不实的运行模式不足以解决问题;三是人们要求立即采取行动,包括特别的资

---

① 约翰·齐曼. 元科学导论 [M]. 刘珺珺, 等, 译. 长沙: 湖南人民出版社, 1988: 43.
② 亨利·哈里斯. 科学与人 [C]. 商梓书, 江先声, 译. 北京: 商务印书馆, 1999: 114.

源配置。"① 参照上述标准，现代大学的危机从 20 世纪中叶以来已经非常明显。首先，传统大学的主流价值观遭遇到了前所未有的挑战，一种新高等职业教育主义已经逐渐控制了所有大学。其次，传统大学的运行模式遭遇了合法性危机，许多非大学类的知识机构正在崛起并挑战大学对于知识传播、人才培养和学位授予的垄断权。最后，如果再不立即采取相应行动，以传统大学为代表的精英高等教育极有可能陷落，大学将彻底失去精神和理念层面的含义，而退化成为一个纯粹的从事职业培训的场所。当然，也有学者认为，与过去的半个世纪相比，我们这个时代并没有遇到更多的危机，增多的只是对于危机的想象。明茨伯格就认为：当前人们关于大学危机的理论只是"通过把我们所处的时代描述为最动荡的时代以标榜我们自己。正如俗话所说的，我们是生活的中心，至少我们喜欢这么认为（因为这会使我们觉得自己很重要）。换句话说，我们真正面对的并不是动荡岁月，而是过分膨胀的自我。"② 关于大学危机，明茨伯格的观点有一定的代表性。很多反大学危机论者都认为，现代大学只是规模更大，既不意味着更好，也不意味着更坏。所谓的大学危机绝不是大学的危机，而是人的危机，是社会的危机。大学之所以要转型不是因为大学出了问题，而是社会出了问题。"我们普遍经历的不同程度的危机感、当前'生活在十字路口'的感觉、对新自我定义和新身份的狂热追求等问题，都不是源自大学学术的缺失、错误和疏忽，而更多源自我们所处社会中普遍存在的身份模糊、权威分散以及生活的不断碎片化。"③ 大学转型是为了解决社会问题（或适应社会）而不是大学问题。这种观点无疑站不住脚。大学规模更大不可能既不意味着更好也不意味着更坏。大学规模更大如果不是更好就一定是更坏，实践中价值无涉根本不可能存在。比如在传统主义者看来，大学规模更大是在变坏，但在扩张主义者看来，大学规模更大却是在变好。与反大学危机论者不同，当前人们越来越倾向于认为，现代大学危机客观存在，大学转型迫在眉睫。大学转型需要直面高等教育发

---

① 菲利普·G. 阿特巴赫，等. 为美国高等教育辩护 [C]. 别敦荣，陈艺波，主译. 青岛：中国海洋大学出版社，2007：49.

② 菲利普·G. 阿特巴赫，等. 为美国高等教育辩护 [C]. 别敦荣，陈艺波，主译. 青岛：中国海洋大学出版社，2007：57.

③ 安东尼·史密斯，弗兰克·韦伯斯特. 后现代大学来临？[C]. 侯定凯，赵叶珠，译. 北京：北京大学出版社，2010：36.

展的现实问题，持续变革，语言的狡辩既不能使危机理论远离大学实践，也丝毫无助于现代大学超越危机，重获新生。

总之，危机理论是大学转型的重要理论基础，但是由于规模的成功扩张掩蔽了现代大学理念与运行模式中可能存在的诸多弊端，危机理论与大学改革的实践严重脱节。按皮埃尔·布迪厄的说法，"为了让表象和话语在现实中发生某种作用，外在于表象和话语的社会环境必须存在着有利的条件，这些条件必须事先纳入头脑和制度中。'理论效应'（例如'马克思主义'理论对阶级斗争的效应）意味着能动者把这种理论的一些要素纳入自身，它还意味着这种理论可以利用制度。"① 今天"大学危机"以及"危机理论"还只是学术研究的一个对象，根本无法切实影响大学改革的实践。今天大学的改革仍然试图在为现代大学的规模扩张锦上添花，而丝毫没有改弦更张的紧迫感。由于危机理论与大学转型实践的脱节，直到今天仍然没有人知道后现代大学是什么样的，甚至应是什么样的。人们唯一能确定的可能就是现代大学面临危机，必须转型，之于要转到哪里，转型之后的大学将会对人类社会产生什么样的影响则根本不清楚。不过从长远来看，随着大学危机的逐渐显露和爆发，大学发展实践中必将也必须涌现出必要的危机应对策略。荷尔德林在他的颂歌《佩特姆斯》中说：哪里有危险，拯救之力就在哪里生长。"危险作为危险存在之处，拯救之力也已经蓬勃生长了。拯救之力并不是偶然产生的。拯救之力也不是附带出现的东西。正是危险，当它作为危险存在时，本身就是拯救的力量。"② 伴随大学转型实践的不断推进，今后无论后现代大学是什么样子，它自身一定要包含有解决新问题的办法。否则这种大学模式就是没有生命力的，也不可能存在。

三、知识与行动的错位

知识与行动的关系问题也是一个老问题。无论是"知难行易"还是"知易行难"都不能很好地概括二者之间的复杂关系。儒家经典中有"知之

---

① 菲利普·柯尔库夫. 新社会学 [M]. 钱翰，译. 北京：社会科学文献出版社，2000：40 - 41.

② 海德格尔. 人，诗意地安居：海德格尔语要 [Z]. 郜元宝，译. 桂林：广西师范大学出版社，2000：121.

非艰、行之惟艰"的说法，这主要是就个人的修养说的；孙中山所说的"行先知后，行易知难，不知亦能行，有知必有行"则是就社会发展说的①。这两者不是一回事。王守仁所讲的"知行合一"是一种个人修养的理想状态而不是事物发展中的普遍规律。虽然在原则上，知识应是行动的基础，行动的不当只因知识的不精。甚至像亚里士多德讲的那样"无人愿意作恶，作恶皆因无知。"但在实践中却有很多事情可能根本就没有任何现成的知识可以作为基础，而是需要在做中学。

大学转型虽然有历史的经验可以作为参考，但由于转型本身是面向未来的，历史的经验并不能直接转化为关于大学转型的知识。当前对于大学转型的知与行，一个问题是我们是否拥有足够的与大学转型相关的知识，另一个就是那些相关的知识如何才能转化为具体的行动。现实的情况是，由于相关研究的滞后，当前学界关于大学转型的知识积累远远不够，零星的论述很难对于大学转型实践产生指导意义。事实上，即便我们拥有了足够的知识积累，大学转型过程中的知行矛盾依然会普遍存在。由于受到学科规训制度和学术专业化的影响，大学里知识的生产者和改革的践行者分属不同的场域，分别遵循着不同的逻辑。大学转型的知识与话语主要由学者生产，大学转型的行动却主要由行政管理部门所主导。由于缺少对于知识的管理，当前的大学里知识的生产者不了解行动的细节，从而影响了知识的客观性、真实性和可操作性；改革的推动者不了解知识中蕴涵的意义、原理与技巧，从而影响了改革的推进。当前由于大学体制的固化，解决知识与行动之间的错位问题十分困难。一种方法是人员流动，另一种方法是知识流动。不过，由于知识与行动间本身就必须存在一定的距离，无论是人员流动还是知识流动都会遇到巨大的制度性阻力。在实践中一个人即便拥有了关于大学转型的知识也未必就一定能够将其知识转变为行动，因为除了知识本身的正确性外，知识能否转化为行动还会受到制度环境以及其他很多相关因素的影响。

---

① 冯友兰. 中国现代哲学史［M］. 北京：生活·读书·新知三联书店，2009：28.

第二节　大学转型的路径与秩序

　　大学转型过程中虽然面临着理想与现实、理论与实践以及知识与行动之间的矛盾与冲突，但在理性可控的范围内，大学转型并非完全无序和盲目，而是有着相对清晰的路径与秩序。对于大学转型而言，路径与秩序密不可分。没有路径，秩序的建立就没有线索。没有秩序，路径的确立就容易失去方向。"路径"描述了大学在一定时空背景下的转型活动的轨迹，强调变革的连续性。"秩序"强调了在一定路径下大学转型过程中一系列变革的一致性和先后性。通常意义上，进步主义是在社会转型过程中普遍存在的一种价值期待。大学转型也不例外。人们普遍期待转型之后的大学应比今天的大学对于社会发展的贡献更大，对于人的发展的贡献更多，对于知识生产的贡献更大。进步主义的价值观无可厚非，它真实地反映了大学之外社会心理系统的存在及其与大学转型的关系。但由于社会的发展变化异常迅速，今天的大学转型远比历史上任何一次大学转型都要困难得多、复杂得多。今天"人们期望转型是一种连续的过程，在这一过程中，实际上却充满了冲突，而这种冲突的结果在事实上往往不能保证人们在实现一个目标以后能够顺利地实现下一个目标。"① 历史上，虽然在有些国家由于大学转型的失败也曾经引发过社会问题和政治问题。但今天的情况则更为严峻。今天在很多国家大学转型与社会转型和国家转型高度重叠，诱发危机的因素也相互叠加。一方面社会和国家都对于大学转型持有很高的期望，另一方面大学转型的成功又取决于社会转型和国家转型的成功。由于多米诺骨牌效应的存在，大学转型的失败甚至可能导致国家"破产"和社会失范。为避免大学转型失败的恶果，弄清楚其相关路径与秩序至关重要。

----

　　① 沃尔夫冈·查普夫. 现代化与社会转型 [M]. 陆宏成，陈黎，译. 北京：社会科学文献出版社，1998：130.

一、从理想到理论，从理论到知识

大学转型不是一个确定的具体事物，而是一种通过概念性图式对于高等教育实践领域正在发生的变化的深刻反映。转型既是一个抽象概念也是一项具体的实践活动，既是目标也是过程。无论是作为一个概念还是一项活动，无论是作为改革的目标还是过程，转型都反映了大学观念与制度的剧烈变迁。作为社会转型的一个重要组成部分，大学的这种变迁绝不是直线性的从A到B的简单转移，而是大学自身以及大学与其他社会组织间关系的系统性的变化。作为一种系统性变化，规模庞大且性格保守的大学不可能自发地短时间完成转型的全过程。无论在历史上还是现实中，大学转型一定肇始于某种新的大学理想的提出或某种新观念的问世。其次，大学转型的真正启动还一定离不开某种理论的"指引"。犹如爱因斯坦曾经说过的："理论决定着我们所能观察的问题。"① 没有理论可能就没有方向。最后，大学转型能否成功也与大学组织自身以及大学的诸利益相关者是否拥有足够的关于大学转型的知识呈正相关。知识虽不能直接转化为行动，但知识的存在足以证明人们对于大学转型实践的谨慎和小心。由此在理想与理论，理论与知识之间就呈现出了大学转型的清晰路径。这条路径中从理想到理论，从理论到知识可以看做是大学转型的隐性秩序。

在大学转型的过程中，作为隐性秩序从理想到理论，从理论到知识之间存在密切的联系。首先理论的形成服务于理想的实现，也就意味着大学转型理论绝不能违背大学的理想。其次知识的积累也必然以相关理论假设为前提。没有理论就没有知识。这也就意味着在一定大学理想的指引下所形成的理论框架直接决定着关于大学转型的知识类型。再次大学转型的顺利进行离不开关于大学转型的知识的积累。"新知识导致新的实践，反之亦然。"② 在从理想到理论，从理论到知识的转型序列中，大学理想的作用并不在于描述大学转型的现实与未来，它的作用是抵制大学可能的庸俗化的冲动。大学在

---

① 丹尼尔·贝尔. 后工业社会的来临——对社会预测的一项探索 [M]. 高铦，等，译. 北京：商务印书馆，1984：14.

② 约翰·齐曼. 真科学——它是什么，它指什么 [M]. 曾国屏，等，译. 上海：上海科技教育出版社，2002：209.

任何一次转型中都会面临着理想主义与现实主义的冲突。没有理想，现实就失去了方向，没有现实，理想就失去了必要的依托。大学每一次的转型都必然包含了理想与现实之间紧张而微妙的平衡。二者之间必须要保持相对的张力而不能相互妥协与苟且。无论历史上还是现实中，大学总是受到政治与经济力量的干预，受到利益与权力的掣肘，从没有完全地实现大学的自治与学术的自由。但尽管如此，大学却一直在为追求一种尽可能接近自治和自由的理想状态而存在。虽然对大学而言，"'为知识'而生产知识，这种观念在逻辑上是站不住脚的，然而，它是一种强大的动力。"① 它为现实的大学提供了一个可能的世界。在理想、理论与知识这三者所组成的隐性秩序当中，仅有理想和理论是不够的，大学理想可以提供转型的方向，关于大学转型的理论可以提供决策的参考，但若没有相关的知识，大学转型仍然没有可操作性和可控性。与理想和理论不同，"知识是对事实或思想的一套有系统的阐述提出合理的判断或者经验性的结果，它通过某种交流手段，以某种系统的方式传播给其他人。"② 理想可以提出问题，理论可以解释问题，只有知识才能够解决问题。对于大学转型而言，也同样如此。大学理想可以告诉我们大学需要转型，相关理论可以告诉我们大学为什么需要转型，而只有专门的知识才能指导我们大学该怎样去转型。在大学转型的过程中，大学的理想好比火车头，关于大学转型的理论好比是火车的控制室和轨道，关于大学转型的知识就是火车的电力系统和操作手册。

总之，大学作为一种社会性建构的产物其改革的推行与转型的驱动离不开人的理性关于理想、理论与知识的探索。"我们所要做的，是在现象学的带动下，使抽象的理论和具体的实际都活起来；因为目前无论是理论还是实际都成了既不是理论也不是实际的东西，使两者都萎缩在中间状态，因窒息而得不到发展，使理论变得贫乏，使实际变得支离破碎。"③ 虽然人的理性不是万能的，但没有理性却是万万不能的。无论何时只有理性的思考才能保证大学的成功转型。今天大学已经太重要，大学的转型已经不能交给命运或大

① 约翰·齐曼. 真科学——它是什么，它指什么 [M]. 曾国屏，等，译. 上海：上海科技教育出版社，2002：190.
② 丹尼尔·贝尔. 后工业社会的来临——对社会预测的一项探索 [M]. 高铦，等，译. 北京：商务印书馆，1984：195.
③ 艾德加·莫兰. 社会学思考 [C]. 阎素伟，译. 上海：上海人民出版社，2001：165.

学自己。就大学转型而言，仅仅有改革的经验还是远远不够的。大学转型作为一种结构性的变迁必须要有理想、理论和知识的指导，没有这三者的指导以及由这三者所构成的隐性秩序的规范，很多经验主义的东西很容易将大学的转型引入歧途。当然，大学转型的理想、理论和知识也绝不是凭空产生的，理论和知识的形成除了会受到大学理想和价值观的影响之外，主要还是来自于大学转型实践的启发。无论是理想、理论还是知识都是来源于实践并最终要回归于实践。"理论和实践仅仅是同枚硬币的两面。理论的目的在于生产一种与现实相符合的思想。而实践的目的则在于生产出一种与思想相符合的现实。所以，对于理论和实践来说，都渴望在思想和现实之间建立起一种一致性。"① 基于此，大学转型的实践绝不是为了证实某个人的或某个组织的关于大学转型的理想、理论和知识，而是要在大学转型实践的基础上建立起某种大学转型的理想、理论和知识以指导后续的转型实践顺利进行。

二、从知识到行动，从行动到实践

今天由于社会的急剧变化，大学处于一个多事之秋。历史上，大学从未有过哪个时代像今天这样成功，但也从未有过如此多的问题和批评。维特根斯坦曾言："宗教的疯狂来自于非宗教的疯狂。"② 大学的危机同样来自于非大学的危机。在某种意义上，现代大学的转型就是为了化解大学非大学化的危机，就是要走出大学非大学化的泥淖。大学的传统是由历史沉淀而成，变化缓慢是其显著特征。但当这种行事方式根深蒂固以后，组织和制度的创新就会受到阻碍，行动惯性就会悄然而至。"行动惯性是指组织面对周围环境的巨大变化，仍按照已确立的行为方式行事的倾向。""虽然这样做的目的是想把自己从洞中挖出来，可实际上却只是把洞挖得越来越深。"③ 长期以来，大学一直沉醉在过去的思维与工作模式中，希望能够以我为主，以不变应万变。20 世纪中叶以来，现代大学的巨大成功更进一步强化了它的行动惯性，

---

① 迪姆·梅. 社会研究：问题、方法与过程（第 3 版）［M］. 李祖德，译. 北京：北京大学出版社，2009：29.

② 路德维希·维特根斯坦. 维特根斯坦笔记［M］. 许志强，译. 上海：复旦大学出版社，2008：23.

③ 《哈佛商业评论》精粹译丛. 文化与变革［C］. 孙震，赵新洁，译. 北京：中国人民大学出版社，2004：84.

同时也为从现代大学向后现代大学的转型制造了巨大的障碍。这就像足球比赛，如果是上一场取得了胜利，人们一般都倾向于在下一场比赛中保持同样的首发阵容。尽管大家心里都很清楚比赛的对手和其他条件都已经发生了根本的改变，但由于行动惯性的存在，此时主教练如果要调整首发阵容，仍然会面临极大的压力。今天的大学所面临的情况同样如此。现代大学在现代化过程中取得了巨大的成功。但昔日的辉煌毕竟已成往事，今天在从工业社会向知识社会转型的关键时刻，现代大学如果仍然延续工业化时期的大学模式已无异于"刻舟求剑"。由于科学技术突飞猛进，社会发展日新月异，大学的内外部环境与过去相比，已不能同日而语。

大学在转型的过程中要想克服或避免行动惯性的消极影响，首先要对于环境的变化具有足够的敏感性。不但要清楚社会的变化而且要对社会变化方式本身的变化也要有所了解。但今天"大学成为对自身环境完美适应与调节的牺牲品。曾经让大学如鱼得水的环境，却与现时代特征格格不入，并正在走向消失。"① 今天我们面对的残酷现实是"曾经让大学如鱼得水的环境"消失了，但大学本身却绝不能消失。因此为了避免大学的消失，转型就是必由之路。当前在大学转型的过程中，大学自身在时代精神的裹挟下陷入混沌之中。由于价值观和理念的多元化以及规模的急剧增大，现代大学正在逐渐失去精神和理念层面的含义而完全成为一种制度化和实用化的知识培训机构和研究机构。随着作为理念的大学的逐渐消逝，在制度层面上作为大学"等价物"的组织机构越来越多。什么是大学以及大学与非大学的区分开始成为一个沉重的话题。某种意义上，今天大学转型的过程也就是一个大学非大学化的过程。大学转型的结束也就意味着非大学大学化时代的来临。

总之，今天在多样化的现实面前，旧的大学理想与大学范式逐渐失效，新的大学理想与范式又尚未建立起来。在这新旧交替的十字路口，大学转型之路将通向或应通向何方实际上没有人真正知道。当然，作为一个规模十分庞大的组织机构，大学转型本身也绝非人的理性可以完全预先设计和整体控制。虽然从理想到理论，从理论到知识的路径可以为大学的转型提供一个隐性秩序，但在现实中，知识如何转化为行动，知识者的行动如何才能转化为

---

① 安东尼·史密斯，弗兰克·韦伯斯特. 后现代大学来临？[C]. 侯定凯，赵叶珠，译. 北京：北京大学出版社，2010：42.

大学转型的实践仍然十分复杂。"可以确信，在体系混乱后，将出现一些新的秩序或多种物序。但在这里我们必须止步。不可能辨别出这样一种新秩序将是什么样的。仅可能断言，我们希望它将是什么样的，并可以为使它如此而斗争。"① 在大学转型过程中，从理想到理论，从理论到知识还只是转型的一个前奏，可称之为前秩序阶段。在具体改革的过程中，从知识到行动，从行动到实践才是大学转型的有效秩序。大学的转型之路必然是大学自身通过不断的改革走出来的，而不是大学里的学者或政府部门的相关管理者坐在办公室里想出来的。在大学转型的过程中，理想、理论与知识固然十分的重要，但只有当知识转化成了行动，行动导致了大学实践的改变才能真正称得上转型的发生。

第三节　大学转型的时间与空间

作为一种整体性的、结构性的变迁，大学的转型必然既是跨时间的也是跨空间的。所谓跨时间就意味着大学转型不可能在瞬间完成而是需要漫长的过渡，所谓跨空间就意味着大学转型不是某个大学的某项具体改革而是整个大学群体或所有大学不可避免的使命。正是由于跨时间性和跨空间性的存在，为了实现转型的终极目标，大学必然会长时间地处在转型中。就像社会转型将导致转型社会的出现一样，大学的转型也将导致异质性的转型大学的产生，并将长期存在，直到转型结束。

一、大学转型的跨时间性

跨时间性意味着大学转型是历时性的而非即时性的，是一个过程而不是一个点。处在转型过程中的大学具有异质性与矛盾性，会长期面临大学非大学的困惑。大学历史悠久，主要是一个文化组织。在漫长的时间长河中围绕

---

① 特伦斯·K. 霍普金斯，伊曼纽尔·沃勒斯坦，等. 转型时代 [M]. 吴英，译. 北京：高等教育出版社，2001：264.

知识和文化而形成的潜规则非常之多。大学虽然也有正式的规章制度，但在日常工作中人们通常还是会按照传统和惯例行事。以学科传统和学术惯例为代表的潜规则的存在保证了大学的效率，降低了管理和交易的成本。实践中正是因为组织文化与传统力量的强大，大学才以其"有组织的无政府"状态在知识领域中创造了其他任何制度化组织都难以企及的辉煌。大学的成功"证明在理论上永远无法成立的东西在实践中却时常可以找到。"① 今天现代大学之所以要转型，一方面是在社会史的维度上，大学转型是为了更好地满足政治以及社会经济发展的需要；另一方面是在大学史的维度上，转型也是大学自身内在逻辑的自然延伸，即是为了满足大学自身对于大学理想的追逐。社会的强烈需求可以为大学转型施加必要的压力，但是只有内在的逻辑才能为大学转型提供足够的动力。没有转型需求大学转型可能很难启动，但是如果转型需求与大学的内在逻辑相互矛盾，大学转型也很难成功。与社会领域其他组织机构转型一样，大学转型同样是遗传与环境相互作用的产物。面对时间和实践的双重考验，大学转型绝不是要把大学变成非大学，而是要在现有大学组织制度的基础上根据社会发展的需要对于大学模式进行必要的创新。

在历时性的视野中，大学的转型绝不在于某一次改革的成败，而在于转型方向的正确。如果忽视了大学转型的跨时间性，只行动不思考或先行动后思考，大多数改革将会以失败而告终。在大学转型的漫长过程中，大的方向是否正确至关重要。"首先需要确定所做的事情是否正确，然后再精益求精。每个组织并非是万能的。如果行动与组织的价值观背道而驰，就会一事无成。"② 大学转型虽然源于社会的需要，但绝对离不开作为价值观的大学理想的引领。"价值观是指引组织的永恒原则。它们反映了组织深层的信仰，并在全体员工日复一日的行动中表现出来。一个组织的价值观公开宣告了它希望每个人如何行为处事。这些深入人心的价值观不管是在繁荣时期还是危机时期都能激起人们的热情。"③ 在本质上大学之所以要转型一方面是为了应对

---

① 西蒙·马金森，马克·康西丹. 澳大利亚企业型大学的权力结构、管理模式与再创造方式 [M]. 周心红，译. 杭州：浙江大学出版社，2007：2.

② 彼得·德鲁克. 非营利组织管理 [M]. 吴振阳，译. 北京：机械工业出版社，2007：6.

③ 保罗·R. 尼文. 政府及非营利组织平衡计分卡 [M]. 胡玉明，译. 北京：中国财政经济出版社，2004：103.

人类社会面临的困境，另一方面就是为了实现大学的理想。关于大学的理想不仅可以为大学转型提供不竭的动力，而且也预示着大学转型的方向。一旦失去了理想，转型不但会给大学带来混乱，而且还将给大学带来灾难。如果没有对于大学理想的追求作为大学转型的精神支柱和支撑，在漫长的可以吞没一切的时间长河中，大学转型将会导致大学"变形"，其结果甚至会使大学将变成非大学，直至真正的大学完全消失。当然，大学的转型也绝对不只是为了实现大学理想，事实上理想可能根本实现不了。理想之所以为理想，往往就是因为其是难以实现的。理想总是超越于现实的，理想属于人类的精神世界。大学的理想体现了人类对于卓越大学的一种向往。就像宗教中对于上帝和天堂的假设一样，大学对于自身理想的追逐也是一种永恒的过程。它本身也是永恒的。只要人类还存在，只要大学还存在，就不断会有新的大学理想产生。在这种意义上，大学转型就不是一个从一种型到另一种型的简单飞跃而是一个从理想到现实，再从现实到理想的循环往复的过程，永无止境，没有终点。

二、大学转型的跨空间性

跨空间性意味着大学的转型涉及所有大学的所有方面，是整体的而不是部分的，是全面的而不是片面的，是大学这类组织的转型而不是某个大学的转型。大学转型既意味着所有大学都要转型也意味着大学的所有方面都要转型。第一层的含义比较容易理解，这里着重对第二层的含义稍加展开。横切面上，大学转型一般可以分为观念、制度与技术几个层面。在大学转型过程中观念、制度与技术（器物）常常是不可分的，彼此相互影响。制度与技术的转型从表面上看相对容易，但是如果考虑到制度与技术（器物）背后可能隐藏的思想和行为的巨大惯性就会发现某一个维度的单独转型实际上非常困难，甚至是不可能的。在大学转型过程中观念、制度与技术（器物）某一个方面单独转型的可能性极小。大学的真正转型必然意味着三者的整体的和全面的转型。当然，这也不是说大学的转型一定要三个方面一起推进，一揽子解决。实际上，在大学具体转型的实践中，观念的转型可以诱发制度的变迁，制度的转型也可以倒逼观念的转变；技术（器物）的现代化同样可以引发制度的创新和观念的解放。这一切交织在一起可以共同促进大学的整体的和全面的转型。当然，由于大学转型往往需要漫长的时间，不可能一蹴而就，实践中出现观念与制度错位，制度与技术不匹配，技术与观念相冲突的现象也是经常的事情。一般而言，大学转型过程中，技术的更新最容易，制度的变迁稍次之，观念的转变最为缓慢。比如，今天的大学里我们经常可以看到现代的技术条件，近代的制度安排，而观念却还可能仍然是中世纪的。之所以会出现这种情况，一方面是因为大学保守的性格，另一方面则是因为技术和制度之于大学是外显的，比较容易改变和测度，观念之于大学是内隐的，不易改变，更何况改变与否也不易确认。其结果，今天的许多大学拥有现代的技术条件，甚至是制度安排，但却没有接受现代的思想观念和办学理念。

总之，今天现代大学的功能是多方面的，符合大学理想的模式可能也有很多，但能够用来支撑大学转型的资源却是有限的。在跨时间性和跨空间性的转型过程中，总会有某些大学在某些方面首先完成转型，从而成为先驱者，为后来者所仿效。不过，对于大多数大学而言，转型的跨时间性、跨空间性与资源的有限性是两个十分重要的瓶颈。因此在转型的过程中，即使某项改革本身是合乎大学内在逻辑的，最好还是以能够尽可能地满足社会需要为基础。今天在大学的外面聚集着各种各样的利益相关者和知识相关者，他们都对大学寄予了很高的期望。毕竟今天的大学已不可能回到中世纪，更不可能回到象牙塔里"像无私地寻找'真理的圣杯'一样，实践它的浪漫主义理想。"今天的大学已"是一个常规的社会建制，里面栖息着正常的、道德上脆弱的人们。"① 现代大学的转型必须在既定的时间和空间范围内，巧妙地处理好大学的理想与现实、理论与实践、知识与行动的关系。

---

① 约翰·齐曼. 真科学——它是什么，它指什么 [M]. 曾国屏，译. 上海：上海科技教育出版社，2002：195.

参考文献

1. 欧文·E. 休斯. 公共管理导论［C］. 彭和平，等，译. 北京：中国人民大学出版社，2001.

2. 西蒙·马金森，马克·康西丹. 澳大利亚企业型大学的权力结构、管理模式与再创造方式［M］. 周心红，译. 杭州：浙江大学出版社，2007.

3. 希尔德·德·里德－西蒙斯. 欧洲大学史第一卷　中世纪大学［M］. 张斌贤，等，译. 保定：河北大学出版社，2008.

4. 希尔德·德·里德－西蒙斯. 欧洲大学史第二卷　近代早期的欧洲大学（1500—1800）［M］. 贺国庆，等，译. 保定：河北大学出版社，2008.

5. 弗·鲍尔生. 德国教育史［M］. 滕大春，滕大生，译. 北京：人民教育出版社，1986.

6. 海德格尔. 人，诗意地安居：海德格尔语要［Z］. 郜元宝，译. 桂林：广西师范大学出版社，2000.

7. 海德格尔. 海德格尔选集［C］. 孙周兴，选编. 上海：上海三联书店，1996.

8. 赫尔穆特·施密特. 全球化与道德重建［M］. 柴方国，译. 北京：社会科学文献出版社，2001.

9. 胡塞尔. 欧洲科学的危机与超越论的现象学［M］. 王炳文，译. 北京：商务印书馆，2001.

10. 卡尔·曼海姆. 重建时代的人与社会：现代社会结构研究［M］. 张旅平，译. 北京：生活·读书·新知三联书店，2002.

11. 卡尔·雅斯贝尔斯. 大学之理念［M］. 邱立波，译. 上海：上海人民出版社，2007.

12. 康德. 实践理性批判［M］. 韩水法，译. 北京：商务印书馆，2000.

13. 马丁·海德格尔. 林中路［M］. 孙周兴，译. 上海：上海译文出版社，2004.

14. 马克斯·韦伯. 学术与政治［M］. 冯克利，译. 北京：生活·读书·新知三联书店. 1998.

15. 尼采. 偶像的黄昏——或怎样用锤子从事哲学 [M]. 李超杰，译. 北京：商务印书馆，2009.

16. 威廉·冯·洪堡. 论国家的作用 [M]. 林荣远，冯兴元，译. 北京：中国社会科学出版社，1998.

17. 乌尔里希·贝克. 风险社会 [M]. 何博闻，译. 南京：译林出版社，2004.

18. 沃尔夫冈·查普夫. 现代化与社会转型 [M]. 陆宏成，陈黎，译. 北京：社会科学文献出版社，1998.

19. 卡尔·雅斯贝斯. 时代的精神状况 [M]. 王德峰，译. 上海：上海译文出版社，2005.

20. 爱弥尔·涂尔干. 社会学与哲学 [C]. 梁栋，译. 上海：上海人民出版社，2002.

21. 艾德加·莫兰. 社会学思考 [C]. 阎素伟，译. 上海：上海人民出版社，2001.

22. 布尔迪厄. 国家精英——名牌大学与群体精神 [M]. 杨亚平，译. 北京：商务印书馆，2004.

23. 菲利普·柯尔库夫. 新社会学 [M]. 钱翰，译. 北京：社会科学文献出版社，2000.

24. 孔多塞. 人类精神进步史表纲要 [M]. 何兆武，何冰，译. 北京：生活·读书·新知三联书店，1998.

25. 利奥塔尔. 后现代状态：关于知识的报告 [M]. 车槿山，译. 北京：生活·读书·新知三联书店，1997.

26. 马克·布洛赫. 为历史学辩护 [M]. 张和声，程郁，译. 北京：中国人民大学出版社，2006.

27. 米歇尔·福柯. 规训与惩罚 [M]. 刘北成，杨远婴，译. 北京：生活·读书·新知三联书店，1999.

28. 让·波德里亚. 消费社会 [M]. 刘成富，全志钢，译. 南京：南京大学出版社，2001.

29. 雅克·勒戈夫. 中世纪的知识分子 [M]. 张弘，译. 北京：商务印书馆，1996.

30. 雅克·韦尔热. 中世纪大学 [M]. 王晓辉，译. 上海：上海人民出版社，2007.

31. 埃里克·麦克卢汉，弗兰克·秦格龙. 麦克卢汉精粹 [M]. 何道宽，译. 南京：南京大学出版社，2000.

32. 马歇尔·麦克卢汉，斯蒂芬妮·麦克卢汉，戴维·斯坦斯. 麦克卢汉如是说：理解我 [M]. 何道宽，译. 北京：中国人民大学出版社，2006.

33. 马歇尔·麦克卢汉. 理解媒介 [M]. 何道宽，译. 北京：商务印书馆，2007.

34. 许美德. 中国大学（1895—1995）：一个文化冲突的世纪 ［M］. 许洁英，主译. 北京：教育科学出版社，2000.

35. 约翰·范德格拉夫，等. 学术权力——七国高等教育管理体制比较 ［M］. 王承绪，等，译. 杭州：浙江教育出版社，2001.

36. 阿尔温·托夫勒. 第三次浪潮 ［M］. 朱志焱，等，译. 北京：生活·读书·新知三联书店，1983.

37. 爱德华·希尔斯. 学术的秩序——当代大学论文集 ［C］. 李家永，译. 北京：商务印书馆，2007.

38. 爱德华·希尔斯. 教师的道与德 ［M］. 徐弢，等，译. 北京：北京大学出版社，2010.

39. 爱德华·希尔斯. 论传统 ［M］. 傅铿，吕乐，译. 上海：上海人民出版社，2009.

40. 埃瑞克·C. 菲吕博顿，鲁道夫·瑞切特. 新制度经济学 ［M］. 孙经纬，译. 上海：上海财经大学出版社，1998.

41. 安·兰德. 自私的德性 ［M］. 焦晓菊，译. 北京：华夏出版社，2007.

42. 比尔·雷丁斯. 废墟中的大学 ［M］. 郭军，等，译. 北京：北京大学出版社，2008.

43. 保罗·R. 尼文. 政府及非营利组织平衡计分卡 ［M］. 胡玉明，译. 北京：中国财政经济出版社，2004.

44. 保罗·R. 格罗斯，诺曼·莱维特. 高级迷信：学术左派及其关于科学的争论（第二版）［M］. 孙雍君，张锦志，译. 北京：北京大学出版社，2008.

45. 本弗瑞·戈比. 21 世纪的休闲与休闲服务 ［M］. 张春波，译. 昆明：云南人民出版社，2000.

46. 本弗瑞·戈比. 你生命中的休闲 ［M］. 康筝，译. 昆明：云南人民出版社，2000.

47. 伯顿·克拉克. 高等教育系统——学术组织的跨国研究 ［M］. 王承绪，译. 杭州：杭州大学出版社，1994.

48. 伯顿·克拉克. 建立创业型大学：组织上转型的途径 ［M］. 王承绪，译. 北京：人民教育出版社，2003.

49. 伯顿·克拉克. 高等教育新论——多学科的研究 ［M］. 王承绪，等，译. 杭州：浙江教育出版社，2001.

50. 波林. 实验心理学史 ［M］. 高觉敷，译. 北京：商务印书馆，1981.

51. 布鲁姆. 走向封闭的美国精神 ［M］. 缪青，译. 北京：中国社会科学出版社，1994.

52. Burton A. Weisbrod. 非营利产业 [M]. 江明修，审定. 台北：智胜文化事业有限公司，2003.

53. C. 赖特·米尔斯. 社会学的想像力 [M]. 陈强，张永强，译. 北京：生活·读书·新知三联书店，2001.

54. 查尔斯·霍默·哈斯金斯. 大学的兴起 [M]. 王建妮，译. 上海：上海人民出版社，2007.

55. D. B. 约翰斯通. 高等教育财政：问题与出路 [M]. 沈红，李红桃，译. 北京：人民教育出版社，2004.

56. 丹尼尔·贝尔. 资本主义文化矛盾 [M]. 赵一凡，译. 北京：生活·读书·新知三联书店，1992.

57. 丹尼尔·贝尔. 后工业社会的来临——对社会预测的一项探索 [M]. 高铦，译. 北京：商务印书馆，1984.

58. 道格拉斯·凯尔纳，斯蒂文·贝斯特. 后现代理论——批判性的质疑 [M]. 张志斌，译. 北京：中央编译出版社，1999.

59. 弗兰克·H. T. 罗德斯. 创造未来：美国大学的作用 [M]. 王晓阳，蓝劲松，译. 北京：清华大学出版社，2007.

60. 弗雷德里克·E. 博德斯顿. 管理今日大学：为了活力、变革与卓越之战略 [M]. 王春春，赵炬明，译. 桂林：广西师范大学出版社，2006.

61. 菲利普·G. 阿特巴赫. 变革中的学术职业：比较的视角 [M]. 别敦荣，主译. 青岛：中国海洋大学出版社，2006.

62. 菲利普·G. 阿特巴赫. 比较高等教育：知识、大学与发展 [M]. 人民教育出版社教育室，译. 北京：人民教育出版社，2001.

63. 菲利普·G. 阿特巴赫. 为美国高等教育辩护 [C]. 别敦荣，陈艺波，主译. 青岛：中国海洋大学出版社，2007.

64. 冈尼拉·达尔伯格，彼得·莫斯，艾伦·彭斯. 超越早期教育保育质量——后现代视角 [M]. 朱家雄，王峥，译. 上海：华东师范大学出版社，2006.

65. 弗兰克·纽曼，莱拉·科特瑞亚，杰米·斯葛瑞. 高等教育的未来：浮言、现实与市场风险 [M]. 李沁，译. 北京：北京大学出版社，2012.

66. 哈佛燕京学社. 人文学与大学理念 [C]. 牛可，等，译. 南京：江苏教育出版社，2007.

67. 哈瑞·刘易斯. 失去灵魂的卓越——哈佛是如何忘记教育宗旨的 [M]. 侯定凯，译. 上海：华东师范大学出版社，2007.

68. 汉娜·阿伦特. 过去与未来之间 ［M］. 王寅丽，张立立，译. 南京：译林出版社，2011.

69. 亨利·哈里斯. 科学与人 ［C］. 商梓书，江先声，译. 北京：商务印书馆，1999.

70. 亨利·罗索夫斯基. 美国校园文化——学生·教授·管理 ［M］. 谢宗仙，译. 济南：山东人民出版社，1996.

71. 亨利·埃茨科威兹. 三螺旋——大学·产业·政府三元一体的创新战略 ［M］. 周春彦，译. 北京：东方出版社，2005.

72. 亨利·埃兹科维茨，劳埃特·雷德斯多夫. 大学与全球知识经济 ［C］. 夏道源，译. 南昌：江西教育出版社，1999.

73. 华勒斯坦，等. 开放社会科学 ［M］. 刘锋，译. 北京：生活·读书·新知三联书店，1997.

74. 杰夫·惠迪，等. 教育中的放权与择校：学校、政府和市场 ［M］. 马忠虎，译. 北京：教育科学出版社，2003.

75. 克拉克·克尔. 高等教育不能回避历史——21世纪的问题 ［M］. 王承绪，译. 杭州：浙江教育出版社，2001.

76. 克拉克·克尔. 大学之用（第五版）［M］. 高铦，等，译. 北京：北京大学出版社，2008.

77. 拉塞尔·雅各比. 最后的知识分子 ［M］. 洪洁，译. 南京：江苏人民出版社，2002.

78. 莱斯特·M. 萨拉蒙，等. 全球公民社会——非营利部门视界 ［M］. 贾西津，魏玉，译. 北京：社会科学文献出版社，2002.

79. 莱特·米尔斯. 白领：美国的中产阶级 ［M］. 周晓虹，译. 南京：南京大学出版社，2006.

80. 莱茵霍尔德·尼布尔. 道德的人与不道德的社会 ［M］. 蒋庆，等，译. 贵州：贵州人民出版社，1998.

81. 刘易斯·科塞. 理念人：一项社会学的考察 ［M］. 郭方，译. 北京：中央编译出版社，2001.

82. 丽贝卡·S. 洛温. 创建冷战大学：斯坦福大学的转型 ［M］. 叶赋桂，罗燕，译. 北京：清华大学出版社，2007.

83. 罗伯特·波恩鲍姆. 高等教育的管理时尚 ［M］. 毛亚庆，等，译. 北京：北京师范大学出版社，2008.

84. 罗伯特·纳什. 德性的探询：关于品德教育的道德对话 ［M］. 李菲，译. 北京：

教育科学出版社, 2007.

85. 路易丝·莫利. 高等教育的质量与权力 [M]. 罗慧芳, 译. 北京：北京师范大学出版社, 2008.

86. 马克·波斯特. 第二媒介时代 [M]. 范静晔, 译. 南京：南京大学出版社, 2000.

87. 玛丽莲·J. 波克塞. 当妇女提问时：美国妇女学的创建之路 [M]. 余宁平, 占盛利, 等, 译. 天津：天津人民出版社, 2006.

88. 麦金太尔. 三种对立的道德探究观 [M]. 万俊人, 等, 译. 北京：中国社会科学出版社, 1999.

89. 麦金太尔. 德性之后 [M]. 龚群, 译. 北京：中国社会科学出版社, 1995.

90. Martin Camoy. 教育经济学国际百科全书 [Z]. 闵维方, 译. 北京：高等教育出版社, 2000.

91. 米尔顿·弗里德曼, 罗斯·弗里德曼. 自由选择·个人声明 [M]. 胡骑, 译. 北京：商务印书馆, 1982.

92. 尼尔·波兹曼. 娱乐至死·童年的消逝 [M]. 章艳, 吴燕莛, 译. 桂林：广西师范大学出版社, 2009.

93. 尼尔·波兹曼. 娱乐至死 [M]. 章艳, 译. 桂林：广西师范大学出版社, 2008.

94. 欧文·戈夫曼. 污名——受损身份管理札记 [M]. 宋立宏, 译. 商务印书馆, 2009.

95. 帕克·罗斯曼. 未来高等教育：终生学习与虚拟空间 [M]. 范怡红, 译. 青岛：中国海洋大学出版社, 2006.

96. 彼得·德鲁克. 社会的管理 [C]. 徐大建, 译. 上海：上海财经大学出版社, 2003.

97. 彼得·德鲁克. 非营利组织管理 [M]. 吴振阳, 译. 北京：机械工业出版社, 2007.

98. 彼得·F. 德鲁克. 后资本主义社会 [M]. 傅振焜, 译. 北京：东方出版社, 2009.

99. 乔治·凯勒. 大学战略与规划：美国高等教育管理革命 [M]. 别敦荣, 主译. 青岛：中国海洋大学出版社, 2005.

100. 乔治·里茨尔. 社会的麦当劳化：对变化中的当代社会生活特征的研究 [M]. 顾建光, 译. 上海：上海译文出版社, 1999.

101. 斯坦利·阿罗诺维兹. 知识工厂——废除企业型大学并创建真正的高等教育 [M]. 周敬敬, 郑跃平, 译. 北京：高等教育出版社, 2012.

102. 特伦斯·K. 霍普金斯，伊曼纽尔·沃勒斯坦，等. 转型时代 [M]. 吴英，译. 北京：高等教育出版社，2001.

103. 威尔·杜兰特. 历史上最伟大的思想 [Z]. 王琴，译. 北京：中信出版社，2004.

104. 文森特·奥斯特罗姆. 美国公共行政的思想危机 [M]. 毛寿龙，译. 上海：上海三联书店，1999.

105. 威廉·V. 斯潘诺斯. 教育的终结 [M]. 王成兵，亓校盛，译. 南京：江苏人民出版社，2006.

106. 威廉·亨利. 为精英主义辩护 [M]. 胡利平，译. 南京：译林出版社，2000.

107. 小威廉姆 E. 多尔. 后现代课程观 [M]. 王红宇，译. 北京：教育科学出版社，2000.

108. 雅罗斯拉夫·帕利坎. 大学理念重审：与纽曼对话 [M]. 杨德友，译. 北京：北京大学出版社，2008.

109. 伊利亚·普利高津. 确定性的终结——时间、混沌与新自然法则 [M]. 湛敏，译. 上海：上海科技教育出版社，1998.

110. 伊曼纽尔·沃勒斯坦. 否思社会科学——19 世纪范式的局限 [M]. 刘琦岩，叶萌芽，译. 北京：生活·读书·新知三联书店，2008.

111. 伊曼努尔·华勒斯坦. 历史资本主义 [M]. 路爱国，丁浩金，译. 北京：社会科学文献出版社，1999.

112. 伊曼纽尔·沃勒斯坦. 所知世界的终结——二十一世纪的社会科学 [M]. 冯炳昆，译. 北京：社会科学文献出版社，2002.

113. 伊曼纽尔·沃勒斯坦. 知识的不确定性 [M]. 王昺，译. 济南：山东大学出版社，2006.

114. 约翰·伯瑞. 进步的观念 [M]. 范祥涛，译. 上海：上海三联书店，2005.

115. 约翰 S. 布鲁柏克. 教育问题史 [M]. 吴元训，主译. 合肥：安徽教育出版社，1991.

116. 约翰·布鲁贝克. 高等教育哲学 [M]. 王承绪，译. 杭州：浙江教育出版社，2002.

117. 詹姆斯·杜德斯达. 21 世纪的大学 [M]. 刘彤，等，译. 北京：北京大学出版社，2005.

118. G. 希尔贝克. 时代之思 [M]. 童世骏，郁振华，译. 上海：上海译文出版社，2007.

119. 池田大作. 时代精神的潮流 [C]. 香港：商务印书馆，2005.

120. 堤清二. 消费社会批判 [M]. 朱绍文，译. 北京：经济科学出版社，1998.

121. 金子元久. 大学教育力 [M]. 徐国兴，译. 上海：华东师范大学出版社，2009.

122. 金子元久. 高等教育的社会经济学 [M]. 刘文君，编译. 北京：北京大学出版社，2007.

123. 堺屋太一. 知识价值革命 [M]. 金泰相，译. 沈阳：沈阳出版社，1999.

124. 青木昌彦. 比较制度分析 [M]. 周黎安，译. 上海：上海远东出版社，2002.

125. 矢野真和. 高等教育的经济分析与政策 [M]. 张晓鹏，译. 北京：北京大学出版社，2006.

126. 筑波大学教育学研究会. 现代教育学基础（中文修订版）[M]. 钟启泉，译. 上海：上海教育出版社，2003.

127. 海尔格·诺沃特尼，彼得·斯科特，迈克尔·吉本斯. 反思科学：不确定时代的知识与公众 [M]. 冷民，等，译. 上海：上海交通大学出版社，2011.

128. 安东尼·史密斯，弗兰克·韦伯斯特. 后现代大学来临？[C]. 侯定凯，赵叶珠，译. 北京：北京大学出版社，2010.

129. 巴特摩尔. 平等还是精英 [M]. 尤卫军，译. 沈阳：辽宁教育出版社，1998.

130. 贝尔纳. 历史上的科学 [M]. 伍况甫，译. 北京：科学出版社，1981.

131. 迪姆·梅. 社会研究：问题、方法与过程（第3版）[M]. 李祖德，译. 北京：北京大学出版社，2009.

132. 杰勒德·德兰迪. 知识社会中的大学 [M]. 黄建如，译. 北京：北京大学出版社，2010.

133. 路德维希·维特根斯坦. 维特根斯坦笔记 [M]. 许志强，译. 上海：复旦大学出版社，2008.

134. 罗杰·金，等. 全球化时代的大学 [M]. 赵卫平，主译. 杭州：浙江大学出版社，2008.

135. 罗纳德·巴尼特. 高等教育理念 [M]. 蓝劲松，译. 北京：北京大学出版社，2012.

136. 卡尔·波兰尼. 大转型：我们时代的政治和经济起源 [M]. 冯钢，刘阳，译. 杭州：浙江人民出版社，2010.

137. 迈克尔·吉本斯，等，著. 知识生产的新模式——当代社会科学与研究的动力学 [M]. 陈洪捷，沈文钦，译. 北京：北京大学出版社，2011.

138. 诺曼·费尔克拉夫. 话语与社会变迁 [M]. 殷晓蓉，译. 北京：华夏出版社，2003.

139. 齐格蒙·鲍曼. 后现代性及其缺憾 [M]. 郇建立, 李静韬, 译. 上海: 学林出版社, 2002.

140. 齐格蒙·鲍曼. 生活在碎片之中——论后现代道德 [M]. 郁建兴, 等, 译. 上海: 学林出版社, 2002.

141. 齐格蒙特·鲍曼. 被围困的社会 [M]. 郇建立, 译. 南京: 江苏人民出版社, 2005.

142. 齐格蒙特·鲍曼. 现代性与矛盾性 [M]. 邵迎生, 译. 北京: 商务印书馆, 2003.

143. R. W. 费夫尔. 西方文化的终结 [M]. 丁万江, 曾艳, 译. 南京: 江苏人民出版社, 2004.

144. 史蒂夫·富勒. 科学的统治: 开放社会的意识形态与未来 [M]. 刘钝, 译. 上海: 上海科技教育出版社, 2004.

145. 约翰·齐曼. 知识的力量——科学的社会范畴 [M]. 许立达, 译. 上海: 上海科学技术出版社, 1985.

146. 约翰·齐曼. 真科学——它是什么, 它指什么 [M]. 曾国屏, 等, 译. 上海: 上海科技教育出版社, 2002,.

147. 约翰·齐曼. 元科学导论 [M]. 刘珺珺, 等, 译. 长沙: 湖南人民出版社, 1988.

148. 维尔弗雷多·帕累托. 精英的兴衰 [M]. 刘北成, 译. 上海: 上海人民出版社, 2003.

149. 陈平原. 中国大学十讲 [M]. 上海: 复旦大学出版社, 2002.

150. 陈平原. 中国现代学术之建立——以章太炎, 胡适之为中心 [M]. 北京: 北京大学出版社, 2010.

151. 汪丁丁. 跨学科教育文集 [C]. 大连: 东北财经大学出版社, 2009.

152. 汪丁丁. 知识印象 [C]. 北京: 中信出版社, 2003.

153. 汪丁丁. 串接的叙事: 自由、秩序、知识 [C]. 北京: 生活·读书·新知三联书店, 2009.

154. 邓正来. 反思与批判: 体制中与体制外 [C]. 北京: 法律出版社, 2006.

155. 邓正来. 关于中国社会科学的思考 [M]. 上海: 上海三联书店, 2000.

156. 邓正来. 市民社会理论的研究 [M]. 北京: 中国政法大学出版社, 2002.

157. 冯友兰. 中国现代哲学史 [M]. 北京: 生活·读书·新知三联书店, 2009.

158. 高德胜. 知性德育及其超越——现代德育困境研究 [M]. 北京: 教育科学出版社, 2003.

159. 甘阳. 通三统 ［C］. 北京：生活·读书·新知三联书店，2007.

160. 郭为藩. 转变中的大学：传统、议题与前景 ［M］. 北京：北京大学出版社，2006.

161. 金观涛，刘青峰. 观念史研究：中国现代重要政治术语的形成 ［M］. 北京：法律出版社，2010.

162. 金耀基. 从传统到现代 ［M］. 北京：中国人民大学出版社，1999.

163. 金耀基. 大学之理念 ［M］. 北京：生活·读书·新知三联书店，2001.

164. 贺国庆，王保星，朱文富，等. 外国高等教育史（第2版）［M］. 北京：人民教育出版社，2006.

165. 胡建华. 战后日本大学史 ［M］. 南京：南京大学出版社，2001.

166. 孔宪铎. 我的科大十年（增订版）［Z］. 北京：北京大学出版社，2004.

167. 李零. 花间一壶酒 ［C］. 北京：同心出版社，2005.

168. 李亚平，于海. 第三域的兴起——西方志愿工作及志愿组织理论文选 ［C］. 上海：复旦大学出版社，1998.

169. 刘仲林. 跨学科学导论 ［M］. 杭州：浙江教育出版社. 1990.

170. 刘小枫. 拣尽寒枝 ［C］. 北京：华夏出版社，2007.

171. 马万华. 从伯克利到北大清华——中美公立研究型大学建设与运行 ［M］. 北京：教育科学出版社，2004.

172. 潘懋元. 多学科观点的高等教育研究 ［M］. 上海：上海教育出版社，2001.

173. 乔玉全. 21世纪的美国高等教育 ［M］. 北京：高等教育出版社，2000.

174. 世界银行、联合国教科文组织高等教育与社会特别工作组. 发展中国家的高等教育：危机与出路 ［M］. 蒋凯，主译. 北京：教育科学出版社，2001.

175. 苏力，等. 规制与发展——第三部门的法律环境 ［M］. 杭州：浙江人民出版社，1999.

176. 汤尧，成群豪. 高等教育经营 ［M］. 台北：高等教育文化事业有限公司，2004.

177. 涂又光. 中国高等教育史论 ［M］. 武汉：湖北教育出版社，1997.

178. 王政，杜芳琴. 社会性别研究选译 ［C］. 北京：生活·读书·新知三联书店，1998.

179. 宣勇. 大学变革的逻辑（上、下）［M］. 北京：人民出版社，2009.

180. 薛晓源，陈家刚. 全球化与新制度主义 ［C］. 北京：社会科学文献出版社，2004.

181. 杨东平. 大学二十讲 ［C］. 天津：天津人民出版社，2009.

182. 杨东平. 大学精神［M］. 沈阳：辽海出版社，2000.

183. 杨自伍. 教育：让人成为人［C］. 北京：北京大学出版社，2010.

184. 余宁平，杜芳琴. 不守规矩的知识——妇女学的全球与区域视界［C］. 天津：天津人民出版社，2003.

185. 赵汀阳. 每个人的政治［M］. 北京：社会科学文献出版社，2010.

186. 张博树，王桂兰. 重建中国私立大学：理念、现实与前景［M］. 北京：教育科学出版社，2003.

187. 郑永年. 全球化与中国国家转型［M］. 郁建兴，何子英，译. 杭州：浙江人民出版社，2009.

后　记

"在正确的手段被设计出来之前，我们首先应该知道事物的形状、它们生长的土壤、它们孕育的条件。一旦我们这样做，我们应付严重威胁所凭借的手段的落后性就更明显地表现了出来，并且，这种落后的手段或许更容易被改进。"①

——齐格蒙特·鲍曼

本书是我对自己多年来关于大学转型研究的一个总结。书中的全部内容均以单篇论文的方式写成，绝大多数已公开发表，成书时进行了必要的反复的修改，相信较之发表时的水平应有所提高。由于大学转型本身是一个极具开放性的论域，本书无意也没有能力去构建所谓的关于大学转型研究的理论体系，所做的只能是将个人长期以来关于大学转型的零星思考汇成稍具规模的集中论述，以期能在相关领域起到抛砖引玉的作用。

大学是当前学术界研究的热门话题。虽然远未到"言必称大学"的程度，但其曝光率也是空前地高。当然这对于大学而言绝非好事。今天的大学虽不能够躲进象牙塔里、自成一统，但是过分的喧嚣，哪怕是以研究的名义所带来的喧嚣，对于大学的存在和发展也是不利的。大学的理想境界是寂寞而不是浮华。奢侈和浮华永远是学问的天敌。正是由于过分的浮躁所导致的堕落和底线失守，当前无论文艺作品、官方文件、非政府组织还是舆论和传媒对于大学都是"另眼相看"。今天，无论中外，在文学作品和官方文件中大学光辉的形象已经坍塌，舆论和传媒对于大学也是"口诛笔伐"。危机与转型成为现代大学绕不过去的梦魇。"对现有组织的突破—重新组织现象（désorganisation – réorganisation）和危机现象之间有共同点，而且演变本身也

---

① 齐格蒙特·鲍曼. 被围困的社会 [M]. 郇建立，译. 南京：江苏人民出版社，2005：引言，25.

可以具有危机的性质。当然，这意思不是说，凡是危机都有演变，但是这却意味着，危机会启动改变的力量，危机有可能成为改变的过程中一个决定性的时刻。"① 对大学而言，危机是永恒的，但能导致大学转型的危机与大学转型所导致的危机却都是不寻常的。在今天的大学里转型导致了危机，危机又加剧了转型。这就使得现代大学的危机与转型与我们这个时代密切联系起来。一般而言，危机与转型有共同点，甚至相伴而生。虽然不是每一次危机都必然伴随着转型，但每一次转型过程中危机的出现都是一个决定性的时刻。在我们这个转型时代，转型本身既是现代大学危机的原因又是超越现代大学危机的结果。其结果，导致现代大学危机的原因与超越现代大学危机的手段相互叠加，乃至无法区分。目前世界范围内由于社会转型和国家转型的相互重叠，加之高等教育大众化、普及化和经济全球化不断蔓延，大学的发展与改革已处于一个十分尴尬的节点。伴随着现代大学危机的不断蔓延，大学要么是以改革代替发展，要么是以发展代替改革。由于大学的改革与发展只注重表面，忽视内涵，其结果，一方面是大学规模的急剧扩张（人满为患），另一方面却是大学声誉的急剧下滑（无"人"大学）。由于现代大学"系统的结构扭曲如此之大，以至于仅有的可能的结果就是系统的消亡：要么是通过一个逐渐的解体过程（引向无法预测的方向），要么是通过一个相对可控制的转型过程（走向一个预测的方向，因而被一个或几个另类系统所取代）。"②

今天的社会正处在转型的十字路口，各个领域都普遍发生价值革命。无论是技术与理念、生产与消费还是虚拟与现实都处在紧张之中。大的方面，工业社会以后人类社会将走向哪里，人们也抱有不同的看法。"一种意见认为，由于科学技术与产业组织得到了大发展，世界将进入称之为'高度技术社会'或'高度产业化'的社会；另一种意见则认为，由于科学技术与产业组织发生变化，引起质变，世界将进入新的社会。"前一种看法强调工业社会的连续性，后一种看法则显示了对于后工业社会的预见性。从现实发展来看，知识社会已经初露端倪，现代大学在人类从工业社会向知识社会转型

---

① 艾德加·莫兰. 社会学思考 [C]. 阎素伟，译. 上海：上海人民出版社，2001：145.
② 伊曼纽尔·沃勒斯坦. 否思社会科学——19 世纪范式的局限 [M]. 刘琦岩，叶萌芽，译. 北京：生活·读书·新知三联书店，2008：22.

的过程中如何能顺利完成自身的转型至关重要。从小的方面看，在知识价值革命的前提下，由于技术的进步，人类社会各类组织其实体的存在价值也面临挑战。由于网络技术的迅速发展，加之人的审美意识以及伦理观念的快速变化，今天各类虚拟组织与实体组织的界限日益模糊，甚至于实体组织仅仅成为虚拟组织的补充。这方面即便是古老如教堂与大学的组织，也面临电子教堂与电子大学的挑战。

与过去的黄金时代相比，今天总体上大学在人们心目中的色调是灰暗的，人们对于大学的心情也是复杂的。这种灰暗的色调和复杂的心情非常类似于我们在一个污染严重的城市中看到一幢幢正在崛起的工厂的高楼。我们无法逃离这个污染的城市，也无法拆除那些在建的工厂的高楼。当下我们能做的只能是呼吁并坚持低碳生活，改善环境，减少污染。对于大学也一样。我们无法缩小它的规模，也无法剥离它的功能。我们能够做的就是通过理论的反思、理念的重审和对理想的坚守，进而推进它的真正的转型。改善城市环境的目的是使城市适宜人的居住，推动大学转型的目的则是使大学适宜人的教育。就像今天那些污染严重的城市越来越不适宜于人的居住一样，今天那些僵化的大学也越来越不适宜于人的高等教育。事实上，自20世纪中叶以来，伴随组织化的现代性的不断蔓延、扩张和"体制化"，大学的教育性已经逐渐削弱。现代大学越来越接近一个纯粹的研究机构或知识企业而不是教育场所。作为理念的大学已被遗忘，大学仅仅作为组织和制度性的存在成为不可避免的悲哀。为了能够回归育人之本和大学之道，也为了大学能够在新的世纪里继续存在和发展，世界各国均在积极推动大学转型。

作为对大学转型实践的一种积极的回应，本书分四个部分对于"我们时代的大学转型"进行了比较详细的阐述。第一部分属于研究的理论基础，主要围绕大学的概念，大学的理想，大学的常识、传统与想象以及时代精神等主题进行展开，旨在为后续的论述廓清背景；第二部分在第一部分相关概念和理论的基础上，主要从大学与社会的外部关系切入，从媒介变迁、消费社会、知识社会以及知识应用等视角对于大学转型进行了多方面的观察，意在弄清大学转型的时代根源。第三部分从外部回到大学的内部，主要从学科、性别与道德三个维度对于大学转型进行了具体的分析，力图为现代大学的重构提供有效的支点。第四部分聚焦于中国大学转型的现状与问题，分别从道德危机、去行政化以及大学的中国模式等方面对中国大学转型的可能性与路径进行了简单的探讨，希望能对中国大学的改革实践有所启示。本书围绕"转型时代"和"大学转型"这两个轴心，从当前信息技术发展、时代转型和世界高等教育改革发展的实践出发，先后提出了理念大学、电子大学、跨学科大学、德性大学、应用型大学以及后现代大学等不同的概念和理论设想，以图缓解并超越现代大学的危机。不过说到底无论是理念大学、电子大学、跨学科大学、德性大学、应用型大学、后现代大学还是其他什么大学名称或概念都不重要，重要的是在转型时代的十字路口，现代大学必须要"改弦更张"、重新定位。如皮艾尔·卡蓝默（Pierre Calame）所言："近几年来，世界科学联合会、世界大学联合会、联合国教科文组织各部门越来越一致地认为我们要重新建构我们的社会契约机制，重新建构大学与社会之间的关系结构。所以我认为我们面临的这种大学危机是非常严峻的，而且这种严峻程度可以说：如果我们不能在未来的三五十年内改变现有的状况，那我们今天面临的危机就是致命的。整体的危机是致命的，大学面临的危机也是致命的。"① 今天为了应对这种"致命的危机"，我们时代的大学必须要转型。

本书命名为《我们时代的大学转型》多少受到卡尔·曼海姆《重建时代的人与社会》和卡尔·波兰尼《大转型：我们时代的政治和经济起源》两本书的影响。在《重建时代的人与社会》这本书里，曼海姆要解决的中心问题是现代社会结构危机的根本原因。他认为，19 世纪末 20 世纪初西方社会正处于一个失调甚至危机的时代。表现在：现代民主对解决现代大众问题的软弱无能、自由主义秩序的无计划性正在转变成无政府的状态、极权主义体制的采纳等。曼海姆认为："社会的重建"必须要建立在"人的重建"的基础上；"只有通过人本身的改造，社会重建才成为可能"②；社会的危机归根结底是人的危机。与曼海姆"全心全意地致力于发展一种关于民主计划和社会重建的社会学"不同，本书的主旨绝不是要发展一种关于大学转型的高等教育学，而是要表达现代大学所遭遇的转型时代并非暂时的不安稳而是整

---

① 卡蓝默. 大学改革和城市治理的新型人才培养 [A]. 于硕，译. 哈佛燕京学社. //人文学与大学理念 [C]. 南京：江苏教育出版社，2007：206.

② 卡尔·曼海姆. 重建时代的人与社会：现代社会结构研究 [M]. 张旅平，译. 北京：生活·读书·新知三联书店，2002：12.

个社会结构性的根本变化。对此，我们必须要有充分的心理准备。在转型的时代，大学的转型不可避免。事实上，如果以第二次世界大战的结束作为今天这个转型时代的开端，那么现代大学早已经走在了转型的路上。"在路上"是现代性的一个重要特征。它生动地描绘出了现代社会诸多组织机构生存的典型状态。现在的很多大学并不是源于中世纪，而是植根于 19 世纪开始建立的研究型大学。伴随现代性伦理和现代性制度（machinery）在世界范围内的迅速扩张，两百年来现代大学一路高歌猛进，凯旋而归。其结果，现在世界上所有的大学如果不是研究型大学就是正走在通往或准备通往研究型大学的路上。不过，值得注意的是，自 20 世纪 80 年代以来，伴随着后现代性在高等教育领域中的出现和扩散，对现代性制度的迷信开始得到初步的反思，以研究型为黄金典范的现代大学也不可避免地站到了命运的十字路口。原先单向的"箭"的逻辑正在被多元的"星座"思维所代替。今天大学在转型过程中向左还是向右，生存还是毁灭，衰落还是复兴，这些都是亟待解答的问题。如康德在《科系冲突》中所说的："预先告诫，并且对这古老命题的现代重新阐述过程中必定出现的景观保持警惕。既要注意深渊峡谷，也要留意大桥屏障。既要当心大学向外的过度开放，也要留意那闭关自守的形象，既不为任何利益服务，也不使自己变得毫无用处。要注意目的性；没有目的性的大学会是什么东西呢？"① 今天由于现代大学之于知识社会的极端重要性，大学的衰落和毁灭难以想象。未来在转型的路上现代大学为了生存和复兴，在向左还是向右的一系列抉择中将会演绎出什么样的精彩"故事"，全世界都在拭目以待。

　　作为一种叙事方式，为了能够更全面地透视现代大学转型之路上的"风景"，本书选择了多个开放性视角，从多个侧面对于我们时代现代大学的生存状态，转型之中以及转型之后可能的细节进行了"描摹"和"猜测"。不过，由于转型时代以及大学转型的复杂性和高度的不确定性，同时也因为大学改革和发展本身所特有的历史偶然性、创造性和自由度，本书的很多内容恐怕难逃"盲人摸象"和"自相矛盾"的尴尬。不过，作为一种理论的反思和探索，在我们尚未走出洞穴看到光明之前，"自相矛盾"可能是难以避

① 德里达. 理性的原则：学生眼中的大学 [A]. 潘天舒，译. //哈佛燕京学社. 人文学与大学理念 [C]. 南京：江苏教育出版社，2007：110.

免的，"盲人摸象"也绝非毫无价值。赵汀阳在《每个人的政治》一书的前言中曾经写道："以前我一直为理论中的漏洞和自相矛盾感到困惑，总希望能够消除那些矛盾，后来才意识到，这种以逻辑和科学观点为准的想法对于人类生活事实是很不合适的，因为人类生活本身就是个自相矛盾的事实，假如消除了理论中的矛盾，也许反而失真，类似削足适履。""理论能够做的事情就是想象某种'更好的'游戏规则。""如果没有理论的反思，人们疯狂的观念就会肆无忌惮地引导生活走向毁灭。""有想象力的错误好过没有想象力的错误。"① 我想对于大学转型的理论反思也同样如此。关于大学转型，当前理论研究的目的主要还不在于应用，它的最主要价值在于为未来的大学改革提供尽可能广阔的想象空间。因为在大学转型过程中，最需要的就是想象力，有想象力的错误不仅会好过没有想象力的错误，甚至也好过那些"正确的废话"。正如布莱克的诗句：智者之谬误犹可恃，愚人之完美无可倚。不过，需要想象力是一回事，有没有想象力是另一回事。人的理性的有限和时代精神的局限会体现在我们每一个人的每一句话中。在这种意义上，本书行文之中喜欢引经据典也就绝不仅是为了遵守学术的规范而更是为了表明自身的局限在哪儿。正如 D. H. 威尔金森在《宇宙作为人的创造物》一文中所指出的，"我们的日常经验必然而然地构成了我们藉以感知自然界以及表达感知的基础。""一方面我们看过了，人由于那些'无关宏旨'的局限，又由于来自人的固有本性那些更深刻的局限，不能洞悉万有、洞悉一切。此外，由于人本身在时间、空间中的规模，又由于他不能超越自己，他也就不能对自己处身的环境（如鱼之于水）有所认识。另一方面，我们也看过了，在对自然界如何构建作出判断时，人最终所能说的也不外乎：'我觉得这样好：它应该是这样的'。"② 人类对于自然的认识尚且如此，我们对于大学的认识也不会高明到哪里去。因此尽管本书尽力收集"证据"以支撑关于我们时代大学转型的想象，但是对于本书中的很多论述，如果一定要去追问它的最终的缘由和根据，我也只能说：我觉得这样好，我认为未来的大学就应该是这个样子的。

---

① 赵汀阳. 每个人的政治 [M]. 北京：社会科学文献出版社，2010：前言，2－3.
② 亨利·哈里斯. 科学与人 [C]. 商梓书，江先声，译. 北京：商务印书馆，1999：143，155.

最后，我想用托·斯·艾略特的一段话来结束本书可能已稍嫌冗长的叙事。

"我深知自己一直在争取说服大家，虽然我可能未必十分肯定，要说服什么问题。不过虽然我以上所说的一切，如果根本无人赞同，我会感到寒心，但是如果天下从而和之，我则会感到惊恐不已；因为，在探讨诸如此类的话题的时候，一个陈述，如果天下从而和之，那就肯定没有多大意义可言。然而，我希望，我的主要动机，始终在于促使诸位活跃思路，而非把某种理论强加于人；我一直在进行界说，却未曾想过要令人信服。"①

王建华

2012 年 1 月 19 日

---

① 杨自伍. 教育：让人成为人 [C]. 北京：北京大学出版社，2010：303.

出 版 人　所广一

责任编辑　夏辉映

版式设计　孙欢欢

责任校对　贾静芳

责任印制　曲凤玲

图书在版编目（CIP）数据

我们时代的大学转型／王建华著. —北京：教育
科学出版社，2012.7
ISBN 978 - 7 - 5041 - 6650 - 0

Ⅰ. ①我… Ⅱ. ①王… Ⅲ. ①高等教育 - 教育改革 -
研究 - 中国 Ⅳ. ①G649.21

中国版本图书馆 CIP 数据核字（2012）第 131599 号

我们时代的大学转型

WOMEN SHIDAI DE DAXUE ZHUANXING

出版发行	**教育科学出版社**				
社　　址	北京·朝阳区安慧北里安园甲9号	市场部电话	010 - 64989009		
邮　　编	100101	编辑部电话	010 - 64989363		
传　　真	010 - 64891796	网　　址	http://www.esph.com.cn		
经　　销	各地新华书店				
制　　作	北京大有图文信息有限公司				
印　　刷	保定市中画美凯印刷有限公司	版　　次	2012 年 7 月第 1 版		
开　　本	169 毫米×239 毫米 16 开	印　　次	2012 年 7 月第 1 次印刷		
印　　张	22.25	印　　数	2000 册		
字　　数	346 千	定　　价	49.00 元		

如有印装质量问题，请到所购图书销售部门联系调换。